ORBIS BIBLICUS ET ORIENTALIS

Publié au nom de l'Institut Biblique de l'Université de Fribourg, Suisse
et du Seminar für Biblische Zeitgeschichte
de l'Université de Münster
par Othmar Keel
avec la collaboration
de Bernard Trémel et d'Erich Zenger

Notice biographique:

Masséo Caloz (1935) appartient à l'Ordre des Frères Mineurs Capucins. Après les études de Théologie au Studium du Couvent de Sion
et à l'Université de Fribourg, Suisse, il a fréquenté l'Institut Biblique
pontifical de Rome et obtenu la licence en Sciences Bibliques. Il a
complété cette formation par un séjour d'une année à l'Ecole Biblique
de Jérusalem. La présente étude est la thèse de doctorat qu'il a soutenue en 1976 à Fribourg.

ORBIS BIBLICUS ET ORIENTALIS 19

MASSÉO CALOZ

ÉTUDE SUR LA LXX ORIGÉNIENNE DU PSAUTIER

Les relations entre les leçons des Psaumes du Manuscrit Coislin 44,
les Fragments des Hexaples et le texte du Psautier Gallican

ÉDITIONS UNIVERSITAIRES FRIBOURG SUISSE
VANDENHOECK & RUPRECHT GÖTTINGEN
1978

ISBN EU 2-8271-0138-6   ISBN V & R: 3-525-53323-3

TABLE DES MATIERES

6

8

AVANT - PROPOS

En 1969, dans un article consacré au Papyrus Bodmer XXIV, le Professeur D. Barthélemy définissait ainsi les tâches qui lui semblaient prioritaires pour l'étude du psautier grec : "...aujourd'hui il s'agit de juger le texte des grands onciaux à partir de deux témoins sur lesquels on avait jusqu'ici des prises trop insuffisantes : la recension hexaplaire et le texte sahidique."

La publication du Papyrus Bodmer XXIV ainsi que l'étude des témoins de la version sahidique entreprise par l'Institut des études coptes de l'Université de Genève, nous permettent de penser qu'une partie de ce voeu est en bonne voie de réalisation.

C'est à l'autre partie qu'est consacré ce travail. Il voudrait apporter une contribution à la recherche du texte hexaplaire du psautier, principalement à partir du commentaire d'Eusèbe de Césarée conservé dans le manuscrit Coislin 44.

J'aurais aimé présenter les résultats de cette recherche d'une manière plus synthétique, mais s'agissant d'une étude comparative, il m'a paru, qu'en faisant l'économie des analyses détaillées, on serait amené à faire sans cesse appel à la foi du lecteur en argumentant à partir de données incontrôlables pour lui.

Je remercie la Faculté de Théologie de l'Université de Fribourg d'avoir accepté cette thèse dans sa séance du 10 novembre 1976. Ma gratitude va tout particulièrement au Professeur D. Barthélemy : il a dirigé ce travail de recherche avec beaucoup de patience et de disponibilité, il a mis à ma disposition sa bibliothèque ainsi que le fichier dans lequel il a collationné les citations hexaplaires de nombreux manuscrits; il a su, enfin, m'encourager pendant les longs travaux d'approche.

Je remercie également les Professeurs O. Keel et B. Tremel

qui ont accepté cette publication dans la collection qu'ils dirigent.

Dans mes remerciements, je ne voudrais pas oublier le Fr. Ph. Rébora et Mademoiselle N. Aepli qui, avec courage et persévérance, ont assuré soigneusement le travail de dactylographie.

Enfin, je remercie sincèrement la Province suisse des Capucins qui assume la publication de ce travail et en particulier ses Supérieurs qui m'ont permis d'y consacrer le temps nécessaire.

Fribourg, octobre 1977   Masséo Caloz
                                                             ofm cap.

INTRODUCTION

"Nous naissons avec ce livre aux entrailles, un petit livre, cent cinquante poèmes, cent cinquante marches érigées entre la mort et la vie, cent cinquante miroirs de nos révoltes
et de nos fidélités, de nos agonies et de nos résurrections..."
Ces lignes d'André Chouraqui[1] évoquent l'utilisation quotidien-
ne et séculaire des Psaumes. Mais qui dit utilisation, dit aussi usure : plus que tout autre livre biblique, le Psautier, qui
a collé si fortement à la vie des individus et du peuple de
Dieu, porte en lui les cicatrices de l'usage et du temps. Ceci
est vrai pour le texte original hébreu mais également pour celui des versions anciennes.

Pour en venir immédiatement au texte grec des Psaumes sur
lequel porte notre travail, il est peut-être utile d'en rappeler les étapes principales. C'est probablement vers le milieu
du deuxième siècle avant J.-C. que les Psaumes ont été traduits
en grec. Cette traduction, jugée "une des plus mauvaises de tout
l'Ancien Testament" (P. Auvray) ne manque pourtant pas d'intérêt. D'abord, elle est beaucoup moins glosée que celle d'Isaïe,
par exemple; ensuite le fait que les traducteurs aient généralement suivi servilement le texte de leur 'Vorlage' jusqu'à
nous donner dans des passages difficiles un décalque grec incompréhensible, offre des avantages certains pour la critique
textuelle.

Nous savons aujourd'hui que la version grecque de la Bible
avait rapidement dépassé le cadre alexandrin qui l'avait vu
naître et qu'elle avait pénétré dans une grande partie de la
diaspora juive de langue grecque. Les découvertes du désert de
Juda ont prouvé que cette traduction était utilisée jusqu'en

---

1 Le Cantique des Cantiques suivi des Psaumes, traduits et
   présentés par André CHOURAQUI, Paris 1970, (PUF), p. 83.

Palestine[1] et on a pu démontrer que c'est son texte que les recensions de la Quinta, d'Aquila et de Théodotion ont voulu améliorer.[2]

C'est probablement la grande diffusion en Palestine de la traduction de la LXX qui explique les premières recensions de ce texte. En effet, l'utilisation parallèle de la Bible hébraïque et de sa traduction grecque devait mettre de plus en plus en évidence les dissemblances et même les divergences qui existaient entre les deux formes du texte.

Le travail des recenseurs commença sans doute par les livres de la Bible où l'écart entre le texte hébraïque et le grec était le plus manifeste, mais c'est pour le Psautier que nous connaissons le plus grand nombre de recensions : en plus du travail d'Aquila, de Symmaque et de Théodotion[3], Eusèbe cite pour les Psaumes trois autres recensions anonymes, la Quinta, la Sexta et la Septima[4].

Quand Origène entreprit à son tour une révision de la Bible grecque, il s'inscrivait dans une voie déjà bien tracée et il pouvait s'appuyer sur le travail de ses prédécesseurs. Mais la visée d'Origène n'était pas tout à fait identique à la leur. En effet, la Quinta, puis les recensions des "autres"[5] tendaient avant tout à conformer la traduction alexandrine au texte hébreu de leur époque qu'ils considéraient comme l'original.

---

1 Voir P.W. SKEHAN, The Qumran Manuscripts and Textual Criticism, dans VTS 4 (1957), p. 155-158 et du même auteur, The Biblical Scrolls from Qumran and The Text of the Old Testament, dans Biblical Archaelogist 28 (1965), p. 90-91.

2 cf. D. BARTHELEMY, Redécouverte, p. 21-23; également H.J. VENETZ, Die Quinta, spécialement p. 188-193.

3 Sur le travail respectif d'Aquila, Symmaque et Théodotion, on consultera les Introductions à la Bible ou mieux encore R. DEVREESSE, Introduction à l'étude des manuscrits grecs, p. 105-107.

4 H.E. VI, 16, 9-11 en GE II,2 p. 554.

5 Nous désignerons ainsi, "autres" (entre guillemets), les recenseurs (ou les recensions) auxquels Origène se réfère.

Origène, pour sa part, était pleinement conscient des différences existant entre la Bible de l'Eglise et celle des Juifs[1], ainsi que du nombre important des variantes textuelles qui s'étaient introduites à l'intérieur même de la LXX, variantes qu'il attribuait à la négligence des copistes et à l'audace de ceux qui avaient voulu corriger le texte à leur goût [2]. Malgré ces défauts, il ne saurait être question pour Origène d'abandonner le texte que Dieu dans son 'économie' avait donné à l'Eglise pour le remplacer par une traduction nouvelle.[3] Ce qu'il proposait, c'était d'abord de purifier ce texte des erreurs dues aux copistes et aux correcteurs et, ensuite, d'offrir aux chrétiens une possibilité de comparaison avec la Bible hébraïque, pour que dans les discussions avec les Juifs, ils ne fassent pas usage de textes qui ne se lisaient que dans la LXX et que, d'autre part, ils puissent éventuellement argumenter à partir de mots ou de passages de la Bible des Juifs qui n'avaient pas été traduits en grec.

Pour atteindre ces deux objectifs, Origène réunit différents textes de la LXX pour les comparer entre eux et les comparer avec les autres versions grecques de son époque. Ainsi lorsqu'il trouvera dans la LXX des variantes, au lieu de les corriger arbitrairement, il pourra choisir parmi les leçons attestées celle qui s'accorde le mieux avec l'hébreu et les "autres" traducteurs.

Lorsque la comparaison fera apparaître des additions dans le texte de la LXX, il ne retranchera pas ces passages, mais il

---

1 C'est ce que montre sa Réponse à Africanus (vers 240) sur l'Histoire de Suzanne : Origène y énumère pour son correspondant les principaux passages où la LXX offre un texte plus développé que celui de la Bible des Juifs; en PG 11, 49-57; cf. aussi son In Matt. XV,14 où il explique le sens qu'il a donné aux obèles et aux astérisques, en GO X, 388 lig. 27-30.

2 In Matt. XV, 14, in GO X, 387 lig. 23 à 388 lig. 7.

3 ainsi dans sa Réponse à Africanus, PG 11, 57-60.

les marquera d'un obèle; lorsque la LXX, comparée aux "autres"
fait preuve d'omission, Origène complétera la Bible chrétienne,
mais en signalant par un astérisque le ou les mots qu'il aura
introduits.

Il est probable que ce sont les nécessités de la controverse avec les Juifs qui ont amené Origène à entreprendre cet
immense travail de critique textuelle, comme il le reconnaît
lui-même[1], mais cet ouvrage, auquel il consacra plusieurs an-
nées dépasse de beaucoup les besoins de la controverse et il-
lustre bien la volonté d'Origène de donner aux chrétiens une
LXX complétée et débarassée de ses erreurs.

Plusieurs raisons ont empêché que ce travail d'Origène ne
porte tous ses fruits : certaines tiennent à la méthode qu'il
utilisa, d'autres aux contingences historiques.

Au sujet de la méthode, il faut remarquer que le traite-
ment pourtant respectueux qu'Origène entendait appliquer à la
Bible chrétienne n'était pas aussi innocent qu'il pourrait le
sembler à première vue. En effet, en prenant pour "étalon" de
la LXX les recensions de son époque, Origène suppose implicitement que la 'Vorlage' de ces recensions était identique à
celle qu'avaient utilisée les anciens traducteurs de la Bible.
Or, il est aujourd'hui admis qu'à l'époque des LXX, le texte
hébreu n'avait pas encore l'unité qu'on lui reconnaît à partir
du premier siècle de notre ère. Ainsi en mesurant la Bible
chrétienne sur le texte hébreu de son temps, Origène a sans
aucun doute été amené à rejeter des leçons de la LXX originale.

De plus, en choisissant les obèles et les astérisques pour
signaler les omissions et les additions de la LXX, Origène a
certainement sous-estimé la force de l'habitude : ces signes
avaient pour les copistes de son époque une signification bien
établie et il devenait inévitable que certains d'entre eux
donnent aux obèles et aux astérisques d'Origène leur valeur

---

1 cf. PG 11, 60-61.

habituelle [1] et traitent le texte en conséquence, aboutissant
ainsi à des résultats opposés à ceux qu'avait visés Origène.

Quant aux contingences historiques qui ont joué contre
Origène, les manuels de patrologie et d'histoire de l'Eglise
sont suffisamment clairs pour qu'il nous suffise de les évoquer
ici en citant B. Altaner :

> "Aucun nom ne fut plus discuté dans l'antiquité chrétien-
> ne, aucun ne fut cité avec autant d'enthousiasme et d'in-
> dignation. Des hommes instruits et distingués se joigni-
> rent à lui. Bien des hérétiques invoquèrent son autorité,
> mais les docteurs orthodoxes aussi s'instruisirent auprès
> de lui." [2]

Les discussions pour ou contre Origène continuèrent jusqu'au sixième siècle. Même si les reproches qu'on lui faisait
portaient sur des questions dogmatiques et métaphysiques, et
non sur son travail exégétique, ces controverses, et finale-
ment la condamnation des idées attachées à son nom, expliquent
la disparition (destruction) de la quasi totalité de son oeuvre et la baisse très sensible de son influence. [3]

Les remarques que nous venons de faire concernant la méthode suivie par Origène limitent la valeur de son texte, mais ne
lui ôtent pas tout intérêt : Origène reste un témoin important
pour notre connaissance de la Bible grecque.

Or, si nous considérons l'édition critique du Psautier
Grec publiée par A. Rahlfs (1ère édition en 1931; 2ème édition

---

1 Dans la critique textuelle de l'époque un obèle voulait indiquer l'inauthenticité d'un passage alors que par un astérisque, on soulignait un passage jugé particulièrement remarquable. Sur ce point, voir les remarques de D.BARTHELEMY
  dans Origène et le texte, p. 253.

2 B. ALTANER, Précis de Patrologie, p. 168.

3 Sur Origène et l'origénisme, voir par ex. H. CROUZEL,
  Origenes, in LThK 7, 1230-1235.

en 1967), nous constatons qu'il a bâti son texte sur trois
familles de manuscrits : le texte de Basse-Egypte (B S Bo), celui de Haute-Egypte (U 2013 - très fragmentaires - SA) et le
texte occidental (R La^R La^G). A côté de ces trois grandes familles, Rahlfs connaît évidemment la recension d'Origène, celle
de "Lucien" ainsi que d'autres témoins du texte, mais il ne
leur attribue qu'une importance très relative. En particulier,
nous pensons qu'il a eu tort de négliger ainsi le texte origénien.

A ce sujet, Rahlfs nous fait d'abord remarquer que pour le
Psautier notre meilleur témoin habituel de ce texte fait défaut. En effet, pour les autres livres de la Bible, la recension d'Origène est conservée, d'une manière indirecte mais
très précieuse, dans la version syrohexaplaire. Cette traduction réalisée par Paul de Tella (vers 615-617) prend pour base
le texte de manuscrits grecs dépendants d'Origène. Au contraire, pour le Psautier, la Syrohexaplaire n'a pas été traduite
à partir d'une LXX "hexaplaire"[1], mais elle semble dépendre
du texte "lucianique"[2]. Cette version nous apporte pourtant
une contribution appréciable par les signes (obèles et astérisques) qu'elle contient et qui, pour une bonne part, peuvent ê-
tre authentiques.

Parmi les témoins du texte origénien, Rahlfs mentionne les
fragments d'hexaples publiés par Taylor (2015) et par Mercati
(1098) et surtout le psautier Gallican qu'il considère comme
"die Hauptquelle für den hexaplarischen Text des Psalters."[3]

---

1 Au cours de ce travail, nous utiliserons assez souvent
   l'adjectif "hexaplaire" dans son sens traditionnel, c-à-d.
   indiquant un lien avec le travail critique d'Origène dans
   les Hexaples, mais sans préciser davantage les rapports qui
   existent entre le texte de la colonne LXX des Hexaples et
   celui de la recension qu'Origène en tira. Pour ce problème,
   nous renvoyons à la conclusion, p. 433-451.

2 cf. RAHLFS, LXX, proleg. p. 52.

3 ibid.

A cela s'ajoute encore la Lettre à Sunnia et Fretela, dans laquelle Jérôme explique et justifie 178 leçons de sa recension
du psautier latin[1]. Rarement Rahlfs fait appel à des scholies
ou à des annotations qui nous renseignent sur les leçons choisies par Origène et cinq fois seulement nous avons relevé dans
son apparat critique le nom d'Eusèbe.

Nous connaissons pourtant par le manuscrit Coislin 44, en
tradition directe, le commentaire d'Eusèbe sur les Psaumes 51
à 95 et les chaînes bien exploitées devraient nous permettre,
au jugement de R. Devreesse,[2] d'en reconstruire le reste presque dans son intégrité.

Plusieurs raisons font de ce commentaire d'Eusèbe un témoin particulièrement important pour la recension origénienne
du Psautier. Mentionnons tout d'abord les liens très forts qui
unissent Eusèbe à Origène et que Goethe aurait appelé des "af-
finités électives"; de plus, Eusèbe est selon Jérôme le premier
Grec après Origène à avoir commenté l'ensemble du Psautier[3]
et il s'est, sans aucun doute, largement inspiré du commentaire
de son prédécesseur qu'il pouvait consulter, ainsi que les Hexaples, dans la bibliothèque de Césarée. Il y a ensuite le fait
qu'une part importante de ce commentaire, un tiers, nous est
conservé en tradition directe. Enfin, - et ce n'est pas le moindre intérêt de ce commentaire, - il vient heureusement combler
un vide, puisque précisément pour les Psaumes notre meilleur
témoin habituel du texte origénien nous fait défaut. On peut
donc se demander si Eusèbe - et par lui, Origène - ne mérite
pas une place plus large dans la recherche du texte LXX des
Psaumes. C'est à cette question que nous avons tenté d'apporter
une réponse.

---

1 Sur les problèmes que posent cette Lettre, on peut consulter
   D. DE BRUYNE, La Lettre de Jérôme.
2 dans SDB I, art. Chaînes exégétiques, col. 1124.
3 voir la citation de Jérôme, infra p. 130.

Il faut dire que nous disposons aujourd'hui de plusieurs
éléments nouveaux pour entreprendre une telle étude. En premier
lieu, nous relèverons les fragments des Hexaples découverts et
publiés par G. Mercati. Grâce à ce palimpseste du dixième siècle, nous avons une copie d'un exemplaire des Hexaples contenant cinq colonnes : la transcription grecque de l'hébreu, suivie des traductions d'Aquila, de Symmaque, de la LXX et de la
Quinta [1]. Ces fragments Mercati nous restituent partiellement
le texte des Hexaples de onze psaumes : Ps 17,26-48; 27,6-9;
28,1-3; 29,1-30; 30,10-25; 31,6-11; 34,1-2; 34,13-35,6; 45,1-
12; 48,1-15; 88,26-53.

Rahlfs a connu et utilisé ces fragments Mercati, mais il
ne disposait encore ni de l'édition (Rome 1958), ni des Osservazioni (Rome 1965), ni des autres études sur ce texte parues
depuis [2].

Ensuite, toujours pour le texte grec du Psautier, nous a-
vons maintenant le Papyrus Bodmer XXIV, publié par R. Kasser
et M. Testuz (Genève 1967). Ce manuscrit contient, avec des
lacunes plus ou moins longues le texte des Ps 17-118. L'intérêt de ce psautier réside principalement dans son antiquité,
puisqu'on pense y trouver un témoin de la fin du troisième siècle, voire même du deuxième, ce qui signifie qu'il est indépendant du travail d'Origène [3].

Pour le texte latin, nous disposons également des éditions

---

1 sur l'identification des différentes colonnes, cf. MERCATI,
   introd. p. XIX-XXXV et tout récemment, spécialement pour la
   Quinta, H.J. VENETZ, Die Quinta des Psalteriums.

2 comme celle de H.J. VENETZ, note précédente.

3 cf. D. BARTHELEMY, dans le Psautier grec, p. 106-107 : R.
   Kasser date ce papyrus de la fin du 3ème ou du début du
   4ème siècle (p. 22). Je l'aurais beaucoup plus volontiers
   situé au 2ème siècle. Et C.H. Roberts m'écrit : The first
   hand is of a common type of which a good example is my
   Greek Literary Hands 17a which can be dated to the middle
   of the second century a.d... I should have no hesitation
   in saying that the Bodmer Psalms was written in all pro-
   bability in the second half of the second century a.d.

récentes du Psautier Romain de R. Weber (Rome 1953), du Psautier Gallican (Rome 1953) et du Psautier Iuxta Hebraeos de H.
de Sainte-Marie (Rome 1954).

Enfin nous avons pu utiliser les travaux de D. Barthélemy
sur l'histoire du texte de la LXX[1] ainsi qu'un important fichier dans lequel il a recueilli les leçons hexaplaires de manuscrits qu'il a collationnés, fichier qui complète et parfois
corrige l'ouvrage fondamental de Field.

Le but de notre recherche était de jeter un regard nouveau
sur le texte origénien des Psaumes en nous aidant principalement du commentaire d'Eusèbe conservé dans le manuscrit Coislin 44. Notre première démarche a été de rassembler les citations psalmiques qu'il contient. Nous y avons trouvé évidemment
le texte presque intégral des Ps 51-95, mais également quelques
passages d'autres psaumes cités dans le commentaire. Nous a-
vons alors comparé ces leçons tirées d'Eusèbe avec le texte
des Psaumes édité par Rahlfs - en tenant compte principalement
des variantes attestées par les manuscrits anciens -, puis a-
vec le texte du Psautier Gallican et avec le TM.

En cherchant à évaluer ces leçons d'Eusèbe, nous nous sommes posé de plus en plus de questions sur le travail d'Origène:
comment fallait-il l'envisager ? quelle fidélité pouvait-on lui
reconnaître dans l'application des principes qu'il énonce dans
son commentaire In Matthaeum[2] ? Pour y répondre, nous avons
analysé la colonne LXX des fragments Mercati, en cherchant à
comprendre le pourquoi des choix d'Origène. Cette étude forme
la Première Partie de notre travail.

La Deuxième Partie est consacrée aux leçons contenues dans
le commentaire d'Eusèbe. Nous les avons chaque fois comparées

---

1 Ces études publiées dans différentes revues sont réunies
  dans D. BARTHELEMY, Etudes d'histoire du texte de l'Ancien
  Testament, (à paraître).

2 cf. infra p. 437.

avec les différents témoins du texte (hébreu - grec - latin) pour savoir si elles pouvaient ou non représenter la forme hexaplaire de ces versets.

Dans le Chapitre I, nous traitons les leçons sur lesquelles Eusèbe et le Gallican s'accordent entre eux et avec le TM contre l'ensemble de la tradition du texte : nous pensons pouvoir les considérer comme des formes de la LXX origénienne.

Dans les Chapitres II et III nous discutons, au contraire, des leçons pour lesquelles les deux témoins du texte d'Origène s'opposent, s'accordant tour à tour avec le TM. L'identification de la forme origénienne pose alors davantage de problèmes.

Mais ces divergences entre les deux principaux témoins de la LXX origénienne des Psaumes ainsi que quelques scholies - provenant principalement du manuscrit 1175 qui nous attestent deux formes différentes d'un même passage en les attribuant toutes deux au travail d'Origène -, nous ont amené à nous demander quelle relation doit être envisagée entre le texte de la colonne LXX des Hexaples et celui de la recension effectuée par Origène. Dans la Conclusion nous avons rassemblé les principaux témoignages qui nous sont parvenus et qui peuvent éclairer cette question. Sur cette base, nous avons esquissé une hypothèse qui cherche à intégrer les éléments des témoignages cités qui nous paraissent dignes de foi.

PREMIERE PARTIE

ETUDE DE LA COLONNE "E" DU 1098

Nous avions commencé notre recherche par l'étude des leçons contenues dans le commentaire des Ps d'Eus que nous pensions pouvoir considérer comme des formes de la LXX hexaplaire à cause de leur accord avec le TM et le Ga contre l'ensemble ou, au moins, contre la majorité des témoins de la LXX commune.

Souvent en analysant ces leçons et en les comparant avec les variantes des mss, nous nous sommes demandé quel choix avait dû faire Origène, s'il s'était trouvé en présence de ces variantes.

La question se posait moins pour les leçons de la LXX plus longues ou plus courtes, que l'hébreu et les "autres" traductions, car alors, Origène avait la possibilité de corriger son texte par le moyen de passages obélisés et astérisés. Mais que faisait-il lorsqu'il se trouvait en présence de leçons divergentes ? Sur quel critère se basait-il pour choisir le texte de sa recension ?

Pour répondre, il nous a paru nécessaire, avant d'entreprendre la discussion des leçons conservées dans le commentaire d'Eus de nous pencher sur les seuls fragments importants d'Hexaples qui nous sont parvenus, et qui, par bonheur pour nous, appartiennent précisément au Psautier. Nous avons donc étudié les fragments découverts et publiés par G. Mercati et, plus particulièrement, la colonne LXX de ces Hexaples.

On le sait, ces Fragments Mercati proviennent d'un palimpseste du Xème s. Comme on admet généralement que les Hexaples d'Origène ont été détruits en même temps que la bibliothèque de Césarée en 638, les fragments trouvés dans le ms de l'Ambrosienne sont au mieux la copie d'une copie des Hexaples originaux. On doit donc prendre avec précautions les renseignements qu'ils nous donnent, car il est certain que plusieurs passages sont corrompus. D'autre part, il s'agit de fragments, qui ne nous restituent qu'une partie du Psautier. Nous avons compté 148 versets sur les 2517 de l'ensemble du Livre, ce qui représente le 1/18. Nous disposons par conséquent d'une base intéressante pour la comparaison mais il est évident que l'on ne saurait extrapoler les résultats obtenus sans tenir compte de ce caractère fragmentaire.

Les Hexaples des Fragments Mercati contiennent 5 colonnes (b-c-d-e-f) dans lesquelles on s'accorde à reconnaître respectivement : b : translittération de l'hébreu en grec

    c : Aquila

    d : Symmaque

    e : LXX

    f : Quinta.

Pour notre étude, nous avons d'abord comparé le texte de la colonne LXX des Fragments Mercati avec celui des mss B et S (I); nous nous sommes ensuite intéressés aux leçons LXX du 1098 qui s'écartent de toutes les "autres" colonnes (II); enfin nous avons discuté les leçons "e" qui s'accordent avec une seule des "autres" traductions grecques du 1098 (III).

CHAPITRE I : COMPARAISON DE LA COLONNE "E" DU 1098 AVEC LE TEXTE DU

VATICANUS ET DU SINAITICUS

A) "e" ≠ BS réunis

La comparaison entre la colonne LXX des Hexaples Mercati, d'une part, et les mss B et S, d'autre part, nous a permis d'isoler 49 passages dans lesquels la leçon de "e" s'écarte de celle que nous trouvons dans les mss B et S réunis.

Nous ferons d'abord l'inventaire de ces passages "e" ≠ BS (a); nous proposerons ensuite d'éliminer certaines de ces leçons de la colonne "e" qui ne nous paraissent pas fidèles aux Hexaples originaux, soit par suite de corruption (b), soit parce que des leçons marginales ou des variantes ont été ajoutées à la colonne "e" du 1098 (c); nous analyserons enfin le travail d'Origène dans les leçons que nous considérons comme originales (d).

a) Inventaire des leçons "e" ≠ BS.

Pour la leçon de la colonne "e" du 1098, nous donnons tous les témoins qui l'appuient; au contraire, pour la leçon BS - qui est généralement celle que Rahlfs a choisie -, nous ne mentionnons les témoins que lorsque la LXX est partagée. Ailleurs, on concluera (ex silentio) que les principaux témoins LXX du texte ont la même leçon que les mss B et S.

Ps 17,28 a :	e	οτι	
	BS	οτι ου	
17,32 b :	e	η τις	: Sa R′ Vulg L Tht[p]
	BS	και τις	: Bo La[G] Aug Ga Tht² A² = TM
17,34 a :	e	εξισων καταρτιζομενος	
	BS	> καταρτιζομενος	: R L′ 55[1]

---

1 U A : καταρτιζων

Ps 17,34 a : e   ωσει ελαφων   : U⁾ Ga-Hi [1]

          BS   ως   ελαφου   : Bo L⁾ Su 1219⁾ cerui:La

   17,43 a : e   ως   χουν

          BS   ως   χνουν

   27,7   b : e   εν   αυτω   : He^mg = ב

          BS   επ   αυτω

   27,8   b : e   ο υπερασπιστης

          BS   και υπερασπιστης

   28,1   a : e   >   >   : L^pau

          BS   + εξοδιου σκηνης

   28,1   bc : e   >   >

          BS   + ενεγκατε τω κυριω υιοι θεου

   29,8   a : e   παρεσχου   : Bo U⁾ 1120 La Ga L Tht^d = TM

          BS   παρασχου   : R L^b Tht^d⁾ He* A⁾

   29,9   b : e   προς τον θεον

          BS   προς τον θεον μου

   29,11 b : e   εγενετο

          BS   εγενηθη

   30,5   b : e   + κυριε   : L⁾ Su A⁾ et Psautier Ro.

          BS   >   = TM

   30,7   a : e   τους διαφυλασσοντας : U^ϲ R L Tht^d A⁾

          BS   τους φυλασσοντας   : Z Tht^d He

   30,8   c : e   εσωσας εγνωκας

          BS   εσωσας >

   30,22   : e   το ελεος αυτου εμοι : Ga L^pau R^c = לי

          BS   το ελεος αυτου >

   30,23 b : e   απερριμαι >   : La Ga L⁾ A′ = TM

          BS   απερριμαι αρα   : B⁾ U⁾ R 55

   31,7   a : e   συ ει καταφυγη μου : Ga

          BS   συ μου ει καταφυγη

   31,9   b : e   εν κημω και χαλινω : Ga L Tht^P A

          BS   εν χαλινω και κημω

─────────────
1 Nous laissons de côté ici la variante ωσει R 1098 L′ Su A′⁾
   contre ωςattesté par B′ U ; ωσει est probablement en
   1098 une influence de la Lucianique, cf aussi S^c ^a in loco.

Ps 31,9 c :	e	εγγιζοντων σοι προς σε	
	BS	εγγιζοντων > προς σε	
34,16 a :	e	μυκτηρισμω	: L^{a} Tht^{p} (non He*)
	BS	μυκτηρισμον	
34,17 c :	e	την μονογενη μου ρυσαι	: Tht 55
	BS	την μονογενη μου >	
34,18 a :	e	εν εκκλησια μεγαλη	: cf.magna : La^{G} Ga [1]
	BS	εν εκκλησια πολλη	
34,20 b :	e	γης ελαλουν	: Tht' Th ※ terrae loquentes:Ga
	BS	> >	
34,20 b :	e	δολους δε [2]	
	BS	δολους	
34,21 b :	e	ειπον	: L' A
	BS	ειπαν	
34,24 a :	e	κρινον μοι	: L A'
	BS	κρινον με	: R $L^{b(sil)}$ He* 1212
45,3 b :	e	εν καρδια	: cf.corde La^{R},cor La^{G} Aug Ga
	BS	εν καρδιαις	
45,9 a :	e	δευτε και ιδετε	: R' Aug Vulg L'' A''
	BS	δευτε > ιδετε	: 2013 La^{G} = TM
45,10 b :	e	και συγκλασεις οπλον	
	BS	και συγκλασει οπλον [3]	
45,12 b :	e	διαψαλμα	
	BS	>	
48,4 b :	e	συνεσεις	: B^{c}
	BS	συνεσιν	
48,10 a :	e	και ζησεται και ζησεται εις (τελος) τελος	
	BS	και ζησεται εις τελος	
48,11 b :	e	αλλοτριοις ετερ(οις)	
	BS	αλλοτριοις >	

1 μεγαλη se lit encore dans les codices 188 et 273, cf. FIELD in loco.

2 δολους δε : également en cod. 184 (cf. Field) dans lequel se lisent aussi les mots γης ελαλουν.

3 Voir les variantes en Rahlfs LXX; on peut ajouter le Bodmer 24 : συνκλασει.

Ps 48,12 a : e οικια   αυτων

         BS οικιαι αυτων

48,12 b : e επι των γαιων   : L Tht^P = TM

         BS επι των γαιων αυτων

48,14 b : e ευδοκησουσιν   : R Ga L$^{\upsilon}$ Th A = TM

         BS ευλογησουσιν   : Bo 2013$^{\jmath}$ 1220 La 1219

48,15 b : e και κατακυριευσωσιν[1] : L^{pau} A$^{\jmath}$ (non 1219)

         BS και κατακυριευσουσιν

88,27 b : e συ ει θεος μου ο θεος

         BS συ ει θεος μου > >

88,32 a : e βεβηλωσωσιν   : L$'$

         BS βεβηλωσουσιν   : R He* A$^{\prime\upsilon}$

88,42 a : e οι παραπορευορενοι : L^{pau} Tht^P He A

         BS οι διοδευοντες

88,43 a : e των θλιβοντων αυτον :Ga L$^{\upsilon}$ A$^{\upsilon}$ = TM

         BS των εχθρων αυτου : Bo Sa R$^{\upsilon}$ Sy He*

88,44 b : e αντελαβου αυτον

         BS αντελαβου αυτου

88,45 a : e απο καθαρισμου

         BS απο καθαρισμου αυτον

88,45 b : e εις > γην

         BS εις την γην

88,46 b : e αυτω   : L$^{a\prime}$ 1219

         BS αυτου   : R L$^{b(sil)}$ A 2

88,47 a : e αποστρεψη

         B αποστρεψεις

         S αποστρεφεις   3

88,50 b : e αν ωμοσας

         BS α ωμοσας   : cf. La^{R}Aug : quas 4

---

1 RAHLFS signale : αυτων : 1098 (non Ga), mais en fait l'omission provient d'une faute du scribe, qui après le αυτους de
   la col. "d", a 'décroché' d'une ligne pour "e" - "f".
   Cf. Osservazioni, 405-6.

2 S^c a "αυτω".

3 Voir les variantes de Rahlfs; le Bodmer 24 = B.

4 "quas iurasti" se lit encore en moz^c et med; au contraire,
   La^G et Ga ont "sicut iurasti".

Ps 88,52 b : e   το(υ)   ανταλλαγμα

BS   το   ανταλλαγμα

b) Les leçons "e" du 1098 ≠ "e" des Hexaples originaux.

De la liste précédente nous pensons pouvoir retrancher un certain nombre de leçons, pour lesquelles la colonne "e" du 1098 ne nous a probablement pas conservé la leçon originale des Hexaples.

Pour chaque cas, nous indiquons les leçons des 5 colonnes du 1098 et nous donnons la ou les raisons qui nous font mettre en doute l'authenticité de la leçon "e".

1) Ps 17,28 a : e : οτι

b) χιαϑϑα; c-d-f) οτι συ comme l'ensemble de la LXX; le Ga reprend simplement le Ro : "quoniam tu". On ne comprend donc pas pourquoi Origène aurait supprimé le pronom personnel qu'il conserve au v. 29a dans une situation tout à fait sem-blable.[1]

2) Ps 17,32 b : e : η τις

b) ουμι; c-f) και τις; d) τις δε

La leçon η τις est ancienne puisqu'elle est attestée par Sa, mais pour l'accepter comme leçon hexaplaire, il fau-drait admettre qu'Origène la trouvait dans tous ses mss, ce qui n'est sûrement pas le cas.

Nous pensons, au contraire, qu'Origène a choisi pour les Hexaples και τις qui correspond à b-c-f. Le Ga "et quis" qui corrige le "aut quis" du Ro, confirme ce choix d'Origène.[2]

---

1 En 2 Sm 22,28, la LXX donne και τον λαον, mais le TM est lui aussi différent de notre passage...עם ואת.

2 cf. aussi 2 Sm 22,32 b : και τίς...

La leçon η τις est probablement due à une influence de L dans cette copie des Hexaples ou dans son modèle.[1]

3) <u>Ps 17,34 a</u> : e : εξισων καταρτιζομενος

    b) μοσαυε; c-d) εξισων; f) καταρτιζομενος

La leçon du 1098 nous apparaît comme un doublet, à mettre sur le compte d'un copiste qui, après avoir écrit εξισων en c-d, répète le même mot avant la leçon de la LXX. En effet, nous ne connaissons aucun mss LXX qui donne en 17,34 la leçon εζισων.[2] La différence entre la traduction de c-d d'une part, et celle de e-f d'autre part, s'explique par les deux racines שׁוה.[3]

4) <u>Ps 27,8 b</u> : e : ο υπερασπιστης

    b) ουμαοζ; c) και κραταιωμα; d) (και) ενισχυσις;

    f) (και) υπερασπιστης

L'absence du και en "e" est difficile à expliquer puisque la conjonction se lit, semble-t-il, dans tous les témoins de la LXX[4], y compris en Bodmer 24; elle se trouve également chez les "autres" traducteurs : on ne voit pas pourquoi Origène aurait omis ce mot. Nous pensons plutôt à une faute de la part du copiste du 1098 ou d'un de ses devanciers.

5) <u>Ps 31,9 c</u> : e : εγγιζοντων σοι/προς σε(2 lignes)

    b) κπρωθ/ηλαχ; c-d) εγγισηι/προς σε; f) εγγιει/προς σε

---

1 A noter la même correction introduite dans S par S$^{c\ a}$ en qui on reconnaît un texte lucianique : cf. O. PROCKSCH : "Einen sicheren Wegweiser zu den lucianischen Lesarten des Psalters haben wir in ersten Korrektor (ℵ$^{c\ a}$) des Sinaiticus." art. cit., 256.

2 Cf. aussi 2 Sm 22,34 : τιθεὶς τοὺς πόδας.

3 שׁוה I = gleich sein, eben sein (= εξισων) et שׁוה II = hinstellen, hinlegen, rendu par καταρτιζομενος dans la LXX.

4 L'apparat de Rahlfs est pourtant incomplet : il ne mentionne pas la leçon du 1098.

Aucun témoin de la LXX, en dehors de 1098, n'atteste la présence du σοι [1] : est-ce une addition marginale entrée dans le texte ou une erreur du scribe ?[2]

Le Ga donne la même leçon que la LXX :"qui non adproximant ad te". Il est vrai que Ga = Ro; cependant dans deux passages des Ps où nous trouvons le verbe εγγιζω + pronom au datif (54,19 a : μοι et 148,14 c :αυτω) le Ga traduit ce pronom ("adpropinquant mihi" et "adpropinquanti sibi"), corrigeant les deux fois le verbe du Ro mais conservant le complément au datif.

On remarquera par ailleurs que la leçon hexaplaire maintient le participe pluriel (εγγιζοντων) alors que les "autres" traduisent par un verbe conjugué à la 3ème pers. sing.; seule le mg de "f" s'accorde avec "e" sur ce point.

6) Ps 34,16 a : e : εξεμυκτηρισαν με/μυκτηρισμω
   b) λαγη/μαωγ; c) λεξεων/περι αθροισμου; d) φθεγμασι/πεπλασμενοις; f) μυκτηριζοντες/εξεχλευσαν με.

La colonne "e" donne la leçon μυκτηρισμω contre la majorité des témoins grecs, y compris Bodmer 24, qui lisent à l'accusatif (également la mg de "f").[3] Or rien dans les autres colonnes des Hexaples ne pourraient expliquer le passage de μυκτηρισμον à μυκτηρισμω.

Quant à la traduction, la LXX supposerait plutôt un texte hébreu comme לעגוני לעג : en effet, elle traduit régulièrement לעג par εκμυκτηριζω, alors que le mot μυκτηρισμος (3 fois dans le Ps) rend deux fois לעג (43,14 et 78,4) et seulement en notre Ps מעוג, traduction que H.-R. marque d'un point d'interrogation.

---

1 Le Bodmer 24 n'est pas conservé.

2 Il semble d'ailleurs que le mot ait été ensuite effacé, cf. MERCATI, p. 43 note.

3 cf. 1121 (fol 304) : ευσ...μυκτηρισμον... corrigé par la seconde main en : μυκτηρισμω.

7) Ps 45,10 b : e : και συγκλασεις οπλον

   b) ουκ*σσες ανιϑ; c) (και) κατακοψει δορυ;

   d) (και)κατεκοψε λογχας; f) και συγκλασει οπλον. [1]

Tous les témoins LXX que nous connaissons ont la 3ème pers., y compris le Bodmer 24 (συνκλασει), comme les traductions de c-d-f; il faut donc probablement considérer la 2ème pers. de "e" comme une erreur de scribe. [2]

Le Ga reprend le Ro "et confringet arma" sans modification.

8) Ps 48,10 a : e : και ζησεται και ζησεται/εις (τελος) τελος

   b) ουαι**/ωδλανες; c-f) και ζησεται/ετι εις νικος;

   d) ζων εις αιωνα/διατελεσει.

Aucun témoin LXX n'atteste un tel doublet; on peut donc y voir une erreur du scribe du 1098 ou de son modèle. [3]

9) Ps 48,12 a : e : οικια αυτων

   b) βηϑαμου; c-f) οικιαι αυτων; d) των οικων αυτων;

   f mg) εις τας οικιας.

Tous les témoins de la LXX ont le pluriel [4] comme les "autres" colonnes des Hexaples. Nous ne voyons pas d'explication à cette leçon de "e" sinon une faute de copiste. [5]

10) Ps 88,44 b : e : αντελαβου αυτον

   b) ακιμωϑω; c) ανεστησας αυτον; d)υπεστησας αυτον;

   f) εστησας αυτον.

Nous reparlerons de la traduction du verbe; la variante

---

1 Pour la traduction des mots, cf. infra p. 98.

2 Si on corrige ainsi la col. "e", cette leçon serait = "f".

3 Bodmer 24 donne la même leçon que BS; cf. aussi Chrys. (Gaume V. p. 252 lig.42); d'autre part, les mêmes leçons pour Aquila, Symmaque et Théodotion se retrouvent dans le 1175.

4 Bodmer 24 n'est pas conservé.

5 Le "domus" de Ga n'apporte aucune indication.

qui nous intéresse ici concerne le pronom. Dans sa LXX, Rahlfs donne αυτου sans variante, ce qui est la construction normale du verbe grec. Nous notons que c-d-f- ont αυτον, mais avec un verbe différent : le αυτον de "e" peut donc provenir soit d'une influence des autres colonnes, soit d'une erreur de graphie[1].

Eus cite ce passage avec αυτου ((1109,34) lemme); quant au Ga, il reprend le Ro sans correction "... es auxiliatus ei..."

11) <u>Ps 88,45 a</u> : e : απο καθαρισμου

b) ματ αρω; c) κεκαθαρισμων αυτου; d) την καθαροτητα αυτου; f) τους κεκαθαρμενους.

Rahlfs donne κατελυσας απο καθαρισμου αυτον, τον θρονον...,mais il signale que certains mss placent le pronom avant απο[2] et que d'autres[3] ont αυτου au lieu de αυτον. Mais seul le 1098 omet complètement ce mot.[4]

Comme les mss grecs sont divisés au sujet du complément pronominal pour le nom ou pour le verbe, on peut comprendre qu'Origène ait choisi la leçon sans pronom complétant le verbe, comme le TM et les "autres" traducteurs, mais on ne voit pas pourquoi il aurait également omis le complément de καθαρισμου.[5]

Dans le Ga, on remarque le travail de Jérôme : il corrige le Ro "dissolvisti eum ab emundatione" en "destruxisti eum a mundatione"[6] mais conserve le complément pronominal du verbe.

---

1 Bodmer 24 n'est pas conservé.

2 La[G] Aug Ga.

3 L' (non T Sy He*) = TM

4 Eus donne ἀπὸ καθαρισμοῦ αὐτὸν (1109,35); le Bodmer 24 n'est pas conservé.

5 Dans la même ligne des Hexaples Mercati, "c" - "d" ont un complément (αυτου), "e" - "f" n'on ont pas.

6 Jérôme corrige aussi le stique b en omettant le "et" de Ro et en changeant "in terra" en "in terram".

12) Ps 88,45 b : e : εις γην

    b) λααρς; c-d) εις γην; f) εις τ(ην)γην.

    Seul parmi les témoins de la LXX, le 1098 omet l'ar-
ticle : on peut y voir une faute de copiste par contamination
de la leçon de c-d., au alors par haplographie (THNΓHN).[1]

13) Ps 88,47 a :   : la ligne des Hexaples a dans chaque
    colonne le mot יהוה suivi du verbe, que nous conser -
    vons : e : αποστρεψη

    b) θεσθερ; c) αποκρυβη; d) αποκρυβησηι; f) αποκρυφεις.

    La comparaison avec les autres colonnes met en éviden-
ce la fidélité de "e" qui maintient la leçon LXX (αποστρεφω)
alors que c-d-f ont tous trois un verbe différent (αποκρυφω);
mais nous avons moins confiance en ce qui concerne la forme verbale de "e", puisque Eus donne αποστρεψεις en (1117,4.10) et
que Jérôme corrige Ro "irasceris" en Ga "avertes".[2]

14) Ps 88,50 b : e : αν ωμοσας

    b) νισβαθ; c-d-f) ωμοσας.

    Les autres colonnes des Hexaples donnent seulement le
verbe; la leçon la plus commune de la LXX α ωμοσας est encore
attestée par La[R] et Aug (quas iurasti), mais La[G] et Ga ont
"sicut iurasti"[3]. Si αν ωμοσας est la lecture correcte du 1098[4],
cette leçon est tout à fait isolée.

15) Ps 88,52 b : e : το(υ) ανταλλαγμα (leçon confirmée par
    la note dans l'édition Mercati.)

    b) εκβωβ; c) πτερνωσεις; d-f) τα ιχνη.

    Toute la LXX a το; la leçon avec του est étrange, et
sans doute, fautive.

---

1 Eus (1109,36) lit également εις την γην dans le ms, contrairement à l'édition de Migne.
2 Le Patmos 215 (fol 60) donne pour θ' : εως ποτε κ̅ε̅ αποστρεφη
   εις τελος.
3 Jérôme n'a pas recensé le Ro sur ce point.
4 Sur la photo du ms, il est difficile de lire le ν.

Conclusions : Dans ces 15 passages que nous venons de citer, les leçons de "e" nous paraissent corrompues ou trop peu sûres pour que nous puissions en tirer des renseignements sur les manuscrits LXX qu'Origène utilisa pour les Hexaples et sur les critères dont il s'est servi pour choisir les leçons de la colonne "e".

c) Leçons marginales ou variantes entrées dans la colonne "e" du 1098.

Quelques leçons de "e" en 1098 proviennent, à notre avis, des "autres" leçons hexaplaires - en particulier, de Théodotion, - ou des variantes de la LXX, ajoutées d'abord dans la marge de "e" et entrées ensuite dans le texte de la colonne.

16) Ps 28,1 a : e : ψαλμος τω δαυιδ = f
b)μαζμωρ/λ δαυειδ; c) μελωδημα/του δαυειδ; d)ωδη/του δαδ

La variante que nous voulons discuter concerne la présence ou l'absence de εξοδιου σκηνης qui n'apparaît que dans la mg de "e", en plus petits caractères.

Ces mots εξοδιου σκηνης se lisent, avec des variantes[1], dans la majorité des mss de la LXX; seuls L^{pau} appuient l'omission que nous rencontrons dans la col. "e" de 1098. Par comparaison avec l'hébreu et les "autres", Origène a probablement omis ces mots dans les Hexaples, ce qui est d'ailleurs affirmé par Tht selon qui, l'inscription du Ps ne se lisait pas dans les Hexaples, mais seulement dans quelques mss[2]. Mercati a sûrement raison quand il restreint la déclaration de Tht aux mots εξοδιου σκηνης, qui sont une rubrique juive sur l'utilisation du Ps antérieure à Origène. Mais on le suivra moins facilement

---

1 cf. RAHLFS LXX, in loco; le Bodmer 24 donne εξοδου σκη ...

2 "οὐδὲ ταύτην εὗρον ἐν τῷ ἑξαπλῷ τὴν ἐπιγραφὴν, ἀλλ'ἔν τισιν ἀντιγράφοις..." : Tht dans PG 80, 1061, lign. 1-3.

quand il propose de considérer ces mots comme appartenant à
"l'Esaplo originale".[1] Toujours selon Mercati, si Tht affirme
que ces mots ne sont pas dans les Hexaples, c'est parce que -
au contraire de Jérôme, - Tht n'a pas vu les Hexaples du Psautier, corrigés de la main même d'Origène, mais seulement une
"copia diminuita". Et ceci expliquerait pour Mercati que le Ga
donne "in consummatione tabernaculi" sub obelo. Cependant l'é-
dition du Ga donne ces mots <u>sans</u> obèle.[2]

    Il nous semble que Mercati se laisse trop influencer
par les notes marginales de "e" particulièrement nombreuses en
cette page du 1098, notes qui pourraient bien n'être que des
scholies ou des leçons de Théodotion, dépendant d'une LXX vulgaire ancienne et ajoutées dans cette copie des Hexaples, ou
dans un de ses ancêtres, comme elles l'ont été dans la marge de
certains mss. Nous pensons que les mots εξοδιου σκηνης ne se
lisaient pas dans la colonne LXX des Hexaples.

    17) <u>Ps 28,1 b-c</u> : e : ενεγκατε τω יהוה υιους κριων = c-d
      b) αβου/יהוה /βνη/ηλιμ; f) ενεγκατε τω יהוה υιους
      ισχυρων.

    Dans la mg de "e", en petits caractères, nous trouvons
υιοι θϋ ενεγκατε τω κῶ; ces mots, si on les introduit dans la
leçon de "e", nous donneraient un texte semblable à celui que
nous lisons dans B S et dans l'ensemble des mss de la LXX.

    Cette addition diffère de la précédente, car il s'agit
ici d'une traduction double d'un même stique de l'hébreu :
הבו ליהוה בני אלים . L'origine de cette double traduction
est vraisemblablement la confusion dans la graphie du mot אלים,
compris soit comme le pluriel de אל , soit comme celui de איל.
De cette confusion, sont nées deux traductions concurrentes :
ἐνέγκατε τῷ κυρίῳ υἱοὶ θεοῦ et ἐνέγκατε τῷ κυρίῳ υἱοὺς κριῶν

---

1 où ces mots auraient été ou "sotto obelo o in caratteri
   minori al margine". cf. Osservazioni, p. 56.

2 Jérôme n'apporte ici aucune correction au Ro; parmi les
   autres p sautiers latins, seuls ελ moz[x] omettent ces mots.

qui se sont introduites dans les mss.[1]

D'après une remarque d'Eus[2], les mots ενεγκατε - θεου étaient obélisés dans la LXX (παρα τοις Ο') parce qu'ils ne se trouvaient ni dans l'hébreu, ni chez les "autres". On comprend qu'il était difficile de faire entrer dans les Hexaples une addition aussi longue, qui, suivant les principes adoptés pour le découpage de l'hébreu, aurait demandé 4 lignes. Notons encore que nous n'avons aucune attestation d'obèle pour ce passage, pas même dans le Ga.[3]

18) Ps 30,5 b : e : ο υπερασπιστης μου κε
      b) μαοζι; c) κραταιωμα μου; d) αηττησια μου;
      f) ο υπερασπιστης μου.

κυριε se rencontre en L' Su A' et en Ro; dans le Ga, Jérôme a omis ce mot et il justifie sa correction dans la Lettre à Sunnia[4]. Puisque κυριε se lit en "e" mais non dans les autres colonnes, on devra déduire, ou bien qu'Origène le trouvait dans tous ses mss et qu'il l'a conservé, ou bien qu'il s'agit d'une glose intercolonne (une variante de la LXX) introduite dans le 1098. La première alternative nous paraît tout à fait improbable; nous pensons plutôt que le mot devait être omis dans les Hexaples comme l'indique le 1175.[5]

---

1 Cela a dû se faire très tôt puisque tous les témoins de la LXX, Bodmer 24 y compris, sauf le 1098, lisent ainsi.

2 PG 23, 252, 41ss.

3 On voit ainsi que tous les obèles n'ont pas été conservés par le Ga; dans ce passage on remarque aussi la faible recension de Jérôme, puisqu'il conserve le "in consummatione tabernaculi" et le "filii dei adferte domino" qu'il trouvait en Ro.

4 SF, p. 16 : "rursum et in hoc loco additum nomen domini est ...et id vos debere sequi quod de hebraico et de Septuaginta interpretibus emendavimus". Le Bodmer 24 est ici corrompu, mais, matériellement, il y aurait la place pour ce mot.

5 1175 : το κε ουτε παρα τοις ο ουτε παρα τοις αλλοις εκειτο.

19) Ps 30,8 c : e : εσωσας εγνωκας

b)ιαδαϑ; c-d-f) εγνως [1]

La traduction de ישע par σωζειν est étrange et ne se
rencontre jamais ailleurs dans la LXX. Il est possible que la
leçon εσωσας provient d'une corruption du texte qui a passé
dans l'ensemble des mss. Mais comment justifier le εγνωκας que
nous trouvons en "e" ? En effet, Jérôme dans le Ga corrige le
Ro "saluam fecisti" en "saluasti", mais il ne fait aucune allusion à un εγνωκας. On sera donc enclin à considérer ce mot comme une glose marginale ou, mieux encore, comme la leçon de
Théodotion ajoutée dans la mg de "e"[2].

20) Ps 34,17 c : e : απο της κακουργιας αυτων ρυσαι

b) μεσσωηεμ; c) απο συμφορων αυτ(ων);d)απο της βιας
αυτων; f) απο της κακουργιας αυτων

L'addition de ρυσαι que l'on trouve en "e", est encore attestée par Tht et 55. Ce mot se lisait-il dans les Hexaples d'Origène ? On peut sérieusement en douter, car Origène
devait disposer de mss omettant ce mot, puisque la grande majorité des témoins de la LXX, y compris le Bodmer 24,l'ignorent.
Il est bien plus vraisemblable que le mot ait été ajouté par la
suite à la colonne des Hexaples, ce qui expliquerait du même
coup son absence dans le Ga.[3]

21) Ps 34,20 b : e : δολους δε

b) μαρμωϑ; c) επιϑεσεων; d) δολιους; f) δολια.

---

1 Les leçons hexaplaires du 1098 sont confirmées par le 1175 :
   (repère εσωσας) οι λοιποι : εγνως; cf. aussi le 264 : α' ε'
   σ' : εγνως... ϑ' ς' : εγνωκας.

2 cf. 264 : note précédente.

3 Bien que sur ce point, le Ga ne fasse que de reprendre le
   Ro. Dans Eus (PG 23, 309, 25 ss) le verset est cité sans
   ρυσαι mais ce verbe apparaît dans le commentaire (lig. 34) :
   ἑξῆς παρακαλεῖ ῥυσθῆναι τὴν μονογενῆ αὐτοῦ ἀπὸ λεόντων.
   Le verset est encore cité, sans ρυσαι en (312,7 s) ainsi
   que dans la LXX qui suit les Hexaples en Mercati, p. 61.

On ne voit pas d'où peut provenir le δε que nous lisons en "e"; la mg de "f" donne seulement δολους, mais il est possible que l'on voulait surtout souligner l'accord avec "e" (contre c-d-f) sur le mot δολους. Cependant Field note, à la suite de la leçon habituelle de la LXX; "alia exempl. "και επ οργην/ γης ελαλουν, δολους δε διελογιζοντο" c'est-à-dire une leçon qui contient les deux variantes de la colonne "e" en ce passage[1] et qui est attestée par le Cod. 184. Il reste toutefois peu probable qu'Origène ait choisi la leçon "δολους δε".

22) Ps 45,9 a : e : δευτε και ιδετε = f
b) λχου εζου; c) δευτε οραματισθητε; d) ερχεσθε
θεασασθε.

La leçon δευτε ιδετε est attestée par B' 2013 La^G = TM; R' Aug 1098 Vulg L^b A^b ainsi que le Bodmer 24 ajoutent un και. D'après les éditeurs du Ga, telle est aussi la leçon de l'ensemble des mss. Cependant le témoignage du Ga perd de son importance pour notre recherche puisque ici Ga = Ro.

On peut donc se demander si Origène a vraiment choisi la leçon que nous trouvons en "e" (parce qu'il la lisait aussi en "f") ou bien si le και n'a pas été ajouté par un copiste car cette leçon apparaît comme facilitation obvie, cf. aussi Ps 65, 5.

23) Ps 48,11 b : e : αλλοτριοις ετερ(οις)
b) λαηριμ; c) εις ετερους; d-f) ετεροις.

Les mss de la LXX ont seulement αλλοτριοις; Rahlfs ne signale aucune variante. Dans le 1098 le ετεροις est séparé de αλλοτριοις. On doit sans doute le considérer comme une leçon ajoutée dans la mg.[2]

---

1 Field ajoute (p. 141, note) : "quocum ad litteram conspirat Syro-hex".

2 A noter cependant que, dans PG 23,432, lig. 34, nous lisons.. ... ἕτερος ἔφη κατελείψουσιν ἑτέροις τὸν αἰσθητόν τε πλοῦτον αὐτῶν... et plus bas, en 432 lig. 43 ...εἰς ἑτέρους ἀλλοτρίους ἥξει...

24) Ps 88,27 b : e : ει συ θς μου ο θς

    b) αθθα ηλι; c) συ ισχυρος μου; d)ει θεος μου ;

    f) ει συ ισχυρος μου.

Aucun témoin de la LXX ne connaît ce ο θς supplémentaire que nous lisons en 1098. Peut-être est-ce une leçon marginale qui voulait indiquer qu'une autre traduction (e mg ?)
avait également θεος et non ισχυρος comme c-f, mais en y ajoutant l'article (ο θεος).[1]

Conclusions : Nous écartons également ces 9 lignes de "e".
Il est possible que les mots ενεγκατε - θεου du no.17, aient
déjà été ajoutés dans le mg "e" des Hexaples originaux, peut-
être également le εγνωκας du no.19. Mais de toute manière, nous
pensons que ces mots n'appartiennent pas à la colonne "e" des
Hexaples.

d) Les leçons de "e" ≠ BS et le travail d'Origène.

Nous avons écarté (supra b-c) les leçons "e" ≠ BS qui nous
paraissaient corrompues ou douteuses; il nous reste dans ce
premier groupe 25 leçons ("e" ≠ BS réunis) sur lesquelles nous
nous proposons de contrôler le travail recensionnel d'Origène.

25) Ps 17,34 a : e : ωσει ελαφων

    b) χαϊαλωθ; c) ως ελαφον (sic)[2] ; d) ταις των
ελαφων; f) ως ελαφων.

La leçon au singulier ελαφου est soutenue par B⁰ L⁰ Su
1219', cf. aussi "cerui" : La; au contraire ελαφων se lit en
U' 1098 GaHi. Puisque Origène avait le choix entre les deux leçons, il devait préférer la leçon au pluriel pour la colonne "e",

---

1 C'est ainsi que Rahlfs a compris, cf. LXX, in loco.

2 ελαφον sic, prob. corr. pour ελαφων.

en accord avec les "autres" traductions. Nous trouvons une confirmation de ce choix d'Origène dans les témoignages de Jérôme[1]
et d'Eusèbe.[2] Nous remarquons également que la leçon hexaplaire s'accorde avec le texte de Haute-Egypte contre celui de Basse-Egypte.

26) <u>Ps 17,43 a</u> : e : ως χουν

b) χα αφαρ; c-d-f) ως χουν

χνουν est la leçon de l'ensemble de la LXX, seul le
1098 fait exception et traduit exactement l'hébreu[3]. Si χουν
est bien la leçon de la colonne "e" - et non une harmonisation
due à un copiste à partir des colonnes c-d-f, - on peut supposer qu'Origène s'est laissé influencer par l'hébreu et par les
"autres" et qu'il a modifié la leçon LXX qu'il jugeait corrompue.

27) <u>Ps 27,7 b</u> : e : εν αυτω

b) βω; c-f) εν αυτω; d) αυτω

La LXX traduit επ αυτω; selon Rahlfs, εν αυτω n'est
attesté que par le 1098 et He^{mg} = בּ. Cependant, comme le v. 7
est donné deux fois par le scribe du 1098 sans aucune modification, la leçon εν αυτω est très bien attestée pour "e". Une
influence des colonnes "b" et "f" est possible, mais aurait-
elle suffi à influencer le choix d'Origène ? On peut donc penser que celui-ci connaissait un texte LXX avec εν αυτω et qu'il

---

1 En SF p. 13, Jérôme écrit : "pro quo scribitis in graeco
   inveniri ωσει ελαφου, id est cerui, singularem numerum pro
   plurali. Sed in hebraeo pluralis numerus positus est
   CHAIALOTH et omnes interpretes pluralem numerum transtulerunt". On remarquera pourtant que Jérôme ne parle pas directement de la LXX et qu'il cite avant tout l'hébreu.

2 Dans PG 23, 180 lig. 42 et 181 lig. 1-2.

3 χους se lit 11x dans les Ps, toujours pour traduire עפר
   sauf en 34,5 où il rend מץ; χνους se rencontre 4x dans le
   Psautier, dont 3x dans des leçons variantes de χους (17,42;
   34,5; 77,27) et en Ps 1,4.

a préféré cette leçon à επ' αυτω attesté plus communément
par les mss.[1]

28) Ps 29,8 a : e : παρεσχου
b) εεμεδεθ; c-d-f) εστησας.

En "e" nous avons l'ind. aor. avec Bo U⁾ 1220 La Ga
L Tht^d [2] = TM; cette leçon est encore attestée par le Bodmer
24. Au contraire l'imp. aor. (παρασχου) se lit en B′ RL^b Tht^d⁾
He* A⁾? La LXX étant divisée, on comprend qu'Origène ait choisi la forme verbale qui s'accordait avec l'hébreu et avec les
"autres", mais en conservant le mot παρεχω qu'il trouvait dans
toute la LXX.

29) Ps 29,9 b : e : και προς/ τον θεον
b) ουελ / αδωναι; c) και προς / κυριον; d) και σε /
τον δεσποτην μου; f) και προς τον / κν μου[3]

Tous les témoins de la LXX, y compris le Bodmer 24,
donnent θεον μου à l'exception du 1098; dans les colonnes des
Hexaples, "d - f" traduisent également אדני avec le pronom
suffixe.

La Ga lit "ad Deum meum", que Jérôme reprend du Ro
sans modification.

---

1 Dans la LXX des Ps, on trouve généralement ελπιζω επι
(exception en Ps 26,3 et 55,5 pour B seul). Si nous comparons les passages conservés dans les Hexaples Mercati pour
les formules de la LXX ελπιζω επι (17,31; 30,2.7.25; 31,10)
nous remarquons que la col. "e" a toujours επι + dat. ou
acc. (cf. spécialement 17,31 et 31,10 où la deuxième col.
donne βω et βαχ). Cependant, il faut le noter, dans tous
ces cas, la LXX ne présente aucune variante sur ces mots.

2 Pour Tht (PG 80, 1073 lig. 43,) l'édition donne παρεσχου
mais certains mss (CDHIL) ont παρασχου.

3 Le 264 donne les mêmes leçons pour Aquila et Symmaque.

Si l'absence de μου en "e" n'est pas due à une erreur,
on pourrait y voir une correction d'Origène supprimant la traduction du suffixe que la LXX ne rend généralement pas dans le
mot אדני [1].

30) <u>Ps 29,11 b</u> : e : εγενετο

b) αιη; c) γενου; d-f) εγενετο.

εγενετο n'est attesté que par la colonne LXX du 1098 [2];
dans la cat. qui suit les Hexaples, nous retrouvons la forme
habituelle de la LXX εγενηθ(η); de même en Eus (PG 23,264,1)
dans le lemme et dans le commentaire. [3] Faut-il considérer le
εγενετο de "e" comme une contamination des colonnes "d" et
"f" ? Les notes hexaplaires du 264, bien que difficiles à in-
terprêter, [4] semblent bien confirmer le εγενετο de "e". Origène
pouvait-il choisir cette leçon dans ses mss ? Nous n'avons pas
les éléments qui nous permettraient de répondre.

31) <u>Ps 30,7 a</u> : e : τους διαφυλασσοντας = f mg

b) ασσωμριν; c-f) τους φυλασσοντας; d)
τους παραφυλασσοντας [5]

Origène avait le choix entre la leçon διαφυλασσοντας
de U′ R 1098 L Tht[d] A′ que l'on trouve aussi en Bodmer 24 et

---

1 Sur les 43x où le mot אדני se trouve dans les Ps, nous
n'avons relevé que le Ps 15,2a où le suffixe est traduit :
ειπα τῷ κυρίῳ κυριός μου εῖ σύ..., ce qui est compréhensible dans le contexte. Généralement, le mot est rendu en
grec par κυριος ou κυριε, mais en quelques cas, certains
témoins de la LXX (spécialement les versions) traduisent
par θεος (65,18b; 67,18c.22b; 76,3a.8a; 85,6a). Dans les
Fragments Mercati, nous avons 4 autres passages avec אדני :
3 sont rendus en "e" par κε (34,17a.22b; 88,51a) et 1 par
יהוה (88,50a).

2 Bodmer 24 : "εγενηθη".

3 PG 23. 264 lig. 8 : ...ἐγενήθη γὰρ βοηθός μου.

4 cf. Osservazioni p. 83-84 : Mercati propose en outre de remplacer le εγενετο de "f" par "γενου".

5 Le 264 donne pour α' σ' ε' les mêmes leçons que 1098 :
ε' α' : τους φυλασσοντας, σ' τους παραφυλασσοντας.

φυλασσοντας de B Z Tht[d] He.

διαφυλασσοντας est certainement la leçon de la LXX ancienne, car elle est ici la "lectio difficilior".[1] On peut également la considérer comme la leçon choisie pour les Hexaples, car s'il y avait eu corruption, on aurait probablement passé de διαφυλασσοντας à φυλασσοντας plutôt que l'inverse. Nous notons encore que la leçon de "e" s'accorde avec le texte de Haute-Egypte contre celui de Basse-Egypte.

32) Ps 30,22 : e : το ελεος αυτου / εμοι
b) /λι; c-d-f) /εμοι[2]

εμοι après το ελεος αυτου ne se lit que dans 1098 Ga L[pau] R[c] = לי; au lieu de εμοι, U et Sa ont επ'εμε [3]. On voit qu'Origène pouvait connaître des mss traduisant le לי par επ'εμε, peut-être même par εμοι; il pouvait donc choisir la leçon la plus proche de l'hébreu et des "autres". Nous retrouvons cette leçon hexaplaire chez Jérôme, qui pour le Ga a introduit un "mihi" dans le texte du Ro, et chez Eus, en PG 23, 273,44, dans le commentaire : ...δια τουτο εθαυμαστωσας το ελεος σου εμοι εν πολει περιοχης[4],

Sans être aussi clair que les nos 25 et 28, ce verset nous montre également un rapprochement entre le texte d'Origène et celui de Haute-Egypte.

---

1 שמר n'est traduit par διαφυλασσειν qu'en Ps 30,7; 40,2; 90,11 - et encore, pour les deux premiers Ps cités, certains mss ont φυλασσειν -; au contraire le verbe simple (φυλασσειν) se rencontre 66x dans les Ps pour traduire שמר.

2 Le 264 confirme les leçons de α' et ε' (+ εμοι); de même Tht (PG 80,1085 lig. 10) après avoir cité le passage sans εμοι (cependant B L[mg] ajoutent εμοι), nous donne la leçon de σ' : "το ελεος αυτου εμοι...".

3 Bodmer 24 ne nous est pas conservé ici.

4 Mais dans le lemme (273,21) et dans la reprise (273,25), le passage est cité sans εμοι.

33) Ps 30,23 b : e : απερριμαι

b) νεγρεσθι; c) εξερριμαι; d) εξεκοπην; f) εκβεβλημαι

B[/] U[/] R 55 ajoutent αρα [1]; au contraire La Ga 1098 L[/] A[/] = TM ne traduisent que le verbe. Devant cette situation textuelle et spécialement puisque toute la Vieille Latine atteste cette leçon[2], on peut estimer qu'Origène la connaissait. Il a donc pu choisir pour les Hexaples la leçon que nous trouvons en "e", et qui s'écarte des témoins du texte de Haute-Egypte et de Basse-Egypte.

34) Ps 31,7 a : e : συ ει / καταφυγη μου

b) αθθα / σεθρ λι; c) συ / αποκρυφη μου; d-f)συ ει / σκεπη μου[3]

Nous remarquons que la colonne "e" donne la leçon LXX avec un ordre des mots qui ne se retrouve que dans le Ga[4] : aucun autre mss ne l'atteste, pas même le texte LXX, que le Fragment Mercati VI donne à la suite des Hexaples et dans lequel nous retrouvons la séquence habituelle : συ μου ει καταφυγη. Par contre, les traductions de c-d-f donnent au possessif la même place que "e". Nous pouvons donc considérer l'ordre des mots de "e" comme une conséquence de l'alignement du texte grec sur l'hébreu. Le Ga nous paraît témoigner également - à travers le travail de Jérôme - de cette intervention d'Origène.

35) Ps 31,9 b : e : εν κημω και χαλινω

b) βαμεθγε / ουαρον; c-f) εν κημω και χαλινω;

d) δια κημου και χαλινου

La variante entre "e" et BS porte sur l'ordre des mots du texte : dans la LXX, εν κημω και χαλινω ne se lit que dans le 1098 Ga L Tht[p] A et cette séquence correspond à celle des

---

1 Le mot a été exponctué en S par le c [a] du Sinaiticus.

2 seul η ajoute "forte".

3 cf. 264 : α': αποκρυφη μοι...; σ' : συ ει σκεπη μου...

4˙ "tu es refugium meum" au lieu de Ro "tu es mihi refugium".

colonnes c-d-f. Au contraire, la leçon εν χαλινω και κημω est attestée par la majorité des témoins. On est donc en droit de penser que celle-ci représente la leçon de la LXX ancienne tandis que celle-là est une correction (hexaplaire ou pré-hexaplaire ?). Nous ne pouvons pas exclure qu'une leçon identique à celle de "e" ait pu exister avant Origène, mais nous n'en connaissons aucun témoin avec certitude : le Bodmer 24 n'est pas conservé en ce passage et tous les psautiers latins nous donnent l'ordre commun, à l'exception du Ga, qui au lieu de Ro "in freno et camo" écrit "in camo et freno". Cette correction de Jérôme est évidemment une influence de la recension hexaplaire et il est possible qu'une correction semblable se soit introduite dans d'autres mss.[1] Nous aimerions savoir d'où les mss L et A tirent leur leçon, car s'ils la connaissaient indépendamment des Hexaples, Origène pouvait sans doute disposer d'un tel texte et par conséquent, choisir la leçon que nous trouvons en "e"; dans le cas contraire, nous serions en présence d'une correction d'Origène et non d'un choix de sa part entre deux leçons de la LXX.

36) Ps 34,18 a : e : μεγαλη

b) ραβ; c) πολλη = e-f mg; d) πολλωι; f) μεγαληι

πολλη est la leçon de tous les témoins grecs, y compris celle du Bodmer 24; elle se lit encore dans plusieurs colonnes des Hexaples ("c"; mg de "e-f"; cf. aussi "d"); enfin, elle est attestée par le "multa" de La[R] Aug.

Au contraire μεγαλη n'est connu en grec que par 1098[txt] et en latin par le "magna" de la Vetus Latina et du Ga[2]. Mercati fait remarquer que μεγαλη au lieu de πολλη est pour

---

1 Nous avons un exemple de telles corrections en S (par c[a]): nous lisons...εν χαλινω και κημω τας σιαγονας...,les chiffres au-dessus des mots indiquant sans doute l'ordre que le correcteur voulait introduire dans ce passage.

2 Seul α de la Vetus Latina lit "multa".

ce passage "una rarità" que seuls le 188 et le 273 de Parsons
signalent. Au contraire, dans les Ps 21,26 et 39,10 μεγαλη est
la leçon unique de la LXX [1]. Origène connaissait-il pour le
Ps 34.18 des mss qui donnaient εν εκκλησια μεγαλη ou bien a-t-
il corrigé en introduisant ici cette leçon qu'il trouvait dans
les Ps 21 et 39 pour les mêmes mots hébreux ? Il est difficile
de trancher mais puisque l'ensemble de la Vetus Latina a "magna", on peut admettre que certains mss grecs lisaient μεγαλη.
Le Ga n'apporte pas un témoignage clair du choix d'Origène :
Jérôme maintient ce qu'il lisait en Ro. Quant à Eus, il donne
deux fois la citation de ce passage avec πολλη en PG 23,309,50
et 312,10 et le commentaire nous semble confirmer cette leçon.[2]

37) <u>Ps 34,20 b</u> : e : γης / ελαλουν

b) αρς / δαβρη; c-f) γης / ρηματα; d) εν τη γηι /
λογους; f mg : > / ελαλουν.

Les deux mots ארץ דברי sont rendus de manière assez
différente par les colonnes des Hexaples. Selon Rahlfs, dans
la LXX, ils ne sont attestés que par le 1098 Tht᾿ Th ainsi que
par le ※ terrae loquentes : du Ga.[3]

Puisque selon les meilleurs témoins, y compris le
Bodmer 24, ces mots ne figuraient pas dans la LXX ancienne,
nous aurions ici un exemple où Origène a "complété" la colonne
"e" pour les Hexaples.[4] On admet généralement que dans ces cas-
là, Origène a emprunté à Théodotion le ou les mots qu'il a a-
joutés.[5] Origène pouvait lire le premier mot (γης) dans les

---

1   cf. Osservazioni p. 226.

2   PG 23, 312, lig. 17ss : πολλὴ γὰρ ἀληθῶς αὕτη ἡ ἐκκλησία :...
    ἐν τῷ εἰκοστῷ πρώτῳ μεγάλην ὠνόμασεν, εἰπών...

3   L'édition du Ga donne les mots sans astérisque = R*G*K*;
    sous astérisque en R² C.

4   cf. p. 445-446.

5   cf. Hier. Praef. ad Chr. "quod maioris audaciae est, in
    editione LXX Theodotionis editionem miscuit, astericis
    designans quae minus ante fuerant..."

colonnes c-f, et le second (ελαλουν) dans la mg de "f", qu'on identifie généralement à la Sexta.[1] Il est évidemment possible que Théodotion (la mg de "e" en 1908) offrait aussi une leçon semblable à la colonne "e", mais sa traduction ne nous est pas conservée.[2]

38) <u>Ps 34,21 b</u> : e : ειπον = d-f

b) αμρου,; c) ειπαν

La LXX a généralement ειπαν; ειπον est attestée par 1098 Lʹ A:[3] Origène pouvait donc choisir une des deux formes de l'aoriste et peut-être a-t-il préféré ειπον pour son accord avec les leçons de d-f ?[4]

39) <u>Ps 34,24 a</u> : e : κρινον μοι = f

b) εφτηνι; c-d) κρινον με

Les mss LXX sont partagés entre κ. με Bʹ R L$^{b(sil)}$/ He*
1219 et κ. μοι = 1098 L A^{J} ; Origène a donc pu choisir la leçon avec le datif comodi plutôt que celle avec l'accusatif. Il est possible que la leçon de "f" ait influencé son choix.

40) <u>Ps 45,3 b</u> : e : εν καρδια

b) βλεβ; c-d-f) εν καρδια

La leçon au singulier εν καρδια n'est attestée en grec que par 1098 [5] et en latin par le "corde" de La^{R} et "cor" de

---

1   Tout récemment H.J. VENETZ, Die Quinta des Psalteriums, p. 107-119; voir en particulier les conclusions,. p. 118.

2   La mg de "f" dans Mercati donne une centaine de leçons dont les 3/4 dont identiques à celles de la col. LXX. On pourrait donc se demander si pour les Livres où d'autres traductions grecques existaient (en plus de α'ϑ'σ'), Origène s'est également servi de Théodotion pour compléter la LXX

3   Nous ne connaissons pas la leçon du Bodmer 24. La variante entre l'emploi de l'aoriste 1 et de l'aoriste 2 se rencontre dans plusieurs Ps. cf. RAHLFS LXX, Ps 29,7.

4   La col. "e" a également l'aoriste 2 ειδον dans le même verset 21b; le redoublement ειδον ειδον que nous trouvons à cet endroit dans le 1098, doit être ou une leçon marginale, ou une faute de copiste.

5   Le Bodmer 24 a aussi le pluriel.

La[G] Aug Ga. Faut-il regarder la leçon de "e" comme une correction d'Origène pour harmoniser la LXX avec l'hébreu et les "autres" ? On pourrait le penser, mais la présence du singulier - et à des cas différents - dans toute la Vetus Latina, laisse supposer que certains mss grecs avaient ici une leçon au singulier. Nous pensons donc qu'il faut considérer le εν καρδια comme la leçon hexaplaire provenant d'un choix d'Origène. Eus apporte d'ailleurs une confirmation de ce choix d'Origène dans son commentaire des Ps : après un lemme donnant le pluriel (καρδιαις)[1], nous lisons deux fois dans le commentaire qui suit εν καρδια θαλασσων[2].

Le Ga a également le singulier, mais il n'est pas une confirmation directe du texte hexaplaire, puisque Jérôme s'est contenté de reprendre le Ro[3].

41) <u>Ps 45,12 b</u> : e : διαψαλμα

b) σελ; c-f) αει; d) διαψαλμα.

Le mot διαψαλμα manque dans toute la LXX. Il a probablement été ajouté par Origène dans la col. "e", pour compléter cette ligne, par comparaison avec les autres colonnes. Origène aura alors choisi le mot qui lui est habituel pour rendre סלה[4]. On notera que Jérôme n'a pas introduit le mot en Ga mais conserve la leçon de Ro[5].

---

1 PG 23, 405 lig. 22.

2 Ibid. 408 lig. 19 ...καὶ μετατίθεσθαι ὄρη ἐν καρδίᾳ θαλασσῶν... et 408 lig. 29 πῶς δ'ἐν καρδίᾳ θαλασσῶν μετατίθεται τὰ ὄρη...

3 ce qui se remarque d'autant plus, que pour le mot suivant "e" - comme toute la LXX et les "autres" -, a θαλασσων alors que Jérôme conserve le singulier "maris" qu'il trouvait en Ro.

4 Dans 7 passages des Hexaples Mercati, nous avons le mot סלה : en Ps 31,7; 45,3.8.12; 88,38.47.49. La col. "e" traduit toujours par διαψαλμα ainsi que "d" (et f mg : 3x); "c"-"f" traduisent par αει et "b" transcrit 7x σελ et 1x σελα (31,7).

5 Seuls les mss Φ[P] G[2] du Ga ont ※ diapsalma:

42) <u>Ps 48,4 b</u> :   e :   συνεσεις

b) θβουνωθ; :c)φρονησεις; d=mg de e) συνεσιν;

f) συνεσεις[1]

Rahlfs a choisi la leçon συνεσιν qui est la plus attestée; συνεσεις ne se lit que dans B^c 1098^txt = TM. Devant cette
situation des témoins de la LXX, on est enclin à regarder la
leçon au singulier comme originale et à voir en συνεσεις une
correction qu'Origène aurait introduite par comparaison avec
"f" et avec les formes au pluriel de l'hébreu et de "c"[2]. Cependant le Ga conserve le singulier du Ro (prudentiam)[3] : on
doit donc se demander qui est ici fidèle aux Hexaples d'Origène, le 1098 ou le Ga ? Il nous semble que l'on peut faire confiance au 1098 car, d'une part, la recension de Jérôme, sur ce
point, n'est pas prouvée, puisqu'il conserve la leçon qu'il a
dans le Ro, et d'autre part, Eus en PG 23, après avoir cité
dans le lemme le verset avec συνεσιν, suppose dans son commentaire une leçon avec le pluriel.[4]

43) <u>Ps 48,12 b</u> :   e :   επι των γαιων = f

b) αλη αδαμωθ; c) επι χθονας(και)ανος; d) ταις γαιαις

La leçon la plus communément attestée par la LXX est
γαιων αυτων; l'absence du αυτων n'est soutenue que par 1098
(non Ga) L Tht^p ainsi que par le Bodmer 24. Il nous semble
qu'Origène pouvait connaître les deux leçons et qu'il a donc

---

1 cf. aussi C.187: ο' α' ε' ϛ': συνεσεις; θ' σ' : συνεσιν.
   Si nous faisons abstraction de α' (1098 = φρονησεις), les
   leçons du C.187 sont identiques à celles du 1098 : nous
   trouvons le pluriel pour ο' ε',- cf. aussi α' - et le singulier pour σ' θ'.

2 Comparer sur ce point la remarque de Jérôme dans SF,p.29
   pour le Ps 77,22 : "in eodem... et in intellectibus... non
   habet εν τη συνεσει, ut scribitis, numero singulari, sed
   εν ταις συνεσαις quod intellegentias sonat sicut habetur
   in hebraeo BATHABUNOTH, quod est, in intellectibus."

3 aucun psautier latin n'a le pluriel.

4 PG 23, 429 lig. 47 :"ἡ καρδία τοίνυν αὐτῶν ἐμελέτα
   συνέσεις..."

pu choisir celle sans αυτων pour la colonne LXX des Hexaples.
Mais pourquoi le Ga a-t-il "in terris suis", alors que Jérôme
a corrigé le Ro "in terris ipsorum" ? Est-ce vraiment une correction sur le texte hexaplaire ?

44) <u>Ps 48,14 b</u> : e : ευδοκησουσιν = d-f

b) ιαροσου; c) δραμουνται; f mg) δραμουσι (ν)

La LXX est divisée entre les deux leçons :
ευδοκησουσιν = R 1098 Ga L^{P} Th A Bodmer 24 = TM et
ευλογησουσιν = B^{U}2013$^{)}$ 1220 La 1219. Le passage de ευδοκεω à
ευλογεω est attesté à plusieurs reprises dans les Ps,[1] mais on
comprend bien le choix d'Origène préférant la leçon
ευδοκησουσιν qu'il trouvait en "d" et "f".[2]

45) <u>Ps 48,15 b</u> : e : και κατακυριευσωσιν = f

b) ουιαρδου; c) και επικρατησουσιν; d) και
υποταξουσιν

La seule variante réelle[3] concerne la forme du verbe :
κατακυριευσουσιν comme la majorité des témoins, Bodmer 24 y
compris, ou κατακυριευσωσιν que l'on lit en 1098 L^{pau} A$^{)}$ (non
1219). Il est possible qu'Origène ait préféré κατακυριευσωσιν
parce que la même forme se lisait en "f".

46) <u>Ps 88,32 a</u> : e : βεβηλωσωσιν = d-f

b) ιαλληλου; c) βεβηλωσουσιν

Rahlfs a choisi pour la LXX βεβηλωσουσιν = B$^{)}$ R He* A$^{)}$
contre βεβηλωσωσιν = 1098 L$^{)}$, mais on peut comprendre qu'Origène

---

1 cf. Rahlfs LXX, Ps 3,9.

2 noter au contraire, le ms 1139 de la cat. XVII qui donne
   dans le texte, ευδοκησουσιν , et en note, και ευλογησουσιν.

3 La deuxième variante mentionnée par Rahlfs (> αυτων :
   1098 non Ga) est en fait une erreur du copiste, qui après
   le αυτους de la col. "d", a 'décroché' d'une ligne pour
   les col. "e" et "f".
   cf. Osservazioni, p. 405 - 6.

ait préféré cette deuxième leçon (cf. cas précédent).

47) <u>Ps 88,42 a</u> : e : οι παραπορευομενοι

b) ωβρη; c) παρερχομενοι; d) παροδευοντες;

f) οι διαπορευομενοι.

διοδευοντες est la leçon la mieux attestée par la LXX;
au contraire παραπορευομενοι se lit en 1098 L^{pau} Tht^P He A. La
raison du choix d'Origène est moins apparente; il est cependant
possible qu'il ait été influencé par le διαπορευομενοι de "f".

48) <u>Ps 88,43 a</u> : e : των θλιβοντων αυτον = d-f

b) σαραυι; c) θλιβοντων αυτον

B″ Sa R″ Sy He* lisent των εχθρων αυτου [1]; των θλιβοντων αυτον se lit en 1098 Ga L′ A″ = TM : ici, nous estimons
qu'Origène a dû choisir la leçon que nous trouvons en "e", puisque cette leçon LXX s'accorde avec l'hébreu et les "autres".
Ce choix d'Origène se reflète dans la correction du Ro par Jérôme : au lieu de "inimicorum eius" qu'il y lisait [2], il écrit
en Ga "deprimentium eum". De même, chez Eus nous trouvons la
leçon d'Origène dans le lemme et dans le commentaire [3].

49) <u>Ps 88,46 b</u> : e : αυτω

b) αλαυι; c-f) επ'αυτου; d) αυτον.

La majorité des témoins de la LXX lisent avec αυτου [4]
tandis que αυτω est soutenu par L^{a}/ 1219.

Origène avait, semble-t-il, le choix entre les deux
formes et il est possible qu'il ait préféré le αυτω qui traduit

---

1 S^c ^{a} : των θλιβοντων αυτον.

2 ce qui se lit dans toutes les versions latines sauf Ga.

3 (1109,31; 1113,51). D'après une note du 1175 - cf. aussi
   264 - seule la Sexta avait των εχθρων αυτου, et la note
   ajoute εν τω τετρασελιδω ουτως. εν δε τω οκτασελιδω
   θλιβοντων αυτον. Sur le sens de cette remarque, cf. infra
   p. 343ss.

4 Selon Rahlfs, ce serait aussi la leçon du 1098, mais
   Mercati donne αυτωι; dans S, le C ^{a} corrige également en
   αυτω.

mieux עליו; Jérôme ne nous est d'aucun secours pour identifier la leçon hexaplaire car Ga = Ro; Eus, quant à lui, atteste la leçon avec αυτω en (1109,37) (lemme).

Conclusions : Les leçons "e" ≠ BS

1) Les leçons "e" du 1098 et les Hexaples originaux :

Sur les 49 leçons "e" ≠ BS que nous avions retenues, nous avons dû en exclure la moitié : 24 :

- 16, où nous pensons que la leçon de la colonne "e" a été corrompue,

- 8, où il nous semble qu'un ou plusieurs mots, ajoutés d'abord dans la marge, ont été ensuite introduits dans la colonne de "e".

2) Rapport entre les leçons "e" ≠ BS et d'autres témoins anciens :

Nous avons comparé les 25 leçons de "e" qui nous restaient avec le Bodmer 24 et avec les témoins du texte de Haute-Egypte.

a) avec le Bodmer 24 : sur ces 25 leçons de "e", 13 se rencontrent en Bodmer 24 :

4x "e" = Bodmer 24 : nos.28.31.43.44

9x "e" ≠ Bodmer 24 : nos.29.30.34.36.37.40.41.42.45

b) avec les témoins du texte de Haute-Egypte : ces leçons de "e" s'accordent 4x avec U, 2x avec 2013 et 2x avec Sa, contre BS.

no.	25	28	31	32
U	x	x	x	(x)
2013			x	(x)
Sa	x	x		[1]

---

1 Sa donne l'ensemble du Psautier, mais les versions ne permettent pas toujours de retrouver la forme de la 'Vorlage'.

Ces accords de la leçon de "e" avec les témoins du texte de Haute-Egypte contre ceux de Basse-Egypte prennent plus d'intérêt si l'on pense que U et 2013 sont très fragmentaires[1] ; nous notons en particulier l'accord des nos. 28 et 31 où U = Bodmer 24.

3) <u>Le travail d'Origène</u> :

Nous remarquons que
3x "e" ajoute : nos. 32.37.41
3x "e" omet : nos. 29.33.43
2x "e" transpose: nos. 34.35
ailleurs la leçon "e" est simplement différente de BS.

Les transformations de la leçon LXX rapprochent la leçon "e" de l'hébreu (TM) et elles peuvent, en général, être attribuées à une correction (recension) d'Origène; il se peut pourtant qu'Origène disposait pour certaines de ces corrections d'un texte LXX et qu'il s'est contenté de choisir la leçon la plus fidèle à l'hébreu et aux "autres".

Pour les autres leçons de "e" ≠ BS, nous pensons aussi que le plus souvent Origène avait le choix entre différentes formes de la LXX et qu'il a pu choisir la leçon que nous trouvons en "e" : ainsi pour les nos : 25.28.31.36.39.40.43-49. Nous ferions davantage de réserves au sujet des leçons nos. 26.27.30.38, mais nous ne pouvons pas exclure la possibilité qu'Origène ait connu des mss qui lui offraient de telles leçons.

---

1 cf. RAHLFS LXX, p. 28 - 30.

B) 1098 avec B ou S.

Dans la section précédente, nous avons parlé de cas où la leçon LXX du 1098 s'écartait à la fois de B et de S. Nous voulons ajouter ici un certain nombre de versets où "ᵬ" s'accorde avec un des deux principaux témoins du texte de Basse-Egypte.

50) Ps 17,32 a :   e :   παρεξ = f
     b) μεββελαλη; c) απο ανω; d) εκτος.

La leçon παρεξ του κυριου se lit en S U I' ;πλην του κυριου en B R A³ . L'hébreu utilise dans ce verset deux mots différents מבלעדי et ז לתי : "e" rend le premier par παρεξ et le second par πλην; B et d'autres témoins traduisent les deux mots par πλην; le Ga traduit les deux fois "praeter".παρεξ est un mot rare : dans les Ps il n'apparaît qu'ici[1]; dans le passage parallèle de 2 Sm 22, la LXX traduit deux fois πλην.

La leçon de "e" nous apparaît donc comme une leçon hexaplaire, due au choix d'Origène, qui l'a sans doute préférée pour rendre plus fidèlement l'hébreu et peut-être aussi parce qu'il la lisait en "f".

51) Ps 17,36 d :   e :   >   = b-c-d-f

La majorité des témoins de la LXX ajoutent un quatrième stique au v. 36 : και η παιδεια σου αυτη με διδαξει; ce stique n'est omis que par S [2] et 1098 (non Ga)[3]. Nous connaissons, par ailleurs, des scholies qui affirment que ce stique

---

1 παρεξ se lit 16x dans la LXX, mais seulement en Is 43,11 et en Ps 17,32 pour traduire מבלעדי.

2 Dans S, le correcteur (cᵃ) a ajouté ce stique au bas de la col.

3 Ga^I le place sous obèle; Sa^B* et La^G omettent le stique 36 c.

ne faisait pas partie de la LXX[1] et qu'il pourrait être la traduction de Théodotion, introduite en doublet dans les mss de la
LXX[2]

Il semble bien qu'Origène a omis ce passage dans les
Hexaples où il aurait occupé 2 ou 3 lignes supplémentaires dans
la colonne "e" mais il est possible qu'il l'ait conservé (sous
obèle ?) dans sa recension. En effet, alors que le Ro avait "et
dextera tua suscepit me et disciplina tua ipsa me docuit" (=
36 b et d de Rahlfs), Jérôme introduit en Ga, après le v.36b,
"et disciplina tua correxit me in finem" c'est-à-dire le stique 36c [3]. Il semble donc qu'Origène ne connaissait pas ici un
texte de type S sinon il aurait pu omettre entièrement dans sa
recension ce stique pour lequel il ne trouvait d'équivalent ni
en hébreu ni chez les "autres".

52) Ps 17,40 b : e : τους επισταμενους = f [4]

b) καμαï; c)επανεστηκοτας μοι; d) τους ανϑισταμενους
μοι.

La LXX offre ici deux leçons : celle de B, la mieux
attestée, avec παντας et l'autre sans παντας que l'on trouve en
S La^G Aug Ga Hi = TM. D'après Rahlfs, "1098 deest": il est vrai
que le milieu du feuillet n'est pas conservé, mais il ne devait
pas contenir plus d'une ligne, c'est-à-dire la traduction du
verbe, sans παντας.

---

1   1175 : *Ꝺⳝ* : το και η παιδεια σου αυτη με διδαξει.
    ϑεοδοτιωνος εστιν: - αντι και η παιδεια σου ανορϑωσεν με
    εις τελος ειρημενου τοις ο' ; de même dans la cat. Ambrosiana
    H 112. το και η παιδεια σου αυτη με διδαξει μονος ο
    ϑεοδοτιων ειρηκεν επει ουτε παρα τοις εβδομηκοντα κειται
    ουτε παρ'ετερω των ερμηνευσαντων; et dans plusieurs mss de
    la cat. XVII : το και η παιδεια σου αυτη με διδαξει ου
    κειται παρα τοις ο', αλλ'αντι τουτου η παιδεια σου ανωρϑωσε
    με εις τελος. cf. Osservazioni, p. 16.
2   RAHLFS LXX, app. critique, qui considère encore la col. "f"
    du 1098 comme celle de Théodotion, reproche à Field d'avoir
    identifié le stique 36 d avec la traduction de Théodotion;
    mais le "f" de 1098 nous donne la Quinta et non Théodotion.
3   Ce stique se lit encore en α η[2] med.
4   pour la variante επισταμενους et επιστανομενους, cf. RAHLFS,
    LXX, in loco.

Dans la Lettre à Sunnia Jérôme affirme : "sed omnes additum est"[1] et, de fait, dans le Ga, il a supprimé le "omnes" du Ro.[2]

Nous pensons donc que la LXX origénienne omettait παντας. Une telle omission suppose qu'Origène trouvait cette leçon dans certains mss, ce qui n'est pas impossible puisque ce mot manque dans S et dans plusieurs témoins latins.

53) Ps 29,1 a :   e : >   = b-c-d-f

Une partie des mss de la LXX commencent ce verset par εις το τελος : ainsi B U Sa[L] 1220 R[ʋ] L[d](sil) He 55 cf. L[b/] ; au contraire, S Bo Sa[B] 1098 Ga L[b] T[ɔ] A = TM omettent ces mots[3].

Devant cette situation textuelle on comprend facilement le choix d'Origène : il devait préférer la leçon sans εις το τελος. Cependant nous n'avons pas dans le Ga une confirmation directe de la LXX origénienne car le Ro, comme plusieurs psautiers latins, omettaient déjà ces mots[4]. De même dans PG 23, 257.31, nous lisons le passage sans εις το τελος mais là non plus le commentaire n'apporte pas une attestation explicite de l'omission[5].

54) Ps 29,1 a :   e : τω δαδ

b) λ δαυειδ; c-d) του δαυειδ; f) του δ̄ᾱδ.

Le datif est supporté par S 1098 L[dʋ] He A; ipsi David: Aug; le génitif (του δαυιδ) se lit en B L[b(sil)] T. Le choix d'Origène prend d'autant plus de relief que c-d-f ont tous trois le génitif. Origène lisait-il τω δαυιδ dans tous ses mss?

---

1 SF p. 13 lig. 14-15.

2 "omnes" se lit également dans la Vetus Latina, à l'exception de β γ.

3 Le Bodmer 24 semble omettre le εις το τελος.

4 seuls α γ δ ont "in finem".

5 au contraire εις το τελος se lit dans la LXX qui suit les Hexaples dans les Fragments Mercati, p. 25.

55) Ps 30,1 :   e :   >   = b-c-d-f

La majorité des témoins de la LXX ajoutent εκστασεως, mais S La^G 1098 Ga (non Vulg) L^{pau} = TM ignorent ce mot. Si Origène a connu un texte sans εκστασεως, il l'a sans doute choisi pour la colonne "e", puisque cette leçon s'accorde et avec l'hébreu et avec les "autres".

L'absence du mot dans le Ga n'est pas une confirmation directe du choix hexaplaire car Jérôme trouvait cette même leçon dans Ro[1] ; par contre Eus, dans son commentaire, confirme explicitement l'absence du mot : "ουτε εν τη εβραικων γραφη ουτε παρα τοις λοιποις ερμηνευταις η προγραφη περιεχει εκστασεως" et il suggère qu'il a été introduit à partir du v.23 de ce Ps.[2]

56) Ps 30,4 a :   e : κραταιωσις μου = f mg κραταιωσις
    b) σελει; c-d) πετρα μου; f) στερεος μου.

Origène devait probablement disposer des deux leçons : κραταιωμα (= B R L′) et κραταιωσις (S U A′) et peut-être a-t-il préféré cette deuxième forme, parce qu'elle correspondait à une "autre" traduction grecque (f mg) ?

Signalons encore une note du 1175 : (repère κραταιωμα) :ϑ′ ομοιως τοις ō ; α′ σ′: πετρα μου.

Il est possible que cette annotation signifie simplement que ϑ′et ο′donnaient une leçon différente de celle de α′σ′. Mais il se peut également que la remarque-empruntée à la mg d'un psautier hexaplaire - ait voulu marquer la différence entre la leçon de la LXX commune (κραταιωμα) et celle de la LXX hexaplaire et ϑ′(κραταιωσις).[3]

Dans le Ga, nous remarquons que Jérôme a corrigé le Ro

---

1   Parmi les Psautiers latins, seul α ajoute "exstasis".

2   PG 23, 265 lig. 5; même remarque dans le 1121 (fol 269) et en Tht (PG 80, 1077 lig. 5).

3   sur les scholies du 1175 cf. infra p. 138.

"firmamentum meum" en "fortitudo mea"[1]. Faut-il y voir une influence de la leçon hexaplaire ? Il nous semble que oui.

57) <u>Ps 30,20 a</u> :   e : της χρηστοτητος σου
    b) τουβαχ; c) αγαθον σου; d) το αγαθον σου;
    f) της αγαθωσυνης σου.

La plupart des témoins LXX, y compris Bodmer 24, ajoutent κυριε; ce mot est, au contraire, omis par S Sa[B(vid)] La[G]
1098 = TM.

La leçon de "e" provient-elle d'un choix ou d'une correction d'Origène ? On ne peut certes pas exclure absolument la
possibilité qu'Origène ait connu un texte grec sans κυριε, mais
il faut remarquer, d'une part, que les témoins de l'omission
sont rares et peut-être influencés par la LXX origénienne et,
d'autre part, que la présence de l'obèle dans le Ga[R][2] - le ms
le plus sûr en ce qui concerne les signes critiques - devrait
signifier que le mot κυριε n'avait pas été entièrement omis par
la <u>recension</u> origénienne. Bien que l'on admette assez généralement qu'Origène a maintenu dans les Hexaples les mots qui ne
demandaient pas de lignes supplémentaires ("petit obèle"), il
semblerait que, dans ce verset, Origène ait omis le κυριε en
"e" comme en témoigne le 1098 mais qu'il l'ait conservé sous
obèle dans la recension faite sur les Hexaples.

58) <u>Ps 30,21 a</u> :   e : α̅ν̅ω̅ν = d
    b) εις; c-f) ανδρος [3].

Le pluriel ανθρωπων est attesté par toute la LXX, y
compris le Bodmer 24, à l'exception de S qui donne ανθρωπου.

Le Ga conserve le pluriel "hominum" que Jérôme trouvait en Ro et dans la Vetus Latina. Nous pensons qu'Origène n'a

---

1 "fortitudo mea" se lit encore en α γ δ med; dans PG 23,
   265 lig. 38, nous lisons la leçon avec κραταιωμα.

2 cf. aussi dans plusieurs autres mss moins importants.

3 même leçon en 264 :ε' α' : ανδρος; σ' : α̅ν̅ω̅ν.

pas connu la leçon attestée par S [1], car s'il avait eu le choix
entre les deux formes du texte, il eût probablement préféré le
singulier qui traduisait bien l'hébreu (אֲישׁ) et qui s'accordait
mieux avec les leçons de "c" et de "f".

59) Ps 30,23 c : e : εισηκουσας = d

b) σαμ'αϑ; c) ηκουσας; f) υπηκουσας.

Après εισηκουσας B² R^U Sy 55 ajoutent κυριε; au contraire S U^U 1098 Ga L' A = TM omettent ce mot.

Origène disposait certainement de mss lui permettant
de choisir la leçon sans κυριε : à noter que les trois principaux témoins de Haute-Egypte appuient ce choix. Quant à Jérôme,
il trouvait en Ro une leçon sans "domine" qu'il a conservée en
Ga. [2]

60) Ps 30,24 b : e : οτι αληϑειας

b) εμουνιμ; c) πιστους; d) πιστεις; f) αληϑειαν.

Le οτι, qui n'a d'équivalent ni dans l'hébreu, ni chez
les "autres", est attesté par l'ensemble des témoins LXX, y
compris le Bodmer 24, à l'exception de S. [3] Nous remarquons que
le mot a été maintenu en "e" (comparer avec le n. 57 où, au
contraire, le "petit obèle" semble avoir été omis !), mais il
devait être obélisé dans la recension origénienne comme il
l'est en Ga^R et en Sy. [4]

61) Ps 34,18 a : e : εξομολογησομαι σοι κ̅ε̅

b-c-d-f omettent le κ̅ε̅

---

1 S^c a : ανϑρωπο̅υ̅^ων. La leçon de S est-elle due à une recension
  sur l'hébreu ?

2 Parmi les Psautiers latins, la plupart ajoutent pourtant
  "domine" : ainsi α γ δ ε η λ med; quant à Eus, la fin du
  commentaire de ce ps n'est pas conservée en PG 23.

3 S^c a ajoute οτι.

4 Jérôme qui corrige le "veritatem" du Ro en "veritates",
  maintient en effet le "quoniam" sous obèle.

Dans la LXX, le $\overline{\varkappa\epsilon}$ n'est attesté que par B' Sa R''Tht'
He 1219' : il est omis par S Ga L A = TM[1]. Si Origène avait
maintenu le $\varkappa\upsilon\rho\iota\epsilon$ dans la colonne LXX des Hexaples, on devrait
en conclure qu'il ne disposait d'aucun ms omettant ce mot. Tou-
jours selon cette hypothèse, le mot devrait se lire, au moins
sous obèle, dans le Ga. Or Jérôme a éliminé en Ga[2] ce mot qu'il
trouvait en Ro et dans toute la Vetus Latina.

Au contraire, si nous considérons que $\overline{\varkappa\epsilon}$ a été ajouté
par après en "e" [3], la correction du Ro par Jérôme s'explique
parfaitement.

62) <u>Ps 34,19 a</u> : e : $\alpha\delta\iota\varkappa\omega\varsigma$ = f
b) $\sigma\epsilon\varkappa\rho$; c) $\psi\epsilon\upsilon\delta\upsilon\varsigma$; d) $o\iota$ $\psi\epsilon\upsilon\delta\epsilon\iota\varsigma$

$\alpha\delta\iota\varkappa\omega\varsigma$ est la leçon LXX la mieux attestée; $\mu\alpha\tau\alpha\iota\omega\varsigma$ se
lit en B [4].

Le choix d'Origène est donc clair : $\alpha\delta\iota\varkappa\omega\varsigma$ apparaît
nettement comme la leçon LXX [5]; le Bodmer 24 donne probable-
ment la même leçon mais le passage est défectueux, alors que le
Ga reprend le "gratis" [6] que Jérôme trouvait dans le Ro et dans
toute la Vetus Latina.

---

1 Parmi ceux qui omettent, Rahlfs compte aussi le 1098, mais
   Mercati maintient le mot, même s'il pense à une addition...
   "fa pensare che $\overline{\varkappa\epsilon}$ sia stato aggiunto dipoi con inchiostro
   meno penetrante e meno resistente", cf. Osservazioni, p.226.
   Dans le Bodmer 24, le passage manque.

2 "domine" se lit en Ga[F], mais non dans les autres mss du Ga.
   On sait par ailleurs que Jérôme a plusieurs fois corrigé u-
   ne telle addition du nom divin : cf. SF, p. 16 lig. 1ss.

3 ce que Mercati suggère dans Osservazioni, p. 226, note 4.

4 cf. la mg de "f" que Mercati complète $\mu\alpha\tau$ [$\eta\nu$.

5 Dans les Ps, $\alpha\delta\iota\varkappa\omega\varsigma$ rend régulièrement שָׁקֶר (3x sur 3)
   en dehors de notre Ps; d'autre part $\mu\alpha\tau\alpha\iota\omega\varsigma$ se rencontre
   3x également, mais jamais pour שָׁקֶר sauf la leçon de B en
   notre passage.

6 En dehors de ce passage, "gratis" rend en latin 4x $\delta\omega\rho\epsilon\alpha\nu$
   (Ps 65,8; 108,3; 118,161; 119,7) et 1x $\mu\alpha\tau\eta\nu$ (Ps 34,7).

63) <u>Ps 34,24 a</u> : e : >   = b-c-d-f

Après κρινον με, B R' Aug L'' A'' ajoutent κυριε, mais
ce mot est omis par S' Sa La^G 1098 Ga et dans le Bodmer 24.[1] On
comprend qu'Origène ait choisi la leçon sans κυριε, en accord
avec l'hébreu et les "autres"; une telle leçon existe en S et
dans la Vorlage de Bo et Sa. D'autre part, le choix d'Origène
est confirmé par Ga, qui omet le "domine" que Jérôme lisait en
Ro et dans la majorité des psautiers latins.[2]

64) <u>Ps 34,24 a</u> : e : κατα την δικαιοσυνην μου = d
     b) χσεδκαδ[3]; c) κατα δικαιον σου;
     f) κατα την δικαιοσυνην σου...

La plupart des mss hésitent entre les leçons
δικαιοσυνην μου = R' Aug 1098 L^b H* - cf. aussi Bodmer 24[4], -
et δικαιοσυνην σου = B' 2013 Ga L^a/ A' = TM; S et La^G, au contraire traduisent : ελεημοσυνην σου[5].

La colonne "e" donne une leçon qui s'oppose à l'hébreu
et aux traductions de "c" et de "f", leçon que nous ne retrouvons ni dans le Ga,[6] ni dans le Commentaire d'Eus.[7]

Si comme Mercati le pense[8] δικαιοσυνην μου est la

---

1 Le début de la ligne manque et la place n'est pas suffisan-
   te pour insérer κ̅ε̅.

2 les psautiers γ η moz omettent aussi "domine".

3 où nous lisons χσεδκαδ et en note, "lire ΧΣΕΔΚΑΧ ut,
   lig. 40.

4 Dans Bodmer 24 nous lisons : κατα την διοκαιοσυνην^(sic) μου.

5 S^c ^a corrige en δικαιοσυνην σου.

6 Le Ro avait "secundum misericordiam tuam", le Ga corrige le
   substantif, mais conserve le possessif de la 2ème pers.
   "secundum iustitiam tuam" (= med); seuls les psautiers α
   et moz^c ont "iustitiam meam".

7 PG 23, 313, lig. 25 : ... σοῦ... κρίναντος κατὰ τὴν
   δικαιοσύνην σου, οὐκ ἐπιχαρήσονται...

8 cf. Osservazioni, p. 252-3 : Mercati propose de voir en "d"
   une influence de "e".

leçon originale des Hexaples, nous aurions un exemple d'un choix assez étonnant d'Origène. Il est vrai qu'il trouvait une telle leçon dans la LXX, mais comment expliquer qu'il n'ait pas préféré la forme δικαιοσυνην σου qui correspondait à l'hébreu et qui se lisait en "f" ?

De plus, si Origène a vraiment choisi la leçon que nous avons en "e", Jérôme n'a pas recensé sur ce point le Ro. Ou bien faut-il supposer que dans sa recension hexaplaire Origène ait abandonné le δικαιοσυνην μου de la colonne LXX des Hexaples pour le remplacer par δικαιοσυνην σου ?

65) Ps 45,1 : e : υπερ των υιων κορε / υπερ των κρυφιων[1]
b) αβνη κορ[2] / αλ. αλμωθ; c) των υιων κορε / επι νεανιοτητων; d) των υιων κορε / υπερ των αιωνιων; f) τοις υιοις κορε / υπερ των κρυφιων.

Nous trouvons dans la LXX deux variantes principales. La première concerne la traduction de לבני-קרח : B' 2013 R'' 1098[(txt)] Ga L[a/] et Bodmer 24 ont υπερ των υιων κορε (> υπερ He) alors que S 1098 (mg) Vulg L[b] 55 traduisent τοις υιοις κορε (= "f"). La seconde variante se rapporte à l'ordre des deux membres de la phrase : S et L[pau] placent υπερ των κρυφιων avant la traduction de לבני-קרח.

Origène semble avoir choisi pour les Hexaples la leçon LXX la plus commune qui suit l'ordre des mots du TM et traduit υπερ των υιων κορε. Or le υπερ ne se lit ni dans l'hébreu, ni chez les "autres".[3]

66) Ps 45,4 a : e : τα υδατα αυτων = f mg
b) μημαω; c) υδατα αυτου; d) των υδατων; f) τα υδατα αυτης.

---

1 entre la ligne υπερ των υιων κορε et υπερ των κρυφιων, nous avons en "e" τοις υιοις, peut-être une indication de la leçon de Théodotion ?

2 en note : ΛΑΒΝΗ ΚΟΡ.

3 Le Ga conserve le "pro filiis" du Ro. cf. aussi la note du 1121 (fol 407).

L'ensemble de la LXX donne la leçon que nous trouvons en "e"; seul S lit ici τα κυματα αυτων [1]. Il est certain que κυματα est une corruption[2] et que "e" représente ici la leçon choisie par Origène. Jérôme a légèrement modifié le Ro "aquae eius" en "aquae eorum" de Ga (= aussi α η* λ med.)

    67) <u>Ps 45,4 b</u> :   e : εν τη κραταιοτητι αυτου   = f mg

            b) βγηουαθω; c-f) εν τη υπερηφανια αυτου;

            d) εν τω ενδοξασμω αυτου.

Ici encore S est l'unique témoin de la LXX à faire exception en donnant ε. τ. κ. <u>αυτων</u>[3]; le pluriel   αυτων provient probablement du v.42. Dans les "autres" traductions le substantif varie, mais toutes ont le sing. αυτου : le choix d'Origène est donc assuré.

    68) <u>Ps 48,11 a</u> :   e : επι το αυτο αφρων / και ανους = f

            b) ιααδε χειλ / ουβααρ; c) αμα ανοητος / και ασυνετος;

            d) ομου ανοητος / και αμαθης.

Dans ce passage B seul[4], contre l'ensemble des témoins de la LXX, inverse l'ordre des mots (ανους και αφρων); on comprend bien que dans ces conditions Origène ait préféré l'ordre des mots que nous avons en "e".

    69) <u>Ps 88,28 a</u> :   e : και εγω

            b) αφ ανι; c) καιπερ εγω; d) καγω δε; f) καιγε εγω.

Dans la LXX des Ps, אף est rarement traduit pas un simple και; le plus souvent il est rendu par και γαρ[5]. Ici

---

1   C[c a] : υδατα.

2   dans les Ps, κυμα se lit 6x, dont 5x pour traduire גל et
    1x (notre Ps) pour rendre מים (en S, uniquement).

3   S[c a] : αυτου.

4   cette leçon de B se retrouve (peut-être) en α, le seul
    psautier latin qui donne "inprudens et insipiens" au lieu
    de "insipiens et stultus" que nous lisons dans les autres.

5   en dehors de notre Ps, אף se lit 22x dans les Ps: il est
    traduit 18x, dont 9x par και γαρ, 4x par και, 2x par ου γαρ,
    2x par ετι δε και et 1x par νυνι δε. Notre passage est le
    seul où אף est rendu par καγω.

l'ensemble de la LXX le traduit par un simple κα mais alors
que B R L′ 55 lient la conjonction au pronom personnel (καγω),
S 1098 A′ donnent και εγω [1]. Il se peut qu'Origène ait préféré
cette leçon en 2 mots parce qu'elle suivait plus fidèlement
l'hébreu (cf. aussi les leçons de "c" et "f").

70) <u>Ps 88,35 a</u> :   e :   την διαθηκην μου = f
        b) βριθι; c) συνθηκην μου; d) την συνθηκην μου.

La leçon εν τη διαθηκη μου n'est attestée que par S [2]
et on ne voit pas d'où elle pourrait provenir[3] sinon d'une corruption du texte. Le Ga reprend simplement la leçon du Ro et
des autres psautiers latins; mais le choix d'Origène n'est pas
douteux[4] et on peut en trouver une confirmation dans le Commentaire des Ps d'Eus. [5]

71) <u>Ps 88,46 a</u> :   e :   του χρονου αυτου
        b) αλουμαυ; c) νεανιοτητ(ων) αυτου;
        d-f) της νεοτητος αυτου.

La majorité des témoins de la LXX donnent ici la même
leçon que "e"; au contraire B Sa La lisent θρονου αυτου; le
Bodmer 24 n'est pas conservé. [6]

La différence ne porte que sur une <u>seule lettre</u> et il
est évident qu'il s'agit d'une corruption au niveau du grec,
mais assez ancienne puisqu'elle a passé dans une partie de la
Vetus Latina[7]. On peut penser, comme le fait Rahlfs, à une influence du stique précédent où le mot θρονον se lit.

---

1 Bodmer 24 manque.

2 S^c a ramène le texte à la leçon habituelle. Bodmer 24 manque.

3 βεβηλουν se construit normalement avec l'acc., cf. avec le
   même mot en Ps 54,21.

4 Noter qu'Origène conserve le mot διαθηκη de la LXX (= "f")
   alors que "c" et "d" traduisent ברית par συνθηκη.

5 (1105,6.54).

6 ailleurs dans les Ps θρονος traduit toujours כסא : 18x.

7 α γ δ et moz^x.

En ce qui concerne le Ga on notera que Jérôme a corrigé le Ro "temporum" en "temporis"[1] ; quant à Eus, il atteste
la leçon του χρονου αυτου en (1109,37) mais sans confirmation
dans le commentaire.

D'après le 1175, Théodotion avait la même leçon que ο',
c'est-à-dire très probablement του χρονου αυτου.[2] On peut donc
être certain qu'Origène a choisi la leçon commune de la LXX,
c'est-à-dire celle de "e", leçon qu'il a maintenue malgré l'accord de c-d-f, qui traduisent tous trois l'hébreu par un mot
grec de la racine νεο-(עלם II) au lieu du עולם que semblent a-
voir lu les LXX.[3]

Conclusions : accord de 1098 avec B ou S

Nous avons retenu 22 lignes du 1098 où les leçons de "e"
s'accordent avec un des deux principaux témoins du texte de
Basse-Egypte.

Parmi ces leçons, nous pensons devoir éliminer le no. 61
(+ κυριε) comme une addition secondaire. Nous avons également
des doutes quant à l'originalité du κατα την δικαιοσυνην μου
(no. 64) malgré l'opinion de Mercati.

1) Comparaison des leçons de "e" avec B et S.

    a) Dans les 20 autres leçons, nous constatons que 14x la
       colonne "e" s'accorde avec S contre B : nos. 51-57.59.62.
       63.68.69.71. Particulièrement intéressantes sont les

---

1 le singulier se lit également en med.

2 1175 : α' ημερας νεοτητ(ων) αυτ(ου); σ' νεοτητος
   αυτου; θ' ομοιως τ(οις) ο'.

3 bien que cette traduction soit exceptionnelle dans la LXX;
   H.-R. la signale par † .

traductions παρεξ (no.50) et κραταιωσις (no.56) ainsi
que les nombreuses omissions communes : nos. 51.52.53.55.
57.59.63.

b) Les accords avec B contre S sont plus rares : 6x : 58.61.
65.66.67.70. De plus, plusieurs leçons de S ≠ B nous semblent peu sûres : ainsi les nos. 58.66.67.70.[1]. Cf. encore le no.61 (supra) où la leçon originale de "e" pourrait bien correspondre à celle de S plutôt qu'à celle de
B.

2) Comparaisons avec d'autres témoins anciens :

Nous avons ensuite comparé ces leçons de "e" avec quelques autres témoins importants de la LXX:

a) avec le Bodmer 24 : la comparaison est possible pour 12
des 22 leçons que nous avons étudiées.
- 10x "e" = Bodmer 24 : nos. 53.58.60.62-68
- 2x "e" ≠ Bodmer 24 : nos. 55.57
Parmi les accords avec le Bodmer 24, signalons tout particulièrement le no.64; les deux fois où le Bodmer 24 ne
correspond pas à la leçon de "e", il y a addition de sa
part : no.55 (εκστασεως) et 57 (κυριε).

b) avec le texte de Haute-Egypte : bien que très fragmentaires, U et 2013 nous donnent quelques accords nets avec la
leçon de "e" :
- "e" = U : no.50 (παρεξ); no.56 (κραταιωσις) et no.59
(> κυριε).
- "e" = 2013 : no.59 (> κυριε).

3) Le travail d'Origène :

La leçon de la colonne "e"

- omet 7x un ou plusieurs mots avec S contre B : nos. 51.
52.53.55.57.59.63. Spécialement les nos.51 et 55.

---

1 4x S^c ^a corrige et reprend la leçon la plus commune de la
LXX : nos 58.66.67.70.

- <u>ajoute</u> 2x un mot : no. 60 (+οτι) avec B contre S; cette
  addition se rencontre dans l'ensemble des témoins LXX,
  et le mot est obélisé en Ga et Sy.; la seconde addition
  no. 61 (+ κυριε), au contraire, ne nous paraît pas provenir du travail d'Origène.

Nous pensons qu'Origène a pu généralement <u>choisir</u> ces leçons de "e" dans les mss qu'il avait rassemblés. Peut-être
l'omission du no.51, qui n'est attestée que par S, provient-
elle d'une <u>correction</u> d'Origène ?

Nous avons enfin constaté dans quelques leçons un accord
si particulier entre S et l'hébreu que nous nous sommes demandé si S ne portait pas la trace d'une recension (antérieure ?)
indépendante du travail d'Origène : ainsi pour les leçons des
nos. 58.60 et peut-être aussi 64.

CHAPITRE II : ETUDE DE QUELQUES LECONS DE "E" DIFFERENTES DE

TOUTES LES AUTRES TRADUCTIONS HEXAPLAIRES DU 1098.

Dans les passages de Ps qui nous sont conservés par les
Hexaples des Fragments Mercati nous avons relevé plus de 80 cas
où la leçon de la colonne LXX s'écarte de toutes les autres leçons données (b-c-d-f, ainsi que "e" mg et "f"mg). Parmi ces
traductions de la LXX, nous ne retiendrons que celles qui présentent un intérêt particulier pour l'étude du travail recensionnel d'Origène, soit parce que la leçon de "e" s'écarte de
celle des "Trois" réunis, soit parce qu'elle suppose parfois
un texte hébreu différent de celui de la colonne "b" et du TM.

    1) <u>Ps 17,28 a</u> :   e : οτι
        b) χιαϑϑα; c-d-f) οτι συ.

Toute la LXX atteste ici la leçon οτι συ; le Ga reprend
le Ro "quoniam tu"; quant à Eus, il semble, lui aussi, ne connaître que la leçon οτι συ.[1]

On ne voit pas pourquoi Origène aurait supprimé en ce
verset le pronom personnel [2], alors qu'il le conserve au v.29a,
dans une situation identique. Faut-il considérer cette leçon
de "e" comme fautive ? Nous le pensons.

    2) <u>Ps 17,30 a</u> :   e : ρυσϑησομαι
        b) αρους; c-f) δραμουμαι; d) καταδραμουμαι.

Dans ce passage toute la LXX traduit ainsi le verbe
רוץ; ailleurs dans les Ps, ρυεσϑαι se rencontre 62x, dont 34x
pour traduire נצל Hi, mais jamais pour רוץ, si bien que H.-R.

---

1   PG 23, 177 lig. 40.

2   2 Sm 22,28 n'a pas non plus le pronom personnel mais lit
    και τὸν λαὸν, ce qui correspond au TM de ce passage ...
    ואת עם; au contraire, en 2 Sm 22,29, la LXX traduit comme
    le Ps, par οτι συ.

signale ce passage avec † .[1]

3) Ps 17,30 a : e : απο πειρατηριου.

b) γεδουδ; c) ευζωνος; d) λοχου; f) μονοζωνος

De nouveau la leçon de "e", qui est celle de l'ensemble de la LXX est rare : πειρατηριον ne se rencontre qu'ici dans le Psautier.[2]

4) Ps 17,31 a : e : ο θεος μου

b) αηλ; c-f) ο ισχυρος; d) του θυ.

Toute la LXX, comme la colonne "e", ajoute le possessif que l'on retrouve dans Ga "deus meus", mais sans qu'il y ait référence directe au travail d'Origène puisque Jérôme trouvait cette leçon dans le Ro.

5) Ps 17,31 b : e : τα λογια

b) εμαραθ; c-f) λογιον; d) ρησις.

אמרת est lu comme un pluriel par la LXX qui le traduit comme la colonne "e"; en conséquence, צרופה est également rendu au pluriel πεπυρωμενα alors que les "autres" colonnes traduisent par le singulier.[3]

Nous retrouvons la même leçon au pluriel en Ga où Jérôme conserve le texte du Ro "eloquia domini... examinata."

6) Ps 17,32 b : e : θεος

b) σουρ; c-f) στερεος; d) κραταιος.

צור est assez régulièrement traduit par θεος dans les Ps (12x sur 17); quand il est rendu par un autre mot, celui-ci

---

1 2 Sm 22,30 traduit comme les col. "c" et "f" δραμοῦμαι.

2 Mais le même mot traduit deux autres fois גדוד dans la LXX : Gn 49,19 et Jb 19,12; il traduit également deux fois צבא en Jb 7,1 et 10,17. En 2 Sm 22,30, le mot est traduit par μονόζωνος comme en "f".

3 2 Sm 22,31 a également le sing. : τὸ ῥῆμα ...πεπυρωμένον.

suit toujours θεος[1]. Mais la traduction de la LXX, que "e" re-
produit, reste surprenante puisqu'elle rend dans le même stique
צור et כ אלהי par le même mot grec.

    7) <u>Ps 17,36 c</u> : e : και η παιδεια σου
        b) ουαναυαθαχ; c-f) πραυτης - πραοτης; d) υπακουειν.[2]

    Nous avons déjà parlé de ce stique[3] pour signaler que
dans les Fragments Mercati aucune colonne des Hexaples ne le
faisait suivre d'un quatrième stique comme c'est le cas dans
une grande partie des témoins de la LXX.

    Nous voulons relever maintenant la traduction ענות par
παιδεια que nous lisons dans toute la LXX et qui est si exceptionnelle que H.-R. la marque d'un point d'interrogation. Nous
constatons pourtant qu'Origène l'a maintenue dans les Hexaples,
comme aussi dans la recension qu'il en tira. Nous retrouvons
cette leçon dans le "disciplina tua" du Ga, bien que Jérôme
conserve sur ce point la traduction du Ro.[4]

    8) <u>Ps 27,7 c</u> : e : και ανεθαλεν
        b) ουαιαλεζ; c) και ηγαυριασατο; d) και ιλαρυνθη;
        f) και εκραταιωθη.

    Cette leçon de "e" est attestée par l'ensemble de la
LXX[5]; dans le Ga, Jérôme la maintient en reprenant le "et re-
floruit" du Ro. Pourtant αναθαλλειν ne se lit qu'ici dans les
Ps; ailleurs le verbe עלץ est rendu par αγαλλιασθαι en 59,8;
67,5; 107,8 (?) et par καυχασθαι en 93,3 et 149,5.

---

1   ainsi en Ps 17,2; 18,15; 77,35; 88,27 et 93,22.

2   cf. le 1121 (fol 173v.) : συμμαχος δε εξεδωκεν και το
    υπακουειν με... ο δε ακυλας : και πραοτης σου...

3   supra p. 54.

4   dans le Ro, nous avons le stique 36 d, mais non le stique
    36 c.

5   également en Bodmer 24.

Le 1175 nous confirme les leçons de Aquila et Symmaque que nous trouvons en 1098 [1]; d'autre part, selon le 264, Théodotion traduisait ce passage (και) ανεθαλεν η καρδια μου. [2] Origène pouvait donc conserver cette traduction inhabituelle du verbe עלז en s'appuyant ici sur un des "trois interprètes".

9) Ps 27,7 c : e : η σαρξ μου
   b) λεββι; c-d-f) η καρδια μου. [3]

Toute la LXX traduit σαρξ μου [4]; cette leçon se retrouve en Ga = Ro "caro mea" et également en Eus (PG 23), où elle est assurée par le commentaire [5]. Origène a donc conservé cette leçon de l'ensemble de la LXX malgré l'hébreu et les "autres".

10) Ps 27,7 d : e : και εκ θεληματος μου
    b) ουμεσσιρι; c) και απο ασματος μου; d) και εν ωιδαις μου; f) και απο του ασματος μου. [6]

Autre leçon surprenante de l'ensemble de la LXX, y compris le Bodmer 24, puisque c'est le seul passage des Ps - et même de la Bible grecque - où θελημα traduit שיר. Nous consta-

---

1 1175 α': (και) ηγαυριασατο η καρδια μου; σ': κ(αι) ιλαρυνθη η καρδια μου. cf. aussi en 1706 et 1625 de la cat. X.

2 en PG 23, 249 lig. 27ss, Eus cite les leçons de Symmaque, Aquila, Théodotion et de la Quinta : ἀντὶ δὲ τοῦ 'καὶ ἀνέθαλεν ἡ σάρξ μου, ὁ μὲν σύμμαχος ἄνθησαι φησὶ ἡ καρδία μου, ὁ δὲ ἀκύλας ἐγαυριάσατο ἡ καρδία μου, ὁ δὲ θεοδοτίων καὶ ἀνέθαλεν ἡ καρδία μου, ἡ δὲ πέμπτη ἔκδοσις ἐκρατύνθη ἡ καρδία μου; καὶ πάλιν ἀντὶ τοῦ ἐκ θελήματός μου ἐξομολογήσομαι αὐτῷ, ὁ μὲν σύμμαχος καὶ ἐν ᾠδαῖς μου ὑμνήσω αὐτὸν ἐξέδωκεν, ὁ δὲ ἀκύλας καὶ ἀπὸ ᾄσματός μου ἐξομολογήσομαι αὐτῷ. On remarquera que pour là traduction du verbe les leçons citées par Eus ne correspondent pas à celles du 1098.

3 cf. les notes 1 et 2; également Jérôme, CC 72 lig. 6 :
   Pro carne Theodotion cor interpretatus est.

4 Bodmer 24 inverse l'ordre des mots : και η σαρξ μου ανεθαλεν...

5 PG 23, 249 lig. 1ss, spécialement les lignes 19s : ...οὐ τὴν ψυχὴν μόνον, ἀλλὰ καὶ τὴν σάρκα αὐτοῦ φησι γεγηθέναι καὶ ἀνανεῶσθαι... διὸ ἐπιλέγει, καὶ ἀνέθαλεν ἡ σάρξ μου... cf. aussi note 2 supra.

6 les leçons d'Aquila et de Symmaque sont confirmées par le 1175.

tons pourtant qu'Origène a maintenu la leçon LXX.

11) Ps 27,8 a : e : του λαου αυτου[1]
       b) λαμου; c) ημων; d-f)αυτων .

Toute la LXX traduit κραταιωμα του λαου αυτου[1] alors
que les "autres" ont simplement un pronom au pluriel ("c" :
κρατος ημων[2] "d-f" : ισχυς αυτων). La traduction de la LXX
suppose que les anciens traducteurs grecs lisaient différemment
l'hébreu (לעמו au lieu de למו). Le Ga conserve le Ro "fortitudo
plebis suae" et Eus, dans son Commentaire, confirme la leçon
του λαου αυτου.[3]

12) Ps 28,2 a : e : ονοματι αυτου
       b) σεμω; c-d-f) ονοματος αυτου.[4]

Toute la LXX, y compris le Bodmer 24,[5] traduit "la
gloire pour son nom", alors que les "autres" ont ici "la gloire de son nom" = TM. Le Ga reprend le "gloriam nomini eius" du
Ro.[6]

13) Ps 28,2 b : e : εν αυλη
       b) βααδαρεθ; c) εν διαπρεπεια;d-f) εν ευπρεπεια;
       f mg) εν υπερμενη.[7]

Tous les mss LXX traduisent εν αυλη, (Bodmer 24 manque).
Cette leçon semble indiquer que les anciens traducteurs grecs

---

1 le Bodmer 24 n'est pas conservé; la seule variante que
   Rahlfs signale est celle de T = τω λαω au lieu de του λαου.

2 cf. 264 : α' κραταιος ημων.

3 PG 23, 249 lig. 34ss ...ούτως φησὶ, καὶ παντὸς τοῦ ἰδίου
   λαοῦ κραταίωμα ἔσται.

4 cf. 1175 (repère ονοματι) : οι λοιποι : ονοματος;
   264 : α' σ' θ' ε' ς' : ονοματος αυτου.

5 le début du mot manque : ονο] ματι αυτου...

6 à noter que quelques mss du Ro (Q[2]R[*] U) ont "nominis".

7 mêmes leçons de α' σ' ε' ς' (= f mg) en 264; cf. aussi
   1175 (repère αυλη) : anon. ευπρεπεια.

lisaient un texte hébreu légèrement différent : חדרת ou חצרת
au lieu du TM -חדרת ; dans la LXX, αυλη est une traduction très
rare pour הדרת.[1]

Jérôme a corrigé en ce passage la traduction du Ro "in
aula sancta eius" en Ga "in atrio sancto eius"[2], mais cette correction confirme la leçon LXX.

14) <u>Ps 29,6 a</u> : e : οργη

    b) ρεγε; c) αθροισμος; d) προς ολιγιστον;
    f) συντελεια[3].

La diversité des leçons témoigne de la difficulté des
traducteurs pour rendre l'hébreu. Cependant malgré cette difficulté, toute la LXX, Bodmer 24 compris, traduit par οργη
comme dans le Ps 34,20 b. Il est possible que les LXX lisaient
ici רגז au lieu de רגע (cf. Ha 3,2)[4], mais quelle que soit
l'explication de leur traduction, nous remarquons qu'Origène la
maintient. Nous retrouvons la même leçon dans le Ga = Ro "quoniam ira in indignatione eius" et chez Eus (PG 23, 260,31) où
le commentaire souligne le οργη.

15) <u>Ps 29,8 a</u> : e : τω καλλει μου

    b) λααραρι; c-f) το ορει μου; d) τω προπατορι μου.[5]

Autre leçon de l'ensemble de la LXX [6] qui provient
sans doute d'une variante de l'hébreu : les anciens traducteurs

---

1 αυλη se lit plus de 170x dans le LXX, mais ne traduit que
   3x הדרה : Ps 28,2; 95,4 et 1Ch 16,29, toujours dans la même formule προσκυνησατε τω κυριω εν αυλη (αυλαις) αγια
   (αγιαις) αυτου . Dans les Ps, l'équivalent le plus fréquent
   de αυλη est חצר (8x sur 12).

2 c'est aussi la traduction des psautiers β ε med.

3 mêmes leçons pour α' et ε' en 1175; α' est encore attesté
   par le 264, suivi de σ' : απο ολιγοστον οργη αυτου.

4 sur le sens de רגע, cf. G.R. DRIVER, Problems in the Hebrew
   Text of Job, p. 74-5, dans VTS 3 (1955).

5 cf. 1175 (repère καλλει) α' η ε' : τω ωραιει; σ' : τω
   προπατορι.

6 Le Bodmer 24 a τω) καλλε[ε] μου...

lisaient-ils לְהִדְרִי au lieu de לְהַרְרִי que "c" et "f" rendent par τω ορει μου ? Le Ga = Ro "decori meo" et Eus (PG 23), dans le lemme et dans le commentaire, confirment la leçon de la LXX.[1]

> 16) <u>Ps 29,8 b</u> :   e :   απεστρεψας δε
>
> b) εσθερθα; c-f) απεκρυψας; d) κρυψαντος δε σου.[2]

La majorité des témoins de la LXX, y compris le Bodmer 24, attestent la leçon que nous avons en "e"[3]. Les trois "autres" traductions ont rendu l'hébreu par la racine κρυπτω, ce qui est plus proche de סתר; mais la LXX traduit assez fréquemment ce mot par αποστρεφω dans l'expression : détourner (cacher) son visage à quelqu'un.[4]

Le Ga = Ro "avertisti faciem tuam" suit la LXX, de même qu'Eus en PG 23, 261.15.20.

> 17) <u>Ps 29,13 a</u> :   e :   η δοξα που
>
> b) χαβωδ; c) δοξα; d) δοξα; f) η δοξα.

Les anciens traducteurs lisaient-ils ce substantif avec un suffixe de la 1ère pers. ? Il le semble, car toute la tradition LXX atteste le μου[5] qu'Origène a maintenu en "e" bien qu'il soit absent dans l'hébreu et dans les "autres" traductions grecques qu'il connaissait.

Dans le Ga, Jérôme reprend le Ro "gloria mea" et, selon le PG 23, 264,35, Eus donne la même leçon que la majorité des témoins de la LXX.

---

1 PG 23, 261 lig. 9-12.

2 le 1175 donne aussi la leçon α' : απεκρυψας.

3 Rahlfs signale quelques variantes :
   > απ :   R;   > δε :   R² Aug Ga.

4 ainsi Ps 9,32; 12,1; 21,24; 26,9; 43,24; 50,9; 68,17; 87,14; 101,2; 103,29; 142,7; cette traduction se rencontre également en dehors du Psautier.

5 cf. aussi U² et Bodmer 24 qui ont δεξια μου.

18) <u>Ps 29,13 a</u> : e : και κατανυγω

  b) ιαδομ; c) σιωπησει: d) αποστωπησηι ; f)σιωπησηι. [1]

Toute la LXX traduit דמם par κατανυγω,ce qui est une traduction normale pour les Ps [2]; les "trois" rendent le verbe hébreu par σιωπαν. Le Ga conserve le "et non conpungar" de Ro.

19) <u>Ps 30,3 d</u> : e : και εις οικον

  b) λβηθ; c-f) εις οικον; d) εις τοπον

Le και ne se lit ni dans l'hébreu, ni chez aucun des "autres" traducteurs; on le trouve, par contre, dans toute la LXX, y compris dans le Bodmer 24. Le Ga qui corrige le Ro "et in locum" en "et in domum"[3], maintient la conjonction : on peut y voir une confirmation du texte hexaplaire.

20) <u>Ps 30,5 b</u> : e : συ ει

  b) αθθα; c-d-f) συ

Tous les témoins de la LXX, y compris Bodmer 24, ajoutent le verbe ει, que nous avons en "e"; le Ga donne la même leçon, mais en conservant Ro; "tu es protector meus".

21) <u>Ps 30,21 b</u> : e : εν σκηνη

  b) β***χχα; c) εν συσκιασμωι; d-f) εν σκεπηι [4]

La majorité des témoins LXX, y compris le Bodmer 24, donnent la même leçon que "e"; au contraire nous avons en U (σκηπη) et en Sa (σκεπη) des leçons qui s'accordent avec les colonnes de "d" et "f". Le mot סכה ne se lit que 2x dans les

---

1 Le 264 donne α': και ου σιωπησει; ε' ς' θ' : και ου μη σιωπησει ; ς' : και ου παυσεται. Même si l'on corrige le premier ς'en σ', nous ne trouvons pas pour Symmaque la leçon du 1098.

2 ainsi en Ps 4,5; 29,13 et 34,15; en 108,16 κατανυγω = בכה.

3 leçon que l'on trouve également dans les Psautiers latins α γ δ ε λ   med.

4 la leçon de Symmaque est confirmée par le 1175 (repère σκηνη) :σ' : εν σκεπη.

Ps (ici et en 17,12) et il est traduit les 2 x par σκηνη [1].

Dans le Ga, Jérôme corrige le Ro "in tabernaculo tuo"[2] en omettant le possessif mais il conserve le mot "tabernaculum". En PG 23, nous lisons σκηνη dans le lemme (272,54), mais le commentaire paraît supposer une leçon avec σκεπη [3].

Nous pouvons donc faire deux hypothèses quant à la le-çon hexaplaire : - ou bien Origène a choisi σκηνη (avec la ma-jorité de la LXX) malgré les leçons de "d" et "f", et ceci pour-rait laisser supposer qu'il ne disposait pas de mss ayant sur ce point un texte de Haute-Egypte,
- ou bien, il a choisi σκεπη (cf. PG 23), mais cette leçon a été ensuite remplacée en "e" par celle, plus commune, de la LXX -. Dans ce cas, Origène aurait connu des mss de type Haute-Egypte et il aurait préféré leur leçon qui s'accordait mieux a-vec l'hébreu et avec les colonnes de "d" et "f".

22) <u>Ps. 34,14 b</u> : e : ως πενθων / και / σκυθρωπαζων
b) χεεβλ / εμ /κηδαρ; c) ως πενθως / μητρος / σκυθρωπαζων; d) ως πενθων / ομομητριον / σκυθρωπος; f) ως πενθων / ως ο / σκυθρωπαζων. [4]

L'ensemble de LXX atteste la présence du και (Bodmer 24 n'est pas conservé) et nous retrouvons la conjonction dans le Ga, où Jérôme apporte pourtant plusieurs corrections au Ro.

Au contraire, "c" et "d" ignorent le και et lisent comme TM אם [5].

1 en 2 Sm 22,12 dans le passage parallèle au Ps 17,12, le mot est aussi traduit σκηνη.
2 Dans les Psautiers latins, "tuo" n'est omis que par α β et Ga; "tuo" se lit encore en Aug.
3 PG 23, 273 lig. 14ss της παρα σαυτου σκεπης καταξιων... et εν σκεπη υπο την σαυτου χειρα σκεπαζων...
4 le 1175 et le 264 confirme la leçon de σ' : ως πενθων ομομητριον σκυθρωπαζ(ω)πως (264-πος) εκυφην. cf. encore les mss 1706 et 1625 de la cat. X.
5 Les LXX ont compris, semble-t-il, אם cf. WUTZ, p. 83 : "wie ein Betrübter, ja ein Tieftra4uriger"; la gradation ne se-rait pas entre אח et אם, mais entre les deux mots אבל et קדר. Wutz ajoute : "Auch in S (Syriaque) begegnet uns kein אם Mutter."

23) <u>Ps 34,20 b</u> : e : και επ οργην

   b) ουαλ ρεγη; c) και επι αθροα; d) αλλα περι
   συναπαργης; f) και επι συντελειαν [1]

Nous avons rencontré le même problème de traduction au
Ps 29,6 (no. 14). Ici Jérôme a corrigé le Ro "et super iram
dolose cogitabant" en Ga "et in iracundia terrae loquentes do-
los cogitabant" [2], mais sans apporter un changement important
sur le point que nous étudions.

24) <u>Ps 34,22 b</u> : e : μη αποστηις

   b) ελθαρακ; c) μη μακρυνθης; d) μη μακραν γενηι;
   f) μη μακρυνης.

Les trois "autres" traducteurs grecs ont rendu par un
mot de la racine μακρ- le verbe hébreu רחק . La LXX traduit
ordinairement de la même manière (8x sur 11) dans les Ps [3],
mais dans notre verset tous les témoins de la LXX, y compris le
Bodmer 24, traduisent comme "e". Le Ga conserve le "ne discedas
a me" du Ro et de la Vetus Latina.

25) <u>Ps 34,23 a</u> : e : και προσχες

   b) ουακισα: c-f) και εξυπνισθητι;d) (και) διανα(στ)α.

προσεχειν se rencontre 25x dans les Ps mais seulement
2x pour traduire קיץ Hi : ici et en 58,6.

Cettre traduction inhabituelle se rencontre dans l'ensemble de la LXX et Origène l'a conservée en "e". Dans le Ga,
Jérôme a repris le "intende" du Ro mais en corrigeant le complément "iudicium meum" en "iudicio meo".

---

1   mêmes leçons α' en 1175 et en 264; le ms 1625 de la cat. X
    donne aussi cette leçon pour α', suivie de celles de σ'   et
    ε' (= "d" et "f" du 1098).

2   sur l'addition en Ga de "terrae loquentes" cf. supra p.46.

3   mais en Ps 21,12; 34,22 et 37,22 nous lisons la même tra-
    duction qu'en notre passage : μη αποστης.

26) <u>Ps 34,25 a</u> : e : ευγε ευγε

    b) αα; c) ααα; d-f) ευγε.

Le redoublement du ευγε ne se trouve que dans la LXX, où il n'est omis que par le 2013, par Sa (?) et également, semble-t-il, par le Bodmer 24 [1]. Ce redoublement peut s'expliquer par une harmonisation avec d'autres passages parallèles, par ex. le v.21 du même Ps. Dans le Ga, nous trouvons aussi le double "euge" comme dans le Ro.

Si la leçon de "e" est fidèle aux Hexaples originaux - et non le produit d'une ajoute postérieure - nous aurions ici un cas où la colonne "e" s'écarte du texte de Haute-Egypte (2013 et Sa ?) et du Bodmer 24.

27) <u>Ps 35,2 a</u> :   ο παρανομος

    b) φεσα; c) αθεσια; d) πε(ρι)ασυνθεσιας [2];

    f) ασεβια

Le maintien en "e" de cette leçon LXX est intéressant parce que la traduction de יָשָׁע par παρανομος est un hapax dans les Ps. [3] Il est vrai que tous les témoins LXX, y compris le Bodmer 24 traduisent ainsi.

28) <u>Ps 35,2 a</u> : e : του αμαρτανειν

    b) λαρεσα; c) τω ασεβει; d) του ασεβους; [4]

    f) τω απαρτωλω.

Toute la LXX (Bodmer 24 manque) traduit comme "e"; cette traduction est assez différente de celle des "autres" colonnes et, de plus, elle est rare pour la LXX. [5] Le Ga reprend

---

1 La fin de la ligne est perdue; l'éditeur restitue en mettant un ευγε et il note : Il n'y a pas assez de place pour un second ευγε.

2 pour la leçon σ', cf. 1113 (= Munich 359) :σαφεστερον... ο συμμαχος...περι ασυνθεσιας του ασεβους ενδοθεν η καρδια μου.

3 Dans les Ps, יָשָׁע est rendu 8x par ανομια; et 2x par αμαρτια.

4 cf. note précédente.

5 αμαρτανειν traduit habituellement חָטָא (8x au Qal et 1x à Hi) et seulement 2x יָשָׁע: Ps 35,2 et 74,5.

la leçon du Ro : "ut delinquat".

29) <u>Ps 45,5 a</u> : e : τα ορμηματα
   b) φλαγαυ; c) διαιρεσεις αυτου; d-f) διαιρεσεις [1]

Nous relevons d'abord l'absence du αυτου en "e" malgré
sa présence dans l'hébreu et en "c". Origène n'aura pas senti
le besoin d'introduire en "e" ce αυτου que toute la LXX ainsi
que les colonnes "d" et "f" ignoraient. Ceci nous explique sans
doute pourquoi le mot ne se trouvait pas (même sous astérisque)
dans la recension origénienne, bien que le témoignage du Ga ne
soit pas explicite sur ce point, puisque Ga = Ro.

Notons encore que la traduction des LXX que nous lisons ici pour פלג est rare.[2]

30) <u>Ps 45,6 b</u> : e : το προς πρωι πρωι
   b) λφνωθ / βοκρ; c) τω νευσαι / την πρωιαν;
   d) περι τον / ορθρον; f) το προς / πρωι .[3]

La leçon de "e" se lit en L^{U} Th A' et dans le Ga "mane
diluculo"; ailleurs dans la LXX nous trouvons το προς πρωι:
2013' (= "f" de 1098) [4] et τω προσωπω : B^{U} R^{U} (La^{R} Aug : uultu
suo; La^{G} : de uultu).

La leçon qu'Origène semble avoir choisie pour les Hexaples est étrange; cependant si on excepte la faute d'écriture
(τρωι) et le τω (το), la même leçon se rencontre dans le texte

---

1 Le 1175 confirme la leçon de ε'; Tht (PG 80, 1201 lig. 38)
   après avoir cité la LXX, écrit : σαφέστερον οἱ τρεῖς ἡρμη-
   νεύκασιν...αἱ διαιρέσεις. cf. aussi Chrys.(Gaume V p.220 lig.
   10).

2 En Ps 1,3 et 118,136, le mot est traduit par διεξοδος; noter
   cependant Pr 21,1 où nous trouvons ορμη pour פלג.

3 cf. 1175 (repère sur le 1er πρωι) : α' τω νευσαι πρωιαν,
   θ' τω πρωι πρωι, σ' π(ερι) τον ορθρον. La leçon de "e" se
   rencontre aussi en Chrys. (Gaume V, p. 220 lig. 15) suivie
   de celles de Symmaque et Aquila mais sans désignation des
   traducteurs.

4 cf. Bodmer 24 : το πρωι.

LXX qui suit les Hexaples dans les Fragments Mercati [1] ainsi que dans la Catena. [2]

D'autre part, la leçon de "e", avec le redoublement du πρωι, ne semble pas être une faute du copiste du 1098, puisque le même redoublement est supposé par le Ga "mane diluculo", qui corrige ici le Ro "uultu suo" : il devait donc se trouver dans les Hexaples originaux [3]. Il est possible qu'Origène ait maintenu dans la colonne LXX cette leçon assez étrange qu'il trouvait dans ses mss et qui était plus proche de l'hébreu que celle des mss B et S.

S'il en est ainsi, nous avons là un autre cas où Origène ne disposait pas d'un texte de type Haute-Egypte, car sinon il aurait probablement choisi pour "e" la leçon que nous avons en 2013.

31) <u>Ps 45,7 b</u> : e : εσαλευθη

b) θαμωγ; c) εδραφισθη; d) διελυ(θη); f) τακησεται.

Toute la LXX, y compris le Bodmer 24, donne la même leçon que "e", [4] mais cette traduction de la LXX est rare puisque c'est l'unique cas sur 34 emplois de ce verbe dans les Ps où σαλευω rend l'hébreu מוט. [5] Le Ga n'apporte aucun renseignement supplémentaire : Jérôme y conserve la leçon de Ro "et mota est terra".

32) <u>Ps 48,10 b</u> : e : καταφθοραν

b) ασσααθ; c-d) διαφθοραν; f) την διαφθοραν. [6]

---

1 MERCATI, p. 79, lig. 30.

2 id. p.81, lig. 39-40 où on lit πρωι γαρ και πρωι.

3 Il semble que la LXX se soit corrompue de deux manières :
   το προς πρωι ➞ τω προσωπω et το προς πρωι ➞ το προς
   πρωι πρωι.

4 2013* et R mettent un και devant le verbe.

5 Dans les Ps, σαλευω traduit 17x מוט au Qal et surtout au
   Ni.

6 cf. 1121 (fol 441) εϋϭ ουκ οψεται καταφθοραν... η κατα τον
   συμμαχον ουκ οψεται την διαφθοραν.

La traduction que donne ici la colonne "e" καταφθοραν
se lit dans toute la LXX, y compris le Bodmer 24. Pourtant
διαφθοραν que nous trouvons dans les trois autres colonnes serait la traduction habituelle de la LXX.[1]

    33) <u>Ps 48,12 a</u> :   e : και οι ταφοι αυτων
         b) καρβαμ; c) εν μεσω αυτων; d) τα εντος;
         f) (και) εν μεσω αυτων.

    Tous les témoins de la LXX, y compris le Bodmer 24,
lisent comme "e" και οι ταφοι αυτων", leçon qui s'écarte nettement des "autres" traducteurs grecs sur deux points. D'abord parce que la LXX ajoute un και que Ga et Sy mettent sous obèle [2];
ensuite, en traduisant και οι ταφοι αυτων, les LXX - comme le
Syriaque et Targum - lisent ק‍ברם, au lieu de ק‍רבם, ce qui donne un sens meilleur que le TM.
    Le Ga atteste la même leçon mais ici encore Jérôme
ne fait que reprendre ce qu'il trouvait en Ro et dans les autres Psautiers latins : "et sepulchra eorum". Quant à Eus, le
commentaire [3] confirme la leçon "και οι ταφοι αυτων" citée dans
le lemme.

    34) <u>Ps 48,14 b</u> :   e : και μετα ταυτα
         b) ουδαρημεμ; c-f) και μετ'αυτους; d) οι δε
         μετ'αυτους.[4]

    Cette leçon de "e" correspond à l'ensemble de la LXX [5],
et elle s'oppose à celle des "autres" colonnes. Le Ga reprend
le "postea" de Ro, sans modification.

---

1   διαφθορα: 7x dans les Ps pour שחת alors que καταφθορα ne se
    rencontre que dans ce passage pour traduire שחת et en Ps
    139,12 (B) pour מדחפות.

2   cf. RAHLFS, S.-St. 2, 127-128.

3   PG 23, 432 lig. 31ss.

4   pour les leçons de σ', cf. Th Mops (S e T 93, p.321 lig. 1)
    συμμαχος αντι του : και μετα ταυτα, οι δε μετ'αυτους...;
    même leçon en 1121 (fol 444v).

5   Bodmer 24 : μετ'αυτα.

35) <u>Ps 88,35 b</u> : e : ου μη αϑετησω

    b) λω ασσανε; c-f) ουκ αλλοιωσω; d) αλλαξω

Ce verbe se lit 5x dans les Ps, mais ne traduit qu'ici שׁנה Pi. Cependant cette leçon est bien attestée par l'ensemble des témoins de la LXX [1] et le Ga la conserve en reprenant "non faciam irrita" du Ro.

36) <u>Ps 88,37 a</u> : e : μενει

    b) ιειε; c-d-f) εσται

La fidèlité d'Origène à maintenir une leçon LXX apparaît nettement ici puisque c'est le seul passage des Ps où μενει traduit היה [2] alors que les trois "autres" colonnes donnaient une traduction commune, fidèle à l'hébreu.

37) <u>Ps 88,38 b</u> : e : εν ουρανω

    b) βοακ; c) εν ροπη; d) εν αιϑερι; f) τη νεφελη

Toute la LXX rend en ce passage שׁחק par ουρανος, ce qui est une traduction exceptionnelle [3]; quant à Jérôme, il garde le "in coelo" qu'il lisait dans le Ro et la Vetus Latina.

38) <u>Ps 88,44 b</u> : e : αντελαβου αυτον

    b) ακιμωϑυ; c) ανεστησας αυτον; d) υπεστησας;

    f) εστησας αυτον.

C'est le seul cas où αντιλαμβανω traduit קוּם Hi; la LXX ne donne aucune variante sur ce point : on comprend qu'Origène maintienne cette leçon en "e", malgré l'accord des trois autres traducteurs grecs sur le verbe ιστημι . Le Ga = Ro : "es auxiliatus ei" [4].

---

1   Le Bodmer 24 manque du v 10 au v 47 de ce psaume.

2   μενω : 7x dans les Ps en dehors de ce verset, traduisant 4x עמד, 2x ישׁב et une fois sans équivalent hébreu.

3   Dans les Ps ουρανος traduit 73x שׁמים et seulement ici שׁרק ; ailleurs dans les Ps· שׁרק est toujours traduit par νεφελη, (9x)

4   C'est la traduction de la Vetus Latina à l'exception de α.

39) <u>Ps 88,45 a</u> :   e : απο καθαρισμου

b)ματ'αρω ; c) κεκαθαρισμον αυτου; d) την καθαροτητα
αυτου; f) τους κεκαθαρμενους [1]

Seule la colonne LXX traduit l'hébreu par απο + substantif καθαρισμος - qui ne se lit qu'ici dans les Ps [2]; - elle
offre aussi une deuxième variante par rapport aux traductions
de Aquila,Symmaque et Quinta : l'absence du pronom suffixe : [3]
Quant à Jérôme, il a corrigé le Ro "ab emundatione" en Ga "a
mundatione" mais cette correction ne suppose pas un texte différent de celui que nous avons en "e".

40) <u>Ps 88,51 b</u> :   e : πολλων

b) χολ ραββιμ; c) πασας αδικιας; d) π
οντων πολλων
f) πασας τας αδικιας [4]

Toute la LXX, y compris le Bodmer 24, lit πολλων
(εθνων) ; c'est également la leçon de la Vetus Latina : "multa-
rum (gentium)" que Jérôme reprend en Ga. Au contraire, les
trois "autres" colonnes des Hexaples ont une traduction sensiblement différente : il semble que "c" et "f" lisaient כל־ריבים[5]
d'où = πασας δικας qui aurait été déformé en πασας αδικιας
(λαων ou εθνων)alors que "d" suit l'hébreu que nous trouvons en
"b". [6]

1 Le Patmos 215 (fol 60) nous indique : θ' ...απο καθαρισμου.
   ο δε συμμαχος ουτως : ...την καθαροτητα αυτου; mêmes leçons en Ambr. F. 126 (fol 42v.).
2 Origène pouvait cependant s'appuyer sur la leçon de Théodotion, cf. note précédente.
3 supra p. 32.
4 Le Patmos 215 (fol 62) commente : αντι του... πολλων εθνων...
   ακυλας... πασας αδικιας λαων, συμμαχος... παντων... των
   (sic) εθνων. cf. encore Tht (PG 80, p. 1597 lig.8) ...ὁ δὲ
   σύμμαχος... παμπόλλων ἐθνῶν.
5 cf. Lm 3,58; dans les Ps, δικη traduit 3x sur 5 le mot ריב :
   Ps 34,23; 42,1; 73,22.
6 Comparer avec les leçons de Symmaque citées à la note 4.

84

Origène a donc retenu ici la leçon LXX qui ne traduisait qu'un des deux mots hébreux. Nous retrouvons cette leçon
chez Eus (1121,2 ss) bien qu'il juge celle d'Aquila "σαφεστηρον"
et qu'il cite également dans son commentaire celle de Symmaque
(1121,21 ss).

Conclusions :

1) Les leçons de "e" et celles des "autres" colonnes du 1098.

    a) La comparaison des colonnes des Fragments Mercati met en
       évidence la fidélité d'Origène au texte de la LXX. Sur
       les 900 lignes des Hexaples qui nous sont conservées,
       nous en avons compté plus de 80 dans lesquelles la colon-
       ne "e" maintient la traduction de la LXX contre toutes
       les autres traductions hexaplaires.

    b) Parmi les 40 cas que nous avons retenus dans cette étude,
       nous pensons que la leçon "e" (> συ) au no. 1 est fauti-
       ve; nous avons également des doutes au sujet des nos. 21.
       26 et 30, où les leçons de "e" pourraient être corrompues.

    c) Nous avons relevé au moins 16 cas où la leçon "e" est u-
       ne traduction rare, et même exceptionnelle, dans la LXX;
       ainsi les nos. 2.3.7.8.9.10.25.27.28.29.31.32.35.36.37.
       38.

    d) La leçon de "e" s'oppose au "trois" réunis pour les nos.
       1.9.(11).12.(16).17.(18).20.(24).29.32.36. Nous notons en
       particulier les nos. 9.17.20.32.36.

    e) Plusieurs traductions de la LXX maintenues en "e" suppo-
       sent un texte hébreu différent du TM : nos. 11.13.14(?).
       15.17(?).23.40. cf. aussi le no. 39.

    f) On peut enfin noter que plusieurs leçons "e" ≠ "c-d-f"
       ne concernent pas la traduction d'un seul mot mais d'une
       expression entière, voire d'un stique : ainsi les nos.

2-3. 8-9.22.27-28.

2) Comparaison avec le Bodmer 24.

Nous trouvons dans le Papyrus Bodmer 24 plus de la moitié des leçons que nous avons étudiées : 25/40.

a) 23/25 "e" = Bodmer 24 : nos. 8.9.10.11.12.14.15.16.(17) 18.19.20.21.23.24.25.27.29.31.32.34.40.

b) 2/25 "e" ≠ Bodmer 24 : nos. 26 et 30, mais comme nous l'avons vu ci-dessus, nous avons des doutes pour ces deux leçons de la colonne "e". Nous remarquons en effet que le texte de Haute-Egypte aurait permis à Origène de choisir une leçon en accord avec l'hébreu et les "autres" et, d'autre part, si la leçon que nous trouvons en "e" correspond bien au choix d'Origène, on devrait trouver les mots excédentaires (ευγε et πρωι) sous obèle dans la recension origénienne, c'est-à-dire dans le Ga.[1]
La connaissance du texte de Haute-Egypte aurait également permis de choisir σκηπη (σκεπη) au lieu de σκηνη au no.21, bien que dans ce cas la leçon de "e" s'accorde avec le Bodmer 24. Origène ne connaissait-il pas la leçon que donne ici le texte de Haute-Egypte ou bien devons-nous considérer le εν σκηνη de "e" comme une corruption de la forme choisie par Origène ?

3) Le travail d'Origène.

a) Généralement Origène trouvait dans l'ensemble de la LXX la leçon qu'il a choisie pour "e" : seuls les nos. 21.26. 30. offraient dans la LXX des variantes. Dans ces trois cas, si la leçon de "e" est originale, Origène s'est écarté 3x du texte de Haute-Egypte (de U au no. 21; de 2013 aux nos 26.30) et 1x de celui de Basse-Egypte (de BS au no. 30).

---

1 Noter cependant que ϑ' donnait la même leçon, cf. supra note 3 p.79.

b) Nous avons relevé peu d'indices du travail recensionnel
   d'Origène. Ce qui frappe tout d'abord, c'est sa grande
   fidélité à maintenir les leçons de la LXX, même lorsque
   celles-ci s'écartent nettement de l'hébreu et des "autres".
   Nous avons aussi constaté que la leçon "e" ≠ "c-d-f"
   s'accorde parfois avec celle de Théodotion (nos. 8.30.
   39) que le 1098 ne donne pas.

c) 4x la leçon de "e" ajoute un mot par rapport à l'hébreu
   et aux "autres" colonnes : nos. 4.17.19.20. Les 3x où
   nous pouvons faire la comparaison, cette addition se
   lit également en Bodmer 24 (nos. 17.19.20); quant au Ga,
   il suit chaque fois la leçon de "e" sans mettre sous o-
   bèle le mot excédentaire.

CHAPITRE III : LES LECONS DE "E" S'ACCORDANT AVEC UNE SEULE
DES "AUTRES" COLONNES.

Les Fragments Mercati nous ont conservé plus de 900 lignes
des Hexaples. Nous avons comparé les différentes colonnes pour
analyser les rapports que l'on peut établir entre les leçons de
la LXX des Hexaples et les "autres". La traduction hexaplaire
qui s'accorde le plus souvent avec "e" est celle de la colonne
"f"; nous étudierons les cas qui nous paraissent les plus importants (A). La traduction ajoutée pour certaines lignes dans la
mg de "f" présente également des contacts très étroits avec la
colonne LXX : nous en retiendrons quelques-uns (B). Il nous res-
tera alors à traiter de quelques passages où la colonne LXX
s'accorde uniquement avec la leçon de "c" (C) et celle de "d"
(D).

A. Les leçons de "e" et la colonne "f" du 1098.

Dans 700 lignes environ des Hexaples Mercati, la leçon de
la colonne "f" correspond exactement à celle de la colonne LXX,
et dans plus de 160 cas, "f" est la seule colonne qui nous donne une leçon identique à "e" [1] : nous en avons choisi quelques-
uns.

1) Ps 17,28 b : e = f : υπερηφανων
   b) ραμωθ; c) υψηλους; d) υπερηφανους

Les colonnes "c" et "d" ont traduit רמות comme un adjectif qualifiant οφθαλμους; e = f en font un complément de nom,
bien que le mot précédent ne soit pas à l'état construit [2]. De
plus, la traduction d'υπερηφανος est exceptionnelle : ce mot se

_____

1 en ne comptant que les lignes où les deux leçons sont totalement identiques.

2 2 Sm 22,28 traduit ὀφθαλμοὺς ἐπὶ μετεώρων mais le TM est
   différent : ועיניך על רמים.

lit 11x dans les Ps de la LXX, mais seulement ici pour rendre
l'hébreu רום.

Le Ga = Ro donne la même leçon que la LXX "et oculos
superborum"; quant à Eus, il cite en lemme la leçon LXX mais le
commentaire suit plutôt la leçon de Symmaque, puisque nous y
lisons : "ους παλαι οφθαλμοις υπερηφανοις...κεχρεμενους..."[1]

2) <u>Ps 17,32 a</u> :   e = f : παρεξ   [2]
   b) μεββελαδη; c) απο ανω; d) εκτος

Cet accord entre "e" et "f" pour traduire מבלעדי par
παρεξ (= S U L') au lieu de πλην (= B R A²), est à souligner.
Dans le stique suivant, "f" est également la seule colonne des
Hexaples à traduire comme "e" "πλην" (b :ζουλαθι ; c :παρεκτος;
d: ει μη) mais dans ce deuxième cas la traduction de "f" correspond à celle de toute la LXX.

Le Ga = Ro traduit les deux passages par "praeter" et
Eus, en PG 23, utilise deux fois πλην[3]. Les colonnes "e" et "f"
sont ainsi les seules du 1098 à rendre les deux mots hébreux
par παρεξ et πλην.

3) <u>Ps 17,34 a</u> :   e = f : καταρτιζομενος   [4]
   b)μοσαυε ; c-d) εξισων.

La LXX nous est conservée sous deux formes: καταρτιζομενος = B'R 1098 L' 55 et καταρτιζων = U A. Le Ga a légèrement
corrigé le Ro "qui perficit" en "qui perfecit"[5]; dans Eus,
nous lisons καταρτιζομενος (lemme et commentaire)[6] : Origène
paraît donc avoir choisi en "e" cette leçon καταρτιζομενος qui
était aussi celle de "f".

---

1 PG 23, 177 lig. 37 ss.
2 cf. aussi supra p. 54.
3 PG 23, 180 lig. 20ss.
4 cf. supra p.29 : nous avons proposé de considérer le εξισων
   comme un ajout fautif en "e".
5 leçon qui se trouve également dans les psautiers δ ζ.
6 PG 23, 180 lig. 40 et 56, où nous trouvons : ...και τον
   βιον αμωμον καταρτιζομενος...

4) <u>Ps 17,36 b</u> : e = f : αντελαβετο μου

b) θεσ*δηνι; c) συνεπισχυσε μου; d) υποστηρισει με

Les traductions de "c" et "d" rendent mieux l'hébreu סעד = renforcer, soutenir; d'autre part, sur les 13x où nous a-vons dans les Ps αντιλαμβανεσθαι, ce mot ne traduit que 2 x סעד [1]. La traduction LXX se rencontre 2x en Eus [2] ainsi que dans le "suscepit me" du Ga = Ro.

5) <u>Ps 17,41 a</u> : e = f : νωτον

b) ορφ; c) τενοντα; d) αυχενα

L'hébreu ערף est traduit plus fidèlement par les colon-nes "c" et "d"; cependant la traduction des LXX est bonne, com-pte tenu du contexte; elle se lit aussi en 2 Sm 22 dans le pas-sage parallèle.

Ga = Ro a "dorsum"; cette même leçon est attestée par Eus dans le lemme et dans le commentaire [3].

6) <u>Ps 17,46 a-b</u> : e = f : επαλαιωθησαν / και εχωλαναν /
                               απο των τριβων αυτων

b) ιεβαου[4]   / ουιερογου   /μεμαστωρωθεειμ

c) απορρυησονται/(και) συσταλησονται /απο επικλισμ(ων)
                                       αυτ(ων)

d) ατιμωθησονται/(και) εντραπησονται[5] /απο περιφραγμα-
                                       των αυτων

Ce passage n'offre pas de variante dans la LXX [6]; dans le 1098, les colonnes "e" et "f" le traduisent exactement de la même manière. Le Ro avait ici "inveteraverunt et claudicaverunt

---

1 Ps 17,36 et 19,2.

2 PG 23, 181 lig. 26 et 34.

3 PG 23, 184 lig. 30 et 37 : επει... εστρεψαν προς αυτον νωτα και ουχι προσωπα.

4 MERCATI note : lege ΙΕΒΑΛΟΥ.

5 La traduction de σ' est confirmée par 1121 (fol 177) et par Tht (PG 80 p. 988, lig. 18).

6 Le Bodmer 24 lit : επαλεωθησαν και εχωλαναν α[πο των τριβων]αυτων...

a semitis suis", traduction que Jérôme reprend dans le Ga en modifiant simplement "inveteraverunt" en "inveterati sunt"[1].

L'accord entre les colonnes "e" et "f" est d'autant plus remarquable que la traduction des LXX ne va pas sans problème :

- ainsi παλαιουν (5x dans les Ps) ne traduit qu'ici l'hébreu נבל [2]

- de même χωλαινειν (3x dans la LXX) traduit 2x פסח et dans ce passage חרג [3].

- enfin la traduction de מסגרת par τριβος est elle aussi exceptionnelle puisque τριβος (15x dans les Ps) ne traduit qu'ici ce mot hébreu. [4]

    7) <u>Ps 27,7 a</u> : e = f : βοηθος μου
        b) οζει; c) κρατος μου; d) ισχυς μου [5]

Dans ce verset toute la LXX [6] traduit עז par βοηθος, ce qui n'est pas habituel :[7] On peut remarquer qu'au v.8a de ce Ps, la LXX traduit le même mot hébreu par κραταιωμα et qu'elle ne s'accorde plus avec "f" [8].

---

1   PG 23 ne donne pas le v. 46.

2   Dans le Ps 1,3, la LXX traduit נבל par απορρεω (comme "c" dans notre Ps) et en 36,2b par αποπιπτω; 2 Sm 22 a traduit le passage parallèle απορριφησονται; quant à "d", il a choisi l'autre signification de נבל = rejeter, tenir pour rien (ατιμουν que la LXX n'utilise jamais pour נבל).

3   H.-R. signale cette traduction par une † ; le passage parallèle de 2 Sm 22 est rendu par la LXX σφαλλω = faire tomber abattre. La traduction de "c" pourrait peut-être s'expliquer par le fait qu'on lisait חגר au lieu de חרג; il est moins facile de voir d'où provient la traduction de "d".

4   H.-R.† ; 2 Sm 22 : εκ των συγκλεισμων αυτων.

5   Le 264 confirme les leçons de Aquila et de Symmaque.

6   Bodmer 24 manque.

7   βοηθος se lit 28x dans les Ps, seulement 2x pour עז : 27,7; 58,18; il traduit beaucoup plus fréquemment un mot de la racine עזר .

8   où "f" traduit par ισχυς comme "d". A noter que dans le Ps 29,8a, עז est traduit δυναμιν par "e" et "f" et κρατος par "c" et "d".

Le Ga = Ro traduit fidèlement la LXX par "adiutor meus".

8) <u>Ps 29,4 b</u> : e = f : εσωσας με

b) ιϑανι; c) εζωωσας με; d)ανεζωωσας με [1]

Cette traduction étrange par rapport à l'hébreu est celle de l'ensemble de la LXX, y compris le Bodmer 24; elle se retrouve en Ga = Ro "salvasti me" et chez Eus.[2]

Le mot σωζειν, qui se lit 66x dans les Ps, ne traduit qu'ici חיה. On peut penser à une corruption au niveau du texte grec (εζωωσας devenant εσωσας) mais très ancienne puisqu'elle est attestée par tous les témoins de la LXX. D'après la note du 1175 [3], εσωσας était également la traduction de Théodotion dans ce verset.

9) <u>Ps 29,6 b</u> : e = f : και ζωη

b) αιιμ; c-d) ζωη [4]

La conjonction και ne se lit ni dans l'hébreu ("b" et TM), ni en "c" et "d", mais elle se rencontre dans tous les témoins de LXX, y compris le Bodmer 24. Dans Ga, Jérôme reprend le Ro "et vita" sans signe diacritique; chez Eus, la leçon LXX se lit dans le lemme mais, d'après le commentaire, on pourrait supposer une leçon sans la conjonction [5]. Si une telle leçon était celle des Hexaples originaux - la leçon LXX habituelle é-tant entrée par après en "e" - la recension origénienne aurait normalement donné le και sous obèle. Il est possible que ce "petit obèle" n'a pas passé dans le Ga.

---

1 cf. 1175 : σ' ανεζωωσας με, ϑ' ομοιως τοις ο'.

2 PG 23, 260 lig. 9ss.

3 cf. note 1 .

4 Le 264 donne les leçons de α' et σ' (également sans και).

5 PG 23, 260 lig. 46 : καὶ ενταῦϑα λέλεκται ζωὴ ἐν τῷ ϑελήματι αὐτοῦ.

10) Ps 29,8 a : e = f : εν τω θεληματι σου

   b) βαρσωναχ; c) εν ευδοκια σου; d) εν τη ευδοκια σου [1]

Les colonnes "c" et "d" traduisent רצון par ευδοκια;
la LXX rend le mot par θελημα, traduction assez habituelle [2].
L'accord de "e" et "f" en ce passage présente cependant un intérêt parce que nous avons, pour la traduction de ce mot, une
confirmation de la leçon hexaplaire : dans le Ga, Jérôme a corrigé le Ro "in bona voluntate" en supprimant le "bona".

11) Ps 29,12 a : e = f : εις χαραν

   b) λμαωλ; c-d) εις χορον [3]

Dans son édition de la LXX, Rahlfs a choisi εις χορον,
en se basant sur Grabe mais tous les témoins de la LXX, y compris le Bodmer 24, nous donnent εις χαραν.

Jérôme a conservé le "in gaudium" du Ro; Eus atteste
également la leçon εις χαραν dans le lemme et dans le commentaire [4]; la même leçon se lit encore dans le Catena qui suit
les Hexaples [5].

La traduction de la LXX est inhabituelle et, sans doute fautive. D'après H.-R., מחול ne traduit jamais χαρα sauf en

---

1 selon le 264 α' σ' ont εν τη ευδοκια σου. La scholie porte
   sans doute sur le mot ευδοκια, et on peut penser qu'Aquila
   omettait l'article comme dans la col. "c" du 1098. La leçon de Symmaque est encore attestée par le 1121 (fol 265)
   ainsi que par Tht (PG 80, 1073 lig. 43).

2 12x θελημα dans les Ps, dont 6x pour רצון.

3 cf. 264 : α' σ' ε' ς' : εις χορον; à noter cependant la
   scholie du 1175 (repère χαραν) α' σ' ομοι(ως) τοις ο';
   α' et σ' n'ont certainement pas traduit χαραν. Faut-il a-
   lors y voir une indication qu'Origène avait corrigé χαραν en
   χορον dans la recension hexaplaire ? On pourrait aussi penser à une corruption de la scholie : α' σ' ομοιως θ'où encore, θ'- qui n'est cité ni par le 1175, ni par le 264 -
   ομοιως τοις ο' ?

4 PG 23, 264 lig. 3 et commentaire lig. 15 et 29 et surtout
   lig. 50ss. où nous trouvons ...χαράν τὸν καρπὸν τοῦ
   πνεύματος...

5 MERCATI, p. 29 lig. 27.33.38 donnant des passages d'Origène,
   ·d'Eusèbe et de Didyme.

ce passage; au contraire, χορος rend ce mot hébreu en Ps 149,3 et 150,4. On peut donc admettre qu'à l'origine, la LXX avait χορον mais que très vite, on a passé à χαραν puisque tous les témoins LXX ont cette leçon. D'autre part, puisqu'Origène a maintenu en "e" χαραν contre l'hébreu et les traductions de c-d, il ne devait pas avoir le choix dans ses mss entre les le-çons χορον et χαραν.

12) Ps 30,4 b : e = f : και διαθρεψεις με
b) ουθνεελ ηνι; c) και διαβαστασεις με [1]
d) και τημελησεις μου [2]

La leçon de "e" est celle de l'ensemble de la LXX [3]; elle est reprise par le Ga = Ro "enutries me" et elle est at-testée par Eus [4]; on la trouve encore dans la LXX [5] et la Cate-na [6] qui, dans les Fragments Mercati, font suite aux Hexaples.

Le verbe hébreu utilisé dans ce passage signifie "con-duire", spécialement en parlant des troupeaux que l'on mène à l'abreuvoir, de là, le sens de 'prendre soin' (cf. "d" : τημελεω). La LXX a donc interprété l'hébreu en traduisant par διαθρεφω 'nourrir jusqu'au bout', ou 'avec sollicitude', alors que la traduction de "c" reste plus proche du sens original de l'hébreu.

---

1 Mercati signale que le sigma de la leçon d'Aquila est in-certain διαβαστασεις. Cette leçon se retrouve cependant pour α' en 264; au contraire, le Colb. στιχ. donne α' : διαβασταξεις με.

2 même leçon σ' en 1121 (fol 270 v.); cf. en 264 : σ' τημε-λησεις (sic).

3 Bodmer 24 : διαθρ[

4 PG 23, 265 lig. 39.

5 MERCATI p. 37.

6 id. p. 39, citant Tht.

13) <u>Ps 30,8 c</u> : e = f : εκ των αναγκων [1]

    b) βσαρωϑ; c) εν ϑλιψεσι; d) τας ϑλιψεις

La leçon de e-f est attestée par toute la LXX [2] et par Jérôme, qui en Ga reprend Ro "de necessitatibus".

Cependant le mot αναγκη(6x dans les Ps) ne traduit qu' ici l'hébreu צרה, que la LXX rend généralement par ϑλιψις [3] comme le font ici "c-d". La traduction de la LXX est donc inhabituelle et elle correspond à celle de "f". [4]

14) <u>Ps 30,20 a</u> : e = f : πολυ το πληϑος

    b) ραβ; c-d) πολυ [5]

Tous les témoins de la LXX, y compris le Bodmer 24, [6] nous donnent cette traduction étrange de רב, que Jérôme atteste aussi en conservant en Ga le "quam magna multitudo" de Ro. La même leçon (πολυ το πληϑος) se lit également dans la LXX [7] et dans la Catena [8] des Fragments Mercati.

15) <u>Ps 30,21 a</u> : e = f : απο ταραχης

    b) μ_{**}υχση; c) απο τραχυτητων; d) απο παρα-δειγματισμου [9]

---

1 Le 264 confirme les leçons de α' et de σ' mais il indique pour ε' la même leçon que σ' (εγνως τας ϑλιψεις...), ce qui ne correspond pas à "f" de 1098; enfin le 264 nous donne ϑ' ς' : εγνωκας εκ των αναγκων...

2 Bodmer 24 manque.

3 en dehors de ce psaume, αναγκη traduit מצוק (ה)מצוק) alors que צר ou צרה sont rendus par ϑλιψις 29x sur 36.

4 voir cependant la leçon de ε' (εγνως τας ϑλιψεις), selon le 264, cf. note 1.

5 les leçons de α' et σ' sont attestées par le 264; cf. aussi en 1121.

6 Bodmer 24 : πολυ το πλ⌈

7 MERCATI, p. 39.

8 id. p. 41 lig. 32, citant Tht

9 le 264 nous donne les mêmes leçons pour α' et σ'.

Toute la LXX, y compris le Bodmer 24, traduit comme
"e"; le Ga conserve le "a conturbatione" du Ro; nous retrouvons
cette leçon dans Eus (lemme et commentaire) [1], ainsi que dans
la LXX [2] et dans la Catena [3] des Fragments Mercati.

Pourtant le mot hébreu רכס est un hapax et il a été
traduit de manière assez différente par les "autres" : l'accord
entre "e" et "f" est d'autant plus marqué.

16) <u>Ps 30,21 b</u> : e = f : σκεπασεις αυτους
    b) ϑεσφ*νεμ; c) συγκρυψεις αυτους; d) κρυψεις αυτους. [4]

Toute la LXX, avec le Bodmer 24, traduit σκεπαζω, leçon que nous retrouvons dans le Ga = Ro "proteges eos"; pourtant sur les 6x où les LXX utilisent le mot σκεπαζω dans les
Ps, c'est le seul passage où ce verbe traduit צפן qu'ils rendent plusieurs fois par κρυπτω (cf. les traductions de "c" et
"d") : ainsi en Ps 16,14; 26,5; 30,19; 118,11.

17) <u>Ps 31,6 b</u> : e = f : εν κατακλυσμω
    b) λσετφ; c) του κλυσαι; d) επικλυζοντα [5]

κατακλυσμος se lit 2x dans les Ps : en 28,10 pour
מבול et dans notre verset pour שטף. Cette traduction de la LXX
est bien attestée par l'ensemble des témoins grecs, y compris
Bodmer 24, et par le Ga = Ro "in diluvio" : pourtant elle nous
paraît supposer une 'Vorlage' légèrement différente de "b" :
un ב au lieu de ל [6].

---

1 PG 23, 272 lig. 50ss et commentaire 273, lig. 14ss
   ῥυόμενος αὐτοὺς ἀπὸ ταραχῆς ἀνθρώπων...

2 MERCATI p. 39.

3 id. p. 41 donnant Tht ...πασης αυτου ταραχης και ζαλης
   ανθρωπινης ελευθερωσαι...

4 cf. 264 : συγκρυψεις αυτον... σ' : κρυψης (sic) αυτους...

5 la leçon de α' est encore attestée par le 264; celle de σ'
   par le 1175, le 264 et le 1121.

6 La traduction de "c" suppose une vocalisation différente du
   TM : לִשְׁטֹף + obj. dir.

18) <u>Ps 31,7 b</u> : e = f : λυτρωσαι με

    b) φαλητ; c) διασωζων [1]; d)και εκφευξις

La leçon de "e" correspond à celle de toute la LXX, y compris le Bodmer 24; on la trouve également dans la LXX des Fragments Mercati [2]. Dans le Ga nous lisons "erue me", correction du Ro "redime me" [3]. Mais cette leçon de la LXX est exceptionnelle, puisque sur les 27x où nous trouvons λυτρουν dans les Ps, c'est le seul cas où il traduit פלט [4].

19) <u>Ps 31,8 b</u> : e = f : τους οφθαλμους μου

    b) ηνι; c) οφθαλμω μου; d) τω οφθαλμω μου [5]

Cette leçon de "e" est attestée par l'ensemble de la LXX, par Bodmer 24 [6], cf. aussi la LXX et la Catena des Fragments Mercati [7], et par le Ga = Ro "oculos meos".

La colonne "f" s'accorde avec la leçon de la LXX contre "c-d" et pour le cas et pour le nombre.

20) <u>Ps 31,9 b</u> : e = f : τας σιαγονας αυτων

    b) αδιω; c) κατακοσμησιν αυτου; d) περιθεσεως [8]

Tous les témoins LXX [9] supportent cette leçon que l'on retrouve en Ga = Ro "maxillas"; cf. aussi la LXX dans Fragments

---

1   même leçon pour α' en 264.

2   MERCATI p. 45.

3   seul Ga^L = Ro; PG 23 ne donne pas ce verset.

4   ailleurs dans les Ps פלט est traduit par ρυσαι en 16,13 et 70,4; par ρυστης en 17,3.49, par σωσεις en 55,8 et par υπερασπιστης en 39,18.

5   le 264 donne les mêmes leçons pour α' et σ'; cf. encore pour σ', les mss 1013, 1135, 1172 et Lavra A 89 de la cat. XVII.

6   Le passage est assez défectueux mais la leçon est certaine.

7   MERCATI, LXX, p. 45 et également la Catena p. 49.

8   mêmes leçons de α' et σ' en 264.

9   Bodmer 24 manque.

Mercati [1]; pourtant cette traduction LXX est tout à fait particulière, comme le signale la Concordance de H.-R. en marquant
ce verset d'une † . Les traducteurs de "c" et de "d" ont compris le mot hébreu dans le sens d''ornement', sens que עֲדִי a
ordinairement dans l'AT. [2]

   21) Ps 31,10 a : e = f : αι μαστιγες
          b) μαχωβιμ; c) αλγηματα; d) καταπονησεις [3]

        Cette leçon de LXX est bien attestée par l'ensemble des
témoins [4], par la LXX qui fait suite aux Hexaples [5] et par le
Ga = Ro "flagella". Pourtant c'est le seul passage des Ps où
μαστιξ traduit מַכְאוֹב, qui est rendu par αλγηδων en Ps 37,18
et par αλγος en 68,27.

   22) Ps 34,15 b : e = f : μαστιγες
          b) νηχιμ ; c) πεπληγοτες; d) πληκται [6]

        Nous avons les mêmes attestations que pour le cas pré-
cédent [7] et cependant, ici aussi, la traduction des LXX est rare : elle traduit נֵכִים, un hapax.

   23) Ps 34,19 a : e = f : οι εχθραινοντες μοι [8]
          b) ωεβη; c) εχθροι μου; d) οι εχθροι μου

        La traduction de la LXX est assurée par l'ensemble des
témoins, par Bodmer 24 [9], par la LXX des Fragments Mercati [10]

---

1 MERCATI p. 45.
2 par ex. Is 49,18; Jr 2,32;4,30; Ez 7,20; 16,11; 23,40.
3 cf. 264 : α': πολλα αλγηματα... σ' ... καταπονησις (sic)...
4 Bodmer 24 manque.
5 MERCATI p. 45.
6 même leçon pour σ' en 1175 et dans le 1121.
7 également la LXX, dans MERCATI, p. 61.
8 au-dessus de la leçon "e", on a ajouté μοι ᵒᵘ : mg "e" ?
9 Bien que le texte soit défectueux, la leçon est assurée.
10 MERCATI p. 61

ainsi que par le Ga = Ro "qui adversantur mihi". Origène a donc maintenu en "e" la leçon οι εχθραινοντες μοι malgré le εχθροι μου de "c-d" qui est la traduction habituelle de la LXX pour rendre l'hébreu אֹיֵב [1].

    24) <u>Ps 45,1</u> : e = f : υπερ των κρυφιων [2]

        b) αλ αλμωθ; c) επι νεανιοτητων; d)υπερ των αιωνιων [3]

    Dans la LXX, il y a des hésitations sur la place des membres de la phrase mais non sur la traduction elle-même, qui se lit dans tous les témoins, y compris dans le Bodmer 24, et dans le Ga = Ro "pro arcanis". Les deux "autres" colonnes ont rendu assez différemment ce passage : [4] seules les colonnes "e-f" l'ont compris comme un mot de la racine עלם = cacher.

    25) <u>Ps 45,10 b</u> : e = f : και συγκλασει οπλον [5]

        b) ουκ* σσες ανιθ; c) (και) κατακοψει δορυ;

        d) (και) κατεκοψε λογχας.

    La traduction des deux mots est identique dans les co-lonnes "e" et "f" et elle s'écarte les deux fois de "c" et "d". Dans la LXX, le verbe apparaît sous deux formes : συγκλασει = B′ 2013 R A et συνθλασει = L′ 55. Ces deux verbes n'ont pas u-ne signification très différente et il nous semble qu'Origène avait le choix entre les deux. Peut-être a-t-il préféré συγκλαν qu'il lisait aussi en "f" ?

    26) <u>Ps 48,6 a</u> : e = f : εν ημερα πονερα [6]

---

1 εχθρος se lit 109x dans les Ps dont 69x pour אֹיֵב.

2 cf. supra p. 62.

3 les leçons de α' et σ' sont données en 1175.

4 "c" fait dériver le mot de la racine עלם qui a donné עֶלֶם et עַלְמָה ; "d" semble lire עוֹלָם.

5 sur cette leçon de "e", cf. supra p.31.

6 en "f", les deux 'iota' sont ajoutés et non pas souscrits comme en "e".

b) βιμη ρα; c) εν ημεραις πονερου; d) εν ημεραις
κακου [1]

La LXX traduit par le singulier comme Ga = Ro "in
die mala" et cette leçon est celle de tous les témoins, y compris le Bodmer 24. Les colonnes "e" et "f" s'accordent sur la
traduction des deux mots (substantif singulier + adjectif) a-
lors que "c-d" traduisent plus exactement l'hébreu (substantif
au pluriel + complément d'objet).

27) <u>Ps 48,10 a</u> : e = f : και εκοπιασεν
b) ιεδαλ; c) και επαυσατο; d) αλλα παυσομενος [2]

Tous les mss ont εκοπιασεν comme le Bodmer 24; cf.
aussi le Ga = Ro "et laboravit". Dans son édition, Rahlfs corrige la LXX d'après Grabe et choisit εκοπασεν [3]. Il est possible que la LXX originale ait eu εκοπασεν mais, en ce cas, la
corruption en εκοπιασεν s'est faite très tôt puisqu'elle a passé dans tous les témoins [4]. Origène trouvait, semble-t-il, la
même leçon en ϑ' [5].

28) <u>Ps 48,11 a</u> : e = f : επι το αυτο αφρων / και ανους
b) ιααδε χειλ   / ουβααρ
c) αμα ανοητος   / και ασυνετος
d) ομου ανοητος / και αμαϑης [6]

---

1 après avoir cité la LXX, Chrys (Gaume V p. 248, lig. 34)
donne αλλος : εν ημεραις πονερου, αλλος κακου où l'on reconnaît les leçons de α' et σ'.

2 Le 1175 (repère εκοπιασεν) donne les leçons de α' σ' (= 1098
"c" et "d"), suivies de la note : ϑ' ομοιως τ (οις) ο'.
Mêmes leçons de α' σ' en 1121, qui indique encore ε' και
εκοπιασεν...

3 κοπιαν se lit 4x dans les Ps mais seulement ici pour לדל;
au contraire κοπαζω traduit לדל en Jg 15,7; 20,28 (A);
Rt 1,18 et Am 7,5.

4 y compris Bodmer 24; cf. encore PG 23, 432 lig. 29 où le
commentaire donne κοπιων.

5 voir note 2.

6 même leçon σ' en 1121 (fol 443).

La majorité des témoins de la LXX a la leçon de "e"[1],
cf. aussi Ga = Ro "simul insipiens et stultus".

L'accord entre "e" et "f" porte sur :
- le επι το αυτο cf. même traduction en 48,3b.
- αφρων : 8x dans les Ps, mais seulement ici pour כסיל [2]
- ανους : 4x dans les Ps, mais seulement ici pour בער

29) Ps 48,14 a : e = f : σκανδαλον αυτοις
       b) χεσλ λαμου; c) ανοησια αυτ(οις); d) ανοιας αυτοις[3]

La leçon de "e" est attestée par l'ensemble de la
LXX, y compris le Bodmer 24, et par le "scandalum" de Ga = Ro;
mais le mot σκανδαλον, qui se lit 7x dans les Ps, ne traduit
qu'ici כסל dans la LXX. Les anciens traducteurs avaient-ils
un texte différent : כשל au lieu de כסל ?

30) Ps 48,15 a : e = f : ποιμανει αυτους
       b) ιερημ; c) νεμησει αυτους; d) νεμησεται αυτους[4]

La LXX hésite entre le présent (B 2013' La) et le
futur (S' R Ga L' Λ' + Bodmer 24). Il se peut qu'Origène ait
préféré la leçon LXX avec le futur parce que les "autres" traductions avaient le même temps. Mais "f" seul s'accorde avec
la leçon "e" pour le mot et le temps.

31) Ps 88,35 b : e = f : και τα εκπορευομενα
       b) ουμωσα; c) και εξοδον; d) ου (δε) την προφοραν

Toute la LXX traduit ומוצא par εκπορευομενα [5], leçon que nous retrouvons en Ga = Ro "et quae procedunt". Origène a

---

1 B inverse αφρων et ανους; le Bodmer 24 écrit ανους,
   comme s'il s'agissait de l'abréviation pour ανθρωπους.

2 à noter que cette traduction se rencontre 38x en Pr et
   17x en Qo.

3 pour α' cf. Th Mops (S e T 93) p. 321 lig. 1; pour σ' cf.
   le 1121 (fol 444 v).

4 même leçon de σ' en 1121 (fol 445).

5 Bodmer 24 n'est pas conservé.

donc conservé en "e" cette forme au pluriel, malgré b-c-d, et il s'accorde avec "f".

    32) <u>Ps 88,49 a</u> : e = f : ος ζησεται [1]

        b) ιειε; c) ζησεται; d) ζων

La leçon "e" est celle de l'ensemble de la LXX [2] et elle est conservée en Ga = Ro "(homo) qui vivet"; le ζησεται se lit aussi en "c", mais le ος n'apparaît que dans les colonnes de "e-f".

Conclusions :

1) Les accords exclusifs des colonnes "e" et "f".

Nous rappelons que sur les 900 lignes des Fragments Mercati plus de 700 fois les colonnes "e" et "f" nous donnent les mêmes leçons et que plus de 160 fois cet accord entre eux est exclusif. Voici quelques remarques au sujet des leçons que nous avons analysées :

a) La leçon no. 9 est peut-être fautive; il est cependant possible qu'Origène ait maintenu sans obèle le και parce qu'il le lisait aussi dans la colonne "f".

b) Nous avons noté que de nombreux accords exclusifs "e=f" portent sur des traductions rares de la LXX : ainsi en particulier les nos. 2.6.8.11.13.16.18.20.21.22.23.27.28.

c) Il est possible que certaines de ces leçons "e=f" ne nous conservent pas la forme originale de la LXX (nos. 8.11.14 (?).27) mais, s'il y a eu corruption, elle a certainement

---

1 l'édition de Mercati donne (fautivement) χησεται mais la photo montre bien la leçon de "e".

2 Bodmer 24 lit ο ᾱνος ζησεται sans ος (haplographie ?).

eu lieu très tôt puisque tous les témoins LXX que nous connaissons attestent ces leçons.

d) Parfois, enfin, la leçon de "e=f" suppose soit un texte
hébreu légèrement différent (nos. 17 et 29), soit le même
texte, mais analysé différemment (nos. 3 et 24).

2) Comparaison avec le Bodmer 24 et les principaux témoins du
texte.

a) avec le Bodmer 24, nous pouvons comparer 22 des 32 leçons
que nous avions choisies :

    21 x "e-f" = Bodmer 24 : nos. 6-12.14-19.23-30
     1 x "e-f" ≠ Bodmer 24 : no. 32

b) avec B S U 2013 R A : généralement toute la LXX atteste la
leçon que nous trouvons dans "e-f"; dans 4 cas, cependant,
les meilleurs témoins de la LXX sont partagés : nos. 2.3.
25.30. Voici alors leurs accords avec la leçon "e" du 1098 :

nos.	2	3	25	30		
B		x	x		:	2x/4
S	x	x	x	x	:	4x/4
U	x				:	1x/2
2013			x		:	1x/2
R		x	x	x	:	3x/4
A			x	x	:	2x/4

Comme nous le voyons par ce tableau, seul S nous donne
4x/4 la leçon de "e"; R a 3x/4 cette leçon, B 2x/4, enfin
U et 2013 ont chacun 1x/2.

On peut ajouter le Bodmer 24 qui n'a conservé de ces 4 leçons que les 2 dernières pour lesquelles il s'accorde 2x/2
avec "e".

3) Le travail d'Origène.

Nous avons peu d'indices du travail recensionnel d'Origène,
puisque pour 28 des 32 cas étudiés la leçon de "e" correspond
à celle de l'ensemble de la LXX.

Parmi les leçons où "e" ≠ l'ensemble de la LXX, signalons la forme rare παρεξ (no. 2) pour laquelle Origène pouvait s'appuyer sur les mss S U; nous remarquons également le καταρτιζομενος (no. 3) : U lit ici καταρτιξων. Si la leçon de "e" εξισων καταρτιζομενος n'est pas seulement un doublet par répétition dans la colonne LXX de la leçon "d", mais également une corruption pour καταρτιζων (= U A), nous aurions une autre indication d'un choix d'Origène sur la base d'un texte de Haute-Egypte. Malheureusement nous n'avons aucun argument sûr pour cette hypothèse.

Nous pouvons enfin noter que 3 leçons de "e" comportent un ajout par rapport à l'hébreu : nos. 3.14.32; cependant les 3 fois, les mêmes mots se lisent en "f" et dans l'ensemble des mss de la LXX. Cf. aussi pour la transposition du no. 28.

B. Les leçons de "e" et celles de la mg de "f".

La traduction des Ps que nous lisons dans la mg de "f"
est très proche de celle de la colonne LXX. En effet, cette leçon (f mg) est attestée une centaine de fois dans les fragments
Mercati et dans les 3/4 des cas, elle nous offre une traduction
identique à celle de la colonne "e". Dans 58 cas, cette traduction "f mg" est même la seule colonne du 1098 à rendre l'hébreu
exactement de la même manière que la colonne de la LXX. Nous
retiendrons les passages les plus caractéristiques.

33) Ps 30,4 a : e : κραταιωσις cf. supra p. 57.

Dans la LXX, la leçon κραταιωμα est attestée par B R L
alors que celle de "e" κραταιωσις se lit en S U A; quelques mss
(L^{pau}) ont στερεωμα; le Bodmer 24 n'est pas conservé sur le
point qui nous intéresse.[1]

34) Ps 30,7 a : e : διαφυλασσοντας cf. supra p. 42.

La leçon de "e" se lit dans une partie de la LXX : U$'$
R L Tht^{d}A^3 et dans le Bodmer 24; φυλασσοντας se rencontre en B$'$
ZTht^d He; cf. également dans les colonnes "c" et "f" du 1098.

35) Ps 31,7 a : e : ει καταφυγη μου au lieu de μου ει
                          καταφυγη de la majorité de la LXX,
                          cf. supra p. 44.

La colonne "f mg" s'accorde avec "e" contre tous les
autres témoins grecs de la LXX [2]; dans le Ga seul, nous retrouvons cette même séquence comme un effet de la correction de Jérôme.[3]

---

1 Dans le Papyrus nous trouvons : κραται[

2 Dans PG 23, Eus ne cite pas le v. 7 du Ps 31.

3 Ro : tu es mihi refugium; seuls Ga et η : tu es refugium
  meum.

36) <u>Ps 31,7 b</u> : e : απο των κυκλωσαντων με

b) θσωβαβην [1] ; c) περικυκλωσεις με; d) κυκλωσεις με;

f) περιεκυκλωσαν με [2] .

La leçon que nous avons en "e" est celle de l'ensemble de la LXX, y compris le Bodmer 24. Contrairement à c-d-f,
la LXX paraît avoir lu מ (= מן) et non ה devant le verbe סבב;
or en 1098, seule la mg de "f" donne la même traduction que "e".
Le Ga = Ro traduit "a circumstantibus me" comme toute la Vetus
Latina [3] .

37) <u>Ps 34,14 a</u> : e : ως αδελφον ημετερον

b) χαα λι; c-f) ως αδελφω μου; d) ως προς αδελφον [4] .

L'accord que nous voulons souligner entre "e" et "f
mg" concerne la traduction de לי : toute la LXX le traduit par
un possessif de la 1ère personne plur. [5] que reprend Ga = Ro
"nostrum". Dans les colonnes des Hexaples, "c-f" traduisent לי
par μου, "d" ne traduit pas et seule la mg de "f" s'accorde a-
vec la leçon de "e".

38) <u>Ps 34,15 a</u> : e : και κατ'εμου

b) ουβσαλη; c) και εν σκασμω μου; d) σκαζοντος δε μου;

f) και εν ασθενεια μου [6] .

Toute la LXX a ici και κατ'εμου, traduction que suit

---

1 Mercati ajoute en note : sic puncto ut vid. pro i picto.

2 La leçon de α' est confirmée par le 264 : ...διασωζων
   περικυκλωσεις με.

3 Pour Eus, cf. note 2 page 104.

4 1706 et 1625 de la cat. X : ο δε συμμαχος ουτως : ως προς
   εταιρον ως προς αδελφον ανεστρεφομην...: cf. encore Th Mops
   (S e T 93) p. 185 lig. 17.

5 La seule variante que nous trouvons en Rahlfs indique que L[b]
   met au datif. Eus, en PG 23, ne cite pas le verset 14, mais
   passe du verset 13 aux versets 15-16 : cf. 308 lig. 45.

6 les mêmes leçons pour α' σ' ε' sont attestées par le 1121
   (fol 303v).

le Ga où Jérôme corrige le Ro "adversum me" en le faisant pré-
céder de "et". Or cette traduction de la LXX s'écarte nettement
de l'hébreu et des "autres" versions grecques, comme le fait
remarquer Eus dans son commentaire : αντι δε του κατ εμου...,
ο ακυλας δουλευων τη   εβραικη λεξει φησι και εν σκασμω μου...
ο δε συμμαχος σκαζοντος δε μου... η δε πεμπτη εκδοσις και εν
ασθενεια μου... [1]; nous trouvons ici la confirmation des leçons c-d-f du 1098.

> 39) <u>Ps 34,16 a</u> : e : επειρασαν με
>   b) βαανφη; c) εν υποκρισει σεσι [2]; d-f) εν υποκρισει.

Toute la LXX traduit επειρασαν με[3]; le Ga = Ro donne
la même leçon "temptavarunt me". Mais cette traduction de la
LXX est étrange car ailleurs dans les Ps πειραζω traduit toujours נָסָה [4]. Il se peut que les anciens traducteurs grecs
aient eu une 'Vorlage' différente du TM [5] et de "b".

> 40) <u>Ps 35,2 a</u> : e :   εν / εαυτω
>   b) βεκορβ / λεββω [6]; c) εν εγκατω / καρδιας αυτου;
>   d) ενδοθεν / η καρδια μου; f) εν μεσω / καρδιας αυτου.

La leçon des LXX [7] est certaine, (sans variantes dans
Rahlfs); elle se retrouve dans le Ga = Ro "in semetipso" et
chez Eus, qui cite pourtant la leçon de Symmaque comme

---

1 PG 23, 308,51 ss.

2 Mercati en note : scil. leg. (υποκρι)σεσι.

3 Bodmer 24 manque.

4 H.-R. ne signale que נסה Pi comme équivalent de πειραζω
   dans la LXX. Dans les Ps, on le trouve 5x.

5 au lieu de TM בחנפי, certains proposent de lire בחנוני;
   ce verbe בחן se trouve 2x dans les Ps (65,10 et 94,9)
   et il est rendu par δοκιμαζω.

6 Mercati note : non λιββι quod "d" legit = TM; mais pc MSS
   du TM, Syriaque, Juxta Heb. ont la leçon de "c" - "f" : לבו.

7 En Bodmer 24 le texte est corrompu, mais d'après la place
   .on peut supposer une leçon identique à celle de la LXX.

"σαφεστηρον" [1]. On peut donc penser qu'Origène a conservé cette leçon de LXX en "e", même s'il se rendait compte que les "autres" traduisaient plus exactement l'hébreu. Si le 1098 est fidèle aux Hexaples originaux, nous voyons ici comment la LXX a été "découpée" pour pouvoir être répartie sur les deux lignes des autres colonnes des Hexaples (εν / εαυτω) [2].

Dans la mg de "f", à côté de la 1ère ligne (εν μεσω), nous trouvons εαυτω, ce qui signifie probablement que la Sexta, à laquelle sont empruntés les passages de "f" mg, avait aussi εν εαυτω au lieu de la leçon "f".

41) Ps 35,3 a : e : ενωπιον / αυτου
   b) ηλαυ / β*νναυ; c) προς αυτου / εν οφθαλμοις αυτου;
   d) τα περι αυτου / δοκει; [3] f) αυτου / εν τοις
   οφθαλμοις αυτου.

Nous avons un cas très semblable au précédent : toute la LXX [4] a ενωπιον αυτου, comme Ga = Ro "in conspectu eius" et Eus [5]. Parmi les autres colonnes, nous remarquons la traduction étrange de "d", alors que "c" et "f" rendent fidèlement la colonne "b". On peut se demander si les anciens traducteurs grecs avaient le même texte hébraïque que nous. [6]

Dans la mg de "f", nous trouvons, à côté de la première ligne, le mot ενωπιον voulant probablement indiquer une leçon ενωπιον αυτου.

A noter également en "e" le "découpage" de la LXX pour

---

1 PG 23, 317 lig. 11; cf. encore 1113 (fol 156).

2 pour des cas semblables, voir infra annexe 2, p. 123.

3 même leçon de σ' en 1113 (fol 156) : τα περι αυτου...

4 Le Bodmer 24 n'est pas complètement conservé, mais la leçon est assurée : ενωπιον α [υτου.

5 PG 23, 317 lig. 14.

6 Dans PG 23, 317 lig. 27ss, Eus fait appel à l'hébreu mais ne semble pas connaître le אירו : κατὰ τὴν ἑβραϊκὴν ἀνάγνωσιν ἐν ὀφθαλμοῖς αὐτοῦ εἴρηται δεδολωκέναι τοῦ εὑρεῖν τὴν ἀνομίαν αὐτοῦ.

remplir les deux lignes des Hexaples.[1]

42) Ps 45,4 a-b : e : ηχησαν και εταραχθησαν...
εταραχθησαν...

Dans ce passage où "e" nous donne la leçon commune de
la LXX, Bodmer 24 compris, "f mg" est la seule traduction du
1098 à rendre les 3 verbes par les mêmes mots grecs et surtout
par les mêmes temps que "e". En effet, "c-f" traduisent par le
futur et "d" par une construction au génitif absolu :
"c" : οχλασουσιν / αυστηρωθησονται... / σεισθησεται...
"f" : ηχησουσιν / και ταραχθησονται... / σεισθησονται...
"d" : ηχουντων / και θολουμενων... / και σειομενων...
Le Ga = Ro suit la LXX : "sonaverunt et turbatae sunt
... conturbati sunt..."

43) Ps 45,7 a : e : εταρχθησαν εθνη / εκλιναν
b) αμου γωιμ / ματου; c) ωχλασαν εθνη [2] εσφαλησαν;
d) συνηχθησαν εθνη / περιετραπησαν; f) ηχησαν εθνη /
εσαλευθησαν.

Dans ce verset, toutes les colonnes traduisent par
l'aoriste mais seules "e" et "f mg" traduisent ce passage exactement de la même manière. Le Ro est repris par le Ga, sans
modification : "conturbatae sunt... et inclinata sunt..."

44) Ps 45,9 a : e : τερατα επι της γης
b) σιμωθ' βααρς; c) αφανισμους εν τη γη;
d) καταργησεις εν τη γη; f) ηφανισμενα εν τη γη.

La leçon de "e" est celle de la LXX, y compris le Bodmer 24; elle s'accorde avec "f mg", soit pour la traduction du
שמות par τερατα [3] soit pour le επι της γης. Le Ga = Ro traduit

---

1 cf. note 2 p. 107.
2 même leçon de α': εσφαλησαν en 1175.
3 unique cas dans la LXX; ailleurs τερας traduit régulière-
  ' ment מופת : ainsi 5x dans les Ps.

: "prodigia super terram".

45) <u>Ps 48,3 a</u> : e : οι τε γη / γενεις / και υιοι των
$\overline{ανων}$ [1]

b) γαμ βνη / αδαμ / γαμ βνη εις; c) καιγε υιοι /
ανθρωπων / καιγε υιοι ανδρος; d) η τε ανθρωποτης /
προσετι δε και υιοι / εκαστου ανδρος; f) καιγε υιοι /
των $\overline{ανων}$ / καιγε υιοι ανδρος.

Les seules variantes dans la LXX concernent la présence ou l'absence de l'article devant υιοι [2]. Nous pouvons noter
que la colonne "e" maintient la leçon de la LXX, bien différente des autres colonnes (spécialement le début), et en particulier le γηγενεις qu'on ne trouve qu'ici dans les Ps [3]. Le Ga
= Ro traduit "quique terriginae et filii hominum" suivant fidèlement la LXX; Eus nous donne la même leçon que "e". [4]

Dans la mg de "f", nous trouvons οι / τε γηγενεις /
γενεις / υιοι των $\overline{ανων}$: nous pensons que la leçon de cette marge correspond à celle de "e" mais que le scribe a hésité dans
la répartition des mots.

Conclusions :

1) <u>Les accords entre "e" et "f mg"</u>.

La traduction de la Sexte ne se lit pas régulièrement dans
la mg de "f", mais là où elle se rencontre, elle est très souvent identique à "e". 58 fois, nous avons relevé un accord

---

1 La leçon de Symmaque est donnée sans nom (αλλος) en Chrys.
   (Gaume V, p. 243 lig. 6) et également dans plusieurs mss
   de la cat. XVII.
2 cf. RAHLFS LXX, in loco; Bodmer 24 lit aussi ...οι υιοι...
3 ailleurs 4x dans la LXX, mais jamais pour בני אדם.
4 PG 23, 429 lig. 9ss. 22.; dans ce passage, Eus cite également la leçon de Symmaque (429, lig. 27) = "d".

exclusif entre "e" et cette leçon; nous en avons retenu 13, qui nous paraissaient les plus significatifs.

a) En général la leçon de "e" = "f mg" est celle de l'ensemble des mss LXX; à noter cependant les nos. 33 et 34 où la tradition de la LXX est divisée. Cf. aussi le no. 35.

b) Parmi les leçons de "e" = LXX, plusieurs sont **des** traduc - tions rares : spécialement nos. 34.39.45.

c) Plusieurs fois la leçon "e" = "f mg" suppose un autre texte hébreu ou, au moins, une autre lecture du texte : ainsi en particulier les nos. 36.38.39.40.41.

d) Intéressante est également la transposition (no.35) de "e" et "f mg" contre l'ensemble des témoins de la LXX à l'exception du Ga.

e) Enfin, nous avons relevé deux cas (nos. 40 et 41) où la leçon "e" = "f mg", plus courte que celle des autres colonnes a été découpée pour être alignée sur les "autres" traductions.

2) Comparaison avec le Bodmer 24 et les meilleurs témoins du texte :

a) avec Bodmer 24 : 5x le passage n'est pas conservé en Bodmer 24, mais sur les 8x où la comparaison est possible :
- 7x "e" = Bodmer 24 : nos. 34.36.(41).42-45.
- 1x "e" ≠ Bodmer 24 : no. 35.
Ainsi chaque fois que nous pouvons comparer avec le Papyrus Bodmer, nous y trouvons des leçons identiques à celles de "e", la seule exception étant la transposition du no. 35, où "e" s'oppose à tous les témoins LXX.

b) avec les mss B S U 2013 R A.
Cette comparaison ne porte ici que sur deux cas :

nos	33	34	
B			= 0/2
S	x		= 1/2
U	x	x	= 2/2
2013	x		= 1/1
R	x	x	= 2/2
A	x	x	= 2/2

Nous constatons que U R A attestent 2x la même leçon que "e", cf. également le 2013 (1x/1); S lit 1x/2 comme "e" et B nous donne les deux fois une leçon différente.

3) Le travail d'Origène.

Pour les passages où "e" correspond à l'ensemble de la LXX, Origène n'avait aucun problème pour choisir ces leçons; pour les deux autres passages où "e" ≠ tous les témoins de la LXX, nous pensons qu'il pouvait connaître un ou plusieurs textes lui permettant de choisir la forme que nous trouvons en "e": cf. supra sous 2).

Au sujet du no. 35, où la leçon de "e" s'oppose à tous les témoins de la LXX, y compris le Bodmer 24, nous constatons qu'Origène trouvait déjà la même leçon avec la transposition dans la Sexta et qu'il a pu se laisser guider par cette traduction.

Enfin nous remarquons que dans deux passages la leçon de "e" = LXX est plus courte que celle des "autres" (nos. 40.41); pourtant Origène semble bien avoir conservé ces leçons sans ajouter des mots astérisés.

C. Deux accords entre les colonnes "e" et "c".

Les accords entre les traductions des colonnes "e" et "c" ne sont pas rares : environ 350 sur les 900 lignes des Hexaples du 1098 [1]. Cependant nous n'avons relevé que deux passages où l'accord de "e" avec "c" est exclusif. Les voici :

46) <u>Ps 17,27 a</u> :   e-c) και μετα [2]
              b) ουεμ ; d) προς ; f) μετα.

Toute la LXX commence ce verset par και [3]; la même leçon se trouve dans la Vetus Latina, dans le Ro et dans le Ga "et cum electo meo". Nous remarquons que "b" donne ici ουεμ comme au v. 26a [4] et au v. 27b [5]; au contraire le TM ne lit עמ que pour le v. 27b.

Puisque le και du v. 27a de la LXX se rencontre aussi dans les colonnes "b" et "c" du 1098 et qu'il est attesté par tous les témoins du texte, nous pensons pouvoir considérer cette leçon comme la forme de la LXX ancienne, provenant d'une Vorlage différente de notre TM.

47) <u>Ps 34,19 b</u> :   e-c) δωρεαν [6] = aussi f mg.
              b) ενᾰμ (sic); d) αναιτιως,; f) ματην.

δωρεαν est la leçon de toute la LXX, y compris le Bodmer 24 : (δ)ωρεαν; on la retrouve en latin dans le "gratis" du

---

1   sans tenir compte de l'absence de l'article, très fréquente en "c".

2   Dans le Mercati, nous lisons ici μαι μετα, mais il s'agit d'une simple erreur typographique, comme on peut le voir en examinant la reproduction photographique de la page précédente.

3   Le Bodmer 24 n'est pas conservé; en 2 Sm 22, la LXX a traduit και μετα (TM : עם).

4   TM : עם; b) ουεμ; c-e-f) και μετα; d) προς.

5   TM : עמ : toutes les colonnes du 1098 ont ici le και.

6   Les mss 1625 et 1706 de la cat X indiquent pour α':αναιτιως; de même le 1121 (fol 305 v). Cependant α' traduit plusieurs fois חנם par δωρεαν : ainsi en Jb 2,3; 9,17; Pr 23,39; 26,2.

Ga = Ro et toute la Vetus Latina. Cette traduction est d'ailleurs habituelle dans la LXX [1] et elle se lit également dans la mg de "f". L'accord entre "e" et "c" n'est donc pas très caractéristique.

Conclusions :

Nous avons peu de remarques à faire, si ce n'est de rappeler que dans plus d'un tiers des lignes des Hexaples Mercati, les leçons "e" et "c" sont identiques (à l'exception de l'article) parmi lesquelles nous n'avons noté que deux cas où cet accord donne une leçon différente de celles des "autres" colonnes.

La présence du καɩ en "e" = "c" au no. 46 provient probablement d'un texte hébreu légèrement différent de notre TM - cf. aussi le ουεμ de "b".

---

1 sur les 6x où nous lisons δωρϝαν dans les Ps, 5x il traduit חנם et une fois, il n'a pas d'équivalent en hébreu.

D. Les rapports entre les colonnes "e" et "d" du 1098.

Nous avons compté plus de 360 lignes, sur les 900 des Hexa‑
ples Mercati, où les traductions de "e" et de "d" sont identi‑
ques. Nous ne retenons ici que quelques cas, beaucoup plus ra‑
res, où ces deux colonnes s'accordent sur une même leçon en s'
écartant des "autres" traductions.

48) <u>Ps 17,36 a</u> : e = d : σωτηριας μου
   b) ιεσαχα; c-f) σωτηριας σου.

La variante porte le possessif : "e" = "d" ont μου
comme B$^{)}$ R$^{)}$ Tht$^{b)}$ Su A et Sy (Field); au contraire "c" = "f"
comme Ga Hi lisent σου; quelques témoins omettent le possessif :
U$^{)}$ L Tht^{p}.[1]

Dans la Vetus Latina, certains témoins ont "salutis
meae"[2] mais Ro β ζ moz^{x} med ont la leçon avec "tuae".

Quant au Ga, ses mss sont partagés entre "salutis tuae"
: Ga^{RI} et "salutis meae" : Ga^{FL}.

Dans la Lettre à Sunnia, Jérôme défend la leçon
σωτηριας σου : "pro quo vos legisse dicitis in graeco της σωτ‑
ηριας μου, id est 'salutis meae'. Sed in hebraeo IESACHA salu‑
tis tuae significat, non meae, quod et omnes interpretes trans‑
tulerunt".[3] Nous remarquons que Jérôme ne parle pas explicite‑
ment de la LXX; de plus nous avons quelques raisons de mettre
en doute son assertion : d'abord parce que Jérôme exagère lors‑
qu'il écrit que "tous les interprètes" ont la deuxième personne
: si nous suivons le 1098, "d" traduit σωτηριας μου; ensuite la
comparaison du Ga avec le Ro nous montre que Jérôme a repris,
sans correction, le "tuae" qu'il y lisait et on peut se deman‑
der si dans la Lettre à Sunnia il ne justifie pas, par après,en
recourant à l'hébreu, une leçon qu'il avait conservée et qui ne

---

1 Bodmer 24 manque; en 2 Sm 22, la LXX a aussi σωτηριας μου.

2 ainsi α γ δ η moz^{c}.

3 SF p. 13 lig. 10ss.

correspondait pas à celle de la LXX. Cependant puisque "tuae"
est attestée par une partie de la Vetus Latina, il n'est pas exclu qu'Origène ait disposé d'une telle leçon. Aussi voyons-nous
deux hypothèses : - ou bien, Origène a connu une leçon grecque
avec σου et alors il l'a probablement choisie pour sa conformi-
té avec b-c-f; dans ce cas, la leçon du 1098 est fautive, le
copiste du 1098 (ou un prédécesseur) ayant répété en "e" la leçon qu'il venait d'écrire en "d", - ou bien, Origène n'avait
pas de leçon σωτηριας σου et en conséquence, il a conservé en
"e" σωτηριας μου qu'il trouvait dans la plupart des mss LXX et
qu'atteste le 1098 : dans ce cas, Jérôme n'a pas recensé le Ro
sur le texte hexaplaire; ceci nous expliquerait pourquoi la
Lettre à Sunnia ne fait pas mention de la traduction de la LXX.

49) Ps 31,7 a : e = d : απο θλιψεως   = f mg
    b) μεσσ*ρ;   c = f) απο θλιβοντος.[1]

La leçon de la LXX απο θλιψεως se lit dans l'ensemble
des témoins y compris le Bodmer 24 [2]. Dans le Ga, Jérôme a corrigé le Ro "a pressura" en "a tribulatione" [3], ce qui est plus
proche de la leçon LXX.

θλιψις se lit plusieurs fois dans les Ps pour traduire
רצ : ainsi en 4,2; 31,7; 65,14; 118,143,[4] mais la LXX ne rend
jamais ce mot hébreu par θλιβων, comme le font ici les colonnes
"c" et "f" [5]

Nous remarquons encore que la leçon "e = d" s'accorde
également avec la "f mg", tandis que "f" est identique à "c".
Nous pensons reconnaître ici un des (nombreux) exemples où la
leçon de "f" nous paraît avoir été influencée (recensée ?) par

---

1 cf. le 264, α' : απο θλιβοντος.

2 où ce verset est même écrit deux fois.

3 même traduction en γ η med.

4 רצ est également rendu plusieurs fois par εν τω θλιβεσθαι...
   ainsi en 17,7; 101,3; 106,6.13.19.28.

5 La LXX traduit parfois par εχθρος (14x).

la traduction d'Aquila ou par une recension antérieure.[1]

50) Ps 48,2 a :   e = d : παντα τα εϑνη

b) χολ ααμιν; c-f) παντες οι λαοι.

Tous les témoins LXX donnent la leçon de "e"[2]; en latin, la Vetus Latina avait traduit "omnes gentes", que Jérôme conserve en Ga. Pourtant la LXX rend habituellement עם par λαος et non par εϑνος[3].

La mg de "f" donne également en ce passage "τα εϑνη"[4] et il est probable qu'ici encore la leçon de f = c soit due à une recension sur l'hébreu, alors que "d" a conservé la leçon εϑνη des anciens traducteurs grecs.

51) Ps 88,33 b :   e = d : τας αδικιας αυτων

b) ανωναν; c) ανομιαν αυτων; f) τας ανομιας αυτων.[5]

La LXX est divisée entre αμαρτιας : B' Sa R; peccata : La^G Ga; delicta : La^R Aug et Cyp et αδικιας : S 1098, L^D A^D = TM.[6] αδικιας est ici la "lectio difficilior"; sur les 34x où ce mot se lit dans les Ps, c'est le seul passage où il est utilisé pour traduire עון; au contraire ανομια est une traduction fréquente de ce mot.[7]

---

1   cf. étude annexe p. 120-122.

2   la seule variante de Rahlfs : 2013 : > τα; le Bodmer donne πατα (sic) τα εϑνη.

3   λαος = עם : 105x dans les Ps; εϑνος se lit 78x dans les Ps dont 60x pour traduire גוי et 10x pour עם.

4   Le παντα n'est pas écrit dans la mg de "f", mais il s'agit probablement de la même leçon que "e" - "d"; le copiste voulant signaler par cette ajoute marginale la différence entre le λαοι de "f" et le εϑνη de "f" mg.

5   Dans le 264 nous trouvons α' ρ* τας ασεβειας αυτων... Sur cette annotation du 264 probablement corrompue, voir les remarques de MERCATI, Osservazioni, p. 411-12.

6   Bodmer 24 manque.

7   sur 81x ανομια, ce mot rend 23x עון et 22x און dans les Ps; cf. la traduction de "c" - "f".

αμαρτια est également rare pour traduire l'hébreu עוֹן : 6x sur les 29x où ce mot se lit dans les Ps.[1]

Origène a-t-il choisi la leçon αδικιας ? Nous le pensons car, d'une part, le Ga n'apporte pas une confirmation claire en faveur d'une leçon αμαρτιας puisque Jérôme y maintient le "peccata" qu'il trouvait en Ro [2]; d'autre part, Eus atteste 3x la leçon αδικιας dans le lemme (1105,3) et dans le commentaire (1105,44.50). Nous pouvons donc regarder cette leçon comme celle de la LXX hexaplaire qu'Origène aura préféré à αμαρτιας parce qu'elle se lisait en "d" et qu'elle était plus proche de l'hébreu et des "autres" que la leçon concurrente.

52) <u>Ps 88,39 a</u> : e = d : και εξουδενωσας

b) ουαβθεμας (15a); c) και απερριψας;

f) και εγκατελιπες.

La LXX n'offre pas de variante importante sur ce point [3]; au contraire, les traductions latines rendaient ce passage de manière variée [4]. Jérôme corrige le Ro "sprevisti" en Ga "despexisti". Quant à Eus, il confirme la leçon εξουδενωσας, aussi bien dans le lemme (1109,24) que dans le commentaire (1113,4.36). Nous notons que "d" a maintenu la leçon de la LXX, alors que les "autres" traducteurs ont préféré un mot plus concret : "rejeter, abandonner".

Conclusions :

1) <u>Les accords entre les colonnes "e" et "d".</u>

Dans les Fragments Mercati, nous avons compté 5 passages

---

1 dans les Ps αμαρτια traduit 6x עוֹן et 18x la racine חטא.

2 et l'ensemble de Vetus Latina, sauf α.

3 cf. pour cette variante Rahlfs LXX au Ps 43,6; Bodmer 24 n'est pas conservé.

4 α : ad nihilum deduxisti; γ : pro nihilo duxisti et neglexisti.

pour lesquels la leçon de "e" s'accorde uniquement avec celle
de "d". Dans 2 cas, la leçon de la LXX est divisée (nos. 48 et
51) : pour le premier, la leçon de "e" pose un problème car si
elle est originale, elle contredit le témoignage de Jérôme en
Ga, et dans la Lettre à Sunnia. Il est pourtant possible que la
leçon de "e" soit fidèle au choix d'Origène, car elle est suffisamment attestée et, de plus, Origène la lisait dans la colonne "d".

Quant à la leçon αδικιας (no. 51), nous pensons qu'elle
est originale; nous constatons qu'ici encore, cette forme de
"e" s'oppose au Ga, même si le témoignage de Jérôme n'est pas
explicite.

Signalons encore que la traduction du no. 50 (εθνη pour
עם) est inhabituelle dans la LXX : Origène l'a pourtant conservée malgré le λαοι des colonnes "c-f".

2) Comparaison avec le Bodmer 24 et les autres principaux
   témoins du texte.

   a) Avec le Bodmer 24 : Seules 2 des 5 leçons que nous avons
      étudiées se retrouvent en Bodmer 24 : nos. 49.50; pour
      les 3 autres le Papyrus Bodmer n'est pas conservé. Le
      texte du Bodmer s'accorde avec "e" pour les deux cas où
      il est connu.

   b) Accord avec B S U 2013 R A : pour les nos. 48 et 51 où la
      LXX est divisée, la leçon "e" s'accorde avec

nos.	48	51		
B	x		=	1/2
S	x	x	=	2/2
U			=	0/1
2013			=	0/1
R	x		=	1/2
A	x	x	=	2/2

S et A donnent 2x/2 la leçon de "e", B et R 1x/2; enfin
U et 2013 qui ne sont conservés que pour le no. 48 ont une
leçon différente de "e".

3) Travail d'Origène :

Dans 3 cas, Origène trouvait la leçon "e" dans tous les
témoins; il pouvait donc la conserver sans problème; dans les
deux autres versets (nos. 48 et 51), Origène devait connaître
des mss lui permettant de choisir la leçon que nous lisons en
"e". A noter cependant qu'Origène maintient au no. 48 une leçon "e" contre "b-c-f"; cf. aussi en 51.

ETUDES ANNEXES

I. Sur les cas où f ≠ e parce que recensée (f=c)

Comme nous avons noté plus haut, il existe de très nombreux contacts entre les colonnes de "e" et de "f". Mais nous
avons remarqué que très souvent lorsque la leçon de "f" s'écarte de "e", elle s'accorde alors avec celle de "c" et se rapproche de l'hébreu. Nous donnons ici les principaux cas relevés
dans les Fragments Mercati, en ne gardant que ceux où la ligne
des Hexaples est entière et où la leçon de "f" correspond exactement à celle de "c". Nous laissons donc de côté un certain
nombre de lignes où "f" se rapproche de "c" (même substantif
ou adjectif mais à un cas ou un nombre différent; même verbe à
une forme différente, ou encore, un mot de même racine, mais
sans être tout à fait semblable à "c").

Ps		b)	c-f)	e)
17,28	a:	ανι	/πενητα	/ταπεινον
17,30	a:	αρους	/δραμουμαι	/ρυσθησομαι
17,31	a:	εμαραθ	/(το)λογιον	/τα λογια
17,32	b:	σουρ	/στερεος	/θεος
17,47	a:	σουρι	/στερεος μου	/και θεος μου
27,7	b:	λιββι	/(η)καρδια μου	/η σαρξ μου
27,7	d:	ουμεσσιρι	/και απο αισματος μου	/και εκ θεληματος μου
27,8	a:	λαμου	/αυτων	/του λαου αυτου
28,2	a:	σεμω	/ονοματος αυτου	/ονοματι αυτου
29,8	a:	εεμεδεθ	/εστησας	/παρεσχου
29,8	a:	λααραρι	/τω ορει μου	/τω καλλει μου
29,8	b:	εσθερθα	/απεκρυψας	/απεστρεψας δε
29,11	a:	ουανηνι	/και δωρησαι μοι	/και ηλεησεν με
29,13	a:	ιαδομ	/σιωπησει (-σηι)	/κατανυγω
30,3	c:	ασουρ	/(εις)στερεον	/εις θεον
30,6	b:	ηλ	/ισχυρε	/ο θ͞ς

P s		b)	c - f)	e)
30,7	a:	ασσωμριμ	/τους φυλασσοντας	/τους διαφυλασσο- ντας
30,8	c:	ιαδαϑ	/εγνως	/εσωσας
30,10	a:	ονηνι	/δωρησαι μοι	/ελεησον με
31,7	a:	μεσσ*ρ	/απο ϑλιβοντος	/απο ϑλιψεως
31,7	c:	σελα	/αει	/διαψαλμα [1]
34,1	:	λαμανασση	/τω νικοποιω	/εις το τελος [2]
34,16	a:	βααφνη	/εν υποκρισει	/επειρασαν με
34,20	a:	χι λω	/οτι ου	/οτι εμοι μεν
34,20	a:	ιδαββηρου	/λαληλουσιν	/ελαλουν
34,20	b:	δαβρη	/ρηματα	/ελαλουν [3]
35,2	b:	λανεγδ	/κατεναντι	/ακεναντι
45,5	a:	φλαγαυ	/αι διαιρεσεις (αυτων)	/τα ορμηματα
45,5	b:	κοδς	/αγιον	/ηγιασεν
48,2	b:	ολδ	/την καταδυσιν	/την οικουμενην
48,3	a:	γαμ βνη	/καιγε υιοι	/οι τε γη (γενεις)
48,10	b:	ασασϑ	/(την)διαφϑοραν	/καταφϑοραν
48,10	b:	χι ερα αχαμιμι	/οτι οψεται σοφους	/οτ'αν ιδη σοφους
48,12	a:	καρβαμ	/και εν μεσω αυτων	/και οι ταφοι αυτων
48,14	b:	ουδαρηεμ	/και μετ'αυτους	/και μετα ταυτα
88,27ab:		αϑϑα ηλι	/(ει)συ ισχυρος μου/ει συ ϑς μου ο ϑς
88,27	b:	ου σουρ	/και στερεος	/και αντιληπτωρ
88,34	b:	βαεμουναϑι	/εν τη πιστει μου	/εν τη αληϑεια μου[4]
88,35	b:	λω ασσανε	/ουκ αλλοιωσω	/ου μη αϑετησω
88,37	a:	ιειε	/εσται	/μενει
88,38	a:	ιεχχον	/ετοιμασϑησεται	/κατηρτισμενη
88,49	a:	γαβρ	/τις ανηρ	/τις εστιν ο ανος
88,51	b:	χολ ραββιμ	/πασας τας αδικιας	/πολλων

---

1   cf. aussi en Ps 45,4.12; 48,14; 88,38.

2   cf. encore en Ps 48,1.

3   il s'agit d'un passage ajouté en 1098 (sous astérisque en Ga).

5   même traduction en Ps 88,50.

Si l'on tient compte des nombreux passages (environ 700
lignes sur les 900 du 1098) où "e" = "f" et en même temps de la
fréquence des contacts avec "c" pour les leçons où "f" ≠ "e",
on peut situer assez exactement la traduction de la colonne "f"
du 1098. Elle se présente comme une traduction intermédiaire
entre celle de la LXX ancienne et celle d'Aquila. Nous remarquons, en effet, que là où "f" s'accorde avec "e" contre "c",
la traduction d'Aquila se rapproche régulièrement du texte hébreu : cf. les cas que nous avons étudiés sous A; cf. encore la
suppression en "c" des articles (Ps 17,31; 27,7; 48,10), du
"εις" (Ps 30,3), du "ει" (Ps 88,27) dans les leçons que nous a-
vons citées dans la liste ci-dessus. Nous trouvons donc ici une
confirmation pour la LXX des Ps de l'opinion émise par D. Barthélemy, présentant la Quinta "comme une première tentative
(de recension sur l'hébreu) encore tâtonnante et pleine d'illo-
gismes..." éclipsée plus tard par les grandes recensions du
IIème s., en particulier par celle d'Aquila, dont le travail
présuppose la Quinta.[1]

---

1 D.BARTHELEMY, Redécouverte,p. 28 et l'étude plus complète,
   Les Devanciers d'Aquila.

II. Répartition d'une leçon sur 2 ou 3 lignes du 1098.

Nous avons noté 4 cas où la leçon LXX est découpée pour remplir la ligne dans la colonne "e".

Ps 34,14 b

b)	c)	d)	e)	f)
χεεβλ	/ως πενθος	/ως πενθων	/ως πενθων	/ως πενθων
εμ	/μητρος	/ομομητριον	/και σκυ	/ως ο
κηδαρ	/σκυθρωπαζων	/σκυθρωπος	/θρωπαζων	/σκυθρωπαζων

Ps 35,2 a

βεκορβ	/εν εγκατωι	/ενδοθεν	/εν	/εν μεσω
λεββω	/καρδιας αυτου	/η καρδια μου	/εαυτω	/καρδιας αυτου

Ps 35,3 a

ηλαυ	/προς αυτον	/τα περι αυτου	/ενωπιον	/αυτον εν
β*νναυ	/εν οφθαλμοις αυτου	/δοκει	/αυτου	/τοις οφθαλμοις αυτου

Ps 48,3 a

γαμ βνη	/καιγε υιοι	/η τε ανθρωποτης	/οιτε γη	/καιγε υιοι
αδαμ	/ανθρωπων	/προσετι δε και υιοι	/γενεις	/των ανων

A noter, au contraire, le Ps 30,10 a :

χι	/οτι	/οτι	/οτι	/οτι
σαρ	/στενον	/θλιβομαι	/θλιβομαι	/θλιβο
λι	/εμοι	/ .	/ .	/μαι

Mercati note, p. 33 : in libro punctum simplex est.
A noter également le "εις τελος" du Ps 17,36 c, de la LXX, qui est ajouté sans ligne supplémentaire.

θερβηνι /επληθυνεν με /αυξησει με /ανωρθωσε με /πληθυνει με
εις τελος

Conclusions du chapitre III

Si nous récapitulons les conclusions des différentes parties de ce IIIème chapitre, nous pouvons dire que dans les Hexaples des Fragments Mercati :

1) "e" = "f" environ 700 sur 900 lignes, avec plus de 160 accords exclusifs. Nous avons également noté que souvent, lorsque "f" ≠ "e", la leçon de "f" se rapproche de celle de "c". cf. étude annexe, p. 120.

"e" = "f mg" assez régulièrement quand cette leçon marginale est conservée (une centaine de fois en 1098) : nous avons compté 58 accords exclusifs.

"e" = "c" environ 350x sur les 900 lignes, mais avec seulement 2 accords exclusifs.

"e" = "d" environ 360x sur les 900 lignes; 5 accords exclusifs.

L'accord entre les leçons de "e" et celles de "f" et "f mg" est donc bien net.

2) Les accords avec le Bodmer 24, et avec les principaux témoins du texte LXX.

	A	B	C	D	Total
leçons étudiées	32	13	2	5	52
leçons en Bodmer 24	22	8	1	2	33
"e" = Bodmer 24	21	7	1	2	31
"e" ≠ Bodmer 24	1	1	-	-	2
"e" ≠ toute la LXX	4	2	-	2	8
"e" = B	2	-	-	1	3
"e" = S	4	1	-	2	7
"e" = U	1	2	-	-	3 (sur 5)
"e" = 2013	1	1	-	-	2 (sur 4)
"e" = R	3	2	-	1	6
"e" = A	2	2	-	2	6

Ainsi 44x sur 52, la leçon de "e" est identique à celle
que nous trouvons dans l'ensemble de la LXX.

Dans les 8 lignes où la leçon de "e" ≠ l'ensemble des témoins LXX, cette leçon "e" s'accorde 7x avec S, 6x avec R et A,
3x avec B, 3x (sur 5) avec U et 2x (sur 4) avec 2013.

Le Bodmer 24 ne se lit que pour 3 de ces 8 leçons (nos. 25.
30.34) : chaque fois, il s'accorde avec la leçon de la colonne
LXX des Hexaples.

3) Le travail d'Origène.

Nous avons remarqué que presque toujours Origène donnait
dans sa colonne LXX la leçon habituelle du texte grec et ceci
même lorsque la traduction LXX est rare, alors que la leçon de
"c" ou des "autres" lui aurait fourni non seulement un meilleur
équivalent de l'hébreu, mais également une traduction beaucoup
plus courante de la LXX.

Dans les cas mentionnés ci-dessus, où Origène donne une
traduction différente de celle de la majorité des témoins LXX,
nous pensons qu'il trouvait dans ses mss la forme qu'il a choisie pour "e". Nous n'avons relevé aucun cas où nous serions
certains qu'Origène a corrigé le texte de la LXX pour le conformer à l'hébreu et aux "autres". Parmi les transpositions,
nos. 25 et 35, seule la seconde peut être attribuée à son travail recensionnel; la première se lisait déjà dans l'ensemble
de mss LXX, à l'exception de B; pour la seconde, au contraire,
il est possible qu'Origène ait été influencé par "f mg" où il
lisait les mêmes mots dans le même ordre.

Remarques sur la Ière partie :

Dans cette première partie nous avons étudié les leçons de la colonne "e" du 1098 sous deux angles différents : nous avons tout d'abord comparé ces leçons avec les deux mss LXX les plus importants, le Vaticanus et le Sinaïticus; nous avons ensuite recherché quelles étaient les relations entre la colonne LXX des Hexaples Mercati et les autres traductions qu'Origène avait réunies. Ces deux visées différentes nous ont amené à étudier deux fois certaines leçons. Pour récapituler, nous ne pouvons donc pas simplement additionner les résultats des analyses que nous avons données après chaque section. Nous nous contenterons de rappeler ici quelques-uns des points les plus significatifs :

1) sur les rapports avec B S :

- quand "e" ≠ B S, la leçon choisie par Origène diffère également 9/13 du Bodmer 24; dans 4 de ces 9 cas, il nous semble que la leçon de "e" provient du travail d'Origène (deux additions, une omission et une transposition).

Nous avons aussi relevé 4 cas où la leçon de la LXX hexaplaire s'accorde avec des témoins du texte de Haute-Egypte contre B et S.

- quand "e" s'accorde avec un des deux principaux témoins du texte de Basse-Egypte, le Sinaïticus donne 14x/20 et le Vaticanus 6x/20 la leçon hexaplaire.
Dans cette deuxième série de leçons, le Bodmer 24 appuie généralement le choix d'Origène : 10x sur 12; les deux fois où "e" ≠ Bodmer 24 sont deux cas où "e" corrige la LXX en omettant un mot qui ne se lit pas dans l'hébreu. Nous avons également constaté quelques accords très nets entre "e" et le texte de Haute-Egypte : signalons en particulier le παρεξ du no. 50 et le κραταιωσις du no. 56.

2) "e" s'oppose à toutes les autres traductions du 1098.

Environ 1x/10, la leçon de "e" s'oppose à celle des autres traductions rassemblées par Origène. Cette proportion
de "désaccord" n'est pas très étonnante en elle-même; elle
prend cependant plus d'importance si l'on tient compte du
fait que la traduction des Ps est très littérale.

De plus, comme nous l'avons vu, il n'est pas rare qu'Origène donne en "e" une traduction qui s'oppose à l'hébreu et
aux "autres" (parfois unanimes). On est donc frappé par la
fidélité d'Origène au texte de la LXX. Partout où les témoins LXX que nous connaissons s'accordent sur une leçon,
nous avons constaté qu'Origène l'a maintenue en "e"; aussi
dans les cas où la leçon de la colonne "e" diffère de celle
du texte reçu, nous pouvons, en général, présumer qu'Origène
connaissait un ou plusieurs mss lui permettant de choisir
cette forme de la LXX.

La comparaison avec le Bodmer 24, qui est certainement indépendant du travail d'Origène, renforce cette conviction
puisque, quand nous avons pu comparer la leçon "e" avec le
texte du Papyrus Bodmer, presque toujours leurs leçons é-
taient identiques : 23x/25 au chapitre III.

3) "e" s'accordant avec une autre colonne du 1098.

L'étude des Fragments Mercati a fait apparaître la ressem-
blance très prononcée entre la colonne LXX, d'une part, et
les traductions de "f" et "f mg", d'autre part, c'est-à-dire
entre le texte de la LXX hexaplaire et celui de la Quinta et
de la Sexta. Cependant, comme nous l'avons noté[1], la Quinta
porte des traces assez nettes de recension sur l'hébreu dans
de nombreux passages où "e" conserve un texte moins recensé.

Les Hexaples du 1098 ne nous donnent pas la traduction de
Théodotion, sinon dans quelques leçons marginales de "e" [2];

---

1 étude annexe, p. 120-121.
2 nous en avons compté 25 ; pour l'identification de ces leçons
avec la traduction de Théodotion, cf. MERCATI, p. XXIX.

on peut supposer que cette traduction a été omise en 1098 (ou déjà dans son modèle) parce qu'elle suivait généralement le texte de la LXX.[1]

Enfin, à partir des leçons analysées, pour lesquelles les témoins de la LXX étaient divisés, nous avons pu recueillir quelques indications sur les types de texte qu'Origène a utilisés. En effet, les leçons choisies par Origène - quand la LXX est divisée - présentent des contacts très significatifs avec le texte de Haute-Egypte (U 2013 cf. aussi Bodmer 24); on remarque aussi une parenté plus grande entre "e" et S qu'entre "e" et B; enfin, les mss R et A nous donnent souvent une leçon identique à celle de "e" :(6x/ sur les 8 cas).

Rappelons pour conclure que les Fragments Mercati ne nous ont conservé que partiellement le texte des Hexaples du Psautier et dans une forme qui n'est pas toujours originale. Nous ne pouvons donc pas tirer de ces comparaisons des conclusions fermes mais seulement des indications sur les textes LXX qu'Origène avait réunis ainsi que sur les leçons que pouvait contenir la colonne "e" des Hexaples du Psautier.

---

[1]   cf. la remarque de F.C. BURKITT, dans The Monte Cassino Psalter, JBL 14 (1912-13) p. 437 note 2 : It is usually the fate of Theodotion's Psalm-text to be passed over in silence, or with the phrase "ομοιως τοις ο'".

DEUXIEME PARTIE

ETUDE DES LECONS DE LA LXX ORIGENIENNE

DANS LE COMMENTAIRE DES PSAUMES D'EUSEBE DE CESAREE

Nous avons consacré la première partie à l'étude du travail critique d'Origène, tel qu'il nous apparaît dans la colonne "e" des Hexaples Mercati. Nous abordons maintenant le Commentaire des Psaumes d'Eusèbe de Césarée. Comme on le sait, Eusèbe n'a pas connu personnellement Origène mais il collabora
très activement avec Pamphile, dont il avait été l'esclave, à
la conservation et à la diffusion de l'oeuvre du savant alexandrin. Après la mort de Pamphile,victime de la dernière grande
persécution, Eusèbe se mit à collectionner tous les renseignements sur la vie de l'Eglise des premiers siècles.[1] Nommé évê-
que de Césarée vers 313-14, il n'abandonna pas ses travaux lit-
téraires mais il continua à s'occuper du riche héritage que
constituait la fameuse bibliothèque de sa ville. C'est à lui
que, vers 330, s'adresse l'empereur Constantin pour une commande de 50 exemplaires des Livres Saints qu'il destine aux Eglises de son Empire.[2]

Parmi les ouvrages exégétiques d'Eusèbe, nous connaissons
surtout ses Commentaires sur les Psaumes et sur Isaïe. C'est du
premier que nous allons parler. D'après Saint Jérôme, Eusèbe
est le deuxième parmi les Grecs à avoir commenté tout le psautier : "... maxime in explanatione psalmorum quod apud Graecos
interpretati sunt multis voluminibus primus Origenes, secundus
Eusebius Caesariensis, tertius Theodorus Heracleotes, quartus...
[3].

Héritier d'Origène et disposant de la bibliothèque de Césarée, Eusèbe nous apporte dans son commentaire des renseigne-

---

1   cf. L. DUCHESNE, Histoire ancienne de l'Eglise, t. I. p. vii
     -viii : "si Eusèbe n'avait pas, avec une diligence sans é-
     gale, fouillé les bibliothèques palestiniennes où le docteur
     Origène et l'évêque Alexandre avaient recueilli toute la
     littérature chrétienne des temps anciens, nos connaissances
     sur les trois premiers siècles de l'Eglise se réduiraient
     à peu de choses".

2   Vita Const. IV., 34ss.

3   dans sa Lettre à Augustin, Epist. CXII, édit. Hilberg,
     t.I, 2 p. 390.

ments directs et précis sur la LXX d'Origène. Malheureusement
son Commentaire des Psaumes ne nous est que partiellement conservé.

Le texte que nous lisons dans le tome 23 de la PG est très
inégal. Le premier et le dernier tiers du commentaire ont été
reconstitués à partir de mss très lacuneux et des chaînes. Seule la partie centrale empruntée au ms Coislin 44, -(Xème s.) -
nous donne en tradition directe le texte d'Eusèbe pour les Ps
51-95 [1] et elle peut être consultée avec sécurité, au jugement
de R. Devreesse [2]. Enfin un petit fragment du commentaire du
Ps 51 se trouve dans la PG 55, col. 589-594, présenté comme une
homélie pseudo-chrysostomienne.[3]

Toutefois, il est probable que même dans cette partie conservée en tradition directe, un certain nombre de leçons hexaplaires ont été remplacées par celles de la LXX commune, plus
coutumières aux copistes à qui nous devons le ms Coislin et ses
"ancêtres". Ceci nous expliquerait les différences que l'on
peut noter parfois entre les leçons des lemmes et le commentaire. Il n'est pourtant pas impossible, que même dans son Commentaire, Eusèbe ait parfois conservé lui-même des leçons de la
LXX non-hexaplaire. Rahlfs a démontré, en effet, qu'Origène,
dans les ouvrages écrits après les Hexaples garde une assez
grande liberté : il utilise généralement le texte hexaplaire
mais il maintient par ex. un certain nombre de passages obélisés, ou bien, il s'écarte de la forme hexaplaire, lorsque celle-
ci, compréhensible dans la cinquième colonne des Hexaples, ne
respecte pas suffisamment la sensibilité de la langue grecque.[4]

---

1   d'après le micro-film le ms s'arrête au Ps 94,6 (PG 23, 1212,
    lig. 55); la suite du Ps n'est que partiellement conservée.
    Selon le titre ajouté au 13ème s., le ms devait contenir le
    commentaire des Ps 51-100 : cf. PG 23, 14, lig. 26ss.

2   dans SDB I, col. 1122-1124.

3   cf. D. BARTHELEMY, dans Eusèbe, les Septantes et les "autres",
    p. 51

4   cf. RAHLFS, S.- St. 2, p. 55-57.

Nous pensons que ces remarques peuvent également s'appliquer au
Commentaire des Psaumes d'Eusèbe, - spécialement pour les passages munis de signes critiques dans la recension hexaplaire -,
mais dans une moindre mesure toutefois, puisque dans cet ouvrage, Eusèbe commente les Ps en se servant précisément des différentes traductions grecques qu'Origène avait réunies dans les
Hexaples.

Grâce à un microfilm du ms Coislin 44, mis à notre disposition par le P. Barthélemy, nous avons pu contrôler l'édition
de Migne. En général, l'édition est fidèle au ms; cependant de
nombreux passages de Ps ont été omis par les éditeurs :[1] ainsi
entre les Ps 51 et 95, nous avons relevé 186 omissions de passages psalmiques, représentant au moins 375 versets (le plus
souvent entiers). Ceci est dû au fait que les éditeurs ont très
souvent abrégé les citations un peu longues, soit en remplaçant les versets par un καὶ τὰ εξης, soit en omettant purement
et simplement un ou plusieurs versets.

Comme les versets sont ordinairement repris dans le corps
du commentaire, cette comparaison entre le microfilm du ms et
le texte de l'édition ne nous a pas apporté 375 versets en plus,
mais elle nous a fourni très souvent la confirmation d'une leçon faiblement attestée ou ambiguë dans le commentaire. Elle
nous a également permis de corriger quelques passages où l'édition n'était pas fidèle au texte du ms.

Le Commentaire des Ps d'Eusèbe prend une importance particulière pour la recherche du texte de la LXX origénienne car,
pour les Ps, un des meilleurs témoins habituels du texte hexaplaire nous fait défaut. En effet, la Syrohexaplaire, qui selon Rahlfs est "unser zuverlässigster Zeuge für den hexaplarischen G-Text"[2] nous fournit, il est vrai, des renseignements

---

1 nous n'avons vérifié systématiquement que les citations des
   Ps.
2 S.-St. 2, p. 122; cf. aussi Rahlfs LXX, p. 52.

nombreux sur le texte hexaplaire (signes critiques, leçons des autres colonnes des Hexaples), mais elle ne nous donne pas pour le Psautier le texte de la LXX hexaplaire [1]. On comprend dès lors l'intérêt de ce Commentaire des Ps d'Eusèbe, dans la mesure où il nous permet de reconstituer pour ce Livre la LXX origénienne.

Il est donc étonnant que dans son édition des Psaumes, Rahlfs n'ait pratiquement pas tenu compte du témoignage d'Eusèbe, qu'il ne cite que très rarement. Nous pensons que cette étude du Commentaire d'Eus conservé dans le ms Coislin, montrera l'importance de ce témoin du texte grec des Psaumes, non seulement pour notre connaissance du texte hexaplaire, mais également pour fixer le texte de la LXX ancienne.

A côté d'Eus, nous disposons actuellement d'un autre témoin ancien que Rahlfs ne connaissait pas : le papyrus Bodmer 24 qui nous conserve un texte égyptien du psautier grec, assez ancien pour n'avoir pas subi l'influence du travail d'Origène.[2] Là où il nous est conservé, le Bodmer 24 nous sera une aide précieuse pour identifier les leçons de la LXX hexaplaire et celles de la LXX ancienne.

Pour notre travail, nous avons tout d'abord rassemblé toutes les citations psalmiques contenues dans le Commentaire des Ps du Coislin 44, ainsi que dans les autres ouvrages connus d'Eus. Nous avons ensuite comparé ces leçons attestées par Eus avec le texte LXX des Ps édité par Rahlfs et avec celui de l'édition du Psautier Gallican, pour lequel Jérôme a recensé le Psautier Romain sur la LXX hexaplaire.[3] Dans cette comparaison

---

1 S.-St. 2, p. 122.

2 cf. R. KASSER qui note dans l'introduction que le texte du Bodmer 24 se rattache à ce que Rahlfs appelle le "texte de Haute-Egypte", mais en précisant que ce texte pouvait être répandu dans toute l'Egypte au 3ème s. (p. 7); quant à la date, il propose à la fin du 3ème s. ou le début du 4ème (p. 22).

3 cf. D. DE BRUYNE, la Reconstitution du Psautier, p. 297-324.

avec le Ga, nous avons particulièrement retenu les cas où la leçon du Ga est discutée dans la Lettre à Sunnia.

Nous avons pu ainsi sélectionner certaines leçons où le texte d'Eusèbe s'accorde avec le Ga et le TM (I), d'autres sur lesquelles Eus s'accorde avec le TM, mais s'écarte du Ga (II), d'autres enfin où Eus s'oppose au Ga appuyé par le TM (III). Ce qui nous donne la division de cette seconde partie.

$$\text{I. } - \text{Eus} = \text{Ga} = \text{TM}$$
$$\text{II. } - \text{Eus} = \text{TM} \neq \text{Ga}$$
$$\text{III. } - \text{Eus} \neq \text{Ga} = \text{TM}$$

CHAPITRE I. EUS = GA = TM

Parmi les leçons où Eus = Ga = TM, nous allons étudier plus particulièrement celles qui ne sont attestées par aucun des témoins grecs cités par Rahlfs (A); nous analyserons ensuite d'autres leçons où Eus n'est plus le seul témoin grec mais qui sont explicitement confirmées par la Lettre à Sunnia (B); nous parlerons enfin de quelques autres cas intéressants, (C).

A. Etudes des principaux cas où Eus est le seul témoin grec.

1) Ps 16,2 b :

a) TM (17)   : עיניך תחזינה מישרים

   LXX   : οἱ ὀφθαλμοί μου ἰδέτωσαν εὐθύτητας

            μου|σου : GaHi = TM [1]

   Eus (656,19) : οἱ ὀφθαλμοί σου ἰδέτωσαν εὐθύτητας

            Ce verset est cité dans le commentaire du Ps 65 pour expliquer le v. 7b : οἱ ὀφθαλμοὶ αὐτοῦ ἐπὶ τὰ ἔθνη ἐπιβλέπουσιν... Aux lignes 16ss, nous trouvons la citation du Ps 16,2b, précédée du Ps 33,16 ὀφθαλμοὶ κυρίου ἐπὶ δικαίους... et suivie du Ps 4,7b...σημειωθήτω ἐφ'ἡμᾶς τὸ φῶς τοῦ προσώπου σου, κύριε. [2]

   Plus loin, dans le commentaire, nous lisons ...ὁ μὲν οὖν φιλάνθρωπος τῶν ἐθνῶν σωτὴρ τοὺς ὀφθαλμοὺς αὐτοῦ... ἐξήπλωσεν ἐπὶ πάντα τὰ ἔθνη.(656,25-27).

   Ainsi tout le commentaire confirme le possessif de la deuxième personne du Ps 16,2b, car toutes les autres citations parlent des yeux du Seigneur et non de ceux du Psalmiste; or dans le contexte du Ps 16,2, seul οφθ.σου peut se rapporter au Seigneur.

---

1 Bodmer 24 n'est pas conservé.

2 Le verset se lit généralement εσημειωθη ...   au lieu de σημειωθητω... d'Eus.

<u>Ga</u>   :   oculi tui videant aequitates.

C manque; <u>tui</u> = RFIL alors que <u>mei</u> = L[2] cum LXX et Ro. Pour le Ga, Jérôme a donc corrigé le "oculi mei" de Ro en "oculi tui", leçon que nous ne trouvons en aucun psautier latin.

Cette leçon du Ga est confirmée par la Lettre à Sunnia : "Pro quo in graeco vos legisse dixistis οι οφθαλμοι μου, id est oculi mei. Sed rectius oculi tui, quia et supra dixerat : de vultu tuo iudicium prodeat, ut oculi dei in propheta operante, non prava, sed recta conspiciant."[1]

b) Nous nous trouvons en présence de deux leçons :

- οι οφθαλμοι μου : dans toute la tradition LXX à l'exception d'Eus et du Ga.

- οι οφθαλμοι σου : attestée par Eus et assurée par le commentaire, cette leçon se retrouve dans le Ga et elle est confirmée par la Lettre à Sunnia.

Laquelle de ces deux leçons peut-on considérer comme la traduction de la LXX ancienne ? Remarquons tout d'abord que l'hébreu ne connaît aucune variante; nous devons donc partir du grec, où nous rencontrons les deux leçons concurrentes.

Etant donné que l'ensemble de la tradition grecque lit οι οφθαλμοι μου, on doit en déduire, ou bien que telle était la traduction de la LXX ancienne, ou bien alors, - en admettant que les LXX avaient traduit οι οφθαλμοι σου - qu'une correction (corruption) est intervenue très tôt et s'est imposée à l'ensemble de la tradition du texte.

La comparaison avec la Vetus Latina nous amène aux mêmes conclusions puisque tous les psautiers latins, sauf le Ga, lisent oculi mei.

Si l'on envisage la possibilité d'un passage d'une variante à l'autre, il nous semble que le passage de οι οφθαλμοι σου à οι οφθαλμοι μου s'explique plus facilement que l'inverse et ceci pour deux raisons :

---

1   SF p. 12 lig. 16-17.

1) Une étude des emplois du mot οφθαλμος dans le Psautier donne les résultats suivants : sur les 56x où ce terme
est utilisé, 10x il l'est pour les yeux de Dieu et 46x pour
ceux des hommes [1]. La tendance est donc nette, mais elle se dégage encore davantage si l'on fait porter la comparaison uniquement sur les formules οι οφθαλμοι μου / σου que nous trouvons 4x pour les yeux de Dieu et 27x pour ceux des hommes.

Si donc, il y a eu corruption du texte par harmonisation,
on comprendrait plus facilement qu'une expression désignant les
yeux de Dieu ait été modifiée pour signifier les yeux du psalmiste, plutôt que l'opération inverse.[2]

2) On peut apporter un deuxième argument : dans le Ps 16,
οι οφθαλμοι σου (= κυριου) suppose un antropomorphisme qu'une
correction "théologique" n'aurait pas introduit, même si la
formule n'est pas très osée; on comprendrait, au contraire, que
dans certains milieux, on ait cherché à éliminer un tel antropomorphisme.

Il faut remarquer que ces explications d'un passage possible d'une leçon à l'autre sont valables aussi bien au niveau
du texte hébreu que de sa traduction grecque, ce qui signifie
que la 'Vorlage' des LXX pouvait différer sur ce point du texte hébreu qu'ont connu les traducteurs du 2-3ème s. de notre
ère; il n'est donc pas exclu que les LXX aient pu traduire fidèlement le passage par οι οφθαλμοι μου.

Que penser alors de la leçon d'Eus-Ga-TM ? Peut-on la
considérer comme la leçon origénienne ?

Nous n'avons que peu de renseignements sur les "autres"
versions hexaplaires. Selon Field, α' σ' θ' traduisaient οι
οφθαλμοι μου. Field tire ce renseignement du Vat 754, c'est-à-
dire du 1175 où nous lisons (repère οφθαλμοι) α' σ' θ' et au-

---

1   pour les 'yeux de Dieu' : en Ps 5,6; 10,5; 17,25; 30,23;
    31,8; 32,18; 33,15; 65,7; 89,4; 138,16; cf. aussi 25,3 (A).

2   on pourrait voir dans le Ps 138,16 l'exemple d'un tel glis-
    sement : Οφ. - σου (= κυριου) se trouve en Sa R Aug L⁰ 55
    Cyp = TM alors que B⁰ La^G A' cf. La^R ont Οφ. - μου (du psal-
    miste).

dessous ομοιως οι γ̄. Que signifie cette annotation ? Elle ne veut probablement pas dire, comme le comprend Field, que les "Trois" avaient ici la leçon de la LXX commune, car il n'y a-vait pas grand intérêt à relever que les "autres" traducteurs rendaient un passage comme l'ensemble des mss de la LXX. De plus une telle traduction serait surprenante de la part de α' et σ', qui rendent généralement d'une manière très fidèle l'hé-breu de leur temps, que nous pouvons supposer identique au TM en ce qui concerne les consonnes.

Il est beaucoup plus probable que ces annotations margina-les, recopiées dans le 1175, ont été empruntées à un ms qui contenait la LXX hexaplaire, c'est-à-dire pour notre verset οι οφθαλμοι σου. Dans cette hypothèse, la note marginale signifiait que la LXX hexaplaire s'accordait (contre la LXX vulgaire) avec les traductions de α' σ' et θ'. Comprise ainsi, l'annotation du 1175 ομοιως οι γ̄ devient une preuve indirecte que la leçon hexaplaire de ce verset devait correspondre à celle que nous trouvons chez Eus.[1]

En résumé, voici comment nous pouvons tenter de retracer l'origine des deux variantes :

1) La LXX ancienne avait οι οφθαλμοι μου, à partir d'une 'Vorlage' différente du TM ou par une corruption secondaire de οφθαλμοι σου en οφθαλμοι μου.

2) α' σ' θ' traduisaient le texte hébreu de leur époque par οφθαλμοι σου.

3) Origène choisit la leçon οι οφθαλμοι σου de préférence à οφθαλμοι μου. Connaissait-il cette leçon par ses mss ou l'a-t-il obtenue par une correction ? Nous ne pouvons répondre avec certitude.

4) Cette leçon οι οφθαλμοι σου a passé dans la recension origénienne et elle peut être considérée comme la leçon de la

---

1 G. DORIVAL, Thèse polycopiée, p. 30 propose de voir dans les notes marginales du Grec 754 = 1175, des notes empruntées à un ms ayant le texte hexaplaire et qui devait servir de com-plément au Commentaire des Ps d'Eus.

LXX hexaplaire ainsi que l'atteste l'accord entre Eus, le Ga
confirmé par SF et le TM.

2) Ps 26,6 a :

a) TM (27)   : וְעַתָּה יָרוּם רֹאשִׁי

   LXX   : καὶ νῦν ἰδοὺ ὕψωσεν τὴν κεφαλήν μου

                     και νυν ιδου : et nunc ecce : La^R Aug enarr
                     I; nunc autem : La^G; et nunc : GaHi Aug enarr
                     II = TM.

   Eus (665,11)   : en Ps 65 ...καὶ νῦν ὕψωσεν κεφαλήν μου ἐπὶ
                     ἐχθρούς μου.

                     Cette leçon est reprise en (665,18) où elle
   est suivie immédiatement du Ps 65,13a. Nous la retrouvons avec
   une légère variante en (993,29) au Ps 82 ...καὶ νῦν ὕψωσε κεφαλήν μου επ'εχθρους μου...

                     En dehors du ms Coislin, nous lisons encore ce verset du
   Ps 26 dans le commentaire d'Eus en PG 23, 241,13 ...και νυν
   υψωσε κεφαλην μου ἐπ'εχθρούς μου.

   Ga   : et nunc exaltavit caput meum super inimicos
                     meos;C manque; le deuxième apparat signale
                     que L* avait nunc + ecce cum LXX, et L^2 nunc
                     + autem [1].

                     La leçon du Ga est discutée par Jérôme dans la Lettre à
   Sunnia : "Et nunc exaltavit caput meum super inimicos. Pro quo
   in graeco vos invenisse dixistis : et nunc ecce exaltavit caput. Sed ecce superfluum est". [2]

                     Le Ro omettait le "et" avant le "nunc" : ...in petra exal-
   tavit me nunc autem exaltavit caput meum...; plusieurs psautiers latins ajoutent la conjonction "et" [3], mais seuls le Ga
   et δ lisent "et nunc".

   _____

   1   Ga^L (première et deuxième main) donne les mêmes leçons que
       les deux témoins de la Vetus Latina de Rahlfs (La^R La^G)
       cités ci-dessus.

   2   SF p. 15, lig. 8.

   3   ainsi η (= Ga^L) qui a "et nunc ecce" comme α ε moz^c med;
       la seconde main de η corrige en "et nunc autem".

b) Parmi les variantes sur le début du v. 26,6 a, la tradition textuelle nous offre ainsi deux leçons : avec ou sans ιδου/ecce.

La leçon και νυν sans ιδου est bien attestée par Eus : on la trouve 3x dans le Coislin, dans les commentaires des Ps 65 et 82, et 1x dans le commentaire du Ps 26 en PG 23. Dans le Ga, cette leçon se lit dans les mss RFI [1] et elle est explicitement confirmée par la Lettre à Sunnia, où Jérôme rejette le "ecce" comme superflu.

Au contraire, la leçon avec ιδου est supportée par toute la tradition grecque, y compris le Bodmer 24, et par une partie de la Vetus Latina. [2]

La formule νυν ιδου ne se rencontre jamais ailleurs dans les Ps et elle est très rare dans la LXX [3] : on ne comprend donc pas pourquoi les LXX auraient traduit ועתה par και νυν ιδου en 26,6a [4]. En effet, sur les 35x où nous lisons ιδου dans les Ps, 28x il traduit הנה, 4x הן, 1x זה et 2 x seulement le mot n'a pas d'équivalent en hébreu : Ps 26,6a et 53,2 (titre) [5].

Cependant cette leçon est ancienne puisqu'elle se lit dans l'ensemble des témoins grecs, y compris le Bodmer 24. Toutefois il faut remarquer l'absence du "ecce" en Ro et dans une partie

---

1 pour les principaux témoins; du silence du deuxième apparat on peut déduire que telle est également la leçon de la plupart des autres mss du Ga.

2 cf. supra note 3 p. 139.

3 15x pour près de 700x νυν : en Gn 12,19; Dt 26,10; Jos 9,25; 14,10; I R 12,2.13; 24,21; 25,7; 2 R 14,32; 3 R 1,18; 22,24; 4 R 18,21; 2 Ch 18,22; 20,10.11; et 11x sur 15 le TM donne עתה הנה.

4 ועתה se lit 4x dans les Ps : 2,10; 26,6; 38,8; 118,67; la LXX le traduit 2x par και νυν (Ps 2,10 et 38,8), 1x par και ιδου (26,6) et 1x par δια τουτο (118,67). Le Ga rend les 3 premiers passages par "et nunc", et le Ps 118,67 par "propterea".

5 ...ουκ ιδου δαυιδ pour le TM הלא דוד. Mais dans ce titre du Ps, il y a peut-être une influence de 1 R 23,19 où la LXX traduit ...λέγοντες ουκ ιδου δαυιδ κέκρυπται... rapportant le même épisode; le Ps 26 est le seul cas où l'addition du ιδου reste inexpliquée.

de la Vetus Latina [1]; ceci nous permet de supposer une forme
de la LXX ancienne ne comportant pas le ιδου.

Si nous passons à la LXX hexaplaire, nous pensons que l'ac-
cord entre Eus, le Ga - corrigeant le Ro et confirmé par la
Lettre à Sunnia - et le TM nous assure ici la leçon choisie par
Origène.

Nous connaissons en plus par le 264 les leçons des colonnes de α' ε' σ', qui toutes ignorent le ιδου :

- α' (και) νυν υψωθησε(ται) κεφαλη μου επι εχθρους μου :
- ε' (και) νυν υψωθητω η κεφαλη μου επι τους εχθρους μου :
- σ' και νυν επηραν την κεφαλην μου επι τους εχθρους μου [2].

Signalons encore quelques mss de la cat XVII qui notent en
marge de ce verset : και το ιδου παρ'ουδενι κειται [3].

Dans ces conditions, on conçoit facilement qu'Origène ait
choisi pour la colonne LXX des Hexaples le και νυν sans ιδου,
leçon qu'il pouvait,semble-t-il, trouver dans certains mss LXX
dont il disposait et qui s'accordait, sur ce point, avec la
traduction des "autres".

C'est pourquoi nous proposons de considérer la leçon και
νυν ιδου υψωσεν... comme celle de la majorité des témoins de la
LXX ancienne et de regarder και νυν υψωσεν comme la leçon de la
recension origénienne.

3) <u>Ps 44,6 a</u> :

a) <u>TM</u> (45) : ... חצֵיךָ שְׁנוּנִים עַמִים

                BH note : Grec + הַגִּבּוֹר

  <u>LXX</u> : τὰ βέλη σου ἠκονημένα, δυνατέ, λαοὶ...
             δυνατε potentissime : La^G; -mae : La^R Aug cf.

---

1 "nunc autem" se lit en β γ δ ζ moz^x de la Vetus Latina.

2 cf. aussi Tht (PG 80, 1052 lig. 41ss) qui après avoir cité
le verset avec ιδου dans le lemme, écrit ἀντὶ γὰρ τοῦ, ὕψωσε
κεφαλήν μου (Aquila) ὑψωθήσεται ἡ κεφαλή μου τέθεικεν.

3 Nous remarquons encore que toutes les citations de ce verset
par Eus (cf.aussi Tht, dans note précédente) omettent l'article devant κεφαλην, ce qui pourrait provenir de la recension
d'Origène, mais sur ce point il n'y a aucune possibilité de
vérifier en Ga.

prolog. 5,9; > GaHi = TM

<u>Eus</u> (897,26) : (en Ps 76) τὰ βέλη σου ἠκονημένα, λαοὶ ὑποκάτω σου πεσοῦνται.

Partant du Ps 76,19 : φωνὴν ἔδωκαν αἱ νεφέλαι καὶ γὰρ τὰ βέλη σου διαπορεύονται, Eus explique dans son commentaire qui sont ces βελη : d'abord le Sauveur lui-même au témoignage d'Is 49,2; mais également les βελη du Fils, c'est-à-dire les apôtres ainsi que ses paroles divines et enflammées, comparables au tonnerre. (897, 14-25). C'est dans ce contexte qu'il cite le Ps 44,6.

Nous retrouvons la même leçon dans le commentaire du Ps 44[1], mais avec un και devant λαοι. Eus n'y fait aucune allusion à un δυνατε : il s'emploie seulement à expliquer que l'ordre logique de la phrase serait : τὰ βέλη σου ἠκονημένα ἐν καρδίᾳ τῶν εχθρῶν τοῦ βασιλέως (6 a.c)...ἔπειτα, λαοὶ ὑποκάτω σου πεσοῦνται.. (6 b).

<u>Ga</u>   : sagittae tuae acutae, populi sub te cadent.

Cette leçon est attestée par les 5 principaux témoins du Ga : RFCIL et, ex silentio, par les autres mss. Seule la deuxième main de L ajoute : "potentissim(...) avec Ro et Jérôme, ep. 65, 12.1 [2].

La leçon du Ga est encore confirmée par la Lettre à Sunnia où Jérôme écrit : "Pro quo in graeco vos legisse dicitis acutae potentissime. Sed hoc male, et de superiore versiculo additum est".[3]

Le Ro et la majorité des témoins de la Vetus Latina ajoutent le mot "potentissime"[4].

---

1 en PG 23, 400 lig. 4ss.

2 dans cette lettre écrite en 397, Jérôme cite le verset : "sagittae tuae acutae, potentissime, populi sub te cadent in corda inimicorum regis", mais il ajoute : "in hebraico absque 'potentissime', reliqua similiter".

3 SF p. 18 lig. 10.

4 α' : potentissimae.

b) Nous constatons que la leçon d'Eus s'accorde avec Ga et TM
contre toute la tradition textuelle de la LXX, y compris le
Bodmer 24. En latin, le Ga est seul, avec η*, à omettre le mot
"potentissime".

Nous pouvons en déduire que la LXX ancienne avait dans ce
passage δυνατε. Il est possible que ce mot ait été ajouté au
v.6, par influence de la finale du v.4, comme le relevait déjà
Jérôme dans la Lettre à Sunnia mais, si addition il y eut, celle-ci dut se faire très tôt pour être si communément attestée.

Pour la leçon hexaplaire de ce verset, nous ne disposons
d'aucun renseignement concernant les "autres" versions grecques.
Cependant nous pouvons gager que si les traducteurs grecs du
2ème et 3ème s. de notre ère avaient une 'Vorlage' semblable à
notre TM - ce qui est probable - ils ont dû traduire ce passage sans δυνατε ou mot équivalent.

Dans ces conditions, il est compréhensible qu'Origène ait
omis ici le mot δυνατε de la LXX ancienne. Avait-il des mss qui
donnaient cette leçon (sans δυνατε) ou bien a-t-il omis le mot
par comparaison avec l'hébreu et les "autres" ? Nous n'avons
pas de données suffisantes pour répondre de manière sûre à cette question. Cependant si l'on tient compte du travail de recension antérieur à Origène, que l'on a pu constater dans certains
mss de la LXX [1], on ne peut pas exclure la première possibilité.
Ceci nous expliquerait alors pourquoi le mot "potentissime"
n'est pas conservé sous obèle dans le Ga. En effet, si Origène
a pu choisir une leçon sans δυνατε, il pouvait omettre ce mot
non seulement dans la colonne LXX des Hexaples, mais également
dans la recension qu'il en tira. Au contraire, si nous pensons
à une correction d'Origène pour les Hexaples (par comparaison
avec l'hébreu et les "autres"), on s'attendrait à trouver le
mot sous obèle dans la recension origénienne.

---

1 cf. D. BARTHELEMY, Origène et le texte. p. 251 et la note
  2 p. 142.

4) Ps 54,17 b :

a) TM   : ויהוה יושיעני[1]

  LXX   : καὶ ὁ κύριος εἰσήκουσέν μου

            εισηκουσεν μου exaudivit me : La = ישמעני

            salvabit me : Vulg (Ga : - vit) = TM [2]

  Eus (484,26) : ἐγὼ πρὸς τὸν θεὸν ἐκέκραξα καὶ κύριος ἔσωσέν

            με" [3]

            La même leçon se lit en (484,36) [4] et en
(484.52). Dans le commentaire, Eus présente explicitement cette
leçon comme celle de la LXX, en insistant sur le temps passé du
verbe : κατὰ δὲ τοὺς ἑβδομήκοντα τὸ μέλλον ἔσεσθαι ὡς παρῳχηκός
ἑρμηνεύων contrairement aux "autres interprètes" qui ont traduit
par le futur : "κατὰ δὲ τοὺς λοιποὺς ἑρμηνευτὰς μελλητικῶς προ-
φητεύει...(484,35ss).

      Puis Eus cite les traductions d'Aquila et de Théodotion :
(484,39) α' : "ἐγὼ πρὸς τὸν θεὸν καλέσω καὶ κύριος σώσει με"
(484,40) ϑ' : "ἐγὼ πρὸς τὸν θεὸν κεκράξομαι καὶ κύριος σώσει

          με"

      Enfin, aussi bien le choix du verbe σωζειν que le temps
passé sont confirmés par les reprises du mot dans le commentaire : ainsi en (484,52) : "ἐσώθην" et (484,53) : "σωθεὶς δε" [5].

      En dehors du Commentaire des Ps, nous avons un autre té-
moignage d'Eus pour cette leçon : dans la Demonstratio Evangeli-
ca nous lisons : "ἐγὼ πρὸς τὸν θεὸν ἐκέκραξα καὶ ὁ κύριος
ἔσωσέν με" [6].

---

1 BH ajoute en note : Grec יִשְׁמָעֵנִי .

2 pour les autres variantes, cf. Rahlfs in loco.

3 et non εγω προς θεον εκεκραξα και ο κυριος... comme nous lisons dans l'édition : le ms a l'article devant θεον mais non
devant κυριος.

4 mais avec l'article devant κυριος.

5 cf. encore en (484,32) : ...τευξομαι δε σωτηριας...

6 la seule variante étant le présence de l'article devant
κυριος, comme en (484,36).

Ga   : et dominus salvabit me.

    Comme on le voit, les éditeurs du Ga n'ont pas choisi le passé pour leur texte, (contre Rahlfs), mais leur apparat critique indique - que RC = salvavit [1] et que LG* manquent. Ainsi, parmi les 5 principaux témoins du Ga, il ne reste que FI pour la leçon 'salvabit' [2]

    Cependant si les mss du Ga varient quant au temps du verbe ils s'accordent tous sur le verbe lui-même : de l'apparat critique, on peut déduire que le verbe "salvare" se lit en RFCI (L manque) [3]; au contraire, le Ro et toute la Vetus Latina traduisent "et dominus exaudivit me".

b) En résumé, la leçon εσωσε με

    - est bien attestée par Eus (3x dans le Coislin et 1x dans Dem. Evang.) et elle est confirmée par son commentaire;

    - cette leçon s'oppose à εισηκουσεν μου de toute la tradition grecque [4];

    - elle s'accorde, au contraire, avec le Ga : avec RFCI pour le _mot_ "salvare" et avec RC pour la _forme_ "salvavit";

    - enfin les leçons Eus et Ga correspondent au TM.

    Comment peut-on expliquer la différence entre la tradition grecque, d'une part, et les leçons d'Eus et Ga, d'autre part ? Deux hypothèses nous paraissent possibles :

    1) on peut envisager d'abord l'existence d'une variante au niveau du texte hébreu : en effet, la forme hébraïque ישמעני

---

1   'salvavit' est aussi attesté par Q Φ [RG] VD Ω [M]; le passé se lit encore dans la LXX et en Ro.

2   il semble que dans notre cas, les éditeurs du Ga ont choisi leur leçon sur le témoignage de Guill : "ant. habent utrumque verbum in praeterito, Ieron. in futuro, graecus hanc litteram habet : ego ad dominum clamavi et dominus exaudivit me."

3   même verbe dans les autres témoins du Ga.

4   nous n'avons pas pour ce passage le témoignage du Bodmer 24.

que suppose le grec ειϲηκουϲεν μου est graphiquement assez proche du TM : ירשיעני.

Cependant la BH ne signale aucune variante en hébreu pour
ce mot. Par ailleurs, il semble peu probable que ישמעני se soit
introduit à la place de ירשיעני car la forme ישמעני n'apparaît
jamais comme telle dans les Ps [1]; quant à ירשיעני, elle est
également rare : et ne se rencontre que dans notre Ps et, avec
le waw, en Ps 56,4 [2]. On peut donc exclure l'hypothèse d'une
harmonisation au niveau du texte hébreu.

2) Une seconde possibilité serait le passage dans le grec
de la forme εϲωϲε à ειϲηκουϲε.

En étudiant dans le Psautier la formule : "j'ai crié vers
le Seigneur (vers Dieu) et il m'a..." on obtient les résultats
suivants : sur les 35x où nous lisons εκεκραξα(ν) ou κεκραξομαι, nous trouvons 29x l'indication de la réponse divine :

- 19x avec le verbe ειϲ - επ - ακουειν
- 4x avec le verbe ϲωζειν [3]
- 6x avec différents verbes [4]

Les 4 passages avec le verbe ϲωζειν nous intéressent plus
particulièrement :

	LXX	TM	Ga
Ps 26,6 a :	εκεκραξαν...εϲωθηϲαν	(נמלטו)	salvi facti sunt
56,3-4 :	κεκραξομαι...εϲωϲεν με	(ויישיעני)	liberavit me
106,13 :	εκεκραξαν...εϲωϲεν αυτους	(יושיעם)	liberavit eos
106,19 :	εκεραξαν...εϲωϲεν αυτους	(יושיעם)	liberavit eos

---

1 ישמעני ne se lit que deux fois dans l'AT : Ex 6,12 (où le
   sujet est Pharaon) et Mi 7,7 assez proche de notre verset.
   Dans les Ps, nous trouvons plusieurs fois ישמע avec Dieu ou
   Yahvé comme sujet : Ps 4,4; 18,7; 65,20; 66,18; 94,9; 116,1;
   145,19 ainsi que deux fois וישמע: Ps 40,2 et 55,18.

2 on peut ajouter les formes sans suffixe יושיע où Dieu est
   sujet : Ps 34,19; 69,36; 72,4.13.

3 nous laissons de côté le Ps 118,146 où nous lisons les deux
   verbes à la suite mais où le second n'indique pas la réponse
   divine : εκεκραξα ϲωϲον με...

4 29,3 (ιαϲω); 76,2 (προϲεϲχεν); 85,3 (ελεηϲον); 87,2 (κλινον)
   106,6 (ερρυϲατο); 106,28 (εξηγαγεν).

Nous remarquons que 3x/4 σωζειν rend l'hébreu יׁשע Hi et
que, dans les 3 cas les plus proches de notre Ps (56,3; 106,13.
19), le grec a traduit par un aoriste la forme de l'inaccompli
hébreu (avec ou sans waw);[1] enfin, en comparant le Ga avec le
Ro, nous notons que le Ga a chaque fois conservé la leçon du
Ro sans aucune correction.[2]

D'après ces constatations, on peut estimer que la LXX ancienne devait probablement traduire le Ps 54,17 par le verbe
σωζειν et même par l'aoriste de ce verbe.

D'autre part, puisque 19x/29 dans ces formules, la réponse divine est exprimée par le verbe εις-επ-ακουω, il est fort
possible que cette formule se soit introduite par après dans
notre Ps, mais cela a dû se faire très tôt puisque tous les témoins LXX, en dehors d'Eus et du Ga, s'accordent pour traduire
εισηκουσεν μου/et exaudivit me.

Si nous envisageons ainsi la forme de la LXX ancienne, la
leçon εσωσεν με que nous trouvons chez Eus pourrait provenir
d'un choix ou d'une correction d'Origène[3] lors de la composition des Hexaples et représenterait la leçon hexaplaire. Ceci
nous expliquerait l'accord du TM, d'Eus et du Ga, dans ses
meilleurs témoins, sur un point où le Ga s'écarte du Ro.

Les leçons des versions hexaplaires de ce verset, qui nous
sont parvenues, renforcent ces conclusions. En effet, nous a-
vons déjà mentionné plus haut que selon Eus[4] Aquila et Théodo-

---

1 ce qui apparaît spécialement au Ps 56,3 où εσωσεν suit une
   demande au futur : κεκραξομαι... εξαπεστειλεν... εσωσεν.

2 Nous remarquons que dans les 3 passages où Ro traduisait
   εσωσεν par 'liberare', Jérôme conserve cette traduction sans
   correction.

3 Selon qu'Origène a connu ou non un texte LXX qui lisait
   εσωσεν με. Dans l'étude des Fragments Mercati, nous avons pu
   voir jusqu'à quel point Origène a conservé les leçons de la
   LXX, contre l'hébreu et les "autres", quand il n'avait, semble-t-il, pas d'autres formes textuelles dans ses mss. A
   cause de cette fidélité d'Origène, nous penserions plutôt à
   un choix qu'à une correction : Origène aurait connu ici une
   leçon εσωσεν με, leçon provenant peut-être dans son ms d'u-
   ne correction antérieure (cf. la traduction de ς') infra.

4 supra p. 144.

tion avaient traduit και κυριος σωσει με.

Nous trouvons d'autres renseignements dans le 1175 :

α' ō σ' η ε'   σωσον(sic) με

οι ō(sic)η σ'   εσωσεν μ(ε)

et dans le Colb.στιχηρως :

α' σ' θ' ε'   εσωσεν μ(ε)

Ces notes sont manifestement corrompues mais il nous semble possible de les reconstituer. Ainsi dans l'attribution col-
lective du 1175 (α' ō σ' η ε'), il faut probablement remplacer
le ō par θ' [1] et corriger le σωσον με par σωσει με, puisqu'Eus
déclare expressément que α' et θ' ont traduit par le futur
(σωσει) [2]. La deuxième ligne du 1175 (οι ō η ς'εσωσεν με) ne
fait pas difficulté.

Du Colb. στιχηρως, nous pouvons retenir que α' σ' θ' ε'
traduisaient ce passage d'une manière identique, mais il faut
certainement, ici encore, remplacer le εσωσεν par σωσει. Peut-
être les scholiastes voulaient-ils surtout souligner la différence entre la traduction de la LXX commune (εισηκουσεν) et la
leçon hexaplaire et n'ont pas prêté suffisamment attention à
la forme verbale.

Mais surtout nous retiendrons, d'abord, de ces annotations
que toutes les versions hexaplaires citées utilisaient le verbe σωζειν et, ensuite, que α' σ' θ' ε' avaient probablement le
futur alors que ς' traduisaient peut-être avec l'aoriste.

Or comme nous l'avons vu [3], la LXX ancienne pouvait très
bien traduire en notre verset l'inaccompli hébreu par un aoriste. Dans ces conditions, on comprend qu'Origène ait choisi [4]
εσωσεν με pour la colonne LXX des Hexaples et cela d'autant

---

1 cette note indiquerait alors que α' θ' σ' ε' ont une même
   traduction (σωσει με) comme l'indique le Colb. στιχ.

2 cf. supra p. 144.

3 supra p. 147; cf. aussi la traduction εισηκουσεν μου que
   nous trouvons dans la LXX non hexaplaire.

4 cf. note 3 p. 147.

plus facilement si une leçon identique se trouvait en ς'[1].

La recension de Jérôme dans le Ga suppose qu'il disposait d'une LXX hexaplaire avec εσωσεν με ou, au moins, avec le verbe σωζειν. En effet, en Ro comme dans toute la Vetus Latina, Jérôme lisait "et dominus exaudivit me". Le Ga est la seule version latine qui remplace "exaudivit me" par "salvavit me". Nous disons bien "salva<u>vit</u>" et non "salva<u>bit</u>" comme les éditeurs du Ga, car nous pensons que sur ce point leur choix ne s'impose pas.[2] En effet, puisque Origène a conservé la leçon avec l'aoriste dans les Hexaples, si Jérôme est fidèle à ses déclarations [3], le Ga devrait avoir le verbe au passé, comme l'attestent Ga[RC].

En résumé, voici comment nous reconstituons l'évolution de cette leçon : les anciens traducteurs grecs avaient une 'Vorlage' semblable à notre TM et ils ont traduit par εσωσεν με; mais très tôt cette leçon a été remplacée par εισηκουσεν μου, une formule assez fréquente pour exprimer la réponse de Dieu à celui qui criait vers lui; enfin Origène, comparant la LXX avec les "autres" traductions grecques, introduit dans les Hexaples la leçon εσωσεν με (choix ou correction ?) que nous retrouvons chez Eus et dans le Ga.

---

1   cf. supra p. 104ss, notre étude sur les rapports entre "e" et "f" mg du 1098.

2   puisque parmi les principaux témoins du Ga, RC ont 'salvavit' contre FI 'salvabit'; le passage de 'salvavit' à 'salvabit' peut s'expliquer soit par une corruption assez fréquente entre v et b, cf. Rahlfs LXX p. 23, soit par l'influence du Juxta Hebr.

3   dans SF p. 9 : ...aliam Septuaginta interpretum, quae in εξαπλοις codicibus reppertitur et <u>a nobis in latinum sermonem fideliter versa est</u>... ea autem quae in εξαπλοις habetur <u>et quam nos vertimus</u>, <u>ipsa</u> est quae in eruditorum libris <u>incorrupta et immaculata Septuaginta interpretum translatio</u> reservatur. (souligné par nous).

5) <u>Ps 58,12 b</u> :

a) <u>TM</u> (59)   :   פֶּן יִשְׁכְּחוּ עַמִּי

   <u>LXX</u>   :   μήποτε ἐπιλάθωνται τοῦ λαοῦ μου.

Rahlfs choisit cette leçon en s'appuyant sur GaHi et cod. latinizans 156 = TM, alors que B' R' L' Su 55 ont ici νομου σου et Sa Sy S^c 1219 ϲνϲματοϲ μου [1].

   <u>Eus</u>   : (544,29) .. τοῦ λαοῦ σου

                   (545,10) ... τοῦ λαοῦ μου. [2] Eus atteste donc nettement la leçon avec λαου ; au sujet du possessif il y a, au contraire, une certaine hésitation, mais nous pensons que του λαου <u>σου</u> peut être une corruption cf. Ps 44,11, alors que του λαου <u>μου</u> est plusieurs fois confirmé par le commentaire [3].

   <u>Ga</u>   : ...populi mei.

Cette leçon est celle des principaux témoins du Ga : RFCI [4] et elle est assurée par la Lettre à Sunnia : "in eodem : ne occidas eos, nequando obliviscantur populi mei. Pro quo in graeco scriptum est legis tuae. Sed in Septuaginta et in hebraeo non habet populi tui, sed populi mei et a nobis ita versum est". [5]

b) Puisque la LXX est divisée, avant de chercher quel a pu être le choix d'Origène, nous devons nous demander comment la LXX ancienne traduisait ce verset. Pour cela, nous avons comparé les passages des Ps proches de 58,12 b :

---

1 Le Bodmer 24 n'est conservé que partiellement : του νο[...

2 Dans l'édition (PG 23) du Coislin nous trouvons ici του λαου σου mais le ms indique clairement του λαου μου.

3 (545,12) : τὸν ἐμὸν λαὸν... τὴν εμὴν ἐκκλησίαν... ἡ ἐμὴ ἐκκλησία... τὸν ἐμὸν λαὸν... ὑπ'ἐμοῦ θεμελιωθεῖσαν ἐκκλησίαν...

4 L manque.

5 SF p. 21 lig. 12.

nous trouvons :

   3x επιλανθανειν του νομου σου : 118,61.109.153 [1]

   1x επιλανθανειν του ονοματος : 43,21 [2]

   1x επιλανθανειν του λαου σου : 44,11

   En étudiant ces versets, nous constatons que la traduction de la LXX suit toujours fidèlement l'hébreu (תורה/ שם/ עם) et qu'elle est imitée, sur ce point, par le Ro et le Ga [3].

   Il semble donc que si les anciens traducteurs grecs disposaient pour le Ps 58,12 d'une 'Vorlage' semblable à notre TM, ils ont dû traduire του λαου μου.

   La comparaison des formules (ci-dessus) nous permet d'envisager la possibilité d'un passage par harmonisation de επι - λανθανειν του λαου μου à επιλανθανειν του νομου σου. Ce passage devrait pourtant remonter assez haut, puisque επ. του νομου σου se rencontre dans une grande partie des témoins de la LXX.

   Quant à l'autre leçon de la LXX, ονοματος μου, elle pourrait peut-être remonter jusqu'au niveau du texte hébreu; on peut, en effet, envisager une confusion graphique entre עמי et שמי.

   Si nous abordons la question de la leçon hexaplaire, il nous semble que l'accord entre le TM, Eus et le Ga (seul parmi les psautiers latins) confirmé par la Lettre à Sunnia, [4] nous invite à considérer του λαου μου comme la leçon hexaplaire.

   Ce choix d'Origène se comprend encore mieux si l'on tient compte des autres versions hexaplaires de ce passage : dans le 1175 et le 264, nous lisons :

       α' et θ'   :   λαου μου

---

1   ailleurs en Jr 13,25 (A); 23,27; 1 M 1,49.

2   ailleurs : Jr 23,27.

3   dans tous ces passages le Ro comme le Ga traduisent toujours obliviscor + acc., et non le gén.

4   cf. supra, où la leçon 'populi mei' est donnée explicitement comme celle de la LXX et de l'hébreu.

$$\sigma' \quad : \quad o \; \lambda\alpha o\varsigma \; \mu ou \; ^{[1]}$$

Il reste cependant une question que nous ne pouvons pas trancher définitivement avec la documentation dont nous disposons : Origène a-t-il pu choisir la leçon του λαου μου dans les manuscrits qu'il connaissait, ou bien a-t-il corrigé la leçon de la LXX commune en s'inspirant de l'hébreu et des "autres" ? En effet, le seul témoin grec - en dehors d'Eus - que nous connaissons pour la leçon του λαου μου est le Cod 156 (IXème s.) Mais, comme Rahlfs l'a démontré [2], ce psautier interlinéaire a très souvent corrigé le texte grec en se basant sur le Ga. La leçon du 156 pourrait donc dépendre indirectement, sur ce point, de la LXX origénienne au lieu de nous conserver une forme de la LXX ancienne. Il n'est cependant pas exclu qu'Origène ait connu une forme de la LXX (recensée ou non) lui permettant de choisir la leçon του λαου μου.

6) <u>Ps 65,15 b</u> :

a) <u>TM</u> (66)   : ...עם קטרת אילים.

   <u>LXX</u>   : μετὰ θυμιάματος καὶ κριῶν...

                    en note : και est omis par Sa GaHi. Nous pouvons ajouter le Bodmer 24 [3].

<u>Eus</u> (665,20) : à la suite du Ps 26,6a, Eus cite les vv 13-15 du Ps 65, en entier, (dans le ms), avec pour notre passage : μετὰ θυμιάματος κριῶν. Dans le commentaire, nous ne retrouvons plus cette expression, mais nous lisons en (665,57) :

---

1   dans le ms 1811 de la cat. XXV et 1625 et 1707 de la cat. X nous trouvons pour Symmaque une 'lectio conflata' : μηποτε επιλαθηναι ο λαος σου του νομου σου.

2   S.-St. 2, parag. 18, voir surtout p. 96-98 (dans cette étude de Rahlfs, D = cod. 156).

3   ...ανοισω σοι : μετα θυμιαματος κρειων ανοισω σοι: τραγους και βοας : διαψαλμα. Nous notons 3 variantes avec la LXX : l'absence du και, le ανοισω σοι (2ème) au lieu de ποιησω σοι et τραγους και βοας au lieu de βοας μετα χιμαρων. Les deux premières variantes se retrouvent chez Eus (665,20) - non dans l'édition mais dans le ms.

"ὁλοκαυτώματα μεμυαλωμένα ἀνοίσω σοι μετὰ θυμιάματος", et dans
la suite..."ἐπεὶ δὲ κριοὺς καὶ βόας μετὰ χιμάρων ἀνοίσειν
ἐπαγγέλονται...", ce qui nous paraît supposer une autre division des mots de la phrase.

Ga   : holocausta medullata offeram tibi com incensu
              arietum offeram tibi boves cum hircis.

La seule variante indiquée pour les principaux témoins est "incenso" : RF, contre "incensu" : CI (L manque).

Cette leçon du Ga est confirmée par la Lettre à Sunnia :
"...pro quo dicitis invenisse vos cum incensu et arietibus. Sed
male : in hebraeo enim scriptum est EM CATAROTH HELIM, quod in-
terpretatur μετα θυμιαματος κριων, id est, cum incensu arietum."[1]

Le Ro traduisait "cum incenso et arietibus", comme toute
la Vetus Latina. Le Ga est le seul à supprimer la conjonction.

b) Nous sommes donc en présence de deux leçons : μετὰ θυμιάματος καὶ κριῶν de l'ensemble de la LXX et μετὰ θυμιάματος κριῶν
qui nous est attesté en grec uniquement par Eus et le Bodmer 24
et, dans les versions, par Sa et Ga. La leçon avec le και nous
apparaît comme une leçon facilitante et, par conséquent, secondaire. On comprendrait moins l'omission de la conjonction que
son addition; elle est cependant ancienne et largement attestée.

Nous ne connaissons pas les autres traductions hexaplaires
de ce verset mais nous pouvons penser que parmi les mss réunis
pour la composition des Hexaples, certains contenaient la leçon μετα θυμιαματος κριων - comme le Bodmer 24 ou la 'Vorlage'
de Sa - ce qui aurait permis à Origène de choisir une leçon
sans και , s'accordant avec l'hébreu, au témoignage de Jérôme,
et probablement avec une ou plusieurs des "autres" traductions
grecques.[2]

---

1 SF, p. 22 lig. 20.

2 si α' avait un texte hébreu semblable au TM - ce que l'on
   peut supposer, cf. EM CATAROTH HELIM de SF. - il a très
   probablement traduit ce passage sans και.

Nous remarquons également en ce passage qu'Eus [1], le Ga [2]
et le Bodmer 24 [3] s'accordent pour traduire au v. 15c ανοισω
σοι au lieu de ποιησω σοι. Cette leçon ανοισω σοι se rencontre
encore en Bo Sa R$^{''}$ L$^{'}$ 55; elle remonte probablement à une confusion en hébreu entre אעשה et אעלה que l'on trouve en 15a.
Mais elle nous intéresse parce que seuls BS traduisent ποιησω
σοι = TM contre l'ensemble des témoins LXX. Or si nous faisons
confiance à Eus et au Ga [4], nous admettrons qu'Origène a maintenu ici la leçon ανοισω σοι; ceci nous indiquerait que la leçon de BS - due à une recension sur l'hébreu ? - lui était inconnue, car sinon il l'aurait probablement choisie : en d'autres
termes, Origène ne semble pas disposer ici d'un texte du type
BS.

7) <u>Ps 65,19 a</u> :

a) <u>TM</u> (66)   : אכן שמע אלהים

   <u>LXX</u>   : διὰ τοῦτο εἰσήκουσεν μου ὁ θέος

                    μου > GaHi = TM [5]

   <u>Eus</u> (668,54) [6]: διὰ τοῦτο εἰσήκουσεν ὁ θέος...

                    Ce verset est repris dans le commentaire en
(672,1), également sans μου; le commentaire lui-même n'apporte
aucun indice pour ou contre la présence du pronom.

   <u>Ga</u>   : propterea exaudivit deus...

---

1   supra p. 152.

2   cf. supra : deux fois 'offeram'.

3   cf. note 3 p. 152.

4   bien que sur ce point le Ga se contente de reprendre le
    'offeram' du Ro, mais nous avons une indication du travail
    de Jérôme dans les mots qui précèdent immédiatement ('cum in-
    censu arietum' au lieu de Ro 'cum incensu et arietibus'.)

5   Le Bodmer 24 donne une leçon sans le pronom μου mais en con-
    servant le mot, comme adjectif : δια τουτο εισηκουσεν ο θ̅ς̅
    μου...

6   cette première citation d'Eus n'est pas conservée dans l'é-
    dition, mais dans le ms, nous lisons les vv 16-20 en entier
    .et non seulement le v. 16.

L manque; RF : deus; CI : dominus. Ainsi pour la variante que nous discutons, les meilleurs témoins du Ga sont
d'accord : exaudivit est employé sans complément (=RFCI).

De plus, nous trouvons une confirmation expresse de cette
leçon dans la Lettre à Sunnia : "Pro quo in graeco vos invenisse dicitis exaudivit me deus. Quod superfluum est".[1]

Le Ro et la Vetus Latina traduisent "proterea exaudivit me
deus; le Ga est le seul des anciens psautiers latins à omettre
le "me".

b) Nous avons à discuter une variante relativement peu importante pour le sens, puisque le "μου" ne fait qu'expliciter déjà dans le premier stique ce qui est dit clairement dans le second, à savoir que Dieu a été attentif à la voix de ma prière.
Il est donc d'autant plus intéressant de constater que parmi
les témoins de la LXX, seuls Eus et Ga, confirmé par la Lettre
à Sunnia, omettent le complément du verbe. Mais, au fait, doit-
on parler d'omission de la part d'Eus et du Ga ou d'addition de
la part des autres témoins ? Si on compare tous les emplois de
ειδακουω dans le Psautier, on peut faire les remarques suivan-
tes :

1) d'après H.-R. ειδακουω se lit 58x dans les Ps :

    24x, il est suivi d'un pronom au génitif (μου, αυτων..)

    27x, il est suivi d'un substantif au génitif (φωνης,
        προσευχης...)

    3x, le verbe est suivi de l'accusatif,

    4x, il est utilisé absolument : Ps 21,3; 37,16; 54,20
        et 65,18.

On peut en tirer une première conclusion : il y a une tendance très nette à utiliser le verbe ειδακουω avec un complément
au génitif, rarement avec l'accusatif, rarement aussi sans complément.

2) Les passages où le verbe est utilisé sans complément

---

1 SF p. 22, lig. 23.

confirment la tendance dégagée ci-dessus : en effet, on peut remarquer que pour chacun de ces passages, quelques témoins a-joutent un complément. Ainsi

au Ps 21,3   Bo U⁾ ajoutent μου [1]

au Ps 37,16 La^G et Ga ajoutent "me"

au Ps 54,20 R Aug ajoutent "me"

au Ps 65,18 Sa L⁾ 1219 ajoutent μου.

3) En étudiant plus particulièrement les 24 emplois où le verbe εισακουω est suivi d'un pronom au génitif, on remarque que sur les 23x où l'on peut comparer avec le TM [2] le verbe εισακουω traduit 16x עָנָה, 5x שׁמע, 1x ישׁע, Hi [3], 1x חוש.

Or dans le TM, עָנָה est employé les 16x avec le suffixe ver-bal, ישׁי Hi également et חוש est suivi de לי, alors que dans les 5 cas où εισακουω traduit שׁמע - comme au Ps 65,19,- le ver-be hébreu n'a pas de suffixe verbal. Ceci signifie qu'une tra-duction serrée du TM devrait rendre les Ps 4,4; 21(22),24; 33(34),6.17 et 65(66),19 par εισακουω - exaudio, sans complé-ment, précisément ce que fait Eus dans le passage que nous étu-dions et qui est (malheureusement) le seul que nous puissions lire dans le ms Coislin. Le Ga semble bien attester la forme hexaplaire dans les Ps.

21,25 : exaudivit ÷ me   : cf. Ro : exaudivit me.

33,7 : exaudivit ÷ eum : cf. Ro : exaudivit eum.

33,18 : exaudivit   cf. Ro : exaudivit me.

65,19 : exaudivit   cf. Ro : exaudivit me.

Par contre au Ps 4,4, le Ga conserve le "me" [4]

---

1   ce que fait aussi le Bodmer 24.

2   tous les passages, sauf le Ps 151,3.

3   sur cet emploi, cf. supra p. 144.

4   comme la tradition textuelle hésite plusieurs fois entre εισακουω et επακουω, nous avons fait également un sondage sur l'emploi de επακουω : sur les 29x où nous lisons επακουω (24x= עָנָה ; 3x=שׁמע; 1x= עשׁה et 1x sans équivalent hébreu) 28x nous trouvons επακουω + un pronom dont 27x au gén. Les 3 passages où επακουω traduit שׁמע sont Ps 17,45; 21,25; 144,19. Mais au Ps 17,45 שׁמע est au Ni et les mss

Une conclusion se dégage de ces différentes comparaisons :
la forme ειϲακουω avec un complément au génitif, spécialement
un pronom, est de beaucoup la plus fréquente et elle a tendance
à s'introduire dans les passages ressemblants où l'hébreu utilise un verbe sans complément; cette tendance se remarque au
niveau des textes grecs et latins.

Ainsi la leçon attestée par Eus et par le Ga et qui traduit
exactement le TM [1] apparaît comme plus originale. Est-elle pour
autant la leçon de la LXX ancienne ? Etant donné que toute la
tradition grecque et latine, en dehors d'Eus et du Ga, atteste
la présence du pronom (ειϲηκουϲεν μου - exaudivit me), on doit
plutôt, dans l'état actuel de nos connaissances, considérer la
leçon avec le pronom comme celle de la LXX ancienne - (qu'elle
soit la traduction originale ou l'effet d'une corruption intervenue très tôt) - et celle, sans pronom, d'Eus-Ga comme un
fruit du travail d'Origène. Il est d'ailleurs possible qu'Origène ait pu connaître une forme de la LXX sans le pronom μου -
comme le laisse supposer le Bodmer 24 [2] - et la choisir en accord avec l'hébreu et, au moins, avec Aquila, qui selon le 1175
traduisait αρα ειϲηκ(ου)ϲεν θϲ [3]. Ceci justifierait l'omission

hésitent entre υπηκουϲεν (B' U' R'' 1098 Ga L' 55),υπηκουϲαν
(S Sy = TM) et επηκουϲαϲ (A); d'autre part, au Ps 144,17
επακουϲεται (B' Sa) ou ειϲακουϲεται (R L' 1219ˢ') est suivi d'un complément (τηϲ δεηϲεωϲ); ainsi seul le Ps 21,25 se
rapproche du verset que nous étudions : שמע y est rendu par
ειϲηκουϲεν μου (επ- : A); Ro le traduit "exaudivit me", le
Ga : "exaudivit ÷ me : On constate les mêmes tendances que
pour ειϲακουω : le verbe est habituellement suivi d'un complément au gén. même lorsque celui-ci ne se lit pas dans
l'hébreu; d'autre part, on remarque la même fidèlité du Ga
à suivre le texte hexaplaire.

1   sur le point qui nous intéresse, car pour traduire exactement le TM, il faudrait omettre l'article devant θεοϲ comme
l'a fait α'.

2   cf. supra note 5 p. 154. : même s'il conserve le μου après
θεοϲ, un tel ms aurait permis à Origène de choisir une leçon
avec ειϲηκουϲεν sans complément.

3   Le 1175 donne encore : σ' θ' ουοιωϲ τοιϲ ο' : sur cette
annotation cf. supra p. 138.

complète du μου dans la recension origénienne, car si la leçon
conservée par Eus provenait d'une correction et non d'un choix
d'Origène, omettant le pronom dans la colonne LXX des Hexaples,
on s'attendrait à trouver le mot sous obèle dans le Ga.

8) Ps 71,19 a :

a) TM (72)   : וברוך שם כבודו לעולם

   LXX   : καὶ εὐλογητὸν τὸ ὄνομα τῆς δόξης αὐτοῦ εἰς
                     τὸν αἰῶνα καὶ εἰς τὸν αἰῶνα τοῦ αἰῶνος.

              Cette leçon est celle de l'ensemble des té-
moins LXX, y compris le Bodmer 24;

                     καὶ εἰς τὸν αἰῶνα τοῦ αἰῶνος > : GaHi = TM
   Eus (817,46)   :[1]καὶ εὐλογητὸν τὸ ὄνομα τῆς δόξης αὐτοῦ εἰς
                     τὸν αἰῶνα.

              Cette leçon est reprise en (820,31); le com-
mentaire ne nous donne aucun renseignement supplémentaire sur
la variante que nous étudions.

   Ga   : ... et benedictum nomen maiestatis eius in
                     aeternum.

              L manque; aucune autre variante n'est signa-
lée; nous pouvons donc déduire que cette leçon du Ga est attestée par RFCI et l'ensemble des autres témoins du Ga (ex silentio).

       Par ailleurs, la Lettre à Sunnia apporte une confirmation
directe de la leçon du Ga : "In eodem : et benedictum nomen
maiestatis eius in aeternum. Hoc ergo quod in graeco invenisse
vos dicitis : in aeternum et in saeculum saeculi, superflue a
Graecis sciatis adpositum, quod nec hebraeus habet nec Septuaginta interpretes".[2] De plus, la comparaison du Ga avec Ro et
la Vetus Latina, nous montre que le Ga est le seul des psautiers
latins à ne pas ajouter ici "et in saeculum saeculi".

---

1 Dans le ms Coislin on trouve les vv 18-20 et non pas le seul
   verset 18, comme dans l'édition.
2 SF p. 24 lig. 21.

b) Nous avons donc sur ce passage deux leçons, une longue et
une courte.

- la leçon longue est supportée par l'ensemble de la tradition grecque et latine,

- la leçon courte correspond au TM, elle est attestée en
grec par Eus seul et en latin par le Ga que confirme sur ce
point la Lettre à Sunnia où Jérôme rejette la leçon longue comme une ajoute que ne connaissent ni l'hébreu, ni les LXX.

Pour chercher à préciser laquelle des deux formes - longue
ou courte - peut être la forme originale, nous avons étudié
l'emploi de ces formules dans les Ps. En parcourant H.-R. nous
avons remarqué :

1) que la formule courte εἰς τον αιωνα est de beaucoup la
plus fréquente :plus de 100x dans le psautier.

La formule longue εἰς τὸν αἰῶνα καὶ εἰς τὸν αἰῶνα (τοῦ)
αἰῶνος se lit 13x dans les Ps mais 3x elle n'est attestée que
par certains témoins [1].

2) si nous comparons avec le TM les 13 cas où le grec nous
donne une formule longue, nous voyons que :

a) - habituellement à la formule longue du grec correspond un
texte long dans l'original [2]; d'après H.-R. il n'y a que
deux exceptions : Ps 20,7 (לעד) et 71,19 (לעולם). En regar-
dant les choses du plus près, on s'aperçoit que la formule
longue du Ps 20,7 n'est attestée que par S; Rahlfs, avec
raison, lui préfère la leçon courte de la grande majorité
des témoins grecs, y compris le Bodmer 24 [3].
Ainsi seul le Ps 71,19 fait vraiment exception, puisque tous
les témoins non-hexaplaires ont la leçon longue - que Rahlfs
choisit -, alors que la courte ne se rencontre que chez Eus

---

1 Ps 9,6.37; 20,5 (B² S¹); 20,7 (S¹); 44,18; 47,15; 51,10;
71,19; 118,44; 144,1; 144,2 (ASR); 144,21; 148,6.

2 (ל)עולם ועד ou pour le Ps 148,6 : לעד לעולם.

3 on comprend moins bien le choix de Rahlfs en Ps 20,5 où le
TM a עולם ועד qu'Eus traduit εἰς αιωνα και εἰς αιωνα(του)
αιωνος (581,52) et (584,4); Rahlfs choisit la formule courte
avec B*ᴶ 1093 Aug Lᴾ Aᴼcontre S Bᶜ Sa Rᴼ Ga(et le Bodmer 24).

et Ga.

b) le Ga suit très régulièrement l'hébreu : partout où l'original a une formule longue, le Ga la rend soit par "in aeternum et in saeculum saeculi" comme en Ps 9,6.37 [1]; 44,18; 47.15; 51,10; 144,1, soit par "in saeculum et in saeculum saeculi" : Ps 20,5; 118,44; 144,21; 148.6. De même, dans les deux versets où le TM a une formule courte, le Ga traduit "in saeculum saeculi" (לעד) au Ps 20,7 et "in aeternum" (לעולם) au Ps 71,19.

c) enfin, en Ro nous trouvons toujours "in aeternum et in saeculum saeculi", sauf pour le Ps 20,5.7 où on lit "in saeculum saeculi"[2].

Quelles conclusions peut-on tirer de ces comparaisons ? Nous en voyons trois :

1) en restant purement dans l'ordre de la statistique on serait tenté de conclure que la leçon courte du Ps 71,19 que nous trouvons chez Eus pourrait être une correction par harmonisation à cause des très nombreuses formules courtes que nous lisons dans les Ps. Cependant la fidélité relativement grande que nous avons pu constater pour les 13 cas où nous trouvons une formule longue, rend improbable pour le Ps 71,19 la réduction de la formule longue.[3]

2) La présence de la formule longue au Ps 71,19 chez tous les témoins grecs, y compris le Bodmer 24, ainsi que dans le Ro et la Vetus Latina, nous invite à reconnaître en cette leçon la traduction de la LXX ancienne.

3) L'absence de καὶ εἰς τὸν αἰῶνα τοῦ αἰῶνος chez Eus ne proviendrait donc pas d'une harmonisation avec la forme plus

---

1 dans ces deux versets du Ps 9, "saeculi" est sous obèle.

2 dans sa recension du Ro, Jérôme a restitué une formule courte au Ps 71,19 et une longue au Ps 20,5

3 si l'on s'en tient aux 13 cas étudiés, c'est même la tendance inverse, mais faible, que nous pouvons remarquer : cf. Ps 20,7.

fréquente mais de la recension d'Origène. L'accord d'Eus et du
Ga sur ce point est éclairant, surtout accompagné du témoignage explicite de Jérôme dans la Lettre à Sunnia affirmant que
les LXX ne connaissent pas cette ajoute.[1]

En conclusion, il nous semble que la leçon d'Eus - Ga -
TM représente ici la leçon hexaplaire. Comme nous ne connaissons pour ce verset aucun autre témoin de l'omission, en dehors
d'Eus et du Ga, nous nous attendrions à trouver dans le Ga les
mots excédentaires sous obèle plutôt qu'entièrement omis. L'accord d'Eus et du Ga nous invite pourtant à supposer qu'Origène
a pu connaître une telle forme (courte) de la LXX et la préférer pour sa recension du psautier grec.

9) <u>Ps 72,26 a</u> :

a) <u>TM</u> (73)   כלה שארי ולבבי:

   <u>LXX</u>   :ἐξέλιπεν ἡ καρδία μου καὶ ἡ σάρξ μου...

            καρδια... σαρξ : tr. GaHi = TM [2]

   <u>Eus</u> (848,22) :[3] ἐξέλιπεν ἡ σάρξ μου καὶ ἡ καρδία μου...

          La même citation se lit encore en (848,39) a-
vec le même ordre des mots.

   <u>Ga</u>   :defecit caro mea et cor meum

          L manque; la leçon du Ga est attestée par RFCI
et (ex silentio) par les autres mss; de plus, elle est confirmée par la Lettre à Sunnia : Jérôme écrit : "Defecit caro mea
et cor meum. Pro quo male perversum ordinem quidam tenent : defecit cor meum et caro mea."[4]

---

1 c-à-d. la col. LXX des Hexaples.

2 Bodmer 24 n'est pas conservé.

3 cette première citation du verset par Eus ne se lit pas dans
   l'édition, alors que le ms donne les vv 25-26 suivis de la
   leçon de Symmaque (également omise par homoioteleuton dans
   PG 23).

4 SF p. 25 lig. 5.

Le Ro et toute la Vetus Latina donnent l'ordre des mots que Jérôme rejette dans la Lettre 106 (defecit cor meum et caro mea) ; le Ga est seul parmi les anciens psautiers latins à suivre l'ordre des mots de l'hébreu.

b) La variante concerne ici l'ordre des mots :

- Eus - Ga - TM s'accordent pour donner "ma chair... mon coeur";

- tous les autres témoins de la LXX suivent l'ordre inverse : "mon coeur... ma chair".

Pour savoir laquelle des deux séquences peut être originale, nous avons d'abord comparé les autres emplois du verbe εκλειπω dans le Psautier. Cette première étude n'a donné qu'un résultat négatif, puisque ce verbe ne se rencontre jamais ailleurs dans les Ps ni avec καρδια ni avec σαρξ. Il est, par contre, employé plusieurs fois avec οφθαλμοι, πνευμα, ψυχη.

Nous avons ensuite étudié les passages des Ps où les deux mots καρδια et σαρξ se trouvent réunis. Cette seconde étude a indiqué que

σαρξ... καρδια se lit seulement en Ps 72,26;

καρδια... σαρξ, au contraire, se trouve 3x : 27,7; 83,3; 108,22-24 [1].

Ainsi, bien qu'aucune des deux séquences ne soit vraiment fréquente, s'il y avait eu passage de l'une à l'autre, on expliquerait plus aisément le passage de σαρξ... καρδια à καρδια ... σαρξ que l'inverse.

Cependant puisque l'ensemble des témoins non-hexaplaires de la LXX que nous connaissons donnent pour ce Ps l'ordre καρδια... σαρξ, nous pouvons considérer cet ordre des mots comme étant celui de la LXX ancienne. L'autre séquence, σαρξ... καρδια, qui correspond au TM, ne se lit en grec que chez Eus et en latin uniquement dans le Ga, confirmé par la Lettre à Sunnia.

---

1 on pourrait ajouter le Ps 15,9 où l'on trouve καρδια... γλωσσα... σαρξ.

Il nous apparaît comme un effet du travail d'Origène. Nous n'avons que peu de renseignements sur les autres traductions grecques de ce verset mais, selon Eus, Symmaque rendait ce passage par "ανηλωθη η σαρξ μου και η καρδια μου..." [1], c'est-à-dire qu'il traduisait les mots "chair" et "coeur" dans le même ordre que la leçon d'Eus et l'on peut, sans doute, présumer qu'il en allait de même pour Aquila.

Dans ces conditions, on comprendrait bien qu'Origène ait choisi pour les Hexaples cet ordre des mots conforme à l'hébreu et aux "autres" et cela, même si aucun des mss LXX dont il disposait ne donnait une telle leçon : l'étude des Fragments Mercati nous a montré que l'on peut s'attendre à trouver des modifications de ce type dans la LXX hexaplaire [2].

Nous proposons donc de considérer la leçon d'Eus-GaHi comme celle de la recension hexaplaire par alignement du texte de la LXX ancienne sur le découpage de l'hébreu.

10) Ps 72,28 d :

a) TM (73)   : >

     LXX   : ἐν πύλαις τῆς θυγατρὸς σιών

                    Rahlfs note : 28 d (ex 9,15) : ÷ Ga et O

                    teste Eus.

     Eus   : cite deux fois ce stique, comme toute la LXX

                    ancienne, en (848,46) et (849,43) mais il é-

crit ensuite dans le commentaire μὴ κείμενον ἐν τῷ ἑβραϊκῷ μηδὲ παρὰ τοῖς λοιποῖς ἑρμηνευταῖς τὸ ἐν ταῖς πύλαις τῆς θυγατρὸς σιών, παρὰ μόνοις δὲ τοῖς ἑβδομήκοντα φερόμενον ὠβέλισται, διὰ τὸ καὶ περιττὸν εἶναι (849,50).

     Ga   : ÷ in portis filiae sion :

                    L'obèle est attesté par R²CI G² [3] ; le Ro comme

---

1 cf. note 3 p. 161 : la leçon de Symmaque du v. 26 se lit donc
   à la suite de la citation des v. 25-26 en (848,22).

2 cf. supra p. 104 : voir également les autres cas que nous
   avons trouvé dans le Commentaire d'Eus.

3 L'obèle n'est donc pas attesté par la première main de R,mais
   les éditeurs du Ga l'ont choisi en se basant sur Eus.

toute la Vetus Latina donne le stique 28d.

b) Nous avons ici un des rares cas où le commentaire d'Eus mentionne explicitement un signe critique d'Origène; nous constatons que, d'une part, sa remarque s'accorde avec le TM et, d'
autre part, que l'obèle se trouve dans plusieurs témoins du Ga.

Nous remarquons également qu'après avoir affirmé que ce
stique ne se lisait ni dans l'hébreu, ni chez les "autres" mais
seulement dans la LXX, Eus le maintient et le commente (849,53).
Il suit donc sur ce point l'attitude d'Origène qui s'est refu-
sé à omettre un texte qu'il trouvait dans tous les témoins de
la LXX. On peut rapprocher cette manière de faire de celle que
nous rencontrons au Ps 28,1 [1] où après avoir cité le verset
sans le passage obélisé, Eus ajoute : "καὶ ταῦτά φημι κατὰ τὴν
ἑβραίων ἀνάμνησιν, καθ'ἥν οὐκ ἐκφέρεται τὸ ἐνέγκατε τῷ κυρίῳ
υἱοὶ θεοῦ. διὸ καὶ ὠβέλισται παρὰ τοῖς ἑβδομήκοντα ὡς μὴ κείμενον μήτε ἐν τῷ ἑβραϊκῷ μήτε παρὰ τοῖς λοιποῖς ἑρμηνευταῖς...
Nous avons sans doute en 72.28d un exemple de la manière dont
Eus a traité les passages obélisés comprenant plusieurs mots,
alors qu'il semble avoir entièrement omis plusieurs "petits"
obèles. En résumé, nous pouvons dire que toute la LXX ancienne
donne ici le stique 28d que le TM ne connait pas (ou ne connait
plus) puisque Origène l'a conservé sous obèle dans sa recension
comme l'attestent le commentaire d'Eus et la correction du Ro
par Jérôme.

11) Ps 73,3 b :

TM (74)   : כל־הדע אויב בקדש

LXX   : ὅσα ἐπονηρεύσατο ὁ εχθρὸς ἐν τοῖς ἁγίοις σου
               τοις αγιοις : B^υ Sa R^υ Sy He 1219' ; hanc lectio-
nem reprobat Tht [2] ;

_____

1 PG 23, 252 lig. 43.

2 voici le texte de Tht (PG 80, 1456 lig. 34-37) : οὔτε ὁ
   ἑβραῖος οὔτε οἱ λοιποὶ ἑρμηνευταὶ οὔτε μὲν οἱ ἑβδομήκοντα
   ἐν τῷ ἑξαπλῷ πληθυντικῶς, ἐν τοῖς αγιοις τεθείκασιν, ἀλλ'
   ἑνικῶς, ἐν τῷ ἁγίῳ σου. Les mss de Tht nous permettent

le Bodmer 24 ...αγιοις [1];

τω αγιω : O (teste Tht) GaHi L = TM

σου > : Ga = TM.

Eus (856,28) ...ὅσα ἐπονηρεύσατο ὁ εχθρὸς ἐν τῷ ἁγίω... [2]

Ga : quanta malignatus est inimicus in sancto...

L manque; RF : in sancto; CI : in sanctum. Les principaux témoins du Ga hésitent donc entre "sancto" et "sanctum", mais ils s'accordent sur le singulier et sur l'absence du possessif. Ces remarques sont également valables pour l'ensemble des autres témoins du Ga (ex silentio).

La leçon du Ga nous est confirmée par la Lettre à Sunnia : "In eodem : quanta malignatus est inimicus in sancto. Miror quis in codice vestro emendando perverterit, ut pro sancto, sanctis posuerit, cum et in nostro codice in sancto inveniatur"[3].

Le Ro traduisait "... in sanctis tuis", comme le fait en général la Vetus Latina [4]; le Ga est seul à omettre le possessif et à traduire au singulier "in sancto".

b) Nous constatons que la leçon d'Eus-Ga s'écarte sur deux points de l'ensemble des témoins de la LXX : elle traduit par un singulier et sans possessif (εν τω αγιω/in sancto), ce qui correspond exactement au TM בקדש .

De plus, la Lettre à Sunnia confirme explicitement le sin-

---

d'apporter quelques corrections à ce texte de PG 80, dont une particulièrement importante pour nous : 8 mss lisent la fin du texte εν τω αγιω sans σου : ABCDEFIL.

1 Bodmer 24 omet le σου; les mots précédents ne sont pas conservés mais la suite est bien visible.

2 l'édition ne donne que les versets 2c - 3ab, mais dans le ms on peut lire les versets 2c - 7. Le commentaire n'apporte aucun renseignement supplémentaire pour notre étude. Signalons encore que dans la Dem Ev (GE, VI, 447,23) Eus cite ce verset selon la LXX commune.

3 SF p. 25 lig. 15.

4 seul moz[c] traduit différemment : in sanctuariis tuis.

gulier et, d'une manière indirecte, l'absence du possessif.

Pour notre travail, les deux variantes que nous venons de mentionner ne présentent pas le même intérêt : en effet, la leçon avec le singulier n'est pas typique d'Eus, puisqu'elle est attestée par Tht et surtout par L' ; au contraire, avant la découverte du Bodmer 24, la leçon sans le possessif ne nous était connue en grec que par Eus et en latin que par Ga et (indirectement) par SF.

Comment peut-on expliquer l'origine de ces variantes ?

1) le singulier εν τω αγιω : en comparant les passages des Ps où nous trouvons le mot αγιος [1], nous avons pu constater que le texte de la LXX (de Rahlfs) correspond ordinairement à celui d'Eus et à la traduction du Ga et qu'il traduit assez fidèlement l'hébreu [2]. Pour les versets, pour lesquels nous pouvons comparer avec les leçons du Commentaire d'Eus en Coislin, seul notre Ps 73,3 fait exception; pour les autres Ps, où la comparaison avec le Coislin n'est pas possible, nous n'avons noté qu'une seule variante : au Ps 21,4 [3], la tradition grecque hésite entre le singulier et le pluriel : Rahlfs a choisi le pluriel avec B' Bo^d U$^?$ 1221 R A contre αγιω = Bo^d La Ga L$^?$ 55 = TM [4]

Comme la LXX traduit en général assez fidèlement l'expression בקדש ou בקדשו du TM, on serait enclin à considérer le singulier εν τω αγιω comme la leçon originale du Ps 73,3; dans

---

1 Nous n'avons pris en considération que les emplois apparentés à celui du Ps 73, c-à-d. en laissant de côté les versets où αγιος est utilisé comme adjectif.

2 en général בקדש ou בקדשו : Ps 59,8; 62,3; 67,18.25; 73,3; 76,14; 88,36; 107,8; 133,2; 150,1. En Ps 21,4, le TM donne קדוש et en 67,36 ממקדשיך .

3 Dans PG 23, 205 lig. 1, nous lisons εν τω αγιω (lemme), mais dans le commentaire nous trouvons 2x εν πασι τοις αγιοις (205 lig. 2.5); il faut ajouter qu'ici le TM donne קדרש et non pas בקדש .

4 D'après Field, les LXX lisent au sing. εν αγιω (selon la Syroh.) et σ' au pluriel (ex Nobili).

cette hypothèse, le passage au pluriel pourrait s'expliquer par l'usage grec qui semble préférer le pluriel τα αγια pour désigner le sanctuaire soit terrestre, soit céleste [1]. Cependant, puisqu'en dehors d'Eus et du Ga, la majorité des témoins grecs et latins donnent une leçon au pluriel, il nous paraît plus probable de considérer le pluriel εν τοις αγιοις, - attesté aussi par Bodmer 24 -, comme la traduction de la LXX ancienne; en ce cas, le εν τω αγιω serait l'effet d'une recension sur l'hébreu. Peut-on y voir l'effet du travail d'Origène ? Par les annotations du 1175 et du 264 nous connaissons pour ce passage les traductions des autres colonnes des Hexaples.

     1175 :α' : εν ηγιασμενω; σ' θ' εν τω αγιω

     264 :ε' : εν τω αγιω ως εν ι(ερουσα)λην

Origène lisait donc le singulier dans toutes les "autres" traductions. A-t-il alors **corrigé** la leçon αγιοις de la LXX en αγιω ou bien a-t-il eu la possibilité de **choisir** la leçon au singulier ? A cause de la fidélité que nous avons pu constater dans l'étude du 1098, nous pensons plutôt qu'Origène a pu connaître dans ses mss [2] une leçon εν τω αγιω (provenant d'une recension antérieure ?) et la préférer à celle de la LXX commune pour son accord avec l'hébreu et les "autres".

Ceci nous expliquerait bien pourquoi Eus et Ga ont tous deux le singulier contre la grande majorité des témoins de la LXX. Mais, encore une fois, cette leçon n'est pas typique pour Eus, puisqu'elle nous est également attestée par Tht et surtout par L' .

---

1 L'usage qu'en fait le NT est éclairant : sur les 10x où le mot se lit (toujours en He), nous avons 1x le sing. το αγιον κοσμικον (9,1) et 9x le pluriel (8,2; 9,2.3.8.12.24. 25; 10,19; 13,11). Ailleurs pour désigner le Temple, le NT utilise l'adjectif αγιος + un substantif ou bien encore un autre mot grec. D'après Procksch, art, αγιος (TWNT, I. 88), l'emploi de αγιον-αγια pour désigner le Temple, vient probablement de la Bible et ne devient fréquent qu'à la période hellénistique.

2 cf. aussi les ancêtres de L' .

2) L'absence de σου : au sujet de cette seconde variante, nous pouvons noter que dans les 4 passages où le TM a בקדש [1] sans suffixe, la LXX rend les 3 premiers par εν τω αγιω mais donne au Ps 73,3 le pluriel + le possessif : εν τοις αγιοις σου. De plus, l'apparat critique de Rahlfs signale que pour le Ps 67,18, Sa et Bo[P] donnent l'équivalent de "sancto suo". Enfin, en comparant la traduction du Ro dans les 4 versets, nous avons constaté que, par 2x, ce psautier ajoute un possessif au Ps 67, 25 : "in sancto ipsius" et en Ps 73,3 "in sanctis tuis". Il semble donc que l'on peut déceler dans les versions une certaine tendance à ajouter un possessif.

Au contraire, Eus [2] et Ga font tous deux preuve d'une grande fidélité : ils traduisent les 4 בקדש par εν τω αγιω/in sancto, sans possessif.

Mais revenons au Ps 73 : nous constatons qu'Eus et le Ga - indirectement confirmé par SF - sont les seuls témoins de la LXX à omettre le possessif. Nous estimons, par conséquent, que le εν τω αγιω d'Eus représente la forme de la LXX hexaplaire. Nous avons vu [3] que le Bodmer 24 nous donne une leçon au pluriel (αγιοις) mais sans possessif. Nous avons là une indication que l'absence du σου est antérieure à Origène et que celui-ci pouvait connaître une telle leçon. Nous pensons donc qu'ici encore Origène a choisi parmi les leçons de la LXX celle qui correspondait le mieux à l'hébreu et aux "autres", c'est-à-dire εν τω αγιω [4] que nous lisons en Eus et que nous retrouvons dans le "in sancto" du Ga.

---

1 Ps 62,3; 67,18.25; 73.3.

2 voici les références de 3 autres passages en Eus. : Ps 62,3 (605,22); Ps 67,18 (701,12.39); Ps 67,25 (708,56; 709,24).

3 supra p. 164.

4 = σ' ϑ' ε' d'après le 1175 et le 264.

12) <u>Ps 73,23 a</u> :

a)   <u>TM</u> (74)   אל תשכח קול צורריך:

    <u>LXX</u>   :μὴ ἐπιλάθῃ τῆς φωνῆς τῶν ἱκετῶν σου

                   Rahlfs note : ικετων) οικετων Sa L[b] Tht[P] cf.

                   Sir 36,22 [1]; inimicorum : GaHi = TM

    <u>Eus</u> (865,35)   μὴ ἐπιλάθῃ τῆς φωνῆς τῶν ἐχθρῶν σου...

                   Dans le commentaire, nous trouvons deux con-
firmations de la leçon εχθρων :

- (en 865,38) : ...σὲ γὰρ ὠνείδισεν ὁ ἐχθρὸς...

- (en 865,48) : ...μηδὲ λήθῃ παραδοῦναι τὰς φωνὰς τῶν ἐχθρῶν...

    Le terme εχθρος (au singulier ou au pluriel) est donc bien
assuré par le commentaire. De plus, nous trouvons une certaine
confirmation en (865,44ss) où Eus cite les vv 22-23 de notre Ps
selon Symmaque : nous retenons le v. 23a qui nous intéresse
plus particulièrement : ...μὴ ἐπιλάθῃ τῆς φωνῆς <u>πολεμίων</u> σου...

    Concernant la leçon d'Eus, on notera encore que, dans le
lemme, Eus donne της φωνης (au singulier = σ') tandis que son
commentaire parle de τὰς φωνὰς τῶν ἐχθρῶν [2] : l'accusatif dépend sans doute de l'emploi du verbe παραδιδωμι qui dans le
commentaire remplace le verbe επιλανθανω, [3] mais d'où provient
le pluriel ?

    <u>Ga</u>   :ne obliviscaris voces inimicorum tuorum

                   L manque; RFCI et l'ensemble des mss du Ga
traduisent "inimicorum"; par contre, les témoins hésitent entre 'vocis' et 'voces' :

---

1   Sir 36,22 = 36,16 : εἰσάκουσον κύριε δεήσεως τῶν ἱκετῶν
    σου (SA : οικετων) ; TM = עבדיך.

2   et il ajoute καὶ τὰς ὑπερηφανίας τῶν διαπαντὸς ἐπαιρο-
    μένων, également au pluriel : (865,49-50).

3   επιλανθανω peut aussi s'employer avec l'acc., mais sur les
    36x où le mot se lit en Ps, 25x il est suivi du gén. et
    5x de l'acc., 4x il est employé sans complément et 2x la
    traduction grecque hésite entre le gén. et l'acc. Ps 118,109
    (AS[2]R = gén. contre S[1] acc.) et 118,153 (SR He 1219' = acc.
    et L' A = gén.); dans les vv 109 et 153 du Ps 118, le TM est
    (quasi) identique.

voces = FC

vocis = R M* W U avec TM, LXX et Juxta Heb.

La Lettre 106 nous apporte d'autres informations sur ce verset. D'abord sur le point qui nous intéresse le plus directement dans cette comparaison, à savoir, la variante εχθρων ου ικετων, Jérôme écrit :

"In eodem : ne obliviscaris voces inimicorum tuorum. Pro quo, in graeco των ικετων, id est deprecantium te, scriptum dicitis."

Puis il défend sa traduction en citant l'hébreu "SORARACH", les traductions d'Aquila : "hostium tuorum", de Symmaque : "bellantium contra te", de la LXX et de la Sexta : "inimicorum tuorum", et il ajoute :

"et est sensus pendens ex superioribus : memor esto improperium tuorum, eorum qui ab insipiente sunt tota die, ne obliviscaris voces inimicorum tuorum."[1]

La Lettre à Sunnia confirme donc explicitement la traduction du Ga en ce qui concerne le "inimicorum".

Au sujet de la seconde variante (voces-vocis), Jérôme n'est pas aussi explicite dans sa Lettre; il semble cependant qu'il suppose la forme à l'accusatif pluriel car, après avoir cité le v 23a "...ne obliviscaris voces inimicorum tuorum," il écrit "voces quae te blasphemant tibique in populo tuo detrahunt".[2]

Le Ro traduit ...voces quaerentium te; dans la Vetus Latina, on trouve plusieurs variantes[3] mais le Ga est seul à traduire ...inimicorum tuorum.

b) Le texte d'Eus nous donne ainsi deux variantes sur ce verset
23a - εχθρων au lieu de ικετων

---

1 cf. SF p. 26 lig. 17ss; on pourrait ajouter pour la leçon d'Aquila, la Syroh. qui selon Field, donne των ενδεσμουντων σε.

2 cf. SF p. 26 lig. 22ss : il faut pourtant souligner que sur ce point (voces) le Ga = Ro.

3 α γ δ² moz : vocem; α γ ζ: deprecantium te; med. : supplicum tuorum.

- une hésitation entre της φωνης et τας φωνας.

Pour la première variante, nous remarquons qu'elle est bien attestée par Eus (lemme et commentaire); qu'elle est soutenue par le Ga et par la Lettre à Sunnia, où Jérôme la présente explicitement comme la leçon de la LXX et de la Sexta; enfin que cette leçon, dont Eus est le seul témoin grec, correspond au TM.

La leçon opposée των ικετων se lit dans toute la tradition textuelle LXX que nous connaissons, y compris dans le Bodmer 24, à l'exception, bien sûr, d'Eus et du Ga.

Au sujet de la seconde variante, la situation est moins claire : tout d'abord, le témoignage d'Eus est partagé entre της φωνης (lemme) et τας φωνας (commentaire); ensuite les principaux témoins du Ga sont également divisés; enfin, nous ne connaissons pas sur ce point les traductions des "autres".

De plus, si nous regardons τας φωνας comme la forme hexaplaire, cette leçon n'entre plus dans ce chapitre puisque nous aurions un cas où Eus-Ga ≠ TM; au contraire, si nous estimons qu'Eus a maintenu ici της φωνης, une telle leçon n'a plus d'intérêt pour nous puisqu'elle se lit dans l'ensemble des témoins grecs de la LXX.

Nous pouvons donc laisser cette question en suspens et ne conserver que la première variante εχθρων - ικετων. Comment peut-on expliquer l'origine de ces deux leçons grecques ?

Nous n'avons aucun témoignage qui nous permette de penser que la 'Vorlage' des anciens traducteurs grecs différait de notre TM. Nous ne voyons pas très bien non plus quelle forme hébraïque expliquerait les deux traductions grecques.

Si nous envisageons l'hypothèse d'une corruption au niveau du texte grec, nous devons noter que le passage de εχθρων à ικετων ne s'explique pas aisément : en effet la forme της φωνης των ικετων ne se lit que dans notre Ps. La forme la plus proche de notre verset se trouverait en Si 36,16 (= 36,22) : δεησεως των ικετων (AS : οικετων) = TM : עבדיך [1].

---

1 ικετης est rare dans la LXX; selon H.-R. on ne lit ce mot

Quant à la leçon φωνης των εχθρων, selon H.-R. elle ne se rencontre jamais ailleurs dans la LXX. [1]

De plus, si l'on supposait que ικετων est une corruption de εχθρων, il faudrait admettre que le passage a eu lieu très tôt, puisque ικετων se lit dans toute la LXX, en dehors d'Eus et du Ga.

Dans notre connaissance actuelle, nous devons donc considérer la leçon ...φωνης των ικετων comme celle de la LXX antérieure à Origène, tandis que l'accord d'Eus et du Ga entre eux et avec le TM nous invite à voir dans φωνης (φωνας) των εχθρων un effet du travail d'Origène. Nous avons noté que selon SF, la ς' lisait également εχθρων [2]. Il n'est pas impossible qu'Origène ait connu une telle leçon dans la LXX et que son choix ait été "encouragé" par la leçon de la Sexta. [3]

13) **Ps 74,10 a** :

a) <u>TM</u> (75)   : ואני אגיד לעלם

L'apparat critique de la BH propose de lire avec le Grec אגיל au lieu de אגיד.

<u>LXX</u>   : ἐγὼ δὲ ἀγαλλιάσομαι εἰς τὸν αἰῶνα

αγαλλιασομαι : exultabo : La[R]; gaudebo : Aug (tr. εις τον αιωνα ante αγαλλιασομαι)[4]; annuntiabo : Ga = TM. Sa ajoute un stique : εγω απαγγελω (αυτα) εις τον αιωνα vel sim.

---

qu'en Ps 73,23; Si 4,4; 36,22 et Ml 4,14 ; οικετης est beaucoup plus fréquent (56x) mais jamais dans les Ps et il traduit régulièrement עבד. En Ml 3,14 ικετης traduit l'hapax ק ירנית et en Si 4,4, le texte hébreu a שאולות (part. pass. fém. de שאל) ou selon SMEND, Sirach Kommentar, p. 36, שאילות ou שאילת : übrigens ist für ικετην θλιβομενον auch Hebr. Syr. Armen. (?) und Lat (rogationem contribulati) zu lesen ικετειαν (32,17; 51,9) θλιβομενου.

1 cf. cependant en Ps 54,7 : απο φωνης εχθρου.

2 cf. SF : "inimicorum tuorum".

3 cf. l'étude des rapports entre les leçons "e" et "f" mg du 1098, supra p. 104-111.

4 S ajoute κυριω; cf. La[G] : in domino gaudebo.

Eus (825,6) : ἐγὼ δὲ ἀπαγγελῶ εἰς τὸν αἰῶνα...

La même leçon se rencontre en (869,4) [1], (873, 52) et dans le commentaire (876,6) ...κἀκείνω ψαλῶ, κἀκείνω ἀπαγγελῶ τὰ ἐμαυτοῦ καθορθώματα...; tout le commentaire de ce passage (de 873,53 - 876,7) ignore complétement αγαλλιασομαι et suppose απαγγελω.

Ga : ego autem adnuntiabo in saeculum...

L manque; aucune variante n'est indiquée sur la traduction du verbe.

Le Ro a "ego autem in saeculo gaudebo", comme la Vetus Latina en général [2]; le Ga est le seul à traduire "adnuntiabo in saeculum".

b) Nous nous trouvons en présence de deux leçons : l'une αγαλλιασομαι est attestée par toute la tradition LXX, l'autre απαγγελω ne se lit que chez Eus et dans le Ga.

L'origine de cette variante semble bien se situer au niveau du texte hébreu : en effet les traductions grecques αγαλλιασομαι et απαγγελω supposent deux formes hébraïques très proches par leur graphie. [3]

Il est difficile de décider laquelle des deux formes hébraïques peut représenter la forme originale, car ni אגיד ni אגיל ne forme avec זמר un couple fréquent dans les Ps. Plus exactement, sur les 36x où le mot זמר est utilisé dans le Psautier, en dehors de notre verset, on ne rencontre qu'une seule fois le couple הגיד/זמר au Ps 9,12 (et dans l'ordre inverse) [4] et

---

1 Dans l'édition du Coislin en PG 23, nous lisons αναγγελω mais il s'agit d'une faute, car le micro-film montre que le ms donne ici, comme dans les autres passages, απαγγελω.

2 moz[x] : in saecula laetabor et; γ : in domino gaudebo; α : exultabo in saeculum.

3 comparer 1 Ch 17,10 : ואגיד avec LXX : αυξησω (= ואגדיל).

4 זמרו ליהוה ישב ציון הגידו בעמים עלילותיו

jamais זמר/גיל [1].

Le passage d'une forme à l'autre ne s'est donc pas fait,
par assimilation, sous l'influence d'une formule fréquente,
mais provient plus probablement d'une erreur de graphie.

Au niveau des traductions, Sa apporte une contribution intéressante : en effet, comme nous l'avons signalé plus haut [2],
Sa nous donne un doublet, qui correspondrait au grec "εγω αγαλλιασομαι εις τον αιωνα, ψαλω τω θεω ιακωβ απαγγελω (αυτα) εις
τον αιωνα". Or, cette leçon, connue jusqu'ici seulement en cop-
te, est aujourd'hui attestée également en grec par le Bodmer
24, qui lit : "εγω εις τον αιωνα αγαλλιασομαι, ψαλω τω θεω ιακωβ απαγγελλω εις τον αιωνα" [3]

Quelle était la leçon de la LXX ancienne ? En tenant compte de l'attestation quasi unanime de la leçon αγαλλιασομαι, on
est tenté d'y voir celle des anciens traducteurs. Pourtant le
doublet de Sa et du Bodmer 24 indique que la leçon concurrente
απαγγελω est également ancienne et il est fort possible que les
deux formes aient existé en grec, remontant peut-être à deux
formes textuelles hébraïques.

Quant à savoir quelle était ici la leçon hexaplaire, la
situation nous paraît suffisamment claire. Car, d'une part, si
- comme on peut le penser - les "autres" traducteurs ont eu une
'Vorlage' hébraïque semblable au TM, ils devaient traduire ce
passage comme Eus. Nous savons par le 1175 et le 264 [4] que la
Sexta, au moins, traduisait ici απαγελλω. [5]

---

1 Le couple le plus fréquent est זמר/שיר : Ps 26,6; 67,5.33;
   100,2; 103,33; 104,2; 107,2; 143,9 et 145,2; cf. aussi
   זמר / ירה :Ps 7,18; 29,9.13; 32,3; 56,10; 70,22; 107,4;
   137,1.

2 supra p. 172.

3 voir les remarques de R. KASSER, dans Bodmer 24, p. 41.

4 dans la mg du 1175, nous lisons - par opposition au texte
   de la LXX commune αγαλλιασομαι - η σ' απαγγελω; cf. aussi
   dans le 264.

5 cf. les nombreux contacts que nous avons notés dans le 1098
   entre les col. "e" et "f" mg, supra p. 104-111.

D'autre part, le doublet du Sa et du Bodmer 24 nous atteste l'existence dans le texte de Haute-Egypte de la leçon απαγγελω <u>avant</u> Origène, qui a donc pu la connaître. Dans ces conditions, il nous semble probable qu'Origène a choisi cette leçon
pour sa colonne LXX des Hexaples.

Le Ga apporte ici un témoignage direct au sujet du texte
hexaplaire, puisque Jérôme trouvait en Ro : "in saecula gaudebo", et qu'il traduit en Ga : "adnuntiabo in saeculum" [1].

Nous pensons donc que l'accord Eus-Ga-TM nous garantit ici
la leçon hexaplaire et nous notons qu'Eus est le seul témoin
grec de cette leçon. [2]

14) <u>Ps 86,5 a</u> : [3]

a)   <u>TM</u>   (87)   : ...איש יאמר ולציון

    <u>LXX</u>   : μήτηρ σιων ἐρεῖ ἄνθρωπος...

                       μήτηρ σιων (sic etiam Tert.) μη τη σιων :

O teste Sy[mg] - numquid sion : Ga; in octaplis scriptum erat μη
τη σιων, in tetraplis μητηρ σιων [4].

    <u>Eus</u> (1044,11) : μὴ τῇ σίων ἐρεῖ ἄνθρωπος...

        (1048,37) : μηρ σιων ἐρεῖ ἄνθρωπος... [5]

               Eus donne ensuite les leçons de α' σ' ϑ'

        (1044,13) : α' : καὶ τῇ σιὼν λεχθήσεται...

        (1044,15) : σ' : περὶ δὲ σιων λεχθήσεται... [6]

---

1   cette traduction est propre au Ga; les autres psautiers
   latins qui s'écartent du Ro, supposent tous un texte grec
   avec αγαλλιασομαι, cf. supra note 2 p. 173.

2   Eus est le seul témoin grec de la forme simple; le doublet
   du texte de Haute-Egypte a été ignoré ou simplifié en sens
   inverse par les témoins de Basse-Egypte.

3   sur ce verset, cf. infra p. 452-453.

4   le Bodmer 24 n'est que partiellement conservé:μη[τηρ]σειων...

5   Sur le micro-film du Coislin, on peut voir en (1044,11) un
   Ro ajouté par-dessus μη τηρσιων...; au contraire en (1048,
   37) le scribe a utilisé l'abréviation μηρ.

6   plus bas, en (1048,40),Eus cite à nouveau la leçon de Symmaque, mais un peu différemment περὶ τὲ σιων λεχθήσεται καθ'
   εκαστον... et l'éditeur juge cette seconde leçon de Symmaque
   "sincerior".

(1048,45)θ':καὶ τῇ σιων ρηθησεται...

<u>Ga</u> : numquid sion dicet homo et homo...

Selon les éditeurs du Ga, il n'y a aucune variante sur les mots qui nous intéressent.

Comme L manque en ce passage, nous pouvons conclure que
"numquid sion..." est attesté par RFCI ainsi que par les autres
témoins (ex silentio).

Le Ro et la Vetus Latina ont "mater sion"; seul Ga a "numquid sion".

b) Puisque l'ensemble de la tradition textuelle LXX paraît attester la leçon μητηρ σιων, on doit se demander si telle n'é-
tait pas la traduction de la LXX ancienne.

Certains pensent que l'origine de la variante remonterait
jusqu'à l'hébreu : les leçons μη τη σιων et μητηρ σιων suppose-
raient toutes deux en hébreu un אם - vocalisé אֵם ou אִם -, qui
aurait disparu du TM par haplographie devant יאמר. [1]

Mais cette explication ne s'impose pas : on comprendrait
plus facilement une corruption au niveau du texte grec : la LXX
ancienne aurait traduit μη τη σιων, mais cette leçon aurait été
corrigée en μητηρ σιων, correction facilitée par certains textes de l'AT qui présentent Sion comme l'épouse de Yahvé et la
mère de ses habitants [2], ou encore par l'influence de certains
textes du NT [3].

Le passage inverse (de μητηρ σιων à μη τη σιων) ne s'expliquerait que par une recension du grec sur l'hébreu.

---

1 C'est l'opinion de O. PROCKSCH (à la suite de Buhl) dans
  art. cit, p. 259, de E.G. BRIGGS dans ICC, p. 240-41; de
  même E. DHORME, Bible de la Pléiade II, p. 1091 : "mais à
  Sion l'on dit "mère", car en elle est né tout homme", et
  en note, il propose de "restituer le ʿem d'après la LXX"
  car le mot serait tombé par haplographie après יאמר.

2 cf. par ex. Is 54,1ss; 66,6ss; également Is 49,17 (TM).

3 en particulier Ga 4,26 qui apparaît précisément dans le
  commentaire d'Eus (1045,15) : ἡ δὲ ἄνω ἱερουσαλὴμ ἐλευτέρα
  ἐστὶν ἥτις ἐστὶ μήτηρ ἡμῶν...

Jérôme déjà parle d'une corruption de la leçon LXX par
l'addition du ρ :

"...pro mater sion, Septuaginta interpretes transtulerunt:
numquid sion dicet homo... sed vitiose Ro littera addita fecit
errorem."[1]

"Numquid sion dicet homo, et homo natus est in ea ? Septuaginta interpretes ita transtulerunt numquid sion dicet homo. Et
speraverunt ergo multi, nec intellexerunt μη τη σιων quid est
et addiderunt ρ et legunt μητηρ σιων ερει ανθρωπος [2].

Pour la recherche de la leçon hexaplaire, nous disposons
ici, en plus du témoignage d'Eus [3], de plusieurs renseignements
sur les versions hexaplaires. Ainsi le 1175 :

- α' : και τη σιων...

- ϑ' : μη τη σιων...

- σ' : λεχϑησεται ανηρ... qui ajoute τω ρω κατα προσϑηκην
      εκειτο εις την των ō τετρασελιδω, εν δε τω οκτα-
      σελιδω μη τη σιων. [4]

Dans le 190 (= Coislin 187) nous lisons : μηρ σιων το ρ
κατα προσϑηκ(ην) εκειτο εις την των ō εν τω τετρασελιδω, εν δε
τω οκτασελιδω μη τη σιων. ηγουν διχα του ρω.

Dans le Patmos 215, fol 37, (anon), après la citation de
la LXX commune, nous avons les traductions d'Aquila (και τη
σιων...) et de Symmaque (περι δε σιων...)[5]; dans le folio suivant (38[v]) nous lisons ...αι των λοιπων εκδοσεις λευκοτερον
την των προκειμενων διανοιαν παρεστησαν, ο μεν γαρ συμμαχος,
τουτον εξεδωκε τον τροπον. περι δε σιων... και ο ϑεοδοτιων φησι
και τη σιων...

---

1 Jérôme CC (G. Morin) III,1 p. 66, lig. 9-12.

2 id. III,2 p. 102 lig. 27-103, lig. 1.

3 supra p. 175.

4 Nous ne citons que les parties du verset qui nous intéressent; à noter que la leçon de Théodotion citée ici ne correspond pas à celle donnée par Eus.

5 La leçon d'Aquila correspond à celle que nous lisons chez
  Eus; au contraire celle de Symmaque est encore différente
  des deux formes que nous trouvons dans le Coislin.

Enfin dans 2 mss de la cat XVII (1047 et 1139), au-dessus
du texte μητηρ σιων ερει ανθρωπος, nous trouvons ſℙ μη τη σιων
ερει α̅ν̅ο̅ς.

De tous ces témoignages nous pouvons tirer 3 conclusions :

1) malgré quelques désaccords pour les formes, tous donnent pour α' σ' ϑ' des leçons qui ignorent complétement le
μητηρ σιων que les scholiastes lisaient dans leur LXX;

2) certains distinguent pour Origène la leçon qu'il avait
dans le "tetraselidon" et celle qu'il lisait dans l'"octaselidon" : ainsi le 1175 et le 190; [1]

3) le 1175 et le 190 affirment explicitement que les Hexaples ou, plus précisément, l'"octaselidon" d'Origène donnait
pour ce stique μη τη σιων; telle est également la signification
la plus probable du ſℙ μη τη σιων... dans les mss 1047 et 1139.

Nous considérons, par conséquent, la leçon μη τη σιων attestée par Eus, comme celle de la colonne LXX des Hexaples [2].
Origène l'a-t-il introduite dans sa recension de la LXX ? Le Ga
semble nous inciter à répondre par l'affirmative puisque Jérôme
a remplacé le "mater sion" par "numquid sion", c'est-à-dire une
leçon qu'il ne trouvait en aucun autre psautier latin.

Cependant, si nous accordons foi aux annotations du 1175
et du 190 qui distinguent les leçons εν τω οκτασελιδω et celles
εν τω τετρασελιδω, on peut se demander si Origène n'a pas maintenu, malgré l'hébreu et les "autres", la leçon de la LXX commune. Plus exactement, dans la colonne des Hexaples, nous aurions le choix critique d'Origène, alors que la recension tirée
des Hexaples témoignerait de la réaction du croyant, qui se refuse à éliminer une leçon à cause de sa valeur théologique. [3]

---

1 Sur ce point, voir aussi infra p.425-453.

2 à distinguer de celle de la recension qu'Origène tira des
   Hexaples cf. infra p. 433.

3 le ſℙ μη τη σιων de 1047 et 1139 pourrait être une des annotations d'Origène dans la mg de sa recension pour avertir
   ses lecteurs de l'état de la Bible des Juifs.

Le commentaire d'Eus, qui cite Ga 4,26, pourrait trahir la même hésitation. Dans cette hypothèse, Jérôme suivrait ici la colonne LXX des Hexaples et non la recension hexaplaire, à moins qu'il ne se laisse plutôt guider par la "veritas hebraïca".

15) **Ps 87,1 et 88,1**

Dans ces deux Ps, la leçon donnée par Eus - même si elle diffère d'un Ps à l'autre, comme nous le verrons - s'écarte de toute la tradition grecque de la LXX et elle s'accorde avec le TM et le Ga. Nous traiterons donc ces deux cas ensemble dans la mesure où ils ne demandent pas une présentation séparée.

a) Voici d'abord l'état des témoins pour les deux passages :

1) **Ps 87,1** :

TM (88)   : מַשְׂכִּיל לְהֵימָן הָאֶזְרָחִי

                 BH note : Grec et A : הישראלי

LXX   : συνέσεως αἰμὰν τῷ ισραηλίτῃ

                 Rahlfs donne comme variantes : τω ισραηλιτη|

                 του...του : L^{pau} R^{c}; ezraitae : Ga (Vulg -

ahi -) = TM, cf. 88,1.

Eus (1052,21)   : συνέσεως αἰμὰν τῷ ἐσδραΐτῃ

(1052,50) commentaire : τὸν δὲ λεγόμενον αἰμὰν τὸν
                 ἐσδραΐτην...κεκλῆσθαι τε αὐτὸν παρ'
                 ἑβραίοις πατρωνυμικῶς ζαραΐτην...[1].

Ga   : intellectus eman ezraitae

                 ezraitae : RF; israhelitae : C; L manque et

I* omet "ad responsum...ezraitae.

2) **Ps 88,1** :

---

1 Eus continue en citant 1 R 5,11 ...καὶ ἐσοφίσατο(σολομων) ὑπὲρ αἰθὰν τὸν ἐζραΐτην καὶ αἰμὰν καὶ...

TM (89)   : האזרחי לאיתן משכיל

LXX   : συνέσεως αἰθὰν τῷ ισραηλίτῃ

                variantes : τω ισραηλιτη | του...του : He;
τω ιεζραηλιτη : 1219; ezraite : Ga (Vulg - ahitae) = TM cf. 87,
1.

Eus (1053,7)   commentaire du Ps 87 : και αυτον επιγεγραμμε-
                               νον αιθαμ τω εζραιτη
   (1069,15):σύνεσεως αἰθὰν τῷ εζραῖτη
   (1072,20) commentaire : λέλεκται δὲ αἰθὰν τοῦ ἐζραῖτου...
   (1072,29) commentaire : οὗτος δὲ ἦν αἰθὰν ὁ ἐζραῖτης ὡς
                     ἡ προγραφὴ παρίστησι.

Ga   intellectus aethan ezraitae
               ezraite : RF; israhelitae : C Amiat. cum Ro;
               L manque; israhelite : I.

b) La variante que nous voulons discuter ici concerne la traduction du patronyme de Eman et Ethan. L'ensemble de la LXX
donne τω ισραηλιτη pour les deux personnages; Eus écrit τω εσδραιτη au Ps 87 et τω εζραιτη au Ps 88. La différence entre les
deux formes de l'adjectif n'apparaît pas dans l'édition du
Coislin en PG 23 mais nous avons pu vérifier les leçons du ms.
La différence entre les deux formes du patronyme se remarque
d'autant mieux que la première citation de αιθαμ τω εζραιτη se
lit dans le commentaire du Ps 87. Eus parle des deux Chantres,
comme étant les deux fils de Zara (ζαραιτης) et malgré cette
parenté qu'il leur reconnaît il écrit τω εσδραιτη pour Eman et
τω εζραιτη pour Ethan.

    Or, comme nous l'avons relevé plus haut, ces deux leçons
d'Eus s'opposent à la LXX (qui traduit les 2 fois par τω ισραηλιτη) mais s'accordent avec le TM et le Ga.

    Comment peut-on envisager l'origine des deux leçons :
εσδραιτη / εζραιτη et ισραηλιτη ?

    Nous ne pensons pas que la variante remonte jusqu'à l'ori-
ginal hébreu : nous n'avons, en effet, aucune attestation d'une
leçon הישראלי; de plus   האזרחי et הישראלי sont trop différents

pour que le passage d'une forme à l'autre puisse s'expliquer
par une erreur graphique. A notre avis, les variantes ont pris
naissance en grec, d'où elles ont pu passer dans le latin et
dans les autres versions.

La traduction grecque de 1 R 5,11 - le seul autre passage
où nous avons le mot הזראחי - peut nous indiquer comment le
glissement d'une forme à l'autre a pu se produire. Nous y lisons : καὶ ἐσοφίσατο (Salomon) ὑπὲρ γαιθὰν τὸν ἐζραῖτην καὶ τὸν
αἰμὰν... Nous venons de citer la leçon choisie par Rahlfs, qui
ajoute en note εζραιτην : unus cod.; ζαρειτην : B; εζραηλιτην :
A. Brooke-Mc Lean préfèrent la leçon de B. Mais ce qui nous intéresse davantage, c'est la traduction de A (très proche de
ισραηλιτην) que nous pouvons rapprocher de celle du 1219 pour
le Ps 88 (ιεζραηλιτη). Nous pensons pouvoir déceler dans 1 R 5,
11 cette tendance à remplacer la forme rare (εσδραιτης-εζραιτης
par un adjectif beaucoup plus connu ισραηλιτης et nous constatons que dans les Ps 87 et 88, cette deuxième forme a complètement remplacé εσδραιτης/εζραιτης (de la LXX ancienne ?), que
seuls les témoins du texte origénien (Eus et Ga) nous ont conservée.

Dans le Ga, les éditeurs ont choisi pour les deux Ps la
leçon ezraitae, à partir des mss RF [1], mais nous remarquons que
dans le mss C (et I, pour le Ps 88), nous retrouvons la forme
commune de la LXX [2]. Cette forme israhelitae - avec toutes les
variantes des différents mss - doit être considérée comme secondaire en Ga par rapport à ezraitae, et son entrée dans plusieurs mss du Ga est probablement une conséquence de l'emploi

---

1 sur les 5 mss qui forment la base de l'édition; L manque
   pour les deux psaumes.
2 pour le Ps 87,1, à côté des principaux témoins, nous avons
   K : ezraite, M : ezrait, Φ etraite, qui vont dans le sens
   de RF; les autres sont plus proches de "israhelitae" : ainsi
   W : etrahelitae, D : ieszraelite, Ω isrlite (V : isrlite vel
   esraite): nous retrouvons partout la syllabe -li-. Pour le
   88,1,Φ GK : ezraite,Φ V : ethzaite, M : ezrait appuient
   RF alors que U : etzrailitae, Q: gezahelite, W : hiezraheli-
   tae, D: israelite et VΩ : isrlite ont tous la syllabe -li-.

de cette version dans la liturgie en remplacement de l'ancien psautier latin que l'on connaissait par coeur. Par cet usage liturgique de ce "psautier d'étude" une foule de mauvaises leçons sont entrées dans le texte hexaplaire.[1]

Pour le Ps 88, nous avons un exemple de cette corruption dans deux des principaux témoins du Ga : CI. En effet, le Ro lisait en Ps 88,1 israhelitae; or nous lisons en Ga^C israhelitae et en Ga^I israhelite. On peut penser que la leçon originale du Ga était ezraitae mais que cette forme a été, par la suite, abandonnée dans certains mss au profit d'une autre plus coutumière.

Pour le Ps 87,1, l'édition du Ro donne "eman ezraitae" : dans ce psaume, la corruption de certains mss du Ga ne semble donc pas provenir du Ro et l'explication que nous venons de développer pour le Ps 88,1 ne paraît pas se vérifier ici. Cependant si l'on regarde de plus près l'apparat critique du Ro en ces deux versets (87,1 et 88,1), on remarquera que la situation textuelle est sensiblement la même dans les deux cas : la leçon ezraitae de Ro en Ps 87,1 n'est appuyée que par A (ezraite) et U (ezaraite) [2], alors qu'en Ps 88,1, les éditeurs avaient préféré israhelitae contre U (ezraite) [3].

Comme on le voit, la base du choix des éditeurs est assez mince et l'on peut se demander s'ils ont eu raison de choisir

---

1 L'édition du Ga avec obèles et astérisques n'était pas "une édition pratique, mais un timide essai d'édition scientifique" (D. Capelle) et elle a subi d'autres conséquences de son introduction dans la liturgie : le psautier a perdu ce qui faisait sa valeur, les obèles et les astérisques; on lui a appliqué les coupures des vieux psautiers : cf. l'étude de D. DE BRUYNE, La Reconstruction p. 297 - 324, voir spécialement pour ce point 297 - 299. Cf. aussi introd. au Ga, Biblia Sacra X, p. xiii.

2 Les autres mss du Ro donnés en note ont : V : ezrahelite, T : esrahelitae, N : eszahelitae, SK : israhelitae, D : iesraelite, R : isrlite, et M : et zrahel.

3 autres mss du Ro : D : israelite; RV : isrlite; T : esrahelitae; A n'est que partiellement conservé et MCQ omettent le mot.

ainsi, car le groupe anglais qu'ils suivent habituellement [1]
n'appuye pas leur choix en Ps 87,1 puisque nous trouvons A opposé à MNS.

D'autre part, le ms U, qui en 87,1 va avec A, n'apporte
pas une contribution importante, puisqu'il nous semble avoir
subi une sérieuse recension à partir du Ga [2].

Nous considérons donc la situation textuelle du Ro en Ps
87,1 et 88,1 comme pratiquement identique, donnant une leçon du
type israhelitae, que Jérôme aura corrigée dans le Ga en ezraitae mais sans beaucoup de succès puisque plusieurs mss du Ga
ont réintroduit, par la suite, la leçon commune de la LXX non-
hexaplaire sous une forme plus ou moins corrompue.

Voici comment nous pouvons tenter de reconstituer l'évolution de ces formes :

- La corruption ne nous semble pas se situer au niveau du
texte hébreu qui conserve האזרחי.

- L'ancienne LXX devait traduire εζραιτης ου εσραιτης mais
cette traduction se serait corrompue de deux manières :

a) par l'assimilation avec la traduction de עזרא, personnage de premier plan dans le judaïsme, on aurait rapproché le
patronyme de Eman et Ethan de la traduction de Esdras : d'où
εσδραιτης [3] ;

b) dans d'autres textes, on aurait remplacé le mot εζραιτης
par celui plus connu de ισραηλιτης. Cette transformation devrait remonter très haut car elle s'est imposée à l'ensemble
des témoins LXX que nous connaissons, y compris le Bodmer 24.

- La leçon εσδραιτης - εζραιτης attestée par Eus et par le
Ga proviendrait du travail d'Origène qui a choisi, - s'il en
avait le possibilité -, la forme qui s'accordait le mieux avec

---

1 cf. Introduction au Psautier Romain, p. xxii.
2 voir étude annexe, infra p. 195-196.
3 voir étude annexe, infra p. 198-201.

l'hébreu [1] ou alors, qui a corrigé la leçon de la LXX. A cause
des deux formes différentes que nous lisons en Eus (αιμαν τω
εσδραιτη et αιθαν τω εζραιτη)nous pensons plutôt à un choix
d'Origène, car si Origène n'avait connu que des mss avec ισραηλιτη et s'il avait voulu introduire une correction en se basant
sur l'hébreu et les "autres", il aurait probablement rendu de
manière identique le patronyme des deux chantres.

- Jérôme suit Origène dans la recension du Ro mais en corrigeant légèrement la translittération du mot en Ps 87 (omission du 'd'). Comme nous l'avons dit plus haut, nous ne croyons
pas que Jérôme trouvait en Ro la leçon qu'il a choisie pour le
Ga. La comparaison des leçons des mss A et U du Ro avec le Ga
nous invite à penser que ces deux Psautiers ont subi une forte
influence du Ga.

16) **Ps 89,2 c** :

a)   **TM** (90)   :וּמֵעוֹלָם עַד־עוֹלָם אַתָּה אֵל

    LXX   :καὶ ἀπὸ τοῦ αἰῶνος ἕως τοῦ αἰῶνος σὺ εἶ.

                        συ ει > : S; + ο θεος : GaHi = אֵל sed μη

                        seq. = אַל retinet Ga.

    Eus (1124,22)   ...καὶ ἀπὸ τοῦ αἰῶνος ἕως τοῦ αἰῶνος σὺ εἶ

                        ὁ θεός

        (1128,11)   ...σύ, φησι, αὐτὸς εἶ ὁ θεός.

              En (1128,21) nous retrouvons ce stique comme
en (1124,22); en (1128,40), à la suite des stiques 2ab, nous
lisons (immédiatement) ...συ ει ο θεος.

        Malgré ce ο θεος à la fin du v. 2, Eus conserve la néga-
tion μη (= אַל) au début du v.3 : μὴ ἀποστρέψῃς... en (1128,44).

    Ga   : a saeculo in saeculum tu es deus.

              Tous les principaux témoins du Ga lisent ain-
si - (LM manquent) - et maintiennent cependant la négation : ne

---

1   c-à-d. concrètement pour Origène, avec un des "autres" et
    plus spécialement avec Aquila, cf. D. BARTHELEMY, Origène
    et le texte p. 254.

avertas... au début du v. 3 [1].

La leçon du Ga est confirmée par la Lettre à Sunnia : Jérôme écrit : "a saeculo usque in saeculum tu es deus. Et dicitis quod in graeco non sit deus. Quod apud eos deesse manifestum est. Nam HEL hebraicum et omnes alii interpretes et Septuaginta similiter transtulerunt : απο του αιωνος εως του αιωνος συ ει ο θεος quod hebraice dicitur MEOLAM AD OLAM ATH HEL" [2].

On peut noter que Ro a aussi : ...tu es deus, ne avertas.. mais plusieurs psautiers de la Vetus Latina omettent le "deus": αγδ moz med.

b) Nous trouvons donc, d'une part, toute la tradition grecque, y compris le Bodmer 24, attestant la leçon συ ει sans le ο θεος, c'est-à-dire traduisant le אל de l'hébreu comme la négation du verbe du début du verset 3.

D'autre part, nous avons Eus (4x) et Ga qui rendent le אל par ο θεος/deus, tout en conservant la négation μη/ne au début du verset suivant.

De plus, dans la Lettre à Sunnia, Jérôme affirme explicitement que "tu es deus" (en v. 2c) est la traduction de la LXX et de tous les autres interprètes. La Lettre de Jérôme ne parle pas du début du verset 3; nous n'avons donc pas de confirmation sur ce point mais l'édition du Ga ne mentionne aucun désaccord entre les meilleurs manuscrits.

On peut envisager l'origine de ces variantes à différents niveaux :

1) au niveau du texte hébreu, on peut faire 2 hypothèses :

---

1 seuls quelques témoins secondaires du Ga mettent le "ne" sous obèle : ainsi Φ^V ^{P} G^2.

2 SF p. 32 lig. 10; cf. encore Jérôme CSEL 56, p. 274 lig. 11 : "...a saeculo et usque in saeculum tu es. Septuaginta...a saeculo et usque in saeculum tu es deus". cf. aussi lig. 20 et p. 275 lig. 1; de même pour le début du v. 3 : id. p. 276 lig. 10 : ..."convertes hominem... Septuaginta : ne avertas hominem in humilitate... (et lig. 26) Pono iuxta id quod Septuaginta transtulerunt ne avertas hominem in humilitate.. hunc habet sensum."

- ou bien, l'hébreu avait אֵל (v. 2) et אַל (v. 3)
- ou bien, il n'avait qu'une seule fois אל.

Si nous prenons la première hypothèse, il y aurait eu haplographie dans le TM - et dans le texte qui a servi de base à la traduction de la LXX et des "autres" - et le אל conservé aurait été compris de manière différente selon le verset auquel ce mot était rattaché.

Dans la seconde hypothèse, nous serions en présence d'une dittographie.

Bien que la première hypothèse demeure possible, nous préférons la seconde parce qu'elle a une base textuelle solide : en effet, aussi bien le TM que l'ensemble de la tradition grecque [1], à l'exception d'Eus, suppose un seul אל interprété, il est vrai, différemment.

Cette traduction différente de אל pourrait provenir de la difficulté de séparer les versets : deux leçons concurrentes en seraient sorties - celle attestée par le TM et Eus, qui rattache le אל à אתה et lit אַל, et celle que nous présente l'ensemble de la tradition grecque, qui a compris אֵל et l'a rendu par μη au début du verset suivant.

2) au niveau du texte grec, où nous trouvons deux leçons :
- celle de l'ensemble de la LXX qui traduit ... συ ει en ignorant le ο θεος;
- et celle, attestée par Eus (συ ει ο θεος) et Ga (tu es deus) (cf. supra); cette leçon se trouve également en Ro [2], ce qui nous permet de supposer qu'elle est antérieure à Origène.

Il est possible que la vieille LXX rendait ce verset sans ο θεος mais que le mot soit entré, ou par la combinaison de deux leçons concurrentes ou par l'influence d'autres passages

---

1 Haplographie ou dittographie ne peuvent être envisagées qu'au niveau du texte hébreu; cependant la tradition grecque atteste l'existence d'un texte hébreu avec un seul אל lu comme אל/μη. Eus est seul (en grec) à supposer la traduction de אֵל et de אַל.

2 contrairement aux psautiers latins α γ δ moz med.

semblables comme Ps 24,5; 30,15; 42,2; 142,10 [1].

Pour ce qui regarde la leçon hexaplaire, nous savons par Jérôme que les "autres" interprètes avaient en ce passage ὀ θεος et que les LXX traduisaient de même ...συ ει ο θεος, et nous pensons que cette leçon, qui s'accorde avec celle d'Eus et du Ga représente pour le v. 2c la leçon hexaplaire.

17) Ps 89,10 d :

a) TM (90)   : כִּי־גָז חִישׁ וַנָּעֻפָה [2]

    LXX   : ὅτι ἐπῆλθεν πραΰτης ἐφ'ἡμᾶς καὶ παιδευθησό-
             μεθα.

             πραυτης/εφ'ημας : B La^G L' Su A^D et Bodmer

24; tr. S R' Aug Sy; εφ'ημας > : GaHi = TM

Eus (1137,31) : ὅτι ἐπῆλθεν πραΰτης καὶ παιδευθησόμεθα

Ce stique est repris en (1137,35) pour l'opposer à la leçon de Symmaque "τμηθέντες γὰρ ἄφνω ἐκπετανύμεθα" qu'Eus commente, montrant le lien qui existe entre ce verset de Symmaque et le v. 11. Pourtant, un peu plus loin, Eus revient au texte de la LXX en parlant de "...τῆς τοῦ θεοῦ πραΰτητος ὡς ἂν παιδευθεῖεν δι'αὐτῆς".(1137,55)

Ga   : quoniam supervenit mansuetudo et corripiemur.

L manque; RFCI et l'ensemble des autres témoins du Ga (ex silentio) attestent cette leçon. De plus, nous en avons une confirmation dans la Lettre à Sunnia où après avoir cité son texte, Jérôme ajoute : "...in graeco invenisse vos dicitis mansuetudo super nos. Sed et hoc superfluum est."[3]

---

1 cf. également Ps 21,11 (R); Ps 55,10 (R); 117,28; 139,7.

2 Ce texte hébreu est difficile comme le prouvent les corrections proposées par les commentateurs. Field le traduit : "nam transit cito et avolamus"; Jérôme dans Juxta Heb l'avait rendu "quoniam transivimus et avolavimus". Pour une discussion de ce v., cf. par ex. E. PODECHARD, le Psautier II, p. 131.

3 SF p. 32 lig. 15.

La comparaison avec le Ro nous montre que Jérôme a omis
en Ga le "super nos" qu'il lisait en Ro comme dans toute la Vetus Latina.[1]

b) Nous nous trouvons en face de deux leçons : une avec εφ'ημας,
est attestée par l'ensemble de la tradition grecque - y compris
le Bodmer 24 - et latine de la LXX; une autre sans εφ'ημας qui
ne se rencontre en grec que chez Eus, en latin dans le Ga, confirmé par la Lettre à Sunnia, et qui correspond au TM. Comment
peut-on expliquer ces deux leçons ? Pour répondre, nous pouvons
faire appel aux renseignements hexaplaires qui nous sont parvenus.

Nous avons déjà cité (supra) la leçon de Symmaque rapportée par Eus; dans le 1175 et le 264 nous trouvons : [2]

α'   οτι διεπελασεν ανηρ και επετασθη
σ'   τμηθεντες γαρ αφνω εκπεταννυμεθα
θ'   οτι επηλθε πραυτης και παιδευθησομεθα.

Nous connaissons par la Syroh la leçon de la Quinta :
ε'   οτι επηλθε σπουδη και ανηλωθεν.[3]

Enfin, dans les mss 1047 et 1139 de la cat XVII nous lisons au-dessus du texte πραοτης εφ'ημας l'annotation το εφ'ημας
ου ʄ .

Nous notons, d'une part, qu'aucune des "autres" traductions grecques ne donnait l'équivalent de εφ'ημας et, d'autre
part, l'annotation des mss de la cat XVII qui semble bien signifier que ces mots manquaient également dans la recension origénienne.

Pourtant la totalité des témoins de la LXX que nous connais-

---

1   Ro et la majorité de la Vetus Latina traduisent : quoniam
    supervenit super nos mansuetudo...; γ δ moz med placent les
    mots "super nos" après "mansuetudo".

2   Le 264 donne ces leçons "ex catena" sans indiquer α' et σ'
    et avec τιμηθεντες au lieu de τμηθεντες pour σ'.

3   Field in loco, qui ajoute : graeca nostra non sunt certa,
    sed Syriaca nullo modo conciliari possunt cum Hieronymo,
    qui affert : E' : quoniam transivimus celeriter et dissolvi-
    mur. Pour cette leçon de Jérôme, cf. CSEL 56, p.284 lig.16.

sons - en dehors d'Eus et du Ga - contiennent ces mots. Il faut
noter toutefois que si les témoins sont unanimes pour retenir
les deux mots, il y a, au contraire, un flottement quant à la
place qu'ils leur donnent, ce qui pourrait être un indice que
ces mots ont été introduits par après dans le texte [1]. Il n'est
donc pas exclu qu'Origène ait pu disposer d'un texte LXX sans
εφ'ημας et, en conséquence, choisir pour sa recension une leçon qui s'accordait (sur ce point) avec l'hébreu et avec les
"autres". Nous pensons donc que la leçon conservée par Eus et
par Jérôme dans le Ga représente ici la forme origénienne de la
LXX.

18) Ps 107,10 c :

a)   TM (108)   : עלי-פלשת אתרועע

en note : grec : עלי-פ. התרועי

LXX   : ἐμοὶ ἀλλόφυλοι ὑπετάγησαν

υπεταγησαν | amici facti sunt = εφιλιασαν
GaHi et εβρ' teste Syh^mg

Eus   : dans le commentaire du Ps 59 en (557,29), a-
près avoir cité la leçon de Théodotion "ἐμοὶ
ἀλλόφυλοι ἐφιλίασαν", Eus ajoute : "αὐτὰ δὲ ταῦτα τοῖς αὐτοῖς
ῥήμασι καὶ αὐταῖς λέξεσι καὶ ἐν τῷ ρζ' εἴρηται ψαλμῷ, ἐν ᾧ
καὶ κατὰ τοὺς ἑβδομήκοντα φιλιάσειν τῷ θεῷ οἱ ἀλλόφυλοι θεσπί-
ζονται. γέγραπται γοῦν καὶ ἐν ἐκείνω...ἐμοὶ ἀλλόφυλοι ἐφιλίασαν;
cf encore le commentaire en (557,44) : ...τοὺς δὲ ἀλλοφύλους
καθόλου μὲν πάνθας φίλους γεγονέναι τῷ θεῷ".

Ga   : mihi alienigenae amici facti sunt
CL manquent; aucune variante n'est signalée
pour ce stique; nous en déduisons que les mss RFI et l'ensemble
des autres (ex silentio) donnent ici "amici facti sunt".
Cette leçon est par ailleurs confirmée par la Lettre à Sunnia :

---

1   Dans le Psautier, on ne trouve aucune forme parallèle qui
    pourrait expliquer l'addition des mots εφ'ημας par harmoni-
    sation.

"In eodem mihi alienigenae amici facti sunt. Pro quo in graeco invenisse vos dicitis υπεταγησαν hoc est subditi sunt. Sed hoc in quinquagesimo nono psalmo scriptum est; in praesenti autem ita apud omnes invenimus translatores : εμοι αλλοφυλοι εφιλιασαν, id est amici facti sunt, quod hebraice dicitur ETRHOHE."[1]

Le Ro traduit : allophili subditi sunt; le Ga est seul à remplacer "subditi sunt" par "amici facti sunt".

b) Pour ce verset 10 du Ps 107 nous nous trouvons donc en présence de deux leçons :

- υπεταγησαν : dans l'ensemble de la tradition grecque et également en latin (Ro et Vetus Latina, subditi);[2]
- εφιλιασαν : chez Eus, qui la donne comme la traduction de la LXX, et en Ga, confirmé explicitement par la Lettre à Sunnia. A ces deux témoins de la leçon εφιλιασαν, il faut ajouter la marge de la Syro-hexaplaire et le Bodmer 24[3].

Dans le Commentaire d'Eus (PG 23, 1332,33), le verset est cité ἐμοὶ ἀλλόφυλοι ὑπετάγησαν (1332,41 et 57) mais le commentaire que nous y lisons suppose une leçon avec εφιλιασαν.

En effet, après avoir donné les traductions d'Aquila (συνεταιρισθησομαι) et de la Quinta (εντιμωθησομαι), le commentaire poursuit :"ὁ δὲ νθ' ψάλμος, ἐμοὶ ἀλλόφυλοι ὑπετάγηναν, ce qui devrait supposer que la traduction du Ps 107 est différente. De fait, dans la cat. palestinienne, nous retrouvons ce même commentaire d'Eus et, cette fois, le verset est cité avec εφιλιασαν : ainsi dans le Patmos 215 (fol 159), nous lisons : "ειτα φησιν εμοι αλλοφυλοι εφιλιασαν. ανθ'ου ο μεν ακυλας φησι επι φιλιστιαιους συνεταιρισθησομαι, η δε πεμπτη εκδοσις επι

---

1 SF p. 38 lig. 8.

2 dans la Vetus Latina, α : subiecti sunt.

3 Le passage n'est pas entièrement conservé, mais le leçon est assurée ...(εφι) λεισαν...

τους αλλοφυλους εντιμωθησομαι. ο δε νθ' ψαλμος εμοι αλλοφυλοι
υπεταγησαν [1].

La diversité des traductions grecques fait ressortir la
difficulté de l'hébreu en ce passage : en ce qui concerne les
LXX, on peut se demander :

- à quelle racine ils ont rattaché cette forme verbale ?
- d'où vient le pluriel ?
- pourquoi אתרועע est-il rendu par une 3ème personne ?

1) racine de אתרועע : les dictionnaires analysent cette
forme comme un Hithpo. impf. 1 p. s. de רוע = pousser un cri,
crier à haute voix [2]. A l'Hithpo. ce verbe se rencontre en Ps
59 (60),10; 64(65),14; 107(108),10; [3]. En traduisant cette forme par υποτασσειν dans les Ps 59 et 107, les LXX font dériver
d'une autre racine mais ce sont les deux seuls cas dans la Bible grecque où υποτασσειν rend התרועעי - אתרועע.[4] Les LXX ont-
ils pensé à la racine רעע (= zerbrechen, zerschlagen) ? Dans ce
cas, les formes les plus proches seraient Is 24,19 et Pr 18,24[5].

Enfin la traduction εφιλιασαν attestée par Eus et par le
Bodmer 24 suppose une autre racine : on peut penser à רעע II =
se lier d'amitié avec quelqu'un. Nous lisons ce même verbe en
Pr 22,24, où Symmaque le traduit par φιλιαζειν et encore en Jg
14,20 que B rend par εφιλιασεν [6].

---

1 même leçon dans l'Ambr. F 126 (fol 169ᵛ).

2 Ainsi dans G-B p. 768; BDB p. 929; K-B p. 582; de même
   Mandelkern dans sa Concordance.

3 La LXX rend 2x par υπεταγησαν (Ps 59,10 et 107,10) et 1x
   par κεκραξονται (Ps 64,14).

4 H.-R. ne donne pas d'équivalent hébreu pour ces deux
   υπεταγησαν des Ps 59 et 107, mais marque les deux passages
   d'une † .

5 Is 24,19 : הארץ התרעעה רעה que la LXX traduit : ταραχη
   ταραχθησεται η γη et Pr 18,24 רעים איש להתרוע qui ne
   figure pas dans la LXX.

6 cf. BROOKE-MCLEAN, The Old Testament in Greek, Vol I, Part
   IV, Cambridge 1917 : le ms A donne la leçon ος ην επαιρος
   αυτου; sur les différences entre les mss A et B du texte des
   Jg, cf. id. Prefatory note, p. V. La LXX rend par φιλιαζειν

2) Si les leçons de la LXX en 107,10 se rattachent à des racines hébraïques différentes, elles s'accordent pourtant pour traduire par le pluriel et par la 3ème personne. D'où provient ce pluriel ? Pour le comprendre, il nous faut étudier la traduction du פלשת dans la LXX : en dehors d'Ex 15,14 (LXX : φυλιστιειμ), פלשת est toujours rendu en grec par αλλοφυλοι : Is 14, 29,31; Jl 4,4; Ps 59,10; 82,8; 86,4; 107,10 [1]. Les deux citations d'Is sont particulièrement instructives sur la manière de traduire des LXX :

Is 14,29 : אל - תשמחי פלשת כלך

Is 14,31 : נמוג פלשת כלך

Il est évident que l'hébreu considère le פלשת comme un féminin singulier : or dans les deux cas, les traducteurs grecs l'ont rendu par un pluriel : παντες οι αλλοφυλοι et οι αλλοφυλοι παντες. [2]

Il n'est donc pas nécessaire de supposer en hébreu une forme verbale au pluriel pour justifier les formes υπεταγησαν ou εφιλιασαν de notre Ps.

3) Mais il nous reste à expliquer pourquoi nous avons ici une 3ème personne au lieu de la 1ère personne de l'hébreu. Nous notons d'abord que les LXX traduisent par une 3ème personne aussi bien le אתרועע du Ps 107 que le התרועעי du Ps 59 [3]. D'une part, il nous semble que la traduction par la 3ème personne du

---

différents mots hébreux : en Jg 5,30 (A), il est utilisé pour רחם (B traduit οικτειρμων); en Jg 14,20 (B) pour רעה (A : εταιρος); en 2 Ch 19,2 pour אהב; en 2 Ch 20,37 pour חבר. On le trouve encore en 1 Esd 3,22 et Si 37,1; H.-R. signale en plus Symmaque en Pr 22,24 et Théodotion en Ps 59,10, les 2x pour רעה.

1 αλλοφυλος - οι est la traduction habituelle de פלשתים-פלשתי sauf pour le Pentateuque et Josué où on lit φυλιστιειμ.

2 cf. E. BEAUCAMP, Psautier I, p. 35 : "Les noms propres des pays et des peuples, qui n'évoquaient plus rien à l'esprit des juifs d'Alexandrie, seront lus comme des noms communs."

3 analysé généralement comme un imper. 2ème pers. fém. sing.; M. DAHOOD, Psalms II p. 80 propose de lire ici un Hithpo inf. + suffixe de la 1ère pers.

pluriel peut être une conséquence de la manière de traduire mot après mot attestée dans les Ps : après avoir rendu עלי par εμοι, פלשת par αλλοφυλοι, les traducteurs étaient amenés tout naturellement à mettre le verbe à la 3ème personne (du pluriel). D'autre part, à cause de certaines formes aramaïsantes qui ont une préformante en א à la 3ème personne singulier (Hitpa'al) [1], les traducteurs grecs pouvaient considérer le אתרועע comme une 3ème personne (sing) [2].

Nous pouvons maintenant nous demander si les anciens traducteurs avaient rendu ce passage par υπεταγησαν ou εφιλιασαν ? On peut envisager deux hypothèses :

- ou bien la LXX ancienne avait en Ps 107,10 υπεταγησαν comme en Ps 59,10 : dans ce cas, εφιλιασαν de Eus-Ga serait dû à une recension;
- ou bien les LXX ont traduit en 107,10 εφιλιασαν et en 59,10 υπεταγησαν mais, par la suite, il y a eu remplacement de εφιλιασαν par υπεταγησαν dans la tradition de la LXX.

Il est difficile de trancher d'une manière certaine mais il est clair que la leçon εφιλιασαν est antérieure au travail d'Origène, puisque nous la rencontrons dans le Bodmer 24. De plus, comme le Bodmer 24 conserve au Ps 59 la leçon υπεταγησαν, nous sommes enclins à considérer le εφιλιασαν du Ps 107 comme une forme de la LXX ancienne plutôt que comme l'effet d'une recension pré-origénienne, car alors, s'il s'agissait de recension, on ne verrait pas pourquoi les correcteurs auraient conservé le υπεταγησαν au Ps 59 [3].

Il est beaucoup plus aisé de se prononcer sur la forme de la LXX hexaplaire : en effet l'accord du TM, d'Eus et du Ga est déjà un bon indice de la leçon choisie par Origène, De plus,

---

1 on trouve des formes de Hitpa'al avec ה ou avec א : ainsi הְתְכַּתב ou אְתְכַּתב.
2 le passage du sing. au plur. serait dépendant de la traduction de פלשת.
3 si ce raisonnement est juste, il met en question le choix de Rahlfs pour la LXX sur ce point.

194

Jérôme dans la Lettre à Sunnia présente εφιλιασαν comme la leçon LXX pour le Ps 107 [1] en ajoutant : "ita apud omnes invenimus translatores"; même s'il y a une certaine exagération dans
l'affirmation de Jérôme puisque α' et ε' traduisent ce passage
différemment [2], il semble que ϑ' le rendait par εφιλιασαν [3] et
peut-être aussi d'"autres" traductions que les scholiastes ne
mentionnent pas.

   Il est certain, en tout cas, que Jérôme considère la leçon εφιλιασαν comme la leçon hexaplaire, puisqu'il corrige le
Ro "subditi sunt" en Ga "amici facti sunt", ce qui ne se lit
en aucun autre psautier latin.

   Et comme nous l'avons vu [4], Eus, qui est avec le Bodmer 24
le seul témoin grec de cette leçon, la présente, lui aussi comme la forme hexaplaire du Ps 107,10.

---

1 cf. supra p. 190.

2 cf. supra p. 190-191. (Eus dans PG 23, 1332-33 et les citations du Patmos 215 et Ambr F 126.)

3 s'il traduisait comme pour le Ps 55, cf. Eus (557,29) cité
   supra p. 189.

4 dans le commentaire du Ps 59 (557,29), supra p. 189.

ETUDES ANNEXES

1) Les mss U et A du Ro.

Au Ps 87,1, les éditeurs du Ro ont choisi la leçon EZRAI-
TAE en s'appuyant sur les mss AU. Nous avons voulu vérifier la
valeur de ces deux témoins du Ro.

a) Rapport entre les leçons de Ro^U et celles du Ga

Nous avons relevé dans l'apparat critique du Ro les leçons
attestées uniquement par le ms U, en laissant de côté les variantes purement orthographiques (comme i pour y dans egyptum).
Nous avons constaté que dans la moitié des cas la leçon du Ro ^{U}
s'accorde avec le Ga et que cet accord peut généralement s'expliquer par un travail de recension du ms U sur le texte du Ga.
Voici un certain nombre de cas à titre d'exemples :

Ps	leçon de Ro	U = Ga
4,4	dum	cum
4,8	a tempore frumenti	a fructu frumenti
9,18	pauperum	pauperis
9,30	abstrahit	atrahit (Ga : attrahit)
9,31	dum	cum
10,2	in montem	in montes
16,2	mei	tui
18,8	sapientiam	sapientia
21,14	in me	super me
12,15	effusa sunt	effusus sum
32,16	virtutem suam	virtutem
36,5	dominum	(in) domino
37,12	adpropriaverunt	adpropinquaverunt
41,7	domine	-
59,9	effrem	effraim
59,10	allophili	alienigenae

Ps	leçon de Ro	U = Ga
65,18	conspexi	aspexi
72,10	huc populus meus	populus meus huc
72,13	et dixi	− −
74,9	ex eo	− −
82,5	ex gente	de gente
85,15	domine deus meus	domine deus −
88,3	veritates tuas − −	veritates tuas in eis
101,5	manducare	comedere
103,3-4	ponit	ponis
	ambulat	ambulas
	facit	facis
	fundavit	fundasti
107,9	effrem	efraim (Ga : effraim)
108,21	est	−
117,28	domine	−
118,32	dum	cum
118,109	tuis	meis
128,7	nec	et
134,6	−	omnibus
143,1	goliam	goliad
143,3	quoniam	quia

Remarques sur les leçons de Ro^U = Ga

Parmi les leçons que nous venons de citer, nous en relevons quelques-unes pour lesquelles l'influence de la recension
hexaplaire nous paraît particulièrement évidente : ainsi - a
fructu frumenti de 4,8 : Rahlfs a choisi απο καιρου...qu'il
trouve en La = TM, les autres témoins donnant απο καρπου... Il
nous semble fort probable que dans ces conditions, Origène a
maintenu dans les Hexaples la leçon de l'ensemble de la LXX; si
tel n'était pas le cas, on verrait difficilement pourquoi Jérôme (Ga) aurait corrigé le Ro sur ce point, s'écartant de toute
la Vetus Latina.

- l'ordre des mots en 72,10.
- les additions : 88,3 et 134,6 (spécialement la première).
- les omissions, particulièrement en 72,13.

b) Rapport entre les leçons de Ro^A et celles du Ga

Ro^A aussi s'accorde très souvent avec le Ga; cependant il
est beaucoup plus rarement le seul ms du Ro à donner une leçon
= Ga. Quand tel est le cas, nous indiquons, à la suite de la leçon de A, les autres ms du Ro qui lisent comme lui.

Ps	leçon de Ro	A = Ga	autres mss Ro
9,35	in manibus tuis	manus tuas	H^2
10,7	pluit	pluet	c
16,1	deprecationi meae	deprecationem meam	H M
16,10	superbia	in superbia	
20,3	-	diapsalma	
21,15	omnia	universa	
23,6	-	diapsalma	T f
23,10	-	diapsalma	T D
32,3	ei	-	
35,7	et	-	
36,36	-	et	M
49,15	-	diapsalma	N^2
51,11	conspectum	conspectu	V
54,8	-	diapsalma	T f
56,5	eripuit/anima mea	tr.	
59,6	-	diapsalma	N^2
67,11	pauperes	pauperi	H
71,17	et erit	et sit	
72,17	in	-	
73,19	animas confitentes	animam confitentem	S D
75,4	inluminans	inluminas	M S
77,5	eam	ea	K
77,35	accendit	accendet	
77,46	locustae	lucustae	
78,9	et	-	M

Ps	leçon de Ro	A = Ga	autres mss Ro
86,6	-	diapsalma	T f
87,18	circumdederunt	circuierunt	H^2
88,40	in terra	in terram	
90,6	per diem	per die (Ga: in die)	
105,31	a	in	
117,5	in latitudine	in latitudinem	Q^2U
131,7	in tabernaculum	in tabernacula	
143,12	novellae	novella	
148,14	exaltavit	exaltabit	N* V

Remarques sur les contacts Ro^A et Ga :

Le ms du Ro^A s'accorde beaucoup moins souvent que U seul avec Ga; par contre A ou A^2 et un ou deux autres témoins donnent très souvent la même leçon que Ga.

Dans ce travail de comparaison, nous avons également remarqué que souvent lorsque A* ne s'accorde pas avec Ga la deuxième main (A^2) va dans le sens du Ga.

Nous avons encore pu noter que plusieurs leçons A, qui ne correspondent pas au Ga, s'accordent avec moz.

Mais l'impression générale de cette comparaison entre A et Ga est que ce ms du Ro a subi (d'une manière directe ou non) l'influence du Ga.

2) Translittération de אזרחי en εζραιτης et εσδραιτης

Le patronyme de Eman et de Ethan est traduit par Eus soit εσδραιτης soit εζραιτης. Pour comprendre cette translittération, nous l'avons comparée avec celle des autres noms propres où nous trouvons... זר ...; voici les résultats de cette enquête.

- mots commençant par ... אזר : cette séquence ne se rencontre que pour le mot אזרחי qui est précisément l'objet de cette discussion.

- mots commençant par ... עזר : nous avons 10 mots totalisant une centaine d'emplois.

1) dans les noms où le ו est vocalisé, il est régulièrement traduit en grec par ζ : ainsi

a)   עֵזֶר   :   2x/2

b)   עָזֵר   :   3x/3

c)   עַזּוּר   :   3x/3

d)   עֲזַרְאֵל   :   5x/6; 1x : εσδριηλ : Ne 11,13 (B S[+]); [1]

  (A : εζρ -)

e)   עֲזַרְיָה   :   45x/48 (αζαρια-αζαριου); 1x : βηθαζαρια (Ne 3,24)

  1x εζρια (Esd 7,3) et 1x manque dans la LXX

  (2 Ch 26,20).

2) dans les noms où ו n'est pas vocalisé (וֹ), la translittération varie selon les mss :

a)   עֶזְרָה   :   εσρι   1 Ch 4,17, mais εζρι en A

b)   עֶזְרִי   :   εσδρι   1 Ch 27,26 (cf. Jug B 6, 11.24; 8,32);

  (A : εζραι)

c) עֲזַרְיֵאל :   εσριηλ   Jr 36,26, mais εσζρ- en A

  εσριηλ   1 Ch 27,19 (B[+]) mais οζιηλ en A

  εσδριηλ   1 Ch 5,24 [2]

d) עַזְרִיקָם :   εζρι   Nb 11,15; εζρικαμ (L[+])

  εζρικαμ   1 Ch 3,23 (A : εσρ-); 1 Ch 8,38

  εσρικαμ   1 Ch 9,14 (A : εζρ-)

  εσδρικαμ   1 Ch 9,44 (SA : εζρ-); 2 Ch 28,7 (A :

  εζρ-)

e)   עֶזְרָא   est toujours traduit εσρας en B[+], sauf en Ne 12,1 et dans la subscriptio du livre; il est toujours rendu par εσδρας en S et par εζρας en A.

Ainsi pour les noms où le ו n'est pas vocalisé, nous constatons, dans les 4 premiers noms (a-d), une translittération -

---

1   la leçon εσδριηλ pourrait s'expliquer par une erreur de graphie entre ΕΣΔΡΙΕΛ et ΕΣΑΡΙΕΛ.

2   peut-être assimilation à la forme עֲזַרְיֵאל ; cf. note précédente.

σρ - en B et parfois en S. mais A traduit plus régulièrement par - ζ -.

Pour la traduction de עֶזְרָא , nous avons remarqué une plus grande homogénéité : B = εσρας [1], S = εσδρας et A = εζρας.

A ce point de notre enquête, il nous a paru utile d'étendre nos recherches au livre non-canonique d'Esdras (Esdras A), dont la traduction en grec est plus ancienne que celle des livres de Ne-Esd, pour voir comment le mot Esdras y est rendu [2]. Voici le résultat de cette enquête ; comparant Esdras canonique et Esdras non-canonique :

- dans Esdras canonique, nous avons

εσρας   : B
εζρας   : A N c
εζδρας   : b' + ℓ   (ou seulement b')
εσδρας   : S (quand il est conservé) + rell. [3]

- dans Esdras non-canonique, nous trouvons

εσρας   : B
εζρας   : A N c v
εζδρας   : b' + ℓ   (ou seulement b')
εσδρας   : rell. Vetus Latina + B en 8,19 [4]

Ainsi, nous rencontrons déjà dans la traduction du Esdras non-canonique les diverses traductions de עֶזְרָא chez les mêmes témoins. Nous remarquons en particulier que S (quand il est conservé) traduit régulièrement εσδρας, translittération que nous retrouvons dans rell. La présence du - d - dans le grec est bien attestée : nous ne pouvons donc pas considérer le Esdras

---

1 B traduit εσδρας en Esd 22,1 et dans la subscriptio.

2 Nous ne retenons que les variantes sur la traduction du ר par ζ,σ ou σδ.

3 pour l'identification des mss, cf. BROOKE-MCLEAN, The Old Testament, Vol. II Part IV, I Esdras. Ezra-Nehemiah,p. v-vi.

4 S n'est pas conservé pour Esdras non-canonique; pour la Vetus Latina, Brooke-McLean citent ℒ^cv : c : version de Sabatier (Bibliorum sacrorum latinae versiones, Reims 1743 datant du 9ème s.; v : le texte de la Vulgate.).

de la Vetus Latina comme un phénomène lié au passage du grec
en latin, mais nous devons, au contraire, postuler pour la 'Vorlage' de la Vetus Latina, une forme εσδρας [1].

Si nous revenons à nos Ps (87-88), nous remarquons que les
deux formes attestées par Eus εσδαιτης et εζραιτης pour traduire le אזרחי se rapprochent de la traduction de עזרא, que nous
trouvons, respectivement, en S rell et en A N c (v) [2].

A cause de l'importance du personnage d'Esdras dans le judaïsme, les différentes traductions de son nom ont très probablement eu une influence sur celle du patronyme de Eman et de
Ethan que nous lisons dans les Ps 87 et 88.

Les formes εσδρας - εζδρας (avec δ)proviennent-elles d'u-
ne corruption d'une forme ancienne de la LXX par insertion d'un
δ entre σ et ρ [3], ou bien faut-il voir dans les traductions
εσρας et εζρας le fruit d'une recension qui a éliminé les lettres qui ne se trouvaient pas dans l'hébreu ? Il nous paraît
difficile de répondre.

Conclusions :

Nous ferons trois types de remarques : nous étudierons
premièrement le rapport entre les leçons que nous considérons
comme celles de la LXX origénienne et celles du Bodmer 24 :
ensuite nous choisirons parmi les leçons origéniennes celles
qui nous paraissent les plus intéressantes; enfin nous tirerons
quelques indications sur le travail d'Origène.

1) Rapport entre ces 18 leçons et le Bodmer 24

Sur les 18 leçons que nous avons retenues, 14x nous pou-

---

1 cf. aussi le δ en b' et *l* (εζδρας).

2 Eus ne semble pas connaître la forme de B.

3 cf. E. SCHWYZER, Griechische Grammatik, München 1968, II,
  1.1 p. 277...hellenistich oder später begegnet Einschub von.
  ..δ τ zwischen σ und ρ in fremden Namen, so LXX in...εσδρας.

vons faire la comparaison avec le Bodmer 24.

5x Eus = Bodmer 24 : nos. 6.7.11.13.18. Nous remarquons
en particulier la leçon difficile no. 6 ...θυμιαματος κριων,
la traduction απαγγελω au lieu de αγαλλιασομαι du no. 13 [1] et
εφιλιασαν au lieu de υπεταγησαν au no. 18; pour les nos 7 et
11, la LXX origénienne pourrait dépendre d'une recension antérieure éliminant des mots qui ne se lisaient pas dans l'hébreu.

9x Eus ≠ Bodmer 24 : nos. 2.3.5.8.10.12.15.16.17.

4 x la leçon du Bodmer comprend un ou plusieurs mots qui
ne se trouvent pas en TM : nos. 2.3.8.10

2x elle traduit par un mot différent : nos. 12.15

1x elle omet par rapport à Eus : no. 16.

2) Les leçons les plus intéressantes :

Parmi ces 18 leçons de la LXX origénienne, nous retenons :

no. 4 εσωσεν loco εισηκουσεν μου.

no. 6 μετα θυμιαματος κριων (sans και): difficilior.

no.10 ÷ εν πυλαις της θυγατρος σιων : l'obèle est attesté
explicitement par le commentaire d'Eus.

no.12 εχθρων loco ικετων

no.13 απαγγελω loco αγαλλιασομαι

no.14 μη τη σιων loco μητηρ σιων

no.15 εσδραιτη et εζραιτη loco ισραηλιτη

no.18 εφιλιασαν loco υπεταγησαν

3) Indications sur le travail d'Origène :

- 8x la leçon origénienne omet un ou plusieurs mots :
  nos. 2.3.6.7.8.10.11.17.
- 1x elle a un mot en plus : no. 16.
- 1x elle transpose : no. 9.

Nous nous sommes plusieurs fois posé la question pour savoir si telle leçon origénienne provenait d'un choix ou d'une
correction d'Origène, c'est-à-dire si Origène pouvait emprunter

---

1 pour laquelle le Bodmer 24 et Sa donnent un doublet.

cette leçon à un des mss qu'il avait rassemblés ou bien s'il avait corrigé la LXX en se basant sur l'hébreu et les "autres".

- 9x, nous pensons qu'Origène trouvait dans ses mss la leçon qu'il a choisie : nos. 2.6.7.11.13.15.17.18. Cf. spécialement les leçons où Eus = Bodmer 24 et également no. 15 où Eus maintient les deux formes différentes εσδραιτη et εζραιτη.

- 7x, nous hésitons entre choix et correction ou, plutôt, notre connaissance des témoins ne nous permet pas de trancher : nos. 1.3.4.5.8.12.14.

- 2x, nous pensons qu'Origène a corrigé : au no. 9 (transposition) et au no. 10 où Eus affirme que les mots étaient obélisés.

B. Leçon d'Eus confirmée par Jérôme.

Dans cette deuxième section, nous traiterons de deux groupes de leçons hexaplaires, dont les variantes sont moins importantes ou moins bien attestées, mais où Jérôme confirme Eus.
Nous parlerons d'abord de 7 leçons pour lesquelles Eus est le
seul témoin grec (sans parler du Bodmer 24) et trouve un appui
dans la correction que le Ga apporte au Ro (a).

Ensuite nous étudierons 6 autres passages où la leçon conservée par Eus s'oppose à la majorité des témoins grecs mais
est confirmée explicitement par la Lettre à Sunnia (b).

a.- Eus, seul témoin grec = Ga corrigeant le Ro.

19) Ps 60,8 b

a) TM (61)   : חסד ואמת מן ינצרהו

BH en note : מן > 2 MSS, Symm. Hier; frt.dl.

LXX   : ἔλεος καὶ ἀλήθειαν αὐτοῦ τίς ἐκζητήσει

αυτου τις εκζητησει : S R L′ 1219ʼ et Bod-
mer 24, eius quis requiret : Vulg;   quis :
La^R; quis req. eius : Ga, qui req. eum : La^G = TM; + αυτων :
B, eius quis req. ei : Aug.

Eus (581,34) : ἔλεος καὶ ἀλήθειαν τίς ἐκζητήσει αὐτοῦ; cette leçon est reprise en (584,37) [1].

Ga   : misericordiam et veritatem quis requiret
eius.

L manque; cette leçon est attestée par RFCI,
alors que les autres témoins du Ga donnent plusieurs variantes.[2]
Dans le Ro, Jérôme lisait... quis requiret eorum [3]; il n'est

---

1 Le commentaire lui-même se sert davantage des leçons de α'
   et de σ' ou de la LXX commune, cf. infra sous b.

2 quis req. ei : G*; eius quis req. ei : Q²W²G²; ei quis req.
   ei : G³; eius qui req. : Q*W*.

3 . une partie de la Vetus Latina a "eius" : δ² moz^c med.

donc pas responsable de l'ordre des mots que nous trouvons en
Ga, mais il a corrigé le Ro ('eorum' en 'eius').

b) La difficulté que représente la traduction de ce verset apparaît dans les nombreuses tentatives faites en grec et en latin et que nous pouvons réduire à deux types de leçons selon
qu'elles rattachent ou non le αυτου à ελεος και αληθειαν.

Le commentaire d'Eus témoigne du même embarras : après a-
voir cité la leçon ἔλεος καὶ ἀλήθειαν τίς ἐκζητήσει αυτου, Eus
nous donne les traductions de Symmaque et d'Aquila, qu'il juge
meilleures :

σ' (584,12) ἔλεος καὶ ἀλήθεια διατηρήσουσιν αὐτόν repris
en (584,39 et 57).

α' (584,40) ἔλεος καὶ ἀλήθεια περιφράξει αὐτόν.

Dans son explication du texte, Eus reste vague, combinant
les leçons de α' et σ' (584,57ss) et précisant qu'il s'agit de
la vérité et de la miséricorde de Dieu (584,14). On a l'impression qu'à cause de la difficulté de la leçon qu'il a citée,
Eus se sert pour son commentaire des leçons de α' et σ' , tout
en se rapprochant d'une forme textuelle plus ou moins semblable à celle choisie par Rahlfs, qui lie le αυτου à ελεος και
αληθειαν.

Tout ceci nous démontre que la leçon conservée par Eus est
une 'lectio difficilior'; on peut penser qu'elle représente la
LXX origénienne, si on la compare aux autres traductions grecques que les Hexaples contenaient. Nous avons déjà cité les leçons de α' et σ' rapportées par Eus; mais nous avons plusieurs
autres attestations de ces traductions :

264 : α'   ελεος και αληθεια αποδιατηρησουσιν αυτον

ε' (sic) ελεος και αληθεια πε(ρι)φραξει αυτον

(anon) ελεος και αληθεια απο σου φυλαξουσιν αυτον

Colb στιχ : σ'   ελεος και αληθεια περιφραξουσιν αυτον

ε'ς'   ελεος και αληθεια απο σου φυλαξουσιν
αυτο(ν)

α'   ελεος και αληθεια απο/ατηρισουσιν αυτον

272 (de la cat VIII) : τουτο δε σαφεστερον ηρμηνευσεν ο

συμμαχος ελεος και αληθεια διατηρουσιν αυτον.

Ces leçons amènent plusieurs remarques :

1) nous notons tout d'abord les différences dans les leçons attribuées à α' σ' ε'.

2) il nous semble que malgré leurs différences, ces "autres" traductions présupposent le même texte consonnantique hébreu (=TM); ceci nous semble spécialement clair pour α' qui
traduit régulièrement נצר par διατηρειν [1]; de plus le απο
διατηρησουσιν que l'on trouve sous α' en 264 (cf aussi Colb
στιχ) veut probablement traduire le מן   ינצרהו [2].

3) nous constatons que les "autres" ont tous un pronom à
la fin du stique; il est vrai que chez eux, le pronom est à
l'accusatif (αυτον) et non au génitif comme chez Eus.

4) chez tous également, ελεος και αληθεια est sujet du verbe, au lieu de τις chez Eus.

5) dans plusieurs traductions, le מן est compris comme
מָן et il est rendu par απο. Mais une telle traduction littérale rend le passage presque incompréhensible, d'où les variantes
qui éliminent le mot ou celles qui cherchent à lui donner un
sens en ajoutant σου.

La leçon retenue par Eus suit l'ordre des mots de l'hébreu,
comme le font les "autres" traducteurs grecs, mais elle s'écarte d'eux et s'accorde avec la LXX pour traduire le מן par τις
et en faire le sujet du verbe, qui reste ainsi au singulier.
Ces différents éléments nous permettent de considérer la leçon
d'Eus comme une recension de la LXX sur les autres colonnes des
Hexaples. Il n'est pas exclu qu'Origène ait pu choisir cette

---

1 sur les 24 emplois de נצר dans les Ps, nous trouvons 8x
   la leçon de α' dans Field (Ps 25,10.21; 31,24; 32,7; 64,2;
   119,2.22.100) toujours avec διατηρειν.

2 La présence de απο σου en 264 (anon) et en Colb στιχ pour
   ε' ς' témoigne également d'un מן - compris מָן - devant le
   verbe.

leçon parmi les formes anciennes de la LXX; mais quelle qu'en soit l'origine, l'accord d'Eus avec le Ga contre l'ensemble de la tradition grecque et latine, ainsi que la comparaison avec les "autres" traductions hexaplaires, nous autorisent à regarder cette 'lectio difficilior' comme la LXX origénienne.

20) Ps 68,23 b

a) TM (69)   : ולשלומים למוקש [1]

   LXX   : καὶ εἰς ἀνταπόδοσιν καὶ εἰς σκάνδαλον

   Selon Rahlfs, Ga = TM est le seul à lire au pluriel : retributiones.

   Eus   : dans le Coislin nous trouvons 2x la leçon ἀνταπόδοσιν (724,9; 749,41) et 6x la leçon ἀνταποδόσεις (728,45; 752,14.22.25.36.47) :

cette seconde forme (au pluriel) nous semble être la leçon d'Eus, non seulement à cause du nombre des citations, mais parce que ανταποδοσεις est une 'lectio difficilior' entre παγιδα et σκανδαλον, et surtout parce que le pluriel est bien attesté dans le commentaire du verset : ainsi en (752,35) : διόπερ ὁ σύμμαχος ἀντὶ τοῦ καὶ εἰς 'ἀνταποδόσεις' καὶ εἰς τιμωρίαν ἡρμήνευσεν.

   Ga   : et in retributiones et in scandalum

   retributiones : RF; retributionem : I; L manque. Le Ga corrige le Ro 'retributionem' par le pluriel, qu'il est seul à lire en latin avec δ* [2].

b) Nous constatons que tous les témoins LXX, à l'exception d'Eus et du Ga, soutiennent une leçon au singulier [3]; au contraire Eus et Ga ont le pluriel comme le TM.

---

1 BH en note : Grec, α', σ', θ', Hier = וּלְשִׁלּוּמִים ; syr וְשִׁלּוּמָם ; trg prb recte : וְשִׁלְמִיהֶם ; il est vrai que שׁלם donnerait un meilleur parallèle à שֻׁלְחָן .

2 quelques témoins latins ont : in retributione : α δ[2] moz[c].

3 le Bodmer 24 a aussi le sing. mais sans le καὶ = TM : και ανταποδοσιν εις σκανδαλον.

Nous connaissons pour ce verset les traductions de α' ϑ'
σ'. En 1175, nous trouvons [1] :

α' : εις παγιδα κ(αι) εις ανταποδοσεις...

ϑ' : εις παγιδα κ(αι) εις ανταποδοσεις...

σ' : εις παγιδα κ(αι) εις τιμωριαν...

La leçon de Symmaque nous est encore conservée par Tht, Th
de Mops et par Eus [2] (toujours : εις τιμωριαν, pour le passage
que nous étudions).

Dans ces conditions, il nous semble que le pluriel ανταποδοσεις représente la leçon choisie par Origène pour les Hexaples : nous relevons l'accord entre le TM, Eus et Ga (corrigeant Ro); nous constatons également que ανταποδοσεις se lisait
dans les colonnes de Aquila et de Théodotion. Origène avait-il
dans la LXX une base textuelle pour choisir ce pluriel ou bien
a-t-il corrigé la vieille LXX sur l'hébreu, α'et ϑ' ? Nous
pensons plutôt à la première hypothèse [3].

21) Ps 68,27 a

a) TM (69)   : כי אתה אשר הכית רדפו [4]

LXX   : ὅτι ὅν σὺ ἐπάταξας αὐτοὶ κατεδίωξαν

αυτοι > Ga = TM

Eus (756,5) : ὅτι ὅν σὺ ἐπάταξας κατεδίωξαν... [5]

Le stique est repris sous la même forme en

(756,8.33.53) et en (952,5) (dans le Ps 79).

Ga   : quoniam quem tu percussisti persecuti sunt et..

---

1 cf aussi en 264, (sans les sigles).

2 Tht dans PG 80, 1408 lig. 23; Th Mops (S e T 93, 455 lig.26)
   et Eus (752,36).

3 Dans notre connaissance actuelle de la tradition du texte
   sur ce point, le seul indice de la leçon au plur. dans la
   vieille LXX se trouve en δ* de la Vetus Latina.

4 au lieu de ה את la BH propose de lire אֵת avec Grec, Syr. et
   Hier.

5 dans le ms, ce stique est immédiatement suivi des vv 28-29
   omis dans l'édition.

L manque; aucune autre variante n'étant signalée, on peut déduire que cette leçon est celle de RFCI et de l'ensemble des autres mss du Ga. Le Ro lisait : "quoniam quem tu percussisti ipsi persecuti sunt me et..."; Jérôme a donc apporté deux corrections, en omettant "ipsi" et "me". Pour la première, le Ga est seul contre toute la Vetus Latina; au contraire, le "me" est également omis par αγδ moz^c med.

b) La variante qui nous intéresse concerne le mot αυτοι/ipsi que l'on trouve dans toute la tradition grecque (y compris en Bodmer 24) et latine de la LXX, à l'exception d'Eus et du Ga. Comparée au texte d'Eus-Ga, la leçon avec αυτοι/ipsi nous apparaît comme une 'lectio facilior'. Cependant puisqu'elle est si largement et si anciennement attestée [1], on peut la considérer comme la leçon de la LXX ancienne et regarder l'omission de αυτοι/ipsi comme une conséquence du travail d'Origène. Il est vrai que d'après la situation textuelle que nous connaissons, nous nous attendrions à trouver le mot obélisé dans le Ga et non pas totalement omis. Origène connaissait-il un texte LXX sans αυτοι, - en ce cas, il aurait pu choisir une telle leçon - ou bien faut-il attribuer à ses disciples la responsabilité d'avoir purement et simplement omis un mot que lui-même avait conservé sous obèle ?

22) <u>Ps 70,17 a</u>

a) <u>TM</u> (71)   : אלהים למדתני מנעורי

   <u>LXX</u>   : ἐδίδαξάς με ὁ θεός ἐκ νεότητός μου

             εδιδαξας με / ο θεος : B$^{\prime\prime}$ R$'$ tr (Sa ?)

             La^G Aug GaHi = TM [2]

   <u>Eus</u> (784,16) : ὁ θεός ἐδίδαξάς με ἐκ νεότητός μου; la même leçon est reprise en (784,30).

---

1 puisqu'on la trouve en Bodmer 24 et dans tous les témoins anciens.

2 L$^{\prime\prime}$ donne une leçon un peu différente : ο θεος μου α εδιδαξας με... cf. aussi 55 : α εδιδαξας με ο θεος.

Ga   : deus docuisti me ex iuventute mea

L manque; aucune variante n'est indiquée par les

éditeurs du Ga. La comparaison avec Ro montre que
Jérôme a légèrement corrigé le texte latin qui lui a servi de
base (deus docuisti me a iuventute mea) [1].

Ce verset est cité dans la Lettre à Sunnia, mais la remarque de Jérôme ne porte pas directement sur l'ordre des mots :
"in eodem : deus docuisti me ex iuventute mea. Et in hoc quod
apud Graecos invenisse vos dicitis deus meus superfluum est" [2].

b) Nous avons ici une variante concernant l'ordre des mots du
verset :

Eus-Ga-TM s'accordent ici avec plusieurs autres témoins de
la LXX (Sa ? Ro, βγδζλ med de la Vetus Latina, Aug), mais Eus
est le seul témoin grec de cette leçon, ou plutôt il l'était a-
vant la plublication du Bodmer 24, qui donne pour ce verset ο
θϲ εδιδα(ξας) με εκ νεοτητος σου[sic].

Nous ne connaissons aucune autre formule du Psautier - ou
même de la Bible grecque - plus ou moins semblable qui aurait
pu favoriser le passage de εδιδαξας με ο θεος à ο θεος εδιδαξας
με ou l'inverse, par harmonisation. C'est pourquoi nous pensons
que l'ordre des mots attesté par Eus et Ga doit correspondre à
celui qu'avait choisi Origène pour aligner le grec sur le découpage de l'hébreu. Cependant puisque cette forme existe déjà
dans le Bodmer 24, dans une partie importante des témoins latins, peut-être aussi dans Sa, il nous paraît plus probable de
considérer les deux leçons comme des variantes de la LXX ancienne; dans ce cas, on comprend aisément qu'Origène ait préféré
parmi les leçons grecques, celle qui suivait l'ordre des mots
de l'hébreu.

Le 1175 nous donne quelques indications sur les leçons de
α' θ' σ' : nous y lisons : α' θεε εδιδαξας με et θ' σ' ομοιως

---

1 Dans la Vetus Latina, α ε moz suivent le même ordre que la
   LXX de Rahlfs : docuisti me deus...

2 SF p. 24 lig. 10; comparer cette leçon rejetée par Jérôme
   avec celle de L[D] supra note 2 p. 209.

τοις ō. La leçon d'Aquila ne fait pas de difficulté; quant à
la remarque concernant les traductions de ϑ' σ', elle doit,
sans doute, se comprendre comme une annotation d'une LXX hexaplaire [1] et dans ce cas, elle signifierait que ϑ' σ' traduisaient ο ϑεος εδιδαξας με, comme la LXX (hexaplaire) au lieu de
ϑεε d'Aquila.

Moins importante que les autres puisqu'attestée par le Bodmer 24 et par plusieurs témoins anciens de la LXX, cette leçon
Eus-Ga-TM est cependant intéressante car nous retrouvons ici
un phénomène que nous avions constaté dans l'étude des Fragments
Mercati, à savoir, l'alignement du texte grec de la LXX sur la
colonne de l'hébreu [2].

23) Ps 72,13 a

a) TM (73)   : ...זכיתי ריק אך : חיל

   LXX   : πλούτου / καὶ εἶπα ἄρα ματαίως ἐδικαίωσα...
                  Toute la tradition LXX a και ειπα : seul Ga
                  place ces mots sous obèle [3].

   Eus (840,44) : dans le manuscrit nous lisons les vv 10-14b,
                  et non pas seulement le v.10 comme dans l'é-
                  dition. Nous prenons la citation à la fin du
   v. 12b : ...πλούτου. ἄρα ματαίως ἐδικαίωσα...; (841,11) :
   μήποτε ἄρα ματαίως ἐδικαίωσα... Cette deuxième citation ne s'accorde pas pleinement avec la précédente, mais elle omet également le και ειπα.

   Ga   : ...divitias ÷ et dixi : ergo sine causa
                  justificavi...
                  L'obèle est conservé en RI; le Ro et toute

─────────────────────

1 cf. supra Ps 16,2b + note 1 p. 138.

2 On trouverait un cas semblable au v. 18b du même Ps où Eus
   donne 4x τη γενεα παση (773,18.24; 784,16.36) : le même ordre des mots se trouve en Ga et TM alors que B' traduit παση
   τη γενεα. Mais dans ce passage, la leçon d'Eus est bien attestée en grec par Lᵖ 1219 et également le Bodmer 24.

3 Bodmer 24 n'est pas conservé.

la Vetus Latina lisent "et dixi" [1].

b) Eus et le Ga s'accordent avec le TM pour omettre les mots
και ειπα que nous lisons dans tous les témoins de la LXX ancienne. A vrai dire, le Ga ne les omet pas complètement, il les
place sous obèle.

Si nous comparons sur ce point les traductions des autres
colonnes des Hexaples qui nous sont parvenues, nous constatons
qu'aucune ne fait mention de ces mots : ainsi dans les leçons
de α' σ' ϑ' conservées par le 1175 et le 264 :

α' : πλην κενος (264 : κενως) εκαθαρισα καρδιαν μου

σ' : ισως ουν εγω ματην εκαθαρα την καρδιαν μου

ϑ' : πλην εις κενον εδικαιωσα την ψυχην μου [2]

Il est donc probable que les mots και ειπα ne figuraient
pas dans la colonne LXX des Hexaples mais il est possible qu'
Origène n'ait pas voulu les omettre entièrement, - peut-être
parce qu'il les trouvait dans tous ses mss, - et qu'il les ait
maintenus sous obèle dans la recension tirée de la colonne LXX
des Hexaples.

Le Ga serait alors un fidèle témoin d'Origène; quant à
Eus, seul témoin grec de cette leçon, il témoignerait aussi du
travail critique d'Origène sur la LXX ancienne, même si l'omission pure et simple du και ειπα dépasse la volonté de son maître. Peut-être Eus a-t-il travaillé directement sur la colonne
LXX des Hexaples et non sur la recension origénienne ?

---

1 Parmi les variantes des Psautiers latins, nous retenons
   moz[x] : 'numquid vane' ... au lieu de 'ergo sine causa'...
   du Ro, qui se rapproche du μηποτε... d'Eus (841,11).

2 Les leçons de α' σ' ϑ' se lisent encore dans les mss 1706 et
   1625 de la cat. X; celle de α' se trouve également en Colb
   στιχ; celle de σ' chez Th Mops (S e T 93, p. 482 lig. 18)
   et chez Eus (841,27). On note dans ces citations quelques
   variantes mais toutes ignorent les mots και ειπα.

24) <u>Ps 73,8 b</u>

a)   <u>TM</u> (74)   : ‏יחד שרפו כל־מועדי־אל בארץ‎ ...[1]

    <u>LXX</u>   : ...ἐπὶ τὸ αὐτό, δεῦτε καὶ κατακαύσωμεν

                 πάσας ἑορτὰς...

            Sur la leçon que nous étudions, nous rete-
nons de l'apparat critique de Rahlfs : δευτε και : > Ga = TM [2].

    <u>Eus</u> (857,29)   : ...ἐπὶ τὸ αὐτό καταπαύσωμεν τὰς ἑορτὰς τοῦ

                  θεοῦ...

       (892,41)   : citation des vv 6-9 [3].

            On notera la variante d'Eus καταπαυσωμεν
au lieu de κατακαυσωμεν, [4] cependant ce
n'est pas cette variante qui nous retiendra ici, mais l'absence du δευτε και au début du stique 8b.

    <u>Ga</u>   : ...simul / quiescere faciamus omnes dies

                 festos dei a terra.

            L Q* manquent; aucune variante n'étant si-
gnalée dans les apparats critiques sur la leçon que nous étudions, nous pouvons conclure que l'absence du "venite" [5] est
attestée par RFCI, pour les principaux témoins du Ga ainsi que
par la plupart des autres (ex silentio).

       Dans la Lettre à Sunnia, Jérôme discute la variante κατα-
καυσωμεν / καταπαυσωμεν sans mentionner le "venite" ou δευτε
(και) : nous y trouvons donc un appui pour la leçon sans "venite", mais indirect, puisque l'intérêt de Jérôme est manifestement ailleurs.

---

1   BH propose de lire ‏נשרף‎, cf. 1 MSS, Grec et Syr.; mais cet-
     te variante ne concerne pas directement notre étude.

2   Bodmer 24 a δευτε, mais non le και (= B^c S R^(')).

3   Dans cette citation des vv 6-9, Eus omet le v. 7a.

4   cf. infra p. 367-368 ; on notera aussi chez Eus l'absence
     du πασας = B^(') Sa 1219, alors que le mot se lit en R^(') Ga
     L^(') 55 = TM.

5   comparer Ro : ...inter se, venite conprimamus omnes dies
     festos domini a terra.

b) Nous nous trouvons ainsi en présence d'une leçon d'Eus, appuyé par le Ga et le TM, qui omet les mots δευτε και ou plutôt
le δευτε seul, car il est possible, sinon probable, que la
vieille LXX ne lisait pas le και comme en témoignent, en plus
de B^c S R^υ cités par Rahlfs, le Bodmer 24 et toute la Vetus Latina.

Le mot δευτε se rencontre 8x dans les Ps [1] où il traduit
6x הלך et 1x בוא : notre verset est le seul passage où il n'a
aucun équivalent en hébreu. Mais cette addition doit appartenir
à la vieille LXX, puisqu'elle se lit dans tous les témoins LXX,
à l'exception d'Eus et du Ga.

Nous connaissons la plupart des "autres" versions hexaplaires sur ce verset par le 1175 et le 264 ainsi que par la
Lettre à Sunnia [2] : jamais nous ne lisons les mots δευτε ou
δευτε και ou d'autres équivalents. Cependant le témoignage de
ces versions est difficile à utiliser puisque ces notations du
1175 et 264 ainsi que les remarques de la Lettre de Jérôme concernent avant tout la traduction du verbe (שרפו) et les mots
suivants, et non pas explicitement le début du stique.

Si on admet que δευτε [3] ne se lisait chez aucun des "autres" interprètes, on comprend qu'Origène ait pu l'omettre dans
la colonne LXX des Hexaples, mais on s'attendrait à trouver le
mot sous obèle dans le Ga, témoin de la recension hexaplaire.
Faut-il en déduire qu'Origène a connu un texte grec sans δευτε
et qu'il a pu choisir cette leçon, ou bien doit-on penser que
le mot a disparu de la recension origénienne, comme d'autres petits passages obélisés ? La situation textuelle ne nous permet
pas de trancher.

---

1 Ps 33,12; 45,9; 65,5.16; 73,8; 82,5; 94.1.6; on remarque que
   d'une manière générale, le grec traduit fidèlement l'hébreu
   même s'il y a quelques hésitations entre δευτε et δευτε και
   aux Ps 45,9 et 65,5; seule la traduction de notre verset
   (addition de δευτε και ou δευτε par rapport au TM) fait exception à cette fidélité.
2 Pour les citations des autres versions hexaplaires, cf.
   infra p. 368.
3 Nous pouvons laisser de côté le δευτε και puisque Origène
   devait probablement connaître la leçon LXX sans le και.

25) Ps 97,1 c

a) TM (98)   : כי נפלאות עשה

    LXX   : ὅτι θαυμαστὰ ἐποίησεν κύριος [1]

    Eus (461,14) : dans le commentaire du Ps 52 :...ὅτι θαυ-
                   μαστὰ ἐποίησεν. Nous retrouvons la même le-
                   çon en PG 23, 1232,17 dans le commentaire du
    Ps 97 ainsi que dans H.E. [2] et Dem. Evang [3].

    Ga   : quoniam mirabilia fecit.
                 L'apparat critique ne signale aucune varian-
                 te sur le point qui nous intéresse. Le Ro et
    la plupart des psautiers de la Vetus Latina lisent : quia mira-
    bilia fecit dominus. Seuls le Ga et moz[c] omettent le "dominus"[4].

b) Le κυριος après εποιησεν nous apparaît comme une addition
facilitante, mais il est difficile de dire si les anciens traducteurs grecs avaient déjà introduit ce mot ou s'il a été a-
jouté par la suite. Dans les Ps, on ne rencontre jamais cette
formule ou une autre semblable, qui pourrait expliquer l'addition par harmonisation. De plus, comme le κυριος est si largement attesté, s'il y a eu addition, celle-ci a dû se faire très
tôt.

Nous ne connaissons pas les "autres" versions de ce passage, mais l'accord que nous constatons entre Eus, seul témoin
grec, le Ga - corrigeant le texte du Ro - et le TM nous permet
de penser que la leçon qui omet le sujet du verbe (κυριος/domi-
nus) provient du travail critique d'Origène : ainsi la forme
attestée par Eus peut être considérée comme la leçon hexaplaire de ce stique.

---

1 Bodmer 24 a aussi le sujet : εποιησεν κς̅.
2 H.E. (GE IX p. 856 lig. 12).
3 Dem. Evg. (GE VI p. 19 lig. 3; 57 lig. 26; 256 lig. 14).
4 Nous retrouvons la même leçon chez Jérôme en Tract. in Ps
   (Morin, vol. III, pars II, 1897, p. 144).

Conclusions : Voici quelques remarques concernant ces 7 leçons
pour lesquelles Eus, seul témoin grec, (sans parler du Bodmer
24) trouve un appui dans la recension du Ro par Jérôme.

1) Comparaison avec le Bodmer 24 :

   Le Bodmer 24 manque pour le no. 23; pour les 6 autres leçons, nous constatons que

   1x Eus = Bodmer 24 : no. 22. (transposition)
   5x Eus ≠ Bodmer 24 : nos. 19.20.21.24.25.

2) Les leçons les plus intéressantes :

   Nous retiendrons ici la leçon difficile : no. 19 ελεος
   και αληθεια τις εκζητησει αυτου; cf. aussi les omissions des
   nos. 21.23.24.25.

3) Les indications sur le travail d'Origène :

   Pour ces 7 leçons,

   4x Eus omet un ou plusieurs mots : nos. 21.23.24.25.
   2x il transpose : nos. 19.22.
   1x il a le pluriel au lieu du singulier : no. 20.

   Correction ou choix d'Origène ?

   - les leçons 20 et 22 peuvent provenir d'un choix d'Origè-
     ne;
   - la leçon 19 pourrait être une correction (alignement sur
     l'hébreu; de même la leçon 23 doit être une correction
     d'Origène si l'obèle du Ga est authentique;
   - pour les autres cas, nous n'avons pas les éléments qui
     nous permettraient d'attribuer la leçon à un choix ou à
     une correction d'Origène.

b. - Eus = Ga confirmé par la Lettre à Sunnia.

26) Ps 58,10 b

a) TM (59)   : כי אלהים משגבי

    LXX   : ὅτι ὁ θεὸς ἀντιλήμπτωρ μου εἶ

                  ει es : La^R Aug Vulg; > S GaHi = TM [1]

    Eus (544,1)[2] : ὅτι ὁ θεὸς ἀντιλήπτωρ μου, ὁ θεός μου...

                    ce stique est repris de manière identique

                    dans le commentaire en (544,19), où Eus ci-

    te les vv. 10-11. [3]

    Ga   : quia deus susceptor meus, deus meus...

                    L manque; les éditeurs ne mentionnent aucune

                    variante dans les principaux témoins. La

    Lettre à Sunnia confirme la leçon du Ga : "quia deus susceptor

    meus. Pro quo in graeco positum est 'susceptor meus es tu'.

    Sed sciendum in hebraeo nec 'es' scriptum, nec 'tu' et apud

    Septuaginta solos inveniri" [4].

        De plus, la comparaison avec le Ro nous montre que Jérôme

    a corrigé sur ce point le psautier latin; Ro avait ...suscep-

    tor meus es... comme toute la Vetus Latina [5] alors que le Ga

    est le seul psautier latin à omettre le verbe.

b) Nous constatons qu'Eus est, avec S, le seul témoin grec de

cette leçon, contre toute la tradition LXX. Nous ne connaissons

pas les "autres" traductions grecques qu'Origène avait réunies

dans les Hexaples et qui auraient pu influencer son choix.

---

1 Bodmer 24 manque.

2 Dans le ms, après le v. 9b, on trouve encore les vv 10-11.

3 On peut remarquer qu'Eus omet également, les deux fois, le
   ου avant θεος comme la majorité des témoins LXX, contre L
   Tht^{Pj} 55.

4 SF p. 21 lig. 5.

5 γ : est.

En latin, la leçon du Ga est également isolée mais elle est assurée par la Lettre à Sunnia. Le témoignage de Jérôme, à vrai dire, n'est pas tout à fait exact : "in graeco positum est : susceptor meus es tu", puisque selon les témoins que nous connaissons, le συ se lit avant le ο θεος [1] et non à la fin du stique. Cependant nous ne pensons pas que cette inexactitude annule son attestation : nous pouvons retenir que le 'es' et le 'tu' ne se lisent que dans la LXX - en dehors de S et Eus - et ne se trouvent pas chez les "autres".

En nous basant sur l'accord entre Eus et le Ga - corrigeant le Ro et confirmé par la Lettre à Sunnia - nous pensons que la LXX origénienne devait corriger ici la LXX ancienne par l'omission du verbe (et probablement aussi celle du pronom), omission qu'Origène pouvait trouver dans ses mss grecs comme semble l'indiquer la leçon de S.

27) <u>Ps 64,8 b</u>

a) <u>TM</u> (65)   : ... שאון גליהם והמון ...

    <u>LXX</u>   : ἤχους κυμάτων αὐτῆς ταραχθήσονται...

                      αυτης : B^D Sa 2017 R GaHi et Theophilus [2]

                      = TM et Bodmer 24; + τις υποστησεται : La L^D
Su 1219 ex 147,6, 129,3.

    <u>Eus</u> (636,1)[3]: ...ἤχους κυμάτων αὐτῆς ταραχθήσονται...;

                      ce stique est repris sous la même forme en

                      (637,8); au contraire en (636,26) nous trouvons la citation des vv 7-8 avec τις υποστησεται, mais rien dans le commentaire ne confirme ces mots.

    <u>Ga</u>   : ...sonum fluctuum eius. turbabuntur...

                      L manque; les éditeurs du Ga ne signalent aucune variante sur ce point. De plus la leçon

---

1   cf. supra note 3 p. 217.

2   cf. S.-St. 2, parag. 50.

3   Dans le ms, nous trouvons les vv 7-9, alors que l'édition ne donne que le v. 7.

du Ga est défendue par Jérôme dans la Lettre à Sunnia : "Qui
conturbas profundum maris, sonum fluctuum eius. In graeco additum scribitis : quis sustinebit. Quod superfluum est; subauditur enim : qui conturbas profundum maris et conturbas sonum
fluctuum eius." [1]

Le Ro, comme toute la Vetus Latina, [2] lisait "quis sustinebit"; le Ga est le seul parmi les latins à omettre ces mots.

b) L'absence de τις υποστησεται dans plusieurs témoins grecs
de la LXX nous permet de considérer cette leçon comme celle de
la LXX ancienne. L'addition des mots peut s'expliquer par une
harmonisation avec les Ps 147,6 et 129,3. Devant cette situation textuelle, nous n'avons pas de difficulté à comprendre le
choix d'Origène qui, sans doute, ne lisait les mots τις υποστησεται dans aucune des autres colonnes des Hexaples.

- Eus nous donne en effet la leçon de α' : καταστέλλων
ἦχον θαλάσσης θόρυβον κυμάτων αὐτῆς καὶ ὄχλον φυλῶν (637,13) [3];
il commente en particulier le καὶ ὄχλον φυλῶν mais rien ne laisse supposer les mots τις υποστησεται.

Dans la Syrohexaplaire nous trouvons pour α' une leçon
semblable à celle citée par Eus [4]; nous lisons également celle
de σ' pour le stique 8c : καὶ πληθος φυλων [5]. Ces remarques
sur les "autres" traductions n'apportent pas un élément décisif
pour la variante que nous discutons, mais elles nous confirment
que rien dans les colonnes de α' et σ' n'aurait poussé Origène
à choisir dans la LXX une leçon avec τις υποστησεται.

Aussi pensons-nous que dans ce cas la leçon origénienne
rejoignait la LXX ancienne des meilleurs témoins et qu'elle

1 SF p. 22 lig. 12.

2 avec quelques variantes : quis sufferet : moz[x]; quis suffert
: α; tu mitigas : ε.

3 en (637,10) Eus donne aussi le début du v. 8 pour θ' :
καταπραΰνων et ε' : ο καταπραΰνων.

4 seule différence, le plur. θαλασσων.

5 cf. FIELD, in loco.

220

nous est assurée par l'accord entre Eus et le Ga, corrigeant le
Ro et que confirme directement la Lettre à Sunnia.

28) <u>Ps 67,25 b</u>

a) <u>TM</u> (68)   : הליכות אלי מלכי בקדש

    <u>LXX</u>   : αἱ πορεῖαι τοῦ θεοῦ μου τοῦ βασιλέως τοῦ
                    ἐν τῷ ἁγίῳ
                    βασιλεως + μου : S^c GaHi = TM.

    <u>Eus</u> (708,55)   : ...αἱ πορεῖαι τοῦ θεοῦ μου τοῦ βασιλέως
                    μου τοῦ...

           La même leçon se trouve en (709,15.23); de
plus le commentaire souligne le "μου" ...μή τις νομιζέτω με
λέγειν τοῦ ἐπὶ πάντων θεοῦ ἀλλὰ τοῦ θεοῦ μου καὶ τοῦ βασιλέως
μου πορεῖαι (709,26), et encore (709,31) ...προεθεώρησαν τὰς
πορείας τοῦ θεοῦ μου καὶ τοῦ βασιλέως μου.

    <u>Ga</u>   : ingressus dei mei regis mei qui est in
                    sancto.

           L manque; l'apparat critique signale que
le deuxième "mei" est omis par C* cum LXX. Il reste donc RFI,
parmi les meilleurs témoins du Ga, pour la leçon choisie par
les éditeurs.

           Cette leçon du Ga trouve une confirmation explicite dans
la Lettre à Sunnia : "In eodem : ingressus dei mei, regis mei,
qui est in sancto; subauditur : viderunt ingressus dei mei et
regis mei. Quod autem dicitis mei in rege non adpositum, aper-
tissimi mendacii est; secundo enim ponitur et dei mei et regis
mei blandientis affectu, ut qui omnium deus et rex est, suus
specialiter deus fiat et rex merito servitutis" [1].

           La comparaison entre le texte du Ro et du Ga nous montre
que l'addition du "mei" après "regis" peut être attribuée à la
recension de Jérôme : en effet, celui-ci lisait en Ro : ingressus dei mei regis qui est in sancto ipsius : dans le Ga, Jérôme

---

[1] .SF p. 23 lig. 18.

a donc omis le "ipsius" et ajouté un "mei" après "regis". La
première correction se rencontre dans d'autres psautiers latins [1] mais le Ga est le seul témoin de la seconde.

b) Nous sommes donc en présence de deux leçons :

    - του βασιλεως μου : traduisant exactement l'hébreu, cette
    leçon est attestée en grec par Eus et en latin par le Ga
    explicitement confirmé par la Lettre à Sunnia; elle appa-
    raît encore dans la correction du Sinaiticus [2].

    - του βασιλεως : cette leçon se rencontre dans l'ensemble
    des mss grecs, y compris le Bodmer 24 [3], et en latin dans
    Ro et la Vetus Latina.

Devant cette situation textuelle, nous sommes enclins à
considérer του βασιλεως μου comme la leçon hexaplaire; la LXX
ancienne n'aurait pas traduit le μου après βασιλεως. Cependant
nous ne pouvons pas exclure complètement la possibilité d'une
traduction originale του βασιλεως μου, car la tendance des copistes aurait été plutôt d'éliminer le deuxième μου puisque
του βασιλεως était déjà déterminé par le του εν τω αγιω [4]. Ceci nous expliquerait peut-être pourquoi Origène a pu choisir
la leçon του βασιλεως μου. Nous sommes peu renseignés sur les
autres colonnes des Hexaples qui auraient pu influencer son
choix. En effet, les remarques que nous trouvons dans la Lettre
à Sunnia : "In hebraeo ita habet RACHUA ALICHATHAC, quod Aquila et Symmachus et Theodotio et quinta et sexta editio interpretati sunt : viderunt itinera deus, et quod sequitur : itine-

---

1 ainsi α[2] δ moz[c] med Aug.

2 S[c] [a] addidit μου.

3 où on lit αι πορειαι του θυ του βασιλεως εν τω αγιω...Le Bodmer 24 omet donc en plus l'article devant le εν τω αγιω.

4 cf. les remarques de J.H. MOULTON dans Grammar of the NT
   Greek, III, 38, qui propose de retenir les pronoms qui seraient superflus en grec : The MSS show many variants, but
   we do well to prefer the reading which retains the super-
   fluous αυτου, etc. Ces remarques de Moulton pour les mss
   du NT peuvent, sans doute, s'appliquer aussi à l'AT grec.

ra dei mei regis, qui est in sancto...[1], ne valent directement
que pour la première partie du verset, sur laquelle porte la
discussion de Jérôme. Nous ne pouvons pas en déduire que α' σ'
ϑ' ε' ϛ' omettaient le second μου, puisque quelques lignes plus
bas, Jérôme affirme que le grec comme l'hébreu, a "et dei mei
et regis mei" [2].

Une note de la Syroh nous donne pour Symmaque : ...τας
οδους του θεου μου του βασιλεως του αγιου [3] mais il est difficile de voir sur quoi porte exactement l'intérêt du scholiaste.

En conclusion : malgré le peu de renseignements dont nous
disposons concernant la traduction des "autres", il nous semble
possible de considérer la leçon του βασιλεως μου d'Eus - Ga -
TM comme le fruit du travail d'Origène. On s'attendrait, il est
vrai, à trouver dans le Ga le "mei" sous astérisque, puisqu'aucun témoin du texte, indépendant d'Origène, ne nous atteste la
leçon βασιλεως μου. Mais comme nous l'avons dit, il n'est pas
impossible que le possessif ait pu se trouver dans la traduction originale et se maintenir dans certains mss, ou encore il
se peut qu'il ait été ajouté dans certains textes par une recension antérieure à Origène, qui aurait pu ainsi l'introduire
sans astérisque dans la sienne.

29) <u>Ps 67,34 a</u>

a)   <u>TM</u> (68)   : סלה **׃** לרכב

    <u>LXX</u>   : διάψαλμα.ψάλατε τῷ θεῷ τῷ ἐπιβεβηκότι...
                  ψαλατε τω θεω B' Sa 1220 La Su;   GaHi;
                  > S R^s L$^\wp$ 55 = Bodmer 24.

    <u>Eus</u> (716,49) [4] : ...διάψαλμα. τῷ ἐπιβεβηκότι...; ce passa-
                  ge se trouvant à l'intérieur de la cita-

---

1   SF p. 23 lig. 10.
2   SF p. 23 lig. 21. cf. supra p. 220-221.
3   FIELD in loco.
4   le ms donne les vv 31d-34a.

tion des vv 31d-34a, l'absence des mots ψαλατε τω θεω est évidente; le même stique est repris en (717,52) sans les mots ψαλατε τω θεω, qui n'apparaissent pas non plus dans le commentaire.

<u>Ga</u> : psallite domino ÷ psallite deo : qui ascendit...

L'obèle est attesté par RI [1] et confirmé par la Lettre à Sunnia : "cum iste versiculus magis habere debeat iuxta hebraicam veritatem : cantate deo psallite domino, et illud quod sequitur in principio versus alterius : psallite deo, non sit in libris authenticis sed <u>obelo prenota-</u> <u>tum.</u> Ergo et vos legite magis ea quae vera sunt, ne dum additum suscipitis, quod a propheta scriptum est relinquatis" [2].

La comparaison avec le Ro nous montre que ce psautier, comme toute la Vetus Latina, avait les mots "psallite deo"; Jérôme a donc apporté une correction en les obélisant.

b) L'absence des mots ψ. τω θεω est assez répandue dans la tradition grecque, ce qui enlève un certain intérêt à la leçon d' Eus. Cependant si l'obèle du Ga et de la Lettre 106 est authentique, il signifie que <u>tous</u> les mss d'Origène devaient contenir les mots ψ. τω θεω [3] et qu'il n'a pas voulu les omettre entièrement. Les leçons de α' et σ' que nous connaissons par Eus [4] ignorent toutes deux les mots obélisés par le Ga et omis par Eus. Cependant comme ces leçons commencent après les mots en litige, nous n'avons pas une preuve formelle de l'omission, mais nous pouvons supposer que les traductions de α' et σ' correspondaient à l'hébreu.

En conclusion, nous retenons l'omission par Eus (dans lemme et commentaire) de mots qui paraissent avoir été conservés

---

1 et par d'autres témoins moins importants du Ga.

2 SF p. 24 lig. 2-8.

3 Origène ne connaîtrait donc pas ici un texte du type de S ou du Bodmer 24.

4 (720,16) α' : τῷ ἐπιβεβηκότι ἐν οὐρανῷ οὐρανοῦ ἀρχῆθεν. σ': τῷ εποχουμένῳ ἐπὶ τὸν οὐρανὸν τοῦ οὐρανοῦ ἐκ πρώτης.

224

sous obèle par Origène dans sa recension de la Bible grecque.
Le Commentaire d'Eus suit peut-être le texte de la colonne LXX
des Hexaples alors que le Ga nous donne celui de la LXX éditée
par Origène.

30) **Ps 73,1 b**

a)   <u>TM</u> (74)   : למח אלהים ז נחת לנצח

       <u>LXX</u>   : ἵνα τί ἀπώσω ὁ θεός εἰς τέλος

                    απωσω/ο θεος : tr. GaHi L[p] (non Su) 1219=TM.

     <u>Eus</u> (852,1) : ἵνα τί ὁ θεός ἀπώσω εἰς τέλος...

                    Ce passage se rencontre 10x dans le Commen-

                    taire d'Eus, toujours avec le même ordre des

mots (ο θεος απωσω) [1].

     <u>Ga</u>   : ut quid deus reppulisti in finem...

                    L manque; aucune variante concernant l'ordre

                    des mots n'est signalée par les éditeurs : la

leçon du Ga est donc attestée par RFCI et (ex silentio) par l'
ensemble des autres témoins.

     La Lettre à Sunnia confirme encore cette leçon : "Septua-
gesimo tertio : ut quid deus reppulisti in finem. Pro quo male
apud Graecos legitur ordine commutato : ut quid reppulisti
deus" [2]. Le Ro traduisait : ut quid reppulisti nos deus in finem; [3] dans le Ga, Jérôme apporte deux modifications : il omet
le "nos" et intervertit l'ordre des mots reppulisti / deus, ce
que ne faisait aucun psautier de la Vetus Latina.

b) La variante porte sur l'ordre des mots :

---

1   en (824,24; 828,54; 852,1.22; 853,20.37; 860,22; 868,41;
    892,2; 905,18); au contraire dans la Dem Evg (GE VI p. 447
    lig. 19) nous lisons ce verset avec απωσω ο θεος.

2   SF p. 25 lig. 14.

3   ce qui est aussi la traduction de la Vetus Latina, à l'ex-
    ception de γ qui remplace "ut quid" par "quare" et omet le
    "nos".

- Eus - GaHi s'accorde pour suivre l'ordre des mots du TM comme le font aussi L' et 1219.
- la majorité des témoins de la LXX donne l'ordre inverse: ινα τι απωσω ο θεος...

Nous n'avons trouvé dans les Ps aucune formule proche de ce verset, qui pourrait expliquer le passage de απωσω ο θεος à ο θεος απωσω ou l'inverse, par harmonisation [1]; nous pensons donc que la LXX ancienne avait ινα τι απωσω ο θεος εις τελος comme l'atteste la majorité des témoins. Au contraire, l'accord d'Eus - Ga avec le TM nous apparaît comme une marque du travail d'Origène. Il est possible qu'Origène trouvait déjà une telle leçon dans ses mss - si L' et 1219 ne dépendent pas eux-mêmes de la recension origénienne - mais même dans le cas où il n'aurait disposé d'aucun ms offrant cette leçon, nous pensons qu' Origène a pu, comme il l'a fait ailleurs [2], corriger l'ordre des mots du grec pour aligner la colonne LXX des Hexaples sur l'hébreu et sur les "autres". Nous connaissons, en effet, par le 1175 et le 264 les leçons de α' θ' σ'

- α'   εις τι θεε απωσω εις νικος
- θ'   ινα τι απωσω εις τελος
- σ'   ινα τι ο θεος απεβαλου [3]; nous constatons que α' et

σ' donnent un ordre de mots identique à celui de la leçon d'Eus.

En conclusion : nous pensons que la leçon d'Eus - Ga représente pour ce verset la leçon hexaplaire (par choix ou correction d'Origène ?) alors que la LXX ancienne devait traduire ce passage ινα τι απωσω ο θεος εις τελος.

---

1   απωθειν se lit 16x dans les Ps, dont 10x pour traduire
    הנז : les deux passages les plus proches de notre verset
    seraient Ps 42,2 : ινα τι απωσω με et 87,15 : ινα τι κυριε
    απωθεις.
2   cf. supra p.44 no. 34.
3   le 264 donne les mêmes leçons mais sans les sigles.

31) <u>Ps 74,3 a</u>

a)   <u>TM</u> (75)   : ‏ספרו נפלאותיך‏ ...[1]

     <u>LXX</u>   : διηγήσομαι πάντα τὰ θαυμάσιά σου...

                    παντα : B᾿ Sa^B R᾿ʼ Lʻ Su 55; > S Sa^L GaHi Sy

                    = TM; Bodmer 24 omet également le mot.

    <u>Eus</u> (868,49): διηγήσομαι τὰ θαυμάσιά σου...Ce verset est

                   repris dans le commentaire en (869,1.9; 873,

                   75), chaque fois sans παντα. Il faut pourtant

signaler deux passages du commentaire où nous lisons παντα : en

(869,14), après avoir cité les leçons de α' et σ' sur la deu-

xième partie du stique 3a, Eus ajoute : ἐπαγγέλλεται γὰρ καιροῦ

λαβόμενος πάντα τὰ θαυμάσια τοῦ πατρὸς διηγήσασθαι ἐπὶ τῆς ἐξ

ἐθνῶν ἐκκλησίας... De même en (869,22) nous trouvons : ...

διηγήσομαι πάντα τὰ θαυμάσιά σου.

    <u>Ga</u>   : narrabimus mirabilia tua

                   L manque; aucune variante n'étant signalée,

                   cette leçon peut être considérée comme celle

de RFCI et (ex silentio) de l'ensemble des autres témoins du

Ga. Elle est confirmée par la Lettre à Sunnia : "Septuagesimo

quarto : narabimus mirabilia tua. Pro quo male apud Graecos

legitur : narrabo omnia mirabilia tua".[2] La comparaison avec le

Ro nous indique que Jérôme apporte deux corrections au texte

de son psautier : le Ro, comme l'ensemble de la Vetus Latina,

traduisait : narrabo omnia mirabilia tua. Dans la recension du

Ga, Jérôme met le verbe à la première personne du pluriel et il

omet le 'omnia'.

b) Nous avons donc sur le début du stique deux variantes inté-

ressantes :

    - la première, le διηγησομαι où Eus s'accorde avec l'ensem-

---

1 BH fait remarquer que le Grec et Syr. lisent l'hébreu d'une
   manière différente.

2 SF p. 27 lig. 1.

ble des témoins de la LXX contre Ga [1].

- la seconde concerne l'omission du παντα : sur ce point, Eus s'accorde avec Ga et TM; il est vrai qu'Eus n'est pas le seul témoin grec, puisque cette omission est encore attestée par S [2] et par le Bodmer 24.

La LXX ancienne traduisait-elle ce Ps 74,3 avec ou sans παντα ? Pour répondre, nous avons comparé la traduction des passages ressemblants des Ps. Nous avons constaté que la LXX suit fidèlement le TM et traduit 3x διηγησασθαι παντα τα θαυμασια (Ps 9,2; 25,7; 104,2) et 1x διηγ. τα θαυμασια (Ps 144,5) pour rendre respectivement כל-נפלאות et נפלאות.

Il semblerait donc que la LXX devait traduire la 'Vorlage' du Ps 74,3 sans le παντα et que ce mot a été ajouté par harmonisation [3]. Dans cette hypothèse, la leçon donnée par Eus (à la suite d'Origène) correspondrait à la LXX ancienne que l'on trouverait aussi en S et en Bodmer 24 ainsi que dans Sa[L] et Sy [4]. Cependant la majorité des témoins de la LXX ont le mot παντα.

Dans ces conditions on comprend bien le choix d'Origène : il avait la possibilité de remplacer une leçon de la LXX commune par une autre qui s'accordait mieux avec l'hébreu et probablement avec les "autres". Parmi ces "autres", nous connaissons la traduction de Symmaque, qui nous a été conservée par la Syrohexaplaire : οτι εγγυς το ονομα σου του εξηγεισθαι αυτο ενεκα (S. περι) των τεραστιων σου [5]. Malgré la différence de tra-

---

1 Le Commentaire d'Eus assure la première personne du sing., puisqu'il présente ce passage comme une déclaration du Verbe de Dieu (869,7-9).

2 S[c a] ajoute παντα.

3 Nous avons pourtant noté une tendance à ajouter παντα dans les passages ressemblants comme Ps 144,5; cf. aussi 70,17; 76,12; 88,6.

4 Selon Field, in loco, παντα manque également en Codd 210 et 282.

5 FIELD, in loco : le Syr suit le TM קרוב שמך au lieu de קרא בשם que suppose la LXX.

duction, nous notons chez Symmaque l'absence de παντα. Même si
la LXX ancienne avait traduit ce Ps 74,3 avec παντα - ce qui,
à notre avis, ne s'impose pas -, il nous paraît certain que la
LXX origénienne omettait ce mot et donnait une leçon identique
à celle que nous trouvons chez Eus et dans le Ga.

Conclusions : Quelques remarques sur ces 6 leçons d'Eus que
Jérôme confirme clairement dans la Lettre à Sunnia.

1) Comparaison avec le Bodmer 24 :

  Le Bodmer 24 ne fait défaut que pour la leçon 26; ailleurs
  nous avons :
  3x Eus = Bodmer 24 : nos. 27.29.31. Chaque fois, il s'agit
    d'une omission.
  2x Eus ≠ Bodmer 24 : no. 28 où Eus ajoute μου = TM et no.
    30 où il change l'ordre des mots.

2) Les cas les plus intéressants :

  Puisque pour ces leçons Eus n'est pas le seul témoin grec,
  nous avons comparé la traduction d'Eus avec celle de B et
  de S :
  - nous avons constaté que 5x/6 la leçon d'Eus s'accorde
    avec S : nos 26.27.28.(S^c). 29.31; seul le no. 30 - où
    Eus transpose - ne correspond pas à S; au contraire, B
    ne s'accorde qu'une seule fois avec la leçon d'Eus :
    no. 27.
  - nous avons également noté que 3 des 5 leçons d'Eus = S
    sont des accords exclusifs en grec :
    au no. 26, la leçon d'Eus n'est attestée que par S,
    au no. 28, que par S^c,
    au no. 31, que par S Sa^L et Sy.

3) Indications sur le travail d'Origène :

  Nous remarquons que la LXX hexaplaire

  - omet 4x : nos. 26.27.29.31;

- <u>ajoute</u> 1x : no. 28;
- <u>transpose</u> 1x : no. 30.

En général, il nous semble qu'Origène a pu choisir dans les mss qu'il avait rassemblés les leçons conservées par Eus. Peut-être la leçon 30 est-elle à mettre sur le compte de son travail de recension (transposition); de même, si l'obèle du Ga et de la Lettre à Sunnia (no. 29) est authentique, il nous indique une modification due au travail d'Origène.

C. Autres leçons Eus - Ga - TM

Dans une troisième section nous voulons parler de quelques
autres cas Eus = Ga = TM qui paraissent intéressants pour notre
étude, bien qu'Eus ne soit pas habituellement le seul témoin
grec de ces leçons et qu'elles ne soient pas confirmées par la
Lettre à Sunnia. L'intérêt de ces leçons vient du fait que le
Ga s'accorde avec Eus principalement à cause des modifications
que Jérôme a apportées au Ro [1] .

Nous allons analyser 17 de ces leçons Eus = Ga ≠ Ro (a),
puis nous indiquerons les données du problème pour 16 autres
passages (b).

a. - Eus = Ga ≠ Ro.

32) Ps 52,5 a

a) TM (53)   : הֲלֹא יָדְעוּ פֹּעֲלֵי אָוֶן
                      BH en note : mlt MSS, Grec, Syr. Targ,
                      + כֹּל .

    LXX   : οὐχὶ γνώσονται πάντες οἱ ἐργαζόμενοι τὴν
                      ἀνομίαν.
                      πάντες (cf. 13,4) ÷ Ga.

    Eus (457,46)   : οὐχὶ γνώσονται οἱ ἐργαζόμενοι τὴν ἀνομίαν.
                      Cette citation est la reprise du stique
                      dans le commentaire; au contraire, dans le
lemme qui donne les vv 5-6 en (457,36), nous lisons ...πάντες
οἱ εργαζομενοι...

    Ga   : nonne scient ÷ omnes : qui operantur ini-
                      quitatem.

---

1 Pour le no. 40, Jérôme trouvait la même leçon en Ro et dans
   la Vetus Latina.

L'obèle est bien attesté par RI [1] et par plusieurs
autres témoins moins importants [2]. La comparaison avec le Ro
nous montre que le Ga est le seul des anciens psautiers latins
à omettre, ou plutôt à mettre sous obèle, le "omnes".

b) Pour l'étude de ce cas, nous avons comparé les autres passages des Ps où nous lisons la formule פעלי און ou
כל־פעלי און; voici les résultats :

    - כל־פעלי און se lit 7x dans Ps et cette formule est
chaque fois rendue en grec avec le παντες; [3]

    - פעלי און se rencontre 8x dans Ps [4] et est traduit sans
παντες à l'exception des Ps 35,13 et 52,5 :

      - Ps 35,13 : S' 2013' 2046 Ga Tht[P] n'ont pas παντες,
        mais ce mot apparaît en B R[J] L Tht[P] A[J] ; [5]

      - Ps 52,5 : toute la tradition LXX a παντες, sauf Eus
        et Ga (obélisé). [6]

Cette première comparaison nous montre que la traduction
LXX est généralement fidèle et que, dans les cas où elle ne
l'est pas, c'est par l'addition de παντες en Ps 35,13 (partiellement) et en 52,5 [7].

---

1   Au sujet des signes critiques du Ga, nous lisons dans les
    Prologomena de l'édition, p. XIV : "Ex antiquioribus codi-
    cibus F et L nulla signa habent, C pauca tantum profert de
    quorum genuitate non satis constat; multa quae habet I
    procul dubio ex Psalterio iuxta Hebraeos originem ducunt;
    solus codex R, signa, ea quae saltem prima manus adpinxit,
    ex ipso archetypo sumpsisse videatur..."

2   Φ[RG2VP] G[2]Kψ[B].

3   Ps 5,6; 6,9; 13,4; 91,8.10; 93,4; 100.8.

4   Ps 27,3; 35,13; 52,5; 63,3; 96,16; 124,5; 140,4.9.

5   Rahlfs a choisi la leçon sans παντες.

6   On pourrait encore comparer les Ps 58,3 מפעלי און traduit
    εκ των εργαζομενων την ανομιαν et le 118,3 לא פעלו עולה
    que la LXX rend par οι εργαζομενοι την ανομιαν.

7   En examinant encore davantage ces formules εργαζομενοι (-ους
    -οις-ων) την ανομιαν -αδικιαν, on remarque que l'on trouve

Comme le remarque la BH l'addition du כל est déjà attestée en hébreu dans quelques mss, d'où elle a pu passer dans les
versions. La présence d'un verset parallèle (avec כל /παντες)
dans le Ps 13,4 ainsi que la légère tendance à ajouter παντες
que nous avons pu déceler dans l'étude de la formule, nous in-
vitent à penser que, pour le Ps 52,5, le כל de certains mss hébreux et le παντες de la tradition grecque [1] peuvent provenir
d'une harmonisation avec le verset parallèle du Ps 13 ou d'autres formes plus habituelles. Il semble que cette addition é-
tait entrée dans la quasi totalité de la LXX. En effet, si l'o-
bèle du Ga est authentique [2], nous devons en déduire qu'Origène
lisait le παντες dans tous ses mss et qu'il a dû se contenter
d'obéliser le mot qu'il jugeait superflu.

Nous avons vu que le Commentaire d'Eus donnait les deux
formes (avec et sans παντες) : si l'on attribue le παντες du
lemme à une harmonisation due à un copiste, cela signifierait
qu'Eus a entièrement omis un mot que son maître avait placé
sous obèle. Faut-il, au contraire, admettre tout simplement qu'
Eus a utilisé les deux leçons, celle des Hexaples sans παντες
et celle de la recension origénienne qui devait retenir le mot
sous obèle ? Il ne nous paraît pas possible de trancher cette
question; nous pensons néanmoins que les leçons d'Eus et du Ga
nous permettent de retrouver ici la forme de la recension origénienne qui devait maintenir le παντες en l'obélisant.

33) <u>Ps 52,7 b</u>

a) <u>TM</u> (53)   : ...בשוב אלהים שבות

 BH : pl MSS Grec[B] Syr יהוה.

---

 toujours le παντες dans les cas directs (nom. voc. acc.),
 mais jamais dans les cas indirects (gén.), ni dans les
 constructions avec une préposition (μετα-επι), ni au Ps
 140,4 où nous avons ...ανθρωπους εργαζομενους...

1 y compris le Bodmer 24.
2 supra note 1 p. 231,en particulier ce qui est dit de R.

LXX
: ἐν τῷ ἐπιστρέψαι κύριον τὴν αἰχμαλωσίαν
κυριον (cf. 13,7); τον θεον L Tht[P], deus :
Ga Aug = TM.

Eus (460,49)
: ἐν τῷ ἐπιστρέψαι τὸν θεὸν τὴν αἰχμαλωσίαν...
Le verset est repris sous la même forme en
(461,35) [1] et en (461,56); il faut pourtant
signaler que dans le commentaire, Eus écrit : ἐν τῷ ἐπιστρέφειν
κ̄ν̄ τὴν αἰχμαλωσίαν τοῦ λαοῦ αὐτοῦ...(464,1).

Ga
: dum convertit deus captivitatem
L manque; RC : deus; F : dominus. Les principaux témoins du Ga sont donc partagés. Mais
la comparaison avec le Ro nous indique que la Vetus Latina donne en général 'dominus' : seuls α et Ga ont 'deus'.

b) Eus - Ga s'accordent sur la traduction du TM אלהים.

Puisque dans le Ps 13, nous trouvons la formule εν τω επ.
κυριον την αιχμαλωσιαν...[2], on comprend assez bien le passage
de τον θεον à κυριον par assimilation de 52,7 avec 13,7. D'a-
près la note de la BH, cette assimilation se rencontre déjà
dans certains mss hébreux. On peut donc penser que la LXX ancienne avait ici les deux leçons.

Au contraire, la leçon τον θεον nous apparaît comme celle de la LXX origénienne : nous notons les 3 attestations d'Eus
(sur 4) et la correction du Ga par comparaison avec le Ro.

Nous ne disposons pas des "autres" versions hexaplaires,
mais nous pensons que le choix d'Origène est suffisamment clair :
il devait connaître la leçon τον θεον - puisque nous la trouvons en Bodmer 24 [3] - et la choisir ici pour son accord avec
l'hébreu.

---

1 contrairement à l'édition qui donne ici κυριον, le ms a
τον θεον.

2 dans le Ps 13, cette traduction correspond à l'hébreu.

3 Bodmer 24 donne une autre variante : εν τω αποστρεψαι τον
θ̄ν̄ την αιχμαλωσιαν...

234

34) Ps 53,6 b

a) TM (54)   : עזר לי ֞ אדני בסמכי נפשי

   LXX   : βοηθεῖ μοι, καὶ ὁ κύριος ἀντιλήμπτωρ τῆς
                     ψυχῆς μου.
                     καὶ > Ga (non Vulg) = TM.

   Eus (468,27)   : ...βοηθεῖ μοι, κύριος ἀντιλήπτωρ...
                     cette leçon se lit encore en (468,36) et,
                     dans les deux cas, l'absence du καὶ est
claire puisque le verset est cité en entier.

   Ga   : adiuvat me, dominus susceptor animae meae.
                     L manque; le texte est assuré par RFCI et
                     une partie des témoins moins importants.
Le Ro traduisait : ...deus adiuvat et dominus susceptor est a-
nimae meae. Le Ga corrige le Ro par deux omissions au v. 6b :
le 'et' et le 'est' et il nous donne ainsi une traduction différente de toute la Vetus Latina.

b) Nous remarquons qu'Eus et le Ga s'accordent pour traduire le
début du stique 6b sans la conjonction (καὶ/et) et suivent ainsi le TM.

    Il s'agit d'une variante très peu importante pour le sens,
mais qui ne manque pas d'intérêt pour notre recherche. En effet,
l'absence du καὶ est bien attestée (2x) dans le commentaire d'
Eus[1] et l'omission de 'et' en Ga relève, semble-t-il, du travail
de Jérôme.

    Cette leçon d'Eus - Ga peut être regardée comme la leçon
d'Origène. Mais d'où celui-ci la tient-il ? En effet, si nous
admettons que l'accord Eus - Ga nous donne la leçon d'Origène,
nous supposons que celui-ci a disposé d'une forme de la LXX an-

---

1 Il faut cependant relever que cette attestation d'Eus est
   un peu affaiblie par le fait que dans le commentaire du
   verset 7b, nous trouvons chez lui, par deux fois, un καὶ
   supplémentaire : (468,42 et 52) mais non en (468,29) (contrairement à l'édition); ce καὶ se trouve en Vulg Sy 55.

cienne sans καὶ et qu'il a choisi cette leçon car, dans le cas
contraire, il aurait probablement maintenu dans les Hexaples un
καὶ qui ne demandait aucune ligne supplémentaire et que nous
devrions retrouver, sous obèle, dans les témoins de la recension origénienne.

Cette leçon sans καὶ est-elle alors la vieille LXX ou bien
une forme recensée de cette traduction ? La présence de la conjonction dans tous les témoins de la LXX, à l'exception d'Eus
et du Ga, nous incline à préférer le second terme de l'alternative.

35) <u>Ps 62,6 b</u>

a)   <u>TM</u> (63)   : ‏... פי יהלל‎

    <u>LXX</u>   : ...αἰνέσει τὸ στόμα μου

                         Rahlfs a choisi cette leçon avec Ga et $L^{\prime\prime}$

                         = TM contre les témoins du texte de Haute-
Egypte et Basse-Egypte et du texte occidental ($B^{\prime\prime}$ Sa $R^{\prime\prime}$) qui
ont ονομα σου [1] comme 1219ʲ et Bodmer 24.

    <u>Eus</u> (605,43) : ...αἰνέσει τὸ στόμα μου [2] ; cette même leçon
                         se lit dans le commentaire de ce Ps en (608,
                         39) et dans le Ps 65 en (665,51).

    <u>Ga</u>   : ...laudabit os meum.
                         L manque; aucune variante n'est indiquée
                         pour ce passage. En comparant avec le Ro,
nous voyons que Jérôme a apporté deux corrections : le Ro avait
'laudabunt nomen tuum'; Jérôme a remplacé le pluriel par le singulier [3] et le 'nomen tuum' par 'os meum'. C'est cette deuxième

---

1 En S.-St. 2, 229-230, Rahlfs considère l'accord des témoins
  de Haute et Basse-Egypte avec le texte occidental comme un
  bon indice de la LXX pré-origénienne. Il admet cependant que
  cet accord n'est pas une garantie absolue pour la leçon originale de la LXX et il donne 7 ex. - parmi lesquels 62,6 -
  où malgré l'accord des témoins précités, il regarde cette
  leçon comme fautive.

2 le ms donne les vv 4-6 en entier.

3 cf. ε de la Vetus Latina : laudabo.

correction, par laquelle Jérôme s'écarte non seulement du Ro
mais de toute la Vetus Latina, qui nous intéresse ici.

b) La leçon avec ονομα σου est fortement attestée dans la tradition du texte LXX; elle nous apparaît cependant comme une corruption ou, plus exactement, comme une correction pour donner
un meilleur complément d'objet à la phrase. Une telle correction se comprend si l'on compare les autres emplois du verbe
αινειν dans les Ps où il a 9x pour complément το ονομα αυτου -
σου - του κυριου [1]. La leçon αινεσει το στομα μου est ici la
'lectio difficilior' et on peut la regarder, avec Rahlfs, comme celle de la LXX ancienne. Mais elle est également la leçon
de la LXX origénienne, comme le montre l'accord d'Eus avec le
Ga corrigeant le Ro. Origène a sans doute connu des mss qui
donnaient cette leçon - soit qu'ils aient conservé la LXX ancienne, soit qu'il s'agisse déjà d'une recension sur l'hébreu -
et il a pu la choisir pour les Hexaples. Parmi les "autres"
versions hexaplaires, nous ne connaissons que celle de σ' :
καὶ διὰ χειλέων εὐφήμων ὑμνήσει τὸ στόμα μου, citée par Eus en
(608,40); comme on le voit, σ' modifie la première partie du
stique pour donner un sens satisfaisant, mais il conserve το
στομα μου à la fin du verset. Origène lisait donc το στομα μου
dans la colonne de σ' - et probablement encore dans d'autres
colonnes des Hexaples, - ce qui explique bien son choix.

36) Ps 64,3 a

a) <u>TM</u> (65)   : שמע תפלה

   <u>LXX</u>   : εἰσάκουσον προσεῦχης μου
                          μου | ημων : Sa; > S R Ga (non Vulg) 55 =
                          TM et également le Bodmer 24.

---

1 Ps 68,31; 73,21; 99,4; 112,1.3; 134,1; 144,2; 148,13;
   149,3.

<u>Eus</u> (624,30) [1]: ...εἰσάκουσον προσεῦχης, πρὸς σὲ...

Cette leçon est reprise deux fois sous la même forme dans le commentaire (628,26.31) et elle est confirmée explicitement par Eus en (628,32ss), en particulier à la ligne 37 : διὸ οὐκ εἶπεν εἰσάκουσον τῆς εμῆς προσευχῆς ἀλλ' εἰσάκουσον προσευχῆς, πρὸς σὲ πᾶσα σὰρξ ἥξει...

<u>Ga</u> : exaudi orationem, ad te...

L manque; orationem : RFCI, contre les autres témoins du Ga qui ont orationem meam. C'est cette même leçon que Jérôme trouvait en Ro - comme dans la Vetus Latina - et qu'il a corrigée [2].

b) Nous n'avons aucune remarque sur les "autres" traductions hexaplaires mais nous retenons l'accord entre Eus = Ga ≠ Ro.

La leçon sans le possessif est suffisamment attestée en grec pour que l'on admette qu'Origène pouvait la connaître et la choisir comme plus proche de l'hébreu et, probablement aussi, des "autres".

La forme ειδακουω προσευχης μου est par ailleurs assez fréquente dans les Ps [3] : on peut donc penser que le μου du Ps 64,3 a pu être introduit par harmonisation, ce qui supposerait que la LXX ancienne ignorait ce mot, comme l'atteste en particulier le Bodmer 24 ainsi que S et R.

Quant à la LXX origénienne, nous pensons que le commentaire d'Eus ne laisse aucun doute sur la leçon grecque et la correction que Jérôme apporte au Ro confirme l'absence du possessif dans la recension d'Origène.

37) <u>Ps 67,29 a</u>

a) <u>TM</u> (68) : צוה אלהיך עזך

---

1 Le ms donne la citation des vv 2 et 3 entiers.
2 Dans la Vetus Latina, seul ε omet le possessif.
3 Ps 4,2; 38,13; 53,4; 64,2; 83,9; 101,2; 129,2; 142,1.

LXX : ἔντειλαι ὁ θεός τῇ δυνάμει σου

La seule variante signalée par Rahlfs concerne l'absence de l'article devant θεος en B [1].

Eus (680,15) : ἔντειλαι ὁ θεός τὴν δύναμίν σου

Le stique est encore cité en (713,5.12.44.
48), toujours avec le complément à l'accusatif.

Ga : manda Deus virtutem tuam

virtutem tuam = RF*CI, L manque; Ro traduit
...virtuti tuae [2].

b) La leçon avec l'accusatif est bien attestée (5x) par Eus qui
est le seul témoin grec de cette leçon. Comme le verbe εντελλεσθαι se construit avec τινι τι les deux formes "τη δυναμει" et
"την δυναμιν" sont possibles, mais donnent une nuance différente : la leçon de la LXX commune personnifie la δυναμις de
Dieu. Dans les Ps, nous lisons 14x εντελλεσθαι, traduisant toujours צוה ; [3] ce verbe est généralement construit avec l'accusatif. Cependant dans aucun autre passage, il n'est suivi de
δυναμις.

Dans le Ga, il semble que Jérôme a corrigé le Ro 'virtui
tuae' en 'virtutem tuam', mais la chose n'est pas absolument
certaine; 'virtuti tuae' est la leçon de l'édition du Ro, mais
l'accusatif se lit dans plusieurs mss du Ro (A H*[3]T[2]PQRUVX) et
dans une partie importante de la Vetus Latina : γ δ ε moz[c] med
Aug.

Nous ne sommes que peu renseignés sur les autres colonnes
des Hexaples en ce verset. Par Tht nous connaissons la leçon de
Symmaque : πρόσταξον ὁ θεὸς περὶ ἰσχύος σου...[4], mais cela ne

---

1 Bodmer 24 lit comme l'ensemble de la LXX.
2 Ainsi dans l'édition; voir les réserves dans la discussion,
   ci-dessous.
3 Ps 7,7: 32,9; 41,9; 43,5; 67,28; 77,5.23; 90,11; 110,9; 118,
   4.138; 132,3; 148,5.
4 PG 80, 1393 lig. 39; la même leçon est encore donnée dans les
   cat. XVII et X.

nous aide guère.

Nous devons donc nous contenter de la constatation suivante : Eus est le seul témoin grec d'une leçon avec l'accusatif, correspondant au TM et confirmée par le Ga, pour autant que Jérôme ait corrigé, sur ce point, le Ro dans sa recension hexaplaire du Psautier latin.

38) Ps 68,5 b

a) <u>TM</u> (69) : ...מצמיתי איבי שקר

   <u>LXX</u> : ...οἱ ἐχθροί μου οἱ ἐκδιώκοντές με ἀδίκως
tr : La^G Ga = TM.

   <u>Eus</u> (729,21) [1] : ...οἱ ἐκδιώκοντές με οἱ ἐχθροί μου δωρεὰν.
Ce stique n'est pas repris dans le commentaire [2].

   <u>Ga</u> : qui persecuti sunt me inimici mei iniuste...
L manque, mais la leçon du Ga est bien attestée par RFCI et la plupart des autres témoins. Le Ro lisait : qui me persequuntur inimici mei iniuste... On voit donc que Jérôme a corrigé et, en particulier, qu' il a changé l'ordre des mots ('qui me persequuntur' en 'qui persecuti sunt me') [3].

b) Ce cas où Eus = Ga = TM présente un certain intérêt puisque Eus s'oppose à toute la tradition grecque de la LXX, y compris au Bodmer 24.

En suivant l'apparat critique de Rahlfs qui signale La^G,Ga comme témoins de la transposition, on pourrait penser que La^G

---

1 Dans le ms, nous trouvons les vv 4-5 en entier, contrairement à l'édition.

2 cf. cependant en (732,42) ...ἐκραταιώθησαν οἱ εχθροὶ αὐτοῦ οἱ διώκοντες αὐτόν... qui suit l'ordre des mots de la LXX.

3 même inversion en γ δ; de plus γ s'accorde avec le Ga pour traduire 'persecuti sunt'.

240

dépend ici du Ga [1] et donc indirectement d'Origène. Cependant
puisque le Ro et la Vetus Latina ont déjà en partie, l'ordre
des mots que nous trouvons dans Ga, on concluera plutôt que la
LXX ancienne - ou, au moins, certains témoins de la LXX - attes-
taient la leçon que nous retrouvons chez Eus. Origène a donc pu
la choisir pour son accord avec l'hébreu. Nous ne connaissons
pas les "autres" traductions hexaplaires de ce passage mais on
peut présumer qu'elles suivaient aussi l'ordre de l'hébreu.

De toute manière l'accord d'Eus - seul témoin grec - avec
le Ga et le TM, nous donne très probablement la leçon de la LXX
d'Origène.

39) <u>Ps 68,20 a</u>

a)   <u>TM</u> (69)   : ...אתה ידעת

    <u>LXX</u>   : σὺ γὰρ γινώσκεις...

                 γαρ > S Ga = TM et également Bodmer 24.

    <u>Eus</u> (745,33)[2] : ...σὺ γινώσκεις τὸν ὀνειδίσμον...; même
                     leçon en (748,19).

    <u>Ga</u>   : tu scis inproperium meum...

                  L manque; aucune variante n'est signalée

                  par les éditeurs. En comparant le Ga avec
le Ro, on voit que Ro, comme toute la Vetus Latina, lisait :
'tu enim scis' et que le Ga est le seul psautier latin à omettre le mot 'enim'.

b) Nous n'avons pas de renseignements sur les "autres" versions
hexaplaires; par ailleurs, nous constatons que la leçon donnée
par Eus est rare en grec (S et Bodmer 24) et inconnue en latin
en dehors du Ga. L'omission du γαρ pourrait provenir d'une recension pré-origénienne de la LXX; en tout cas, la leçon sans
γαρ est attestée antérieurement à Origène par le Bodmer 24; O-

---

1 cf. les remarques de Rahlfs dans LXX, Proleg. p. 43-44.
2 Dans le ms, nous avons les vv 17-21a.

rigène pouvait donc connaître cette forme de la LXX.

Quant à la LXX origénienne, nous pensons la trouver dans la leçon d'Eus, qui suit le TM et que confirme le travail de Jérôme dans le Ga.

40) Ps 68,21 a

a) <u>TM</u> (69)   : לבי

    <u>LXX</u>   : ἡ ψυχή μου

                    ψυχη B' R' L'⁾ 1219; καρδια S Sa La^G Aug Ga
                    He^mg = TM et aussi le Bodmer 24.

    <u>Eus</u> (745,33)[1] : ἡ καρδία μου; le stique est repris dans les
                    mêmes termes en (748,31), suivi des traduc-
                    tions de σ' et α'.

    <u>Ga</u>   : cor meum.

                    L manque; aucune variante n'est indiquée;
                    de plus, il faut relever qu'ici le Ro et
une partie importante de la Vetus Latina ont également "cor meum"[2]. Jérôme n'avait donc pas à recenser le psautier latin; il
s'est contenté de maintenir la leçon qu'il y trouvait.

b) Cette leçon n'entre pas dans la catégorie Eus = Ga ≠ Ro,
mais nous l'avons mise, faute de mieux, dans cette section, car
elle nous paraît intéressante à cause des deux traductions différentes du même mot hébreu par Eus et par Jérôme (Ga) dans le
même psaume.

Nous constatons, en effet, que dans le verset 21a, Eus lit
καρδια et qu'il est suivi par le Ga, alors qu'au v. 33b Eus
donne ψυχη et le Ga "anima" pour le même mot hébreu לב. Or la
LXX traduit très rarement לב par ψυχη[3]; on s'attendrait donc

---

1   dans le ms, citation des vv 18-21a.

2   parmi les témoins de la Vetus Latina, seuls med (anima mea)
    et α (animam meam) traduisent différemment.

3   sur 147x ψυχη, 135x = נפש et seulement 4x = לבב-לב   :
    Ps 20,3; 36,15; 68,21.33.

à trouver καρδια dans la LXX ancienne pour le v. 21a. Mais dans cette hypothèse, il nous semble difficile d'expliquer le passage de καρδια à ψυχη dans une partie de la tradition du texte. C'est pourquoi il nous semble plus probable que la LXX ancienne avait déjà traduit לב par ψυχη et que les mss grecs qui lisent καρδια témoignent d'une recension plus ou moins directe sur l'hébreu. Il est vrai qu'on ne trouve pas la marque d'une telle recension pour le v. 33b !

Si nous revenons au verset 21a, nous comprenons bien le choix d'Origène : se trouvant devant deux leçons de la LXX ψυχη et καρδια il a choisi celle qui s'accordait avec l'hébreu. Les traductions de Symmaque et d'Aquila que nous connaissons par Eus (748,32) (σ' : ὀνειδισμὸς κατέαξε τὴν καρδίαν μου; α' : ὀνειδισμὸς συνέτριψε τὴν καρδίαν μου [1] le confirmaient dans son choix.

Au contraire, au v. 33b, pour lequel tous nos témoins de la LXX, y compris le Bodmer 24, lisent ψυχη, Origène paraît bien avoir conservé cette leçon malgré son désaccord avec l'hébreu et probablement avec les "autres". Nous lisons, en effet, chez Eus 3x la leçon avec ψυχη : (764,10.15.27) et en Ga "anima".

Nous avons donc ici une bonne illustration de la fidélité d'Origène à ses principes, comme aussi de son attachement à la Bible de l'Eglise quand les mss s'accordaient sur une leçon. Au contraire, lorsque la tradition textuelle hésitait entre deux leçons, comme c'est le cas pour le v. 21a, Origène a alors choisi la forme qui s'accordait le mieux avec les autres colonnes des Hexaples, c'est-à-dire dans notre cas, la leçon que nous trouvons chez Eus et que Jérôme conserve en Ga.

---

1   La Syroh. combine les leçons de α' et σ' , cf. Field in loco; la remarque voulait probablement souligner la seule différence de α' et σ' avec la LXX au sujet de la traduction de לבי.

41) <u>Ps 72,5 a</u>

a)   <u>TM</u> (73)   : בעמל אנוש

    <u>LXX</u>   : ἐν κόποις ἀνθρώπων

                κοποις | κοπω : Ga Sy He[c] = TM et Bodmer 24.

    <u>Eus</u> (837,57) : ...ἐν κοπῷ ανθρώπων...; il est vrai que dans

                le lemme (837,30) [1], on trouve ...κοποις...

                et que la même forme se lit encore en (837,

                51).

    <u>Ga</u>   : in labore hominum...

                L manque; aucune variante sur ce point. Le

                Ro traduit "in laboribus hominum" : le Ga

est le seul psautier latin avec δ^* à lire au singulier.

b) La leçon d'Eus nous est moins bien attestée pour ce verset;
nous pensons pourtant que le κοπω représente la leçon originale d'Eus, mais qu'elle a été remplacée dans le lemme par la forme commune. Dans cette hypothèse, Eus est le seul témoin grec, avec le Bodmer 24. Mais quelle était la forme de la LXX ancienne ? Nous remarquons que εν κοποις se rencontre 2 autres fois dans les Ps [2], dont une fois pour traduire le même mot hébreu que dans notre Ps. Il est possible que la forme au pluriel représente la traduction de la LXX et que le εν κοπω [3] soit le fruit d'une recension antérieure à Origène puisque cette leçon se trouve en Bodmer 24.

    Pour établir la forme de la LXX d'Origène, en plus du témoignage d'Eus et du Ga, nous avons ici les leçons de α' σ' θ'.
Le 1175 nous donne   α' : εν πονω α̅ν̅ω̅ν̅

                    θ' : εν μεσω α̅ν̅ω̅ν̅

                    σ' : εν ταλαιπωρια ανδρος

---

1 dans le ms, nous avons la citation des vv 4-9.

2 Ps 87,16 et 106,12.

3 jamais ailleurs dans le Psautier.

La traduction de Symmaque nous est également rapportée par
Eus (840,4) [1].

Nous remarquons que malgré leurs différences, α' σ' ϑ'
s'accordent pour traduire בעמל par un singulier. Dans ces conditions, on comprend qu'Origène ait préféré la leçon au singulier qu'il pouvait trouver dans quelques mss et qui correspondait, sur ce point, à l'hébreu et aux "autres".

La correction que Jérôme apporte au Ro est un argument supplémentaire pour considérer le singulier comme la forme de la
recension origénienne.

42) <u>Ps 77,2 a</u>

a)   <u>TM</u> (78)   : במשל

    <u>LXX</u>   : ἐν παραβολαῖς

                      παραβολαις - parabolis : La Vulg;

                      παραβολη : S, parabola : Ga = TM.

    <u>Eus</u> (901,20) [2]: ἐν παραβολῇ...; le stique est cité sous la
                      même forme en (904,47); cf. aussi (905,12).

    <u>Ga</u>   : in parabola

                  L manque; RC : parabola; FI : parabula :
                  ainsi les principaux témoins du Ga s'accor-
dent pour le singulier, que l'on retrouve dans une partie des
autres témoins. En Ro, Jérôme lisait "in parabolis" - comme dans
la Vetus Latina [3] : il a donc corrigé sa 'Vorlage'.

b) L'accord entre Eus et le Ga pour rendre במשל par un singulier - qui n'est attesté en grec que par S - est un bon indice
de la recension origénienne.

---

1   La Syroh. donne α' σ' : εν ταλαιπωρια..., ce qui ne corres-
    pond pas aux leçons du 1175; on toutefois retenir le sin-
    gulier.

2   le ms donne en entier les vv 1-2, contrairement à l'édi-
    tion.

3   seul δ a le sing.

Nous avons, en plus, quelques indications qui nous éclai-
rent sur le travail d'Origène : en effet dans le 1175 nous
trouvons :

- (repère παραβολαις) οι ō α'   εν παραβολη, σ' δια πα-
ροιμια et dans le C. 187 : οι ō (και) ϑ' εν παραβολη.

Nous pouvons donc admettre qu'Origène a choisi la forme
au singulier. Mais cette forme correspondait-elle à la LXX ancienne ou était-elle une forme recensée ? Il n'est pas facile
de répondre, car aucune des deux formules "εν παραβολαις - εν
παραβολη" ne se rencontre ailleurs dans les Ps [1]. Cependant
puisque toute la tradition textuelle de la LXX à l'exception de
S, d'Eus et du Ga, a le pluriel, nous serions enclins à y voir
la forme originale de la LXX et nous proposons de considérer le
singulier comme une forme recensée sur l'hébreu. Origène, en
tout cas, semble bien avoir connu une forme LXX avec le singulier et l'avoir choisie dans sa recension hexaplaire.

43) Ps 79,10 b

a) TM (80)   : וַתְּמַלְּא־אָרֶץ

                   BH : 2 MSS grec Syr Targ : וַתְּמַלְּא

    LXX   : και ἐπλήσθη ἡ γῆ : B⁰ Sa R′ He*(vid) 55 =
                   Bodmer 24;
                   επληρωσεν την γην : Ga Aug L⁰ 1219 2004.

    Eus (960,7)[2]: και ἐπλήρωσεν τὴν γῆν...; le commentaire re-
                   prend la même forme en (960,51) ...εἰκότως
                   ἐπλήσωσε τὴν γῆν.

    Ga   : et implevit terram
                   L manque; aucune variante n'est indiquée sur
                   le point qui nous intéresse. Le Ro - et la
Vetus Latina [3], - traduisait "repleta est terra" : Jérôme a

_____
1 et très rarement ailleurs dans la LXX.
2 dans le ms, la citation contient les vv 10-14.
3 à l'exception de med "replevit terram" et de δ "replesti
   terram".

donc corrigé le psautier latin.

b) Le texte consonnantique hébreu peut se traduire des deux manières, suivant la ponctuation qu'on lui donne. Cependant, puisqu'Eus s'accorde avec le Ga, - corrigeant sur ce point le Ro -,
nous pensons que la LXX hexaplaire devait lire επληρωσεν την
γην, comme Eus. Etant donné l'état de la tradition textuelle,
ce choix d'Origène était possible [1]; il suppose que les "autres" - ou, au moins certains des "autres", - interprétaient le
texte hébreu de la même manière; mais nous n'avons aucune indication de ces "autres" traductions grecques qu'Origène connaissait.

44) **Ps 79,16 b**

a)   **TM** (80)   : וְעַל בֵּן אִמַּצְתָּה לָּךְ

                 BH en note : בֵּן אָדָם : Grec, Syr.

     LXX   : καὶ ἐπὶ υἱὸν ἀνθρώπου ὅν ἐκραταίωσας σεαυτῷ;
                     ανθρωπου (cf. 18,2) > Ga (non Vulg) 2004 =
                     TM [2].

     Eus (965,8) : καὶ ἐπὶ υἱὸν ἀνθρώπου ὅν...: cette leçon se
                     trouve dans une citation des vv. 15-17, mais
                     dans le commentaire en (965,25) nous lisons
"καὶ ταῦτα πρᾶξαι διὰ τοῦ υἱοῦ ὅν ἐκραταίωσεν ἑαυτῷ." ce qui
paraît supposer un texte sans ανθρωπου [3].

     Ga   : et super filium quem confirmasti tibi
                     L manque; mais l'absence du mot 'hominis'

---

1   cf. en particulier l'attestation du 2004 que Rahlfs date du
    1er au 3ème s., au plus tard du 4ème s. cf. LXX p. 13.

2   Le Bodmer 24 donne pour le v. 16 υιον ανου ον εκραταιωσας
    σεαυτω comme pour le v. 18.

3   L'absence de ανθρωπου dans le commentaire du v. 16, prend
    davantage de relief quand on parcourt le commentaire d'Eus
    sur le v. 18, où l'on rencontre 6x l'expression "υιος
    ανθρωπου": (965,50; 968,1.6.22.32.37).

est bien attestée par RFCI et la majorité des autres témoins
du Ga. La comparaison avec le Ro met en évidence cette absence,
puisque Ro lisait, comme toute la Vetus Latina : "super filium
hominis" et que le Ga est le seul ancien psautier latin à omettre le "hominis".

b) Nous avons noté (supra) que la leçon d'Eus n'est pas pleinement assurée, puisque seul le commentaire paraît supposer un
texte omettant le ανθρωπου au v. 16a. Le Ga est au contraire
très bien attesté.

Cependant plusieurs arguments nous permettent de penser que la LXX origénienne omettait en ce passage le mot ανθρωπου :

- 1) le TM distingue le v. 16 où nous lisons seulement בן
    du v. 18 où nous trouvons בן אדם. Il est donc possible
    que la LXX ancienne rendait différemment les deux ver-
    sets mais qu'il y ait eu, par la suite, harmonisation -
    peut-être par influence chrétienne [1] - et que l'on ait
    transformé υιον du v. 16 en υιον ανθρωπου.

- 2) Le Ga corrige le Ro en omettant 'hominis' et donne
    ainsi une leçon qui s'écarte de tous les autres psau-
    tiers latins. Cette correction de Jérôme ne se comprend
    bien que si la LXX hexaplaire omettait ανθρωπου.

- 3) Un troisième argument nous est apporté par le témoi-
    gnage du 2004 qui, s'il diminue l'originalité de la le-
    çon d'Eus [2], fournit une contribution importante par son
    ancienneté : Rahlfs le présente comme un témoin du I-III
    s., au plus tard du IVème s. [3]: il ne dépendrait donc
    pas d'Origène et serait peut-être même assez ancien pour
    n'avoir pas subi l'influence chrétienne.

---

1 L'expression se lit près de 90x dans le NT, presque toujours
  dans les Evangiles sous la forme de υιος του ανθρωπου.

2 Puisqu'Eus n'est pas le seul témoin grec à omettre le mot.

3 Sur le 2004, cf. RAHLFS Verzeichniss, p. 33 et S.-St. 2, p.
  14.103.

- 4) Enfin dans les mss 1047 et 1139 de la cat XVII, où nous lisons dans le texte ...υιον α̅ν̅ο̅υ̅ ον..., nous trouvons dans la marge l'annotation του (το dans 1139) ανθρωπου συ ʄ̸ ; dans les mss 1706 et 1625 de la cat X, nous lisons encore : "το δε υιον ανθρωπου ουτε εν τω εξαπλω κειται παρα τινι ουτε παρ'ευσεβιω".

Pour ces différentes raisons, nous pensons qu'Eus pouvait donner pour le v. 16 une leçon sans ανθρωπου, mais que cette forme a été harmonisée dans le lemme, tout en étant conservée dans le commentaire. Il nous paraît en tous cas certain qu'Origène devait omettre le mot ανθρωπου auquel rien ne correspondait dans l'hébreu ni, probablement, dans les "autres" traductions qu'il avait réunies. Peut-être d'ailleurs n'avait-il pas à omettre ce mot, mais seulement à choisir entre deux leçons grecques celle qui s'accordait le mieux avec l'hébreu. Or nous savons par le 2004 qu'une telle leçon existait avant Origène.

En conclusion : nous pensons que la leçon sans ανθρωπου que nous trouvons dans le commentaire d'Eus et dans le Ga, corrigeant le Ro, représente pour le Ps 79,16 la forme de la recension origénienne.

45) <u>Ps 83,6 a</u>

a)   <u>TM</u> (84)   : אשרי אדם עוז־לו בך מסלות

     <u>LXX</u>   : μακάριος ἀνήρ οὗ ἐστιν ἡ ἀντίλημψις αὐτοῦ παρὰ σοῦ κύριε, αναβασεις...

                       κυριε ＞ Ga L = TM [1].

     <u>Eus</u> (1009,12) [2]: μακάριος ἀνήρ οὗ ἐστιν ἀντίληψις αὐτῷ παρὰ σοι [3].

                     Nous ne retenons que la variante concer-

---

1   pour les autres variantes de ce stique, voir Rahlfs in loco.

2   le ms donne la citation des vv 6-8a : l'absence du κυριε est donc bien claire.

3   contrairement à l'édition le ms donne αυτω et παρα σοι.

nant l'absence du κυριε à la fin du stique 6a. Le commentaire
ne nous donne aucune autre information.

    <u>Ga</u>   : beatus vir cui est auxilium abs te, ascensio-
                    nes...
                    L manque; les éditeurs n'indiquent aucun témoin
du Ga pour la leçon avec "domine". Le Ro traduisait : ...cuius
est auxilium abs te domine, ascensus...".
Jérôme a donc fait plusieurs corrections : en particulier, il
a omis le 'domine', qui se lit dans tous les autres psautiers
latins.

b) En tenant compte de la tendance à ajouter le nom de Dieu ou
de Seigneur, que l'on remarque plusieurs fois dans les Ps, on
pourrait penser que la forme donnée par Eus représente la traduction originale de la LXX. Cependant puisque tous les témoins
anciens de la LXX, y compris le Bodmer 24, ont κυριε, on regar-
dera plutôt l'omission du mot comme une conséquence de la recension du grec sur l'hébreu. L'accord sur ce point entre Eus et
le Ga, qui corrige le Ro, nous invite à penser qu'Origène a connu une forme LXX omettant déjà le mot excédentaire et qu'il a
pu la choisir pour sa recension.

46) <u>Ps 83,11 b</u>

a)   <u>TM</u> (84)   : בבית אלהי

     <u>LXX</u>   : ἐν τῷ οἴκῳ τοῦ θεοῦ μᾶλλον
                    θεου : B[υ] Sa-1093 La[G] Tht[P]
                    θεου μου : Ga L Tht[P] A[?] = TM [1].

    <u>Eus</u> (1013,52)[2]: ἐν τῷ οἴκῳ τοῦ θεοῦ μου μᾶλλον...
                    Le stique est repris en (1016,26), égale-
                    ment avec le του θεου μου.

    <u>Ga</u>   : in domo dei mei magis...

---

1 Bodmer 24 n'est pas conservé après του θεου.

2 le ms donne la citation du v. 11 entier et non du seul
    stique 11a.

L manque, mais 'mei' est attesté par RFCI et la
quasi totalité des autres témoins du Ga. La comparaison avec le Ro nous indique que Jérôme a introduit dans
le Ga le 'mei' que le Ro et la Vetus Latina ignoraient.

b) Dans l'hébreu אל הי est suivi immédiatement d'un mem (מדור):
on peut donc penser que les traducteurs anciens ont séparé différemment les mots, ou bien que dans leur texte on trouvait 2
mem (...אלהים מדור...) mais que le premier est tombé par haplographie.

En grec, la leçon τοῦ θεοῦ μου qui correspond au TM est
probablement celle qu'a retenue Origène : l'accord d'Eus et du
Ga - seul parmi les latins - nous paraît un bon argument dans
ce sens. Cette leçon d'Eus n'est d'ailleurs pas isolée en grec,
ce qui rend encore plus vraisemblable le choix d'Origène.

47) Ps 89,9 b

a)   <u>TM</u> (90)   : כי כל־ימינו פנו בעברתך [1]

      <u>LXX</u>   : ὅτι πᾶσαι αἱ ἡμέραι ἡμῶν ἐξέλιπον, καὶ ἐν
τῇ ὀργῇ σου...
Rahlfs note : καὶ > Sy S^c = TM [2].

      <u>Eus</u> (1136,41) : ὅτι πᾶσαι αἱ ἡμέραι ἡμῶν ἐξέλιπον ἐν τῇ
ὀργῇ σου. [3] et dans le commentaire (1136,
51) ...καὶ ὅτε ἐξέλιπον ἐν τῇ ὀργῇ τοῦ θεοῦ

      <u>Ga</u>   : quoniam omnes dies nostri defecerunt, in
ira tua defecimus...
Les éditeurs du Ga ont choisi cette leçon

---

1   à noter que dans le TM le stique 9a comprend le בעברתך
que le grec met au début du stique 9b.

2   Le Bodmer 24 suit la répartition du TM : οτι πασαι αι ημεραι
ημων εξελιπον εν τη οργη et omet également le και.

3   contrairement à ce que donne l'édition où nous lisons
<u>και</u> εν τη οργη...

"in ira tua" avec FCI [1] au lieu de "et in ira tua" que nous lisons en R [2].

Le Ro donne ici : "et nos in ira tua"; le Ga est le seul des
psautiers latins à omettre le "et" alors que le "nos" est également omis par αγδ med.

b) La variante porte donc sur la présence ou l'absence du καὶ/
et; il nous semble que l'on peut considérer la leçon avec καὶ
comme secondaire dans la LXX ancienne. De toute manière, la leçon sans le καὶ existait avant Origène, comme le montre le Bodmer 24 et on comprend plus facilement l'addition d'un καὶ que
son omission.

Parmi les versions hexaplaires, nous ne connaissons que
celle de Symmaque, citée par Eus (1136,44) ...πᾶσαι γὰρ αἱ
ἡμέραι ἡμῶν διέδρασαν ἐν τῷ χόλῳ σου, ἀνηλώθημεν ...[3]

Il est probable qu'Origène connaissait pour ce verset les
deux leçons (avec et sans καὶ) et qu'il ait choisi celle qui,
omettant la conjonction, s'accordait avec l'hébreu, avec Symmaque (et probablement aussi les "autres").

Nous avons mentionné ci-dessus la correction que le Ga
apportait au texte du Ro. Nous avons donc de bonnes raisons
pour penser que cette leçon d'Eus = Ga = TM représente la LXX
hexaplaire.

48) Ps 89,17 c

a)   TM (90)   : ומעשה ידינו כוננהו
                   BH : 3 MSS Grec[B] : dl.

     LXX   : >   : B R 55

---

1   cf. aussi TM, Juxta Heb. et Jérôme ep. 140,12,1 (CSEL 56,
    p. 281) : ..."dies nostri transierunt, in furore tua con-
    sumpsimus... Septuaginta : quoniam dies nostri defecerunt,
    in ira defecimus; anni nostri...

2   avec G*ψB², rell codd et edd cum LXX; pour les autres va-
    riantes voir l'édition du Ga.

3   Nous trouvons la même leçon de Symmaque en Patmos 215 (fol
    65v) et dans Ambr. F. 126 (fol 49v).

: add : καὶ το εργον των χειρων ημων κατευθυ-
νον : S Ga Aug[var] L′ (non Sy) A′ = TM [1].

Eus (1140,13) : ...καὶ τὸ ἔργον τῶν χειρῶν ἡμῶν κατεύθυνον

Ga   : ※ et opus manuum nostrarum dirige :
L manque; l'astérisque est omis par R*, mais
on le trouve en R[2] et quelques autres témoins
du Ga [2] et surtout il est attesté par Aug [3].
Le Ro omettait ce stique; parmi les témoins de la Vetus Latina,
seuls moz[x] et med donnent : "et opus manuum nostrarum dirige"
que le Ga présente sous obèle.

b) Par Eus nous connaissons la traduction de Symmaque : après
avoir cité le texte de la LXX, Eus nous donne dans son commentaire les versets 13-17 de Symmaque : voici le v. 17c : ...καὶ
τὴν πρᾶξιν τῶν χειρῶν ἡμῶν ἐπιτέλεσον (1140,31). La même citation de Symmaque se trouve dans deux mss de la cat. palestinienne, le Patmos 215, (fol 67) et le Ambr. F 126 (fol 51). La
présence de l'astérisque devrait signifier qu'Origène ne connaissait aucun ms grec ayant ce stique, car sinon, il aurait pu
choisir cette leçon pour les Hexaples et la mettre, sans astérisque, dans sa recension de la LXX. Dans cette hypothèse, il
faudrait faire dériver d'Origène tous les témoins grecs qui attestent maintenant ce stique 17c, ce qui ne va pas sans difficulté.

Nous avons vu (supra) que le seul témoin du Ga vraiment
important pour les signes critiques, le R* ne donne pas l'astérisque dans ce passage; il est donc possible que ce signe ne
soit pas original. Mais même si nous omettons l'astérisque,
nous pouvons retenir l'accord d'Eus et du Ga sur le stique 17c
comme une indication de la forme de la LXX origénienne.

---

1 Le Bodmer 24 s'arrête après le v. 17a : le papyrus n'est pas
   corrompu, mais le copiste s'est embrouillé : il avait déjà
   écrit le v. 17b après 14c, aussi après le v. 17a, il termine ce Ps.
2 ainsi Q Φ[RVP] G[2] K[2].
3 cf. RAHLFS LXX, in loco.

Conclusions :

Voici quelques remarques sur les leçons discutées dans
cette section :

1) Comparaison avec le Bodmer 24 :

15 x il nous est possible de comparer la leçon d'Eus avec
celle du Bodmer 24; seules manquent en Bodmer 24 les leçons
46 et 48.

6x Eus = Bodmer 24 : nos. 33.36.39.40.41.47.

9x Eus ≠ Bodmer 24 : nos. 32.34.35.37.38.42.43.44.45.

2) Les leçons les plus intéressantes :

nous relevons les nos.

- 36, où le commentaire d'Eus assure la leçon προσευχης
sans μου;
- 41, où les leçons hexaplaires appuient le choix du sing;
- 42, où le 1175 donne pour ō la même leçon qu'Eus;
- 43-44, où le 2004 confirme l'existence des leçons qu'O-
rigène a choisies.

En comparant ces leçons avec B et S, nous avons constaté
que pour ces 17 passages :

1x Eus = B : no. 35

7x Eus = S : nos. 35.36.39.40.42.47.(S^c). 48.

Parmi ces leçons où Eus = S, nous retenons en particulier

- les nos 36-39.40 où Eus = S = Bodmer 24
- le no. 42 où S est le seul autre témoin grec de la leçon.

3) Indications sur le travail d'Origène :

Comparée à la leçon de la LXX commune, la leçon d'Eus
ajoute : 2x : no. 46 (του θεου μου) et no. 48 (tout le
stique);

omet : 7x : nos. 32.34.36.39.44.45.47; nous retenons surtout les omissions nos. 36.39.44.47;

transpose : 1x : no. 38;

traduit différemment : 7x : nos. 33.35.37.40.41.42.43;
noter en particulier les nos. 40-43.

Généralement, nous pensons qu'Origène a eu la possibilité
de choisir la leçon que nous considérons comme la forme hexaplaire. Au contraire, au no. 32, Origène peut avoir corrigé
( ), peut-être aussi aux nos. 37 et 45.

b. - Les données comparatives pour quelques variantes moins
importantes.

49) Ps 54,9 b

TM	: מרוח סעה מסער
LXX	: ἀπὸ ὀλιγοψυχίας καὶ καταιγίδος
Eus	: ἀπὸ ὀλιγοψυχίας καὶ ἀπὸ καταίγιδος (476,48) et (477,35) [1]
Ro	: a pusillo animo et tempestate
Ga	: a pusillinamitate et a tempestate [2] cf. aussi la traduction de α' : απο πνευματος λαιλαπωδους απο λαιλαπος

50) Ps 54,11 b

TM	: ואון ועמל
LXX	: ἀνομία καὶ κόπος
Eus	: καὶ ἀνομία καὶ κόπος [3]

---

1 le ms cite les vv 5-9 en entier.
2 parmi la Vetus Latina, α et med donnent la même leçon que Ga.
3 le ms donne les vv 9-12.

Ro   : iniquitas et labor...[1]

Ga   : et iniquitas et labor...

51) Ps 55,2 a

TM   : הנני אלהים :

LXX   : ἐλέησόν με κύριε

Eus   : ἐλέησόν με ὁ θεός (492,15; 493,17 cf. 493,16).

Ro   : miserere mei domine [2]

Ga   : miserere mei deus

52) Ps 55,5 a-b

TM   : ...דברו באלהים :

LXX   : τοὺς λόγους μου ὅλην τὴν ἡμέραν ἐπὶ τῷ θεῷ

Eus   : τοὺς λόγους μου > > > ___ ἐπὶ τῷ θεῷ
            (493,50.[3] 52)

Ro   : sermones meos tota die, in deo...

Ga   : sermones meos > > , in deo... [4]

53) Ps 55,7 c

TM   : קוי נפשי :

LXX   : ὑπέμεινα τῇ ψυχῇ [5]

Eus   : ὑπέμειναν τὴν ψυχήν (496,26)

Ro   : expectavit anima mea [6]

---

1 comme toute la Vetus Latina; seul α² ajoute "et".

2 toute la Vetus Latina lit ainsi, sauf med : "deus".

3 dans le ms, on trouve les vv 5-6 entiers; le lemme donne
   εν τω κυριω, mais la reprise en (493,52) assure le εν τω
   θεω; cf. aussi les leçons de σ' α' ε' ibid.

4 dans la Vetus Latina, "tota die" est omis par α² moz med.

5 cette leçon est attestée par B'' cf. La^R Aug et La^G; Rahlfs
   a choisi la leçon citée par Eus.

6 même leçon dans la Vetus Latina avec quelques variantes,
   mais seuls moz^c et med donnent le verbe au plur. (expec-
   taverunt,) et l'acc. (animam meam).

<u>Ga</u>   : sustin<u>uerunt</u> anima<u>m</u> mea<u>m</u>

              Symmaque traduit : ...προσδοκωντες την ψυχην

              μου...[1]

54) Ps 58,13 c

<u>TM1</u>   : כלה בחמה ❖ יספרו

<u>LXX</u>   : διαγγελήσονται συντέλειαι, ἐν ὀργῇ... [2]

<u>Eus</u>   : διαγγελήσονται ἐ<u>ν</u> συντελεί<u>α</u>, ἐν ὀργῇ...

              545,25; 548,13.23

<u>Ro</u>   : conpellantur >   >   in ira [3]

<u>Ga</u>   : adnuntiabuntur <u>in</u> consum<u>matione</u> in ira...

              Tht nous donne la leçon de Symmaque ...λαλοῦντας

              συντέλεσον. ἐν θυμῷ ἀνάλωσον, ἵνα μὴ ὦσιν (PG

              80, 1312, 23); on peut relever qu'Eus et Ga ne

suivent pas exactement le TM (+ εν/in, devant συντελεια/

consummatione), mais que ces deux témoins de la LXX origé-

nienne s'accordent sur ce point contre les témoins anciens

de la LXX, y compris le Bodmer 24, qui lisent συντελειαι[4].

55) Ps 68,15 b

<u>TM</u>   : מים ־ וממעמקי

<u>LXX</u>   : καὶ ἐκ τοῦ βάθους τῶν ὑδάτων = Bodmer 24

<u>Eus</u>   : καὶ ἐκ τ<u>ῶν</u> βαθ<u>έων</u> τῶν ὑδάτων (744,25.[5] 56; 745,9)

<u>Ro</u>   : et de profundo aquarum [6]

<u>Ga</u>   : et de profu<u>ndis</u> aquarum

---

1 Eus (496,31); cette leçon de Symmaque est encore citée par
Th Mops (S e T 93, p. 364 lig. 3) et, sans nom, par 1175.

2 le ms donne les vv 13-14 entiers.

3 certains témoins de la Vetus Latina ajoutent "consummatio-
nes" : α; "consummatio" : ε; "in consummatione" : med.

4 dans Juxta Heb., Jérôme traduit : ...narrantes, consume in
furore, consume..., ce qui suppose, sur ce point, une 'Vorlage' identique au TM.

5 le ms donne les vv 14-16.

6 comme toute la Vetus Latina, sauf δ qui a "profundis".

56) Ps 68,30 b

TM	: יֵשׁוּעָתְךָ
LXX	: ἡ σωτηρία τοῦ προσώπου σου = Bodmer 24
Eus	: ἡ σωτηρία > > σου (757,50; 760,7.12)
Ro	: salus vultus tui [1]
Ga	: salus > tua

57) Ps 69,2 b

TM	: יהוה לעזרתי חושה
LXX	: > > > = Bodmer 24
Eus	: κύριε εἰς τὸ βοηθῆσαί μοι σπεῦσον (768,17 [2]; 769,19)
Ro	: domine ad adiuvandum me festina [3]
Ga	: ※ domine ad adiuvandum me festina : [4]

58) Ps 69,5 a

TM	: כל־מבקשיך
LXX	: πάντες οἱ ζητοῦντες σε + κύριε ou ὁ θεός [5]
Eus	: πάντες οἱ ζητοῦντες σε (769,45 [6]; 772,1.6)
Ro	: omnes qui quaerunt te domine
Ga	: omnes qui quaerunt te > [7]

---

1 toute la Vetus Latina sauf α[2] et med qui ont la même leçon que le Ga.

2 le ms donne les vv 2-4 complets.

3 γ δ omettent ce stique.

4 l'astérisque est attesté par RC - R* a faussement un obèle au lieu de l'astérisque - et quelques autres témoins du Ga.

5 cf. RAHLFS LXX in loco; le Bodmer 24 omet probablement le mot κυριε ou ο θεος.

6 le ms donne le v. 5 en entier.

7 α[2] γ δ moz[c] omettent aussi le "domine".

258

cf. la remarque de Tht (PG 80, 1416, 33 :
"το κυριος ου κειται εν τω εξαπλω" après avoir
cité ...οι ζητουντες σε ο θεος.

59) Ps 70,1 b

TM   : בך יהוה וסיתי

LXX   : ὁ θεός ἐπὶ σοὶ ἤλπισα [1]

Eus   : ἐπὶ σοὶ κύριε ἤλπισα (772,44.48; 773,35; 776,19)

Ro   : deus in te speravi

Ga   : in te domine speravi [2]

60) Ps 71,3 a

TM   : ...לעם וגבעות

LXX   : ...τῷ λαῷ σου καὶ οἱ βουνοὶ = Bodmer 24

Eus   : ...τῷ λαῷ > καὶ οἱ βουνοὶ (796,37; 797,16)

Ro   : ...populo tuo et colles

Ga   : ...populo > et colles [3]

61) Ps 71,6 a

TM   : דורים ‡ ירד

LXX   : γενεῶν.καὶ καταβήσεται = Bodmer 24

Eus   : γενεῶν.> καταβήσεται (800,28.34.50)

Ro   : saeculi. et descendit...

Ga   : generationum. descendet... [4]

Dans Eus (800,37) nous trouvons les traductions

---

1 cf. Bodmer 24 : ο θεος εγι σοι ηλπισα...
2 Ga est le seul des psautiers latins à suivre l'ordre des
   mots hébreux, comme Eus le fait en grec.
3 moz^c omet aussi le "tua".
4 α² δ omettent également "et"; α γ ε² ζ   moz^c med :
   descendet = Ga.

de α' : (καὶ) καταβησεται ως υετος... [1]

σ' : καταβησεται ως δροσος...

62) Ps 71,12 a

TM : אביון משוע

LXX : πτωχὸν ἐκ χειρὸς δυνάστου [2]

Eus : πτωχὸν ἐκ > δυνάστου (809,19.20.28.39)
= Bodmer 24.

Ro : pauperem a potente

Ga : pauperem a potente [3]
cf. Symmaque : οτι εξελειται πενητα οιμωζοντα...
selon la Syrohexaplaire [4].

63) Ps 77,10 b

TM : מאנו ללכת

LXX : οὐκ ἤθελον πορεύεσθαι

Eus : οὐκ ἐβουλήθησαν πορεύεσθαι = Bodmer 24 et 2054
(909,18 [5]; 912,4 cf. 912,19)

Ro : noluerunt ambulare

Ga : noluerunt ambulare
Le εβουληθησαν, bien attesté par Eus est une
leçon antérieure à Origène (Bodmer 24 et 2054) qu'il peut
fort bien avoir choisie. Malheureusement le latin ne nous
apporte aucune confirmation.

---

1 on peut mettre en doute le και que nous lisons ici pour α',
car dans le Juxta Heb., Jérôme suppose un texte semblable
au TM et on peut supposer qu'Aquila avait la même 'Vorlage'.

2 δυναστης est un hapax dans les Ps; H.-R. signale cette traduction par une †.

3 α* : + de manu potentis.

4 cf. FIELD in loco.

5 le ms donne les vv 9-12 en entier.

64) Ps 81,3 a

TM   : שפטו ‎־דל ויתום

LXX   : κρίνατε ὀρφανὸν καὶ πτωχόν

Eus   : κρίνατε πτωχὸν καὶ ὀρφανόν (985,51) [1] = Bodmer 24

Ro   : iudicate pupillo et egeno

Ga   : iudicate egenum et pupillum [2]

          cf. aussi les leçons hexaplaires du 1175, 264 et 1173 :

          α' : αραιω και ορφανω (1175, 264 et 1173)

          σ' : αγονω (sic) και ορφανω (1175, 264)

          σ' : ατονω και ορφανω (1173)

          θ' : πτωχον και ορφανον (1175 et 264)

On remarque que α'σ'θ' placent le ορφανω(νον) à la fin du stique, comme Eus.

Remarques sur les 16 leçons où la forme LXX d'Eus est confirmée par le travail de Jérôme en Ga.

1) Comparaison avec Bodmer 24 :

    nous avons toujours noté la leçon du Bodmer là où elle nous est conservée; cette leçon manque 5x (pour les nos. 49-53). Les 11 leçons du Bodmer se répartissent ainsi :

    7x Eus ≠ Bodmer 24 : nos.54.55.56.57.59.60.61.
    4x Eus = Bodmer 24 : nos.58.62.63.64.

    Nous remarquons, en particulier, l'accord sur les nos. 62-64.

---

1 à noter aussi en (984,31) : κρ. πτωχω και ορφανω; au contraire (981,33.45) citent ce passage κρ. πτωχον και ταπεινον, ορφανον και πενητα...

2 pupillum est aussi en δ moz^c, mais l'ordre des mots du Ga ne se retrouve dans aucun autre psautier latin.

2) Les leçons intéressantes :

    nous avons comparé les leçons d'Eus avec B et S :

    1x Eus = B : no. 58

    7x Eus = S : nos. 51.52.57.58.59.60.64.

    Parmi les accords entre Eus et S, nous retenons surtout :

    no. 52 : > ολην την ημεραν

    no. 57 : + κυριε εις το βοηθησαι μοι σπευσον

    no. 59 : tr. et diff. επι σοι / κυριε

    no. 60 : > σου

    no. 64 : tr. πτωχον και ορφανον

3) Indications sur le travail d'Origène :

    Comparée à la leçon de la LXX, la leçon d'Eus a

    3x : + nos. 49 (απο); 50 (και), 57 (stique);

    6x : > nos. 52 (ολην την ημεραν), 56 (του προσωπου),
            58 (κυριε), 60 (σου), 61 (και), 62 (χειρος);

    5x : diff : no. 51 ο θεος loco κυριε,

                 no. 53 υπεμειναν την ψυχην loco υπεμεινα τη
                     ψυχη,

                 no. 54 εν συντελεια loco συντελειαι,

                 no. 55 των βαθεων loco του βαθους,

                 no. 63 εβουληθησαν loco ηθελον;

    2x : tr : no. 59 επι σοι κυριε loco ο θεος επι σοι,

                 no. 64 πτωχον και ορφανον loco ορφανον και
                 πτωχον.

Comme dans ce dernier groupe, les leçons attestées par Eus
sont toujours conservées également par d'autres témoins de
la LXX, Origène avait très probablement la possibilité de
les choisir.

Conclusions générales sur les leçons Eus = Ga = TM.

Parmi les leçons attestées par Eus dans son Commentaire des Ps, nous avons retenu dans ce premier chapitre celles où Eus = Ga = TM, en nous servant des critères suivants :

- choix des leçons où Eus est le seul témoin grec (Bodmer 24 mis à part) : ainsi dans A et B a;
- les leçons d'Eus confirmées explicitement par SF : A et B b;
- enfin certaines leçons d'Eus qui trouvent un appui dans la recension du Ro par Jérôme : B a et C.

Or au cours de cette étude, nous nous sommes aperçus que des rapports intéressants se dégageaient entre ces leçons d'Eus, d'une part, et celles du Bodmer 24 et de B et S, d'autre part. Nous tentons de les résumer ici en deux tableaux.

1) Rapport entre les leçons d'Eus et Bodmer 24.

	A	B a	B b	C a	C b	Total
Leçons d'Eus	18	7	6	17	16	64
comparées avec Bodmer	14	6	5	15	11	51
Eus ≠ Bodmer	9	5	2	9	7	32
Eus = Bodmer	5	1	3	6	4	19

2) Rapport avec les mss B et S.

En comparant les leçons d'Eus avec celles des mss B et S, nous n'avons retenu que celles où l'un des deux grands témoins de la LXX s'accorde avec Eus contre l'autre.

	B b	C a	C b	Total
Leçon d'Eus	6	17	16	39
Eus = B seul	–	–	–	–
Eus = S seul	4	6	6	16

Ce tableau fait très nettement ressortir le contact entre S
et Eus contre B, puisque 16x sur les 39 leçons, S = Eus ≠ B,
alors que l'on ne rencontre jamais la situation opposée, (B
= Eus ≠ S).

3) Le travail d'Origène.

Au sujet du travail d'Origène, tel que nous pouvons le reconstituer à partir des leçons que nous considérons comme
les formes de la LXX hexaplaire, nous avons fait plusieurs
constatations que nous résumons ici :

	A	B a	B b	C a	C b	Total
Leçons d'Eus	18	7	6	17	16	64
Eus +	1	-	1	2	3	7
Eus >	8	4	4	7	6	29
Eus tr	1	2	1	1	2	7

Les ajoutes ou les omissions d'Eus correspondent évidemment au TM (groupe Eus-Ga-TM); mais ce qui frappe, c'est le
nombre important des omissions : 29/64x la leçon d'Eus omet
un ou plusieurs mots; au contraire, nous n'avons que 7/64 additions. Très intéressantes également pour notre recherche
sont les transpositions (7/64), par lesquelles la leçon d'
Eus rétablit l'ordre des mots que nous trouvons dans l'hébreu.

CHAPITRE II.   EUS = TM ≠ GA

_____

    Dans ce deuxième chapitre, nous nous proposons d'étudier
les leçons sur lesquelles Eus s'accorde avec le TM mais s'oppose à la traduction de Jérôme en Ga.

    Cette étude devrait nous donner une première évaluation de
la fidélité respective d'Eus et du Ga à l'égard de la LXX origénienne, évaluation que nous poursuivrons dans le prochain
chapitre.

    Parmi ces leçons Eus = TM ≠ Ga, nous traiterons d'abord
de quelques-unes que Jérôme explique ou défend dans la Lettre
à Sunnia (A); nous analyserons ensuite d'autres dans lesquelles
la traduction du Ga, qui s'écarte de la LXX attestée par Eus,
témoigne du travail recensionnel de Jérôme (B); puis nous abor-
derons un troisième groupe de leçons dans lequel la comparaison
entre le Ro et le Ga nous montre que Jérôme a repris sans correction le texte de sa 'Vorlage' (C); enfin, nous mentionnerons
deux cas spéciaux (D).

A) Eus = TM ≠ Ga - SF

1) Ps 55,8 b

a) <u>TM</u> (56)   : באף עמים הורד אלהים

   <u>LXX</u>   : ἐν ὀργῇ λαοὺς κατάξεις ὁ θεός
                 κατάξεις : deduces : La^R Aug; confringes :
                 La^G Ga cf. Hi. [1]

   <u>Eus</u> (496,29) : ...ἐν ὀργῇ λαοὺς κατάξεις ὁ θεός...
                 Dans le commentaire, Eus remarque καὶ ταῦτα
                 ἀσαφῶς εἰρημένα παρὰ τοῖς ἑβδομήκοντα,
                 λευκότερον διηρμήνευσεν ὁ σύμμαχος, et il
cite la traduction de Symmaque, dont voici le v. 8b : ...ἐν
ὀργῇ λαοὺς κατάγαγε ὁ θεός (496,34). Le commentaire ne permet
pas d'appliquer particulièrement à notre stique la critique d'
Eus (ασαφως) : c'est plutôt tout le lemme qu'Eus a en vue, en
tout cas, les vv 7c - 8ab. Quand Eus commente le stique 8b, nous
trouvons deux fois sous sa plume καταβαλειν (496,41.46) [2], puis
la leçon de σ' : καταγαγε (496,51), suivie de celle de α' :
καταβιβασον (496,51-52).

   <u>Ga</u>   : in ira populos confringes deus...
              confringes : RFC cum archetypo et ipso Hier
              qui tamen in 106 legi vult "deicies"; tous
             les témoins du Ga, sauf w [3] ont 'confringes'.
Dans la Lettre à Sunnia, Jérôme reconnaît que "confringes" est
une traduction erronée : "in ira populos confringes. Pro quo in
graeco legitur : εν οργη λαους καταξεις. Et apud Latinos, pro
eo quod est deicies, id est καταξεις male error obtinuit κατεα-
ξεις, id est confringes. Nam et in hebraeo HORED habet, id est
καταβιβασον, quod nos possumus dicere depone et Symmachus inter-

---

1   Le Bodmer 24 a la même leçon, bien que sous une forme cor-
    rompue ...καθεξει.

2   cf. aussi la leçon de ϑ' selon Montf. καταβαλεις.

3   w est le sigle du Codex Carafianus, quand il diverge de
    l'édition des Théologiens de Louvain (1583).

pretatus est καταγαγε."[1].

b) Le désaccord d'Eus et de Jérôme sur ce verset nous invite à poser la question de la fidélité respective des deux témoins de la LXX d'Origène.

1) Nous remarquons tout d'abord que la leçon attestée par Eus correspond à toute la tradition grecque de la LXX, aux versions non-latines [2] qui en dépendent ainsi qu'au TM.

De plus la leçon d'Eus s'accorde avec les versions hexaplaires qui, bien que n'utilisant pas le même mot, traduisent l'hébreu dans le même sens [3].

Enfin, et surtout, Jérôme reconnaît explicitement dans la Lettre à Sunnia que le "confringes" du Ga est une traduction inexacte et il propose "deicies".

2) Cet accord des témoins grecs et de la plupart des versions ainsi que la remarque de Jérôme, nous permettent de localiser l'origine de la leçon du Ga : cette variante n'apparaît qu'en latin, plus précisément dans une partie de la tradition latine, puisque α et δ de la Vetus Latina ainsi qu'Aug ont "deduces" alors que le Ga, le Ro et la majorité des témoins de la Vetus Latina traduisent "confringes". C'est donc en traduisant le grec en latin que la forme καταξεις a été comprise comme une forme de καταγνυμι : casser, briser, rompre [4] au lieu de la faire dériver de καταγω : conduire de haut en bas, faire descendre. Puisque le "deduces" est si peu attesté en latin (αδ et Aug), il n'est pas exclu que cette traduction soit une correction postérieure.

3) D'après Weber, l'ensemble des témoins du psautier Ro-

---

1 SF p. 20-21; cf. aussi les variantes des mss, spécialement pour la leçon de σ' : καταγαγε qui est empruntée à l'édit. de I. Hilberg (1912) alors que les mss RLK ont κατασεσε, R[2] καταγεγε, P κατασηση et C καταξαις.

2 cf. ci-dessous.

3 cf. les versions de α' et σ' citées par Eus; également θ' dans la note 2 p. 265.

4 Les "autres" traductions grecques ne prêtent pas à l'ambiguïté comme la leçon de la LXX.

main donnent ici "confringes" : il semble donc que dans la recension de ce psautier, Jérôme a tout simplement maintenu, par
inadvertance, le mot qu'il trouvait dans sa 'Vorlage'. Ce n'est
que plus tard, - peut-être par la comparaison avec les "autres"
traductions grecques, - qu'il a pris conscience de l'inexactitude de sa traduction, comme il le reconnaît en SF [1].

4) καταξεις qu'Eus a conservé représente sans aucun doute
la forme de la LXX ancienne et origénienne, puisqu'elle est attestée par l'ensemble des témoins grecs, qu'elle correspond à
l'hébreu et, pour le sens, aux "autres" versions hexaplaires.
Le Commentaire d'Eus nous indique, en plus, la manière dont Eus
a compris ce mot [2].

En conclusion, nous pouvons dire qu'Eus est ici le témoin
du texte origénien tandis que la leçon "confringes" du Ga est à
mettre sur le compte de la recension incomplète de Jérôme, maintenant en Ga le mot qu'il lisait en Ro.

2) Ps 58,11 a

a) TM (59)   : חסדו

                    BH note : חסדו K Grec יִקְדָּמֵנִי; Q mlt mss Hier.

                    Targ יְקַדְּמִי.

   LXX   : ...τὸ ἔλεος αὐτοῦ

                    ελεος misericordia : La Vulg; voluntas : GaHi,
                    sed Hi concedit "misericordia" verius esse.

   Eus (544,4)[3] : ...τὸ ἔλεος αὐτοῦ προφθάσει με...; ce stique
                    est repris en (544,20) dans le commentaire.

---

1   cf. aussi RAHLFS S.-St. 2, p. 119 : Das ist, wie Hieronymus
    richtig ausführt, ein Fehler der sich aus Verwechselung
    zweier ähnlicher griechischer Formen erklärt".

2   ainsi en (496,43ss) : σὺ δὲ κύριε καταβαλε τῆς μεγαλαυχίας
    καὶ τῆς ὑψηλοφροσύνης... διὸ, ἱκετεύω πάντας τοὺς ἐπανιστα-
    μένους μοι κατάγαγε, ἤ κατὰ τὸν ἀκύλαν, καταβίβασον. Il est
    vrai que le Commentaire d'Eus se base sur les leçons des
    "autres", mais il les utilise précisément pour expliquer com-
    ment il faut comprendre le καταξεις de la LXX.

3   Contrairement à l'édition le ms donne les vv 9-11.

Ga   : Deus meus voluntas mea praeveniet me

L manque; voluntas : RFCI cum archetypo; misericordia : rell codd et edd.

Dans la Lettre à Sunnia, Jérôme reconnaît que la traduction du
Ga n'est pas exacte : "in ipso : deus meus voluntas eius praeveniet me. Pro quo in graeco scriptum est ελεος αυτου, id est
misericordia eius. Quod et verius. Sed in hebraeo scriptum est
: misericordia mea praeveniet me". [1]

b) Ainsi les deux témoins du texte d'Origène se trouvent opposés : Eus s'accorde avec l'hébreu, la tradition grecque, y compris le Bodmer 24, et la Vieille Latine; la leçon de Jérôme
"voluntas" ne se lit que dans le Ga et Jérôme reconnaît explicitement dans SF que cette traduction est inexacte.

L'accord de tous les témoins grecs avec le Ro et la Vetus
Latina pour la leçon attestée par Eus, nous permet de localiser de façon assez précise l'origine de "voluntas". Elle se situe certainement au niveau de la traduction latine et, plus
précisément, du travail de Jérôme [2] puisque dans le Ro, il lisait "misericordia" et que seuls les meilleurs témoins du Ga
ont "voluntas".

Cette leçon du Ga est étrange si on la compare à la traduction habituelle des Ps pour חסד :

- חסד est régulièrement traduit en grec par ελεος :

---

1 SF p. 21, lig. 8

2 Dans le Ga, voluntas correspond habituellement à θελημα :
ainsi en 1,2; 15,3; 27,7; 29,6.8; 39,9; 102,7.21; 106,30;
110,2; 142,10; 144,19; deux fois, il traduit θελησις :
20,3, et 146,10; deux fois aussi ευδοκια (bona voluntas) :
5,13 et 50,20 et une fois βουλη 72,24. Notre passage serait le seul où voluntas traduirait ελεος. En étudiant cette traduction de voluntas, nous avons relevé un autre exemple intéressant du travail de Jérôme : en Ps 38,9 le grec
a χειμαρρουν της τρυφης mais Jérôme maintient en Ga "a
torrente voluntatis, qu'il trouvait dans les principaux mss
du Ro et dans la Vetus Latina. Eus en PG 23, 320,55 et
321,14.18.23 donne la leçon χειμαρρουν της τρυφης qui est
probablement celle qu'a choisie Origène.

122x sur 126 [1].

- ελεος est rendu en latin par "misericordia", en Ro comme en Ga.

- lorsque le Ro ou le Ga ne traduisent pas ελεος par misericordia, il s'agit des exceptions mentionnées ci-dessus où ελεος ne rendait pas חסד et où la tradition grecque était divisée;

ainsi en Ps 88,21, le Ro comme la majorité des témoins grecs, contre B 1219, traduit "in oleo" [2]; de même en 118,41, il traduit "secundum eloquium tuum" [3]. Le Ga suit le Ro en 88,21 et 118,41; de plus, il élimine le "misericordia" du Ps 108,21 [4] et ne conserve ce mot que dans le Ps 83,12 où l'ensemble des témoins de la LXX ont ελεος [5].

En tenant compte de cette régularité du Ro et du Ga pour la traduction de ελεος par "misericordia", la leçon que nous donne ici Jérôme est tout à fait exceptionnelle. Comment Jérôme qui lisait "misericordia" en Ro a-t-il pu introduire le mot "voluntas" ? Est-ce une faute d'inattention ou bien doit-on y voir une interprétation antipélagienne ? [6] Mais quelle que soit la cause de la leçon du Ga, nous avons ici, de l'aveu même de Jérôme, un cas où le Ga n'est pas fidèle au texte de la recension origénienne.

---

1 Il y a donc 4 exceptions : Ps 108,21 où עשׂה אתי est traduit en ajoutant ελεος : ποιησον μετ'εμου ελεος; le Ps 118,41 où S rend כאמרתך par κατα το ελεος, corrigé : τον λογον; le Ps 88,21 où בשׁמן est traduit par B 1219 εν ελεει au lieu de εν ελαιω; enfin le Ps 83,12 où la LXX a traduit οτι ελεον και αληθειαν αγαπα κυριος ο θεος le TM כי שׁמשׁ ומגן יהוה אלהים .

2 cf. בשׁמן - εν ελαιω.

3 cf. כאמרתך - κατα το λογιον σου; S : κατα το ελεος σου.

4 cf. note 1; en PG 23,1337,56, Eus cite ce passage sans ελεος : la correction de Jérôme en Ga peut donc dépendre de la LXX d'Origène.

5 y compris Bodmer 24; cf. aussi Eus (1016,36).

6 A noter que s. Augustin fait appel à ce verset (avec "misericordia"), dans "De gestis Pelagii", III, 7 sur la volonté propre et l'action de Dieu, après avoir cité Rm 8,28s et 9,22s; également dans "De Predestinatione sanctorum", XVII, 34, où il traite de l'élection des Apôtres et cite Jn 15,16.

3) Ps 60,6 a

a) TM (61)   : כי אתה אלהים שמעת לנדרי

   LXX   : ὅτι σύ ὁ θεός εἰσήκουσας τῶν εὐχῶν μου

                  ο θεος : + meus : GaHi, sed Hi concedit hoc in

                  MG defuisse.

                  των ευχων : Bo R L" 1219ʾ = TM; των προσευχων:

B; της προσευχης : S Sa La Ga cf. v. 2 [1]

   Eus (580,25): ὅτι σύ ὁ θεός εἰσήκουσας τῶν εὐχῶν μου...

                  Le stique est repris en (580,46.52) et (581,

                  35) et également dans le commentaire en (581,

                  38) : εἰσάκουσον γάρ, φησὶ, τῶν εὐχῶν μου...[2]

Eus nous donne aussi les leçons de α' et σ' :

                  α'(580,55) ὅτι σὺ ὁ θεὲ ἤκουσας τῶν εὐχῶν μου;

                  σ'(580,56) σὺ γὰρ ὁ θεός εἰσήκουσας τῶν προ-

                  σευχῶν μου.

   Ga   : quoniam tu deus meus exaudisti orationem meam

                  deus meus : RC cum archetypo; omis par FI;

                  orationem meam : RCI; orationes meas : F.

                  Dans la Lettre à Sunnia, Jérôme écrit : "Sexa-

gesimo : quoniam tu deus meus, exaudisti orationem meam. Pro

quo legatur in graeco : quia tu deus exaudisti me. Quod non ha-

bet in hebraeo nec in Septuaginta interpretibus et in latino

additum est". [3]

b) Nous relevons deux variantes entre Eus et le Ga :

   ο θεος au lieu de "deus meus"

   των ευχων μου traduit par "orationem meam".

---

1 των προσευχων μου est encore attesté par Bodmer 24; le début du stique est perdu, mais l'édition donne οτι συ ειση
   κουσας..., et ajoute en note : οτι συ ο θ͞ς serait trop long
   pour la lacune. Dans le Codex S, le sing. a été corrigé et
   le "προς" exponctué : τῆς πρόσευχῆς.

2 Dans le Commentaire, Eus parle tantôt de ευχη - ευχεσθαι
   tantôt de προσευχη - προσευχεσθαι : l'hésitation provient
   peut-être de la traduction de σ'. En tout cas, les 4x où
   Eus donne le stique, il écrit : ...των ευχων μου.

3 SF p. 21 lig. 21-24.

1) Première variante : ο θεος - deus meus.

La leçon ο θεος est appuyée par toute la tradition textuelle de la LXX à l'exception du Ga; les leçons hexaplaires d'
Aquila et de Symmaque conservées par Eus ne lisent pas non plus
le possessif après θεος ou θεε [1]. Il est évident que dans ces
conditions, Origène n'a pas introduit un μου dans sa recension
hexaplaire. La leçon "deus meus" n'est attestée que par le Ga
[2]; dans la Lettre à Sunnia, Jérôme reconnaît que le possessif
ne se lit ni dans l'hébreu ni chez les LXX, mais qu'il a été a-
jouté en latin. Jérôme devrait plutôt écrire qu'il l'a ajouté
dans sa recension, car ni le Ro, ni les autres psautiers de la
Vetus Latina n'ont ce "meus".

Nous pouvons donc conclure, de l'aveu même de Jérôme, que,
sur ce point, le Ga ne traduit pas fidèlement le texte de la
LXX. Eus, au contraire, nous semble fidèle à Origène même si
son témoignage n'est pas typique, puisque la même leçon se trouve dans toute la tradition grecque.

2) Deuxième variante : των ευχων μου - orationem meam.

Cette seconde variante est plus intéressante pour nous et
elle porte sur deux points :
a) la traduction de ευχη par "oratio"
b) le passage du pluriel au singulier.

a) ευχη ou προσευχη - oratio.

La première question que nous nous posons est celle de
savoir comment la LXX traduisait l'hébreu : των ευχων μου qui
est la leçon retenue par Rahlfs, ou των προσευχων μου que nous
lisons en B, en Bodmer 24 et, avec le singulier, en S Sa La Ga?
Nous avons donc étudié l'emploi des mots ευχη et προσευχη dans
les Ps :

---

1 cf. supra; la traduction d'Aquila se lit encore dans le
  ms 1811 (cat. XXV).
2 plus exactement par Ga^{RC} cum archetypo.

- ευχη se lit 8x dans les Ps [1], traduisant chaque fois
נדר; il est toujours au pluriel, sauf en 64,2, et toujours accompagné du verbe αποδιδωμι.

- προσευχη se rencontre 33x [2] dont 29x pour traduire l'hébreu תפלה; deux fois, il rend קול [3], une fois נפש [4] et une
fois נדר (dans notre Ps.). Comme le montre cette comparaison,
προσευχη traduit normalement תפלה ; dans les 4 passages où certains témoins rendent par προσευχη un autre mot hébreu, il s'a-
git très vraisemblablement d'une corruption [5]. De même ευχη
traduit régulièrement l'hébreu נדר. Cette étude comparative nous
invite à penser que la LXX traduisait au Ps 60,6 לנדרי par των
ευχων μου et que la leçon avec προσευχη est secondaire [6].

A ce stade, il nous a paru nécessaire de préciser le sens
respectif des deux mots (ευχη - προσευχη) dans la LXX. D'après
Greeven, ευχομαι - ευχη avaient dans le grec non-biblique le
sens de "bitten - beten", et également celui, plus particulier,
de "geloben". Mais dans la LXX, ευχομαι - ευχη ont pris de plus
en plus la signification de "geloben - Gelübte", tandis que
προσευχομαι - προσευχη sont devenus le "Hauptvokabel für das
Gebet", [7] alors que dans le grec profane, ils avaient également

---

1 Ps 21,26; 49,14; 55,13; 60,9; 64,2; 65,13; 115,5.9; comme
  on le voit le Ps 60,6 ne figure pas dans cette liste car en
  H.-R. il est classé sous προσευχη.

2 Ps 4,2; 6,10; 16 tit.; 16,1; 34,13; 38,13; 41,9; 53,4; 54,1;
  60,1.6; 63,1; 64,3; 65,19.20; 68,14; 79,5; 83,9; 85 tit.;
  85,6; 87,3.14.15; 89 tit.; 101 tit.; 101,2.18; 108,7; 129,2;
  140,2.5; 141 tit.; 142,1.

3 Ps 63,1 et 129,2 : dans ces deux passages Rahlfs choisit la
  leçon φωνης : Ps 63,1 = S Sa L′′ 55 = TM et Bodmer 24 contre
  B′ R′′ Ga He; Ps 129,2 = TM contre He A R′.

4 Ps 87,15 : Rahlfs a ψυχην = S Sa La^G L′′ A′ = TM et Bodmer
  24 contre προσευχην = B′ R′ Aug Ga 55.

5 Au Ps 63,1 Eus a προσευχης (616,11); au Ps 87,15 : ψυχην
  (1064,41.47; 1068,55); le Ps 129,2 ne nous est connu ni par
  le Coislin ni par PG 24.

6 Les mss 1134, 1135, 1139 ont ευχων μου dans le texte du Ps
  et dans la mg (1134); la leçon προσευχων ne nous est connue
  que par Bodmer 24 et par B, d'où elle a passé dans la Sixtine.

7 dans TWNT II, 774ss,"Die Wortstatistik zeigt für LXX (fast

les deux sens de "prier" et "faire une voeu" [1].

Le commentaire d'Eus nous montre qu'il est sensible à la différence de signification des deux mots : dans le commentaire du Ps 64,3, il écrit : εἰσάκουσον προσευχῆς et il commente : ἀκριβῶς δ'ἐνταῦθα προσευχῆς ἀλλ'οὐκ εὐχῆς εἴρηται, ἡ·μὲν γὰρ ἐπαγγελίαν ἐδήλου, ἡ δὲ προσευχὴ δέησιν καὶ ἱκετηρίαν (628,26) [2].

Nous ne pouvons donc pas considérer la leçon προσευχων de B et du Bodmer 24 comme une simple variante de traduction pour rendre l'hébreu נדר. Nous pensons, au contraire, que la forme avec προσευχη a pu s'introduire par erreur. En effet, comme nous l'avons dit, chaque fois que נדר est rendu par ευχη, il est toujours accompagné du verbe αποδιδωμι, sauf dans notre passage où nous lisons le verbe εισακουω [3]. Or dans les Ps, la formule εισακουω της προσευχης est relativement fréquente : elle apparaît 8x [4]. Nous pensons que la présence du verbe εισακουω en liaison avec ευχων pourrait expliquer le passage de ευχων à προσευχων par harmonisation. Il est vrai que dans tous les autres cas, nous avons le singulier (εισακουω της προσευχης). Ce qui nous amène au second point de cette variante.

b) Le passage du pluriel au singulier.

Le Ga traduit le mot ευχη par oratio [5] et en plus, il

---

ständige Ubers. für נדר, häufig für נזר) und mehr noch für das NT starke Verluste von ευχομαι-ευχη an → προσευχομαι - προσευχη, das nunmehr zur Hauptvokabel für das Gebet wird. Vom Simplex sind in NT nur noch geringere Reste vorhanden".

1 id. 807,31 ss : "Die Bedeutung geloben, die προσευχεσθαι in der Prof-Gräz noch haben konnte, ist in der LXX völlig abgefallen und ganz bei ευχεσθαι - ευχη geblieben.

2 cf. aussi (628,11 ss.).

3 TM : שמע.

4 sans compter notre Ps εισηκουσας των προσευχων... de B; ce sont les Ps 4,1; 38,12; 53,2; 63,1; 64,2; 83,8; 101,1; 142,1. Cf. également le Ps 129,1 (A). Dans tous ces passages l'hébreu a le verbe שמע.

5 A propos du Ps 131,2 où il a traduit ηυξατο par "votum vovit", Jérôme écrit en SF : "vos dicitis et putatis interpretari debuisse "oravit". Sed hoc male; ευχη enim pro locorum qualitate et "orationem" et "votum" significat"...

rend le pluriel par un singulier.

Le pluriel est bien attesté par tous les témoins grecs de la LXX, excepté par S; il se trouve également dans les traductions d'Aquila et de Symmaque. Au contraire, le singulier se lit en S ainsi que dans les versions Sa La Ga; Jérôme le donne aussi dans la Lettre à Sunnia (cf. supra).

A cause de l'accord des versions Sa et La pour le singulier, nous pensons que la forme της προσευχης a dû s'introduire dans la LXX ancienne à côté de la leçon των ευχων de la majorité des témoins grecs. Mais nous ne voyons aucune raison qui aurait pu inciter Origène à abandonner la forme των ευχων [1].

Si nous passons au Ga, nous remarquons :

- que dans les 8 versets où le grec avait ευχη, Jérôme conserve en Ga la traduction "votum" qu'il trouvait en Ro [2];

- que sur les 33x où le grec avait προσευχη, le Ga traduit 31x par "oratio", mot que Jérôme emprunte généralement au Ro [3]; Jérôme conserve même cette traduction en 63,1 et 87,15, où προσευχη doit être une corruption de la LXX [4];

- que pour le Ps 60,6 Jérôme trouvait dans le Ro et dans toute la Vetus Latina, la leçon qu'il a adoptée pour le Ga, c'est-à-dire "orationem meam".

Nous pouvons récapituler :

Dans ce verset, Jérôme a introduit de son propre chef le possessif "meus" qu'aucun psautier latin ne donnait et que lui-même, dans la Lettre à Sunnia, reconnaît explicitement être une addition.

D'autre part, nous constatons que Jérôme a conservé la leçon "orationem meam" du Ro, provenant d'une forme grecque deux fois corrompue (ευχων → προσευχων → προσευχης) sans la recen-

---

1 La forme προσευχων de B et Bodmer 24 pourrait s'expliquer par une recension incomplète de προσευχης, antérieure à Origène.

2 cf. aussi "votum vovit" pour ηυξατο en Ps 131,2.

3 Il corrige au Ps 65,20, Ro "deprecationem" en "orationem"; en 83,9 "precem" en "orationem" et en 129,2 "orationem" en "vocem".

4 supra notes 3 et 4, p. 270.

ser sur la LXX hexaplaire.

C'est pourquoi, nous estimons que sur ces deux points où Ga s'oppose à la leçon attestée par Eus, Jérôme n'est pas fidèle à la LXX hexaplaire.

4) Ps 61,9 c-d

a) TM (62)   : אלהים לנו סלה

LXX   : ὁ θεὸς βοηθὸς ἡμῶν. διάψαλμα

διαψαλμα post 9 b tr. et 9 c cum 10 a iungit Sa;

διαψαλμα : > La^G; pro διαψαλμα habet GaHi in aeternum (hinc codices latinizantes 27.156.178 (cf. 47,10) εις τον αιωνα) = סלה (cf. Tg לעלמיר) [1].

Eus (593,47) : ...ὁ θεὸς βοηθὸς ἡμῶν. διάψαλμα [2];

les stiques 9 b-c sont repris en (596,3) sans διαψαλμα.

Ga   : ...deus adiutor noster in aeternum

in aeternum : R*C; in aeternum diapsalma : R^{2}FI [3].

Sur ce verset du Ga, nous trouvons une étonnante remarque de Jérôme dans la Lettre à Sunnia : "quia deus adiutor noster in aeternum. Pro quo in graeco est deus adiutor noster. Ergo in aeternum obelus est." [4].

Le Ro avait traduit : quia deus adiutor noster est; Jérôme

---

1   pour les autres variantes cf. RAHLFS in loco.

2   dans l'édition, ce passage est présenté comme s'il s'agissait de la traduction d'Aquila : nous lisons (593,43) : διο και κατα τον ακυλαν ειρηται suivi du v. 8a-b selon α', puis toujours entre les guillemets, le v. 9a-b-c-d de la LXX. Le contexte confirme que nous n'avons pas ici, malgré l'édition, la traduction d'Aquila, puisque le v. 9a-b d'Aquila est cité en (593,55) sous une forme différente.

3   On notera qu'Eus (= B^y Sa R' Aug Ga = TM) n'a pas de οτι au début du stique 9c comme La^G L' 1219'.

4   cf. SF p. 22 lig. 1; dans l'apparat critique du Ps, les éditeurs notent : "de hoc loco minus perspicue, et fortasse seipsum tacite corrigens, scribit Hier. in ep. 106 : ergo in aeternum obelus est".

276

apporte plusieurs corrections : il omet le "quia" et le "est"
et ajoute le "in aeternum". [1]

b) Comme nous pouvons le voir, il y a divergence entre les deux
témoins de la LXX hexaplaire :

    - Le Ga nous est conservé sous une double forme : "deus
adiutor noster in aeternum" et "deus adiutor noster in aeternum diapsalma". Nous pouvons, sans doute, laisser de côté cette
deuxième forme qui est un doublet, pour ne retenir que la première qui se lit en R*C et en SF.

    - Eus, pour sa part, ne connait pas de εις τον αιωνα qui
correspondrait normalement au"in aeternum" du Ga. Mais son commentaire n'apporte aucune précision supplémentaire.

    Lequel des deux est ici fidèle à Origène ?

    Nous remarquons que la leçon d'Eus est celle de l'ensemble
de la tradition de la LXX, y compris le Bodmer 24. Ainsi, bien
que nous ne connaissions pour ces stiques aucune des "autres"
traductions [2], il n'est pas douteux que la recension origénienne devait donner pour ce passage la leçon que nous trouvons
chez Eus.

    Par ailleurs, nous lisons dans SF : "...in graeco est deus
adiutor noster", sans le "in aeternum". On comprend mal pourquoi Jérôme ajoute : "ergo in aeternum obelus est". L'obèle signifierait que l'ensemble de la tradition grecque avait en ce
passage εις τον αιωνα, ce qui n'est nullement le cas. C'est
pourquoi, on verra plutôt dans cette explication embrouillée de
Jérôme une correction tacite de sa traduction du Ga [3]. Jérôme
avait pourtant recensé ce verset sur le texte hexaplaire (omission du "quia" et "est"); mais où a-t-il pris le "in aeternum"?
Il est possible qu'il ait été influencé par Aquila et la Quinta, qui traduisent régulièrement עלד par αει. Par la suite dans
la Lettre à Sunnia, Jérôme a reconnu que cette traduction ne
correspondait pas à la leçon de la LXX (hexaplaire).

_____

1   dans la Vetus Latina, α² γ δ moz^c ajoutent "diapsalma" et
   ε "in aeternum diapsalma".
2   nous ne connaissons que le stique 9c de Symmaque selon la
   Syroh. αφοβιαι ημων.
3   cf. supra note 4 p. 273.

5) <u>Ps 77,38 b</u>

a) <u>TM</u> (78)   : ... ולא ישחית והרבה

   <u>LXX</u>   : καὶ οὐ διαφθερεῖ καὶ πληθυνεῖ...
                    διαφθερει + eos : Sa La GaHi [1]

   <u>Eus</u> (924,12) [2]: ...καὶ οὐ διαφθερεῖ καὶ...; le verset est
                    repris sous la même forme en (924,30).

   <u>Ga</u>   : ...et non perdet eos et abundabit...
                    Les mss du Ga hésitent entre "perdet" : RCI,
                    "disperdit" : FQ, "disperdet" : rell, mais
                    tous ajoutent "eos". Dans la Lettre à Sun-
nia, Jérôme explique sa traduction : "in eodem : et propitius
fiet peccatis eorum et non perdet eos. Dicitis quod eos in graeco non habeat. Quod et verum est; sed nos ne sententia pende-
at, latinum sermonem sua proprietate conplevimus" [3].

b) Nous avons un cas assez simple puisque la leçon d'Eus s'accorde avec le TM et toute la tradition grecque de la LXX. De
plus, la traduction de σ' que nous connaissons par Eus n'a pas
non plus de pronom comme complément du verbe ...καὶ μὴ διαφθεί-
ρων. καὶ ἐπὶ πολὺ... [4]. Il est donc certain que la LXX hexaplaire devait lire διαφθερει sans complément. D'ailleurs Jérôme le
reconnait explicitement dans la Lettre à Sunnia, citée plus
haut. Mais la comparaison du Ga avec le Ro nous fait douter de
l'explication de Jérôme : elle nous montre, en effet, que Jérôme s'est contenté de reprendre le "eos" qui se lisait dans toute la Vieille Latine [5] et, plus directement, dans le Ro. Pourtant Jérôme a modifié ce verset du Ro en remplaçant le "disperdet" par "perdet" [6]. En conséquence, même si l'on peut concéder

---

1   Bodmer 24 n'est pas conservé.

2   dans le ms nous trouvons les vv 36-39 en entier.

3   SF p. 28 lig. 11.

4   (924,36); la même leçon de Symmaque (sans variante sur le
    point qui nous intéresse) se lit également dans le 1173.

5   seul med omet "eos".

6   En comparant la manière dont Jérôme traduit le verbe δια-

que l'addition du "eos" rend la traduction latine plus harmo-
nieuse, on y reconnaîtra un élément du Ro non-corrigé par Jérôme dans sa recension du psautier hexaplaire latin.

6) Ps 77,69 b

a) TM (78)   : כארץ יסדה לעולם

                      BH note : pl. mss, Grec, Syriaque : בארץ.

   LXX   : ἐν τῇ γῇ ἐθεμελίωσεν αὐτὴν εἰς τὸν αἰῶνα

                      εθεμελιωσεν αυτην : quam fundavit : GaHi Aug

                      αυτην | αυτο : S [1]

                      τον αιωνα : aeternum : La; saecula Ga Aug[var]

(pluralem Aug in graecis codicibus non invenit).

   Eus (937,31)   : "...τὸ ἁγίασμα αὐτοῦ ἐν τῇ γῇ, ἐθεμελίωσεν

                      αὐτὴν εἰς τὸν αἰῶνα" Les éditeurs coupent le

                      verset après εν τη γη, mais le commentaire ne

                      semble pas le comprendre ainsi : Eus cite les

traductions de α' et σ' puis la LXX pour le v. 69a et chaque
fois, il s'arrête après τὸ ἁγίασμα αὐτοῦ (937,53 ss). Cf. encore le commentaire (940,4) ...ἀλλὰ καὶ ἐν τῇ γῇ φησὶν ἐθεμελίωσεν αὐτὴν εἰς τὸν αἰῶνα...

   Ga   :... in terra quam fundavit in saecula...

                      L manque; aucune variante n'étant signalée,

---

φθείρειν dans les Ps, nous avons noté que dans les 8x où le
mot se lit dans la LXX - traduisant le Hi de שחת - Jérôme
conserve toujours la traduction du Ro sauf en Ps 77,38.45.
Ainsi il traduit avec Ro "corrupti sunt" en 13,1 et 52,1;
"ne disperdas" dans les titres de 56; 57; 58; "ne corrumpas"
dans le titre du 74. Dans notre Ps, au contraire, il modifie "disperdet" en "perdet" au v. 38 et "exterminavit" en
"disperdit" au v. 45. Dans SF p. 28 Jérôme écrit : "Si quis
autem putat διαφθερει non perditionem sonare, sed corrump-
tionem, recordetur illius tituli in quo scribitur εις το
τελος μη διαφθειρης, hoc est in finem ne disperdas, et non
ut plerique κακοζηλως interpretantur ne corrumpas.". Cette
déclaration, comparée avec la traduction du Ga pour le titre du Ps 74 montre assez le caractère incomplet de la recension de Jérôme.

1   S[c] [a]   αυτην.

on peut en déduire que la leçon est attestée
par RFCI et (ex silencio) par l'ensemble des autres témoins du
Ga.
Dans la Lettre à Sunnia, Jérôme défend cette traduction : "In
eodem : in terra quam fundavit in saecula. Pro quo scriptum
invenisse vos dicitis : in terra fundavit eam in saecula. In hebraeo ita scriptum est ut vertit et Symmachus : εις την γην ην
εθεμελιωσεν εις τον αιωνα. Si autem non de terra dicitur quod
fundata sit, sed de alia, quae fundata videatur in terra, pro-
bent ex prioribus et sequentibus quis sensus sit, ut nescio
quid, quod non dicitur, fundatum videatur in terra. Sin autem
sanctificium in terra fundatum putant, debuit scribi : in terra
fundavit illud in saecula." [1]

b) Nous avons d'une part, Eus qui, avec toute la tradition grecque du texte et les versions, comprend εν τη γη εθεμελιωσεν αυτην et, d'autre part, le Ga, confirmé expressément par la Lettre à Sunnia et Aug, qui lisent "...in terra quam fundavit...".
Le Ro avait traduit : ...in terra fundavit eam in saecula..."[2] :
Jérôme a donc corrigé sa 'Vorlage', mais a-t-il emprunté cette
correction à la LXX hexaplaire, telle est la question que l'on
est en droit de poser. En effet, dans la Lettre à Sunnia, pour
défendre sa traduction, Jérôme fait appel à l'hébreu et à Symmaque : il semble ainsi reconnaître implicitement que la LXX
traduisait différemment. D'ailleurs, ni l'hébreu (TM), ni Symmaque ne lisent εις την γην mais plutôt ως την γην [3], comme l'
atteste clairement le commentaire d'Eus (940,6) : κατα δε τον
συμμαχον, ως την γην... ωσπερ γαρ η γη... ουτω και...
Le Ro qui avait traduit le αγιασμα par "sanctificationem"

---

1 SF p. 29 lig. 3; la leçon de Symmaque est aussi connue par
Eus (940,6) : ως την γην ην εθεμελιωσεν εις τον αιωνα. et
par Tht (PG 80, 1501 lig. 37); dans SF le εις την γην pour
la leçon de σ' est attesté par R*, mais R²T lisent εν τη γη
ce qui s'accorde mieux avec le "in terra" de l'explication
de Jérôme.

2 parmi les anciens psautiers latins seuls Ro^X ainsi que ζ²
et moz^c traduisent comme le Ga.

3 cf. supra note 1.

n'avait pas eu de difficulté pour rendre le αυτην du stique
69b ; au contraire, après avoir traduit αγιασμα par "sanctificium" (= δ med), Jérôme ne pouvait plus rendre le αυτην comme
l'avait fait le Ro. S'inspirant de la traduction de Symmaque
(ην εθεμελιωσεν) au lieu de celle de la LXX (εθεμελιωσεν αυτην),
il remplace "fundavit eam" par "quam fundavit", ce qui est une
bonne traduction pour l'hébraïsme (relative sans אשר) que nous
avons en ce verset.

Mais Jérôme est-il pour autant fidèle à la LXX hexaplaire?
Nous en doutons, car tous les témoins de la LXX, y compris le
Bodmer 24, ont la même leçon qu'Eus; ensuite, cette leçon LXX
(avec αυτην) est une leçon difficile - (que S a tenté de corriger en introduisant un αυτο au lieu de αυτην) - qui suit servilement l'hébreu et il est fort probable que parmi les "autres", Aquila, au moins, devait traduire ce passage d'une manière assez semblable à la LXX.

C'est pourquoi nous pensons qu'Origène a conservé ici le
εθεμελιωσεν αυτην comme l'atteste Eus et que la correction de
Jérôme ne provient pas de la LXX hexaplaire mais, comme il le
laisse entendre en SF, de la traduction de Symmaque.

Nous trouvons dans ce même stique un autre indice de la
recension incomplète de Jérôme : dans Ro, nous lisons "in saecula" [1] : ce pluriel n'est attesté que par certains témoins latins et Aug avoue qu'il ne l'a pas trouvé dans le grec. Dans
SF, Jérôme cite la traduction de σ' εις τον αιωνα, ce qui ne
l'empêche pas de conserver en Ga le "in saecula" qu'il trouvait
en Ro.

Il nous semble donc que dans ce stique 69b, Jérôme s'écarte deux fois de la LXX hexaplaire : par recension incomplète,
il a maintenu le pluriel "saecula" et par comparaison avec Symmaque, il a remplacé "fundavit eam" par "quam fundavit".

---

1 comme toute la Vetus Latina, à l'exception de α γ : in aeternum.

7) Ps 82,13

a) TM (83)   : נירשה לנו

    LXX   : κληρονομήσωμεν ἑαυτοῖς

               εαυτοις nobis : La = TM; > Ga Aug [1].

    Eus (997,17) [2] : κληρονομήσωμεν εαυτοις...; l'expression est
               reprise sous la même forme dans le commen-
               taire en (997,37) : ...καὶ οὗτοι εἰρήκασι
               κληρονομήσωμεν ἑαυτοῖς τὸ ἁγιαστήριον τοῦ
               θεοῦ.

    Ga   : hereditate possideamus
               L manque; F* : hereditatem. Mais aucun des
               témoins du Ga ne traduit le εαυτοις.
               Dans la Lettre à Sunnia, nous lisons à ce

sujet : "Et dicitis quod in graeco sit scriptum κληρονομησωμεν
εαυτοις, id est, possideamus nobis. Quae superflua quaestio
est : quando enim dicitur possideamus, intellegitur et nobis". [3]
Le Ro traduisait : hereditatem possideamus nobis; le Ga est le
seul parmi les anciens psautiers latins à omettre le "nobis".

b) Devant l'état des témoins que nous connaissons, il n'est pas
douteux que la LXX hexaplaire traduisait en ce passage κληρονομησωμεν εαυτοις το αγιαστηριον του θεου [4]. Comme on le voit,
dans le passage cité de la Lettre à Sunnia, Jérôme est un peu
agacé par la remarque qui lui a été faite sur ce point; il reconnait implicitement que le grec avait εαυτοις mais justifie
son omission en Ga en affirmant que le "possideamus" contient

---

1 Dans le Bodmer 24, le papyrus est défectueux à cet endroit
   mais la leçon avec εαυτοις peut être considérée comme assurée.
2 Dans le ms nous trouvons les vv 10-13, contrairement à l'é-
   dition qui ne donne que les vv 10-12.
3 SF p. 29 lig. 25..
4 αγιαστηριον avec S - 2049 Sa La^G L$^{''}$, le Bodmer 24 et la
   Syroh; au contraire B' R' 1219 ont θυσιαστηριον.

le "nobis" [1].

Sans doute Jérôme a-t-il raison si on se place au point de vue de l'élégance de la traduction. Il n'en reste pas moins vrai qu'il ne tire pas cette correction de la LXX hexaplaire; au contraire, par cette omission, Jérôme s'écarte précisément du modèle sur lequel il a entrepris de recenser le psautier latin.

8) Ps 84,2 a

a) TM (85)   : רציח

   LXX   : εὐδόκησας
                     ευδοκησας|benedixisti : La GaHi= ευλογησας
                     (vid) [2].

   Eus (1017,21)   : εὐδόκησας; la même traduction se rencontre
                     encore en (1017,51.54; 1024,7; 1025,42).

   Ga   : benedixisti
                     L manque; aucune variante n'est indiquée
                     pour le v.2.   Dans la Lettre à Sunnia, Jé-
                     rôme maintient sa traduction : "Benedixisti
domine terram. Pro eo quod est benedixisti, in graeco scriptum
dicitis ευδοκησας; et quaeritis quomodo hoc verbum exprimi debeat in latinum. Si contentiose verba scrutamur et syllabas,
possumus dicere bene placuit, domine, terra tua; et dum verba
sequimur, sensus ordinem perdimus. Aut certe addendum est ali-
quid ut eloquii ordo servetur et dicendum : conplacuit tibi,
domine, terra tua. Quod si fecerimus, rursum a nobis quaeritur
quare addiderimus tibi cum nec in graeco sit nec in hebraeo.

---

1 On pourrait pour la même raison supprimer le ΕΑΥΤΟΙΣ en
   grec. Dans le Tract. in Ps series altera (CC LXXVIII. p.
   388) Jérôme cite ce verset : possideamus nobis...; au contraire, à la page 94, il citait sans "nobis"; cf. encore
   dans le Comm. in Os (CC LXXVI, p. 119), où le verset est
   également donné sans le "nobis".

2 Une semblable hésitation entre ευδοκειν et ευλογειν se rencontre également dans les Ps 3,9; 18,15; 48,14; 118,108;
   pour le Ps 84,2, on notera que le Bodmer 24 a ευλογησας.

Eadem igitur interpretandi sequenda est regula, quam saepe di-
ximus, ut ubi non fit damnum in sensu, linguae in quam transfe-
rimus ευφωνια et proprietas conservetur".[1].

b) Nous ne disposons pas pour ce verset du témoignage des "autres" versions hexaplaires mais la situation nous paraît suffisamment claire : puisque l'ensemble de la LXX, à l'exception de
La et du Bodmer 24, s'accorde pour traduire ευδοκησας - ce qui
correspond au TM,[2], nous pouvons considérer cette leçon bien
attestée par Eus [3] comme la forme de la LXX hexaplaire. L'explication donnée par Jérôme en SF pour justifier le "benedixisti" ne nous paraît pas convaincante. En effet, le "benedixisti"
du Ga n'est probablement pas dû à l'ευφωνια ou au génie du latin; il n'est pas non plus une traduction libre de ευδοκησας
mais la traduction de ευλογησας, une variante grecque que Rahlfs
proposait à partir des traductions latines [4] et qui est aujour-
d'hui attestée par le Bodmer 24.

Mais même si nous n'avions pas le Bodmer 24, une étude
comparative de la traduction de ευδοκειν par le Ro et le Ga,
nous ferait douter de la recension de Jérôme. En effet sur les
13 passages des Ps où la LXX avait ευδοκειν, 9x Jérôme reprend
en Ga la leçon qu'il trouvait en Ro [5] et cela même quand le Ro
traduisait ce mot par "delectaberis" (en Ps 50,18); de plus
dans les 4 passages où Jérôme corrige le Ro, sa manière de pro-
céder est assez éclectique et contredit sa déclaration : ainsi
dans le Ps 43,4 (LXX : ευδοκησας) il corrige Ro "conplacuit tibi" en "complacuisti" : il conserve le même mot, mais omet le
"tibi" qui selon sa déclaration en SF devrait être ajouté. En

1 SF p. 30 lig. 19.

2 sur les 13x où le TM a רצה, 11x la LXX traduit par ευδοκειν
   et 2x l'hébreu est compris comme une forme du verbe רוץ :
   49,16 (συνετρεχεις) et 61,5 (εδραμον).

3 Cf. aussi Tht, qui après avoir cité le verset avec ευδοκησας, le commente "...ευδοκῆσας ἐστι τὸ ἀγαθόν τι θελῆσαι".
   en PG 80, 1545 lig. 39.

4 en S.-St. 2 p. 119.

5 en 39,13; 50,18; 67,16; 84,2; 118,108; 146,10.11; 149,4;
   151,5.

48,14, le Ro avait traduit : "in ore suo benedicent"; Jérôme en
Ga remplace "benedicent" par "conplacebunt"; en 76,7 il corrige
"beneplacitum sit" par "conplacitior" et en 101,14 "beneplacitum habuerunt" par "placuerunt".

Pour revenir au Ps 84,2, nous constatons que le Ro - comme
toute la Vetus Latina - avait traduit "benedixisti" sans doute
à partir de la variante grecque ευλογησας; dans le Ga, Jérôme a
simplement repris cette traduction, qu'il tente de justifier en
SF en la présentant comme une traduction équivalente pour ευδοκησας [1].

Nous n'avons donc pas de raison de voir dans le "benedixisti" du Ga en 84,2 un indice d'une leçon hexaplaire qui aurait eu ευλογησας; au contraire, nous proposons de considérer
la traduction du Ga comme une simple reprise de la leçon du Ro
et donc comme une recension incomplète de ce psautier sur la
LXX hexaplaire.

9) Ps 93,12 a

a) TM (94)   : הגבר אשר תיסרנו

   LXX   : ἄνθρωπος ὅν ἄν σὺ παιδεύσῃς
                    συ : B^U R^I Aug GaHi 55 et Bodmer 24 ; >
                    Sa (vid) La^G O (teste Hi) L^U Su A = TM.

   Eus (1201,24) : ἄνθρωπος ὅν ἄν παιδεύσῃς; même leçon en
                    (1201,42).

   Ga   : ...homo quem tu erudieris
                    LM manquent; RF lisent "erudieris", CI "er-
                    udies", mais le "tu" est attesté par l'en-
                    semble des témoins du Ga [2].

Dans la Lettre à Sunnia, Jérôme reconnaît que le "tu" n'est pas
dans le grec : "Beatus homo quem tu erudieris domine. Dicitis

---

1   Dans le Tract. in Ps Series altera (CC LXXVIII, p. 394),
    Jérôme cite le verset avec "benedixisti", puis il écrit :
    "melius dicitur in graeco ευδοκησας κυριε, hoc est bene
    placuit tibi domine in terram tuam; placuit tibi, hoc est
    visum est, hoc est decrevisti ut... impleres."
2   ÷ tu : en G^2.

in graeco non esse tu. Et verum est; sed apud Latinos propter
ευφωνια positum. Si enim dicamus : beatus homo quem erudieris,
domine, compositionis elegantiam non habebit. Et quando dicitur
domine et apostrafa fit ad Dominum, nihil nocet sensui si pona-
tur et tu" [1].

b) La LXX ancienne connaissait probablement ici les deux leçons:
certains mss lisaient ce passage avec "συ", d'autres omettaient
le pronom, ce qui devait permettre à Origène de choisir la leçon sans συ, plus proche de l'hébreu.

La comparaison du Ga avec le Ro nous montre que Jérôme
trouvait en Ro "beatus homo quem tu erudieris domine" [2] et qu'
il a conservé en Ga cette leçon sans y apporter aucun changement
pour la conformer au grec. Dans la Lettre à Sunnia, il justifie
sa traduction en faisant appel à l'ευφωνια. S'il est vrai que
l'adjonction du "tu" ne nuit pas au sens, il est également probable que l'absence de ce pronom ne devait pas trop heurter une
oreille latine, puisque dans le Juxta Heb. Jérôme traduit ce
verset : "beatus vir quem erudieris domine"!

En conclusion, nous pensons que Jérôme a conservé la leçon avec "tu" qui se trouvait dans le Ro et qu'il ne suit donc
pas sur ce point le grec hexaplaire, dans lequel, comme il le
reconnaît lui-même, le pronom était omis.

Conclusions :

1) Nous avons relevé 9 cas où la leçon du Ga qui s'oppose à celle d'Eus et au TM, se retrouve dans la Lettre à Sunnia : 8
fois, Jérôme reconnait que sa leçon n'est pas la traduction

---

1 SF p. 32 lig. 21.
2 même traduction dans toute la Vetus Latina avec comme seules variantes : "vir" pour "homo" en moz[c] et l'omission du
"tu" en γ.

exacte du grec et 1 fois (no. 6) il défend le bien-fondé de
sa traduction. Quand Jérôme reconnait l'inexactitude de la
leçon du Ga, il invoque plusieurs fois des raisons de style ou d'ευφωνια : nos. 5.7.8.9, qui ne paraissent pas toujours convaincantes; cf. encore son explication embrouillée
pour le no. 4.

2) La comparaison avec le Ro nous montre que Jérôme a emprunté à sa 'Vorlage' (sans recension) la moitié des leçons de
cette section : nos. 1.3. (orationem meam) [1] 5.8.9. Au contraire, pour les nos. 2.3. (deus _meus_) [2] 4.6.7. Jérôme a
modifié le texte du Ro.

3) 8 des 9 leçons de cette section se lisent dans le Bodmer 24:
5x le Bodmer 24 donne la même leçon qu'Eus : nos. 1.2.4.6.
(7).
3x le Bodmer 24 s'accorde avec le Ga : no. 3 : προσευχων,
no. 8 : ευλογησας
et no. 9 : + συ.

4) Les leçons d'Eus ≠ Ga s'accordent en général avec les témoins du texte de Haute et Basse-Egypte; mais dans deux cas,
Eus s'oppose à une partie des témoins égyptiens :
no. 3 : Eus : των ευχων = Bo contre Ga orationem meam = S
Sa, cf. B, + Bodmer 24.
no. 9 : Eus : > συ = Sa; au contraire le maintien de "tu"
en Ga = B^{v} + Bodmer 24.

5) Nous connaissons quelques traductions des "autres" pour 4
des 9 leçons étudiées :
α' : nos. 1.3. : les deux vont dans le sens de la leçon
d'Eus.
σ' : nos. 1.3.5.6. : nos. 1 et 5 s'accordent avec la leçon
d'Eus; au contraire, les nos. 3 (προσευχων) et 6 (...
ην εθεμελιωσεν...)donnent des formes proches du Ga.

---

1 dans la leçon no. 3, nous avons deux variantes entre Eus et
Ga; il s'agit ici de la première.
2 cf. note précédente : deus _meus_ est la seconde variante.

B) Eus = TM ≠ Ga corrigeant Ro

10) **Ps 23,7 a**

a)   TM (24)   : שְׂאוּ שְׁעָרִים רָאשֵׁיכֶם

    LXX   : ἄρατε πύλας οἱ ἄρχοντες ὑμῶν
                υμων ǀ ημων : R L^pau 55, item v. 9. [1]
                υμων cum πυλας connectent Bo Sa Ga (vestras),
                cum αρχοντες : La (vestri : sic, ut vid.
                etiam Tert. et Cypr.), item in v. 9.

    Eus (1189,2) : ἄρατε πύλας οἱ ἄρχοντες ὑμῶν
                Le commentaire n'apporte aucune précision
                sur la variante que nous allons étudier;
                nous lisons encore ce verset en PG 23, 221,
43,53, sous la même forme, mais là non plus le commentaire ne
permet pas de dire si le υμων est mis en relation avec πυλας ou
avec αρχοντες.

    Ga   : attolite portas principes vestras...
                C manque; les éditeurs n'indiquent aucune
                variante sur le v. 7 pour ce qui nous inté-
                resse [2]; nous pouvons donc déduire que "ves-
tras" se lit en RFIL et dans l'ensemble des autres témoins du
Ga.
Le Ro avait traduit : tollite portas principes vestri [3]; le Ga
introduit deux modifications : "attollite" au lieu de "tollite"
et "vestras" au lieu de "vestri" [4].

b) Nous remarquons que dans ce verset les deux témoins de la
LXX origénienne divergent sur la traduction du possessif : Eus

---

1   ημων est aussi la leçon du Bodmer 24 en Ps 23,7; le texte
    n'est pas conservé au v. 9.

2   sur le v. 9 les éditeurs signalent que L a "vestri" cum Ro.

3   au v. 7 : vestri = A* H M* SKT*; vestras = A²M²T²rell;   au
    v. 9 vestri = A*HM*SKT; vestras = A²M²rell.

4   vestras se lit encore en moz.

semble-t-il le rattache à αρχοντες comme le TM, alors que le Ga
le relie à "portas". Lequel des deux nous donne sur ce point la
leçon choisie par Origène ?

Pour tenter de répondre, nous allons comparer ces deux traductions avec les leçons hexaplaires qui nous sont connues. Mais
comme dans le Ps 23 les versets 7 et 9 sont identiques, il n'est
pas toujours possible de savoir avec certitude si les leçons
des "autres" se rapportent au v. 7 ou au v. 9; on peut pourtant
présumer que ces traducteurs rendaient les deux passages de la
même manière.

Dans le 1175, nous trouvons (anon.) αρατε πυλας κεφαλας
υμων [1] ϑ' η ε' ομοιως τοις ō; σ' μεταρατε πυλας οι αρχοντ(ες)
υμων; la Syroh nous donne encore α' ε' αρατε πυλαι κεφαλας
υμων [2]. La leçon anonyme du 1175 est probablement une forme corrompue de α' : πυλας au lieu de πυλαι; l'annotation ϑ' η ε'
ομοιως τοις ō s'oppose à la Syroh. pour la leçon de ε'. (?)

Pour notre étude, nous relevons que dans toutes ces traductions le possessif est mis en relation avec αρχοντες ou a-
vec κεφαλας comme il l'est dans l'hébreu ראשׁיכם.

En tenant compte de la tradition grecque du texte LXX ainsi que des "autres" traductions nous pouvons raisonnablement
supposer que la recension origénienne devait correspondre à ce
que nous lisons en Eus.

Comment expliquer alors la leçon du Ga ? La traduction
que Jérôme donne en ce verset est vraiment surprenante s'il
trouvait dans sa 'Vorlage' "tollite"portas principes vestri"
que nous lisons dans plusieurs témoins du Ro [3]; au contraire,
s'il lisait en latin "principes vestras", on aurait un exemple
de la recension incomplète de Jérôme [4]. Nous penchons plutôt
vers cette seconde explication, mais soit qu'on admette que

---

1 idem en 264.
2 cf. FIELD in loco.
3 supra note 2 p. 288.
4 dans le Juxta Heb., Jérôme rattache le possessif au deuxième substantif qui devient l'objet direct du verbe : levate
   portae capita vestra.

Jérôme a corrigé "vestri" en "vestras", soit qu'on pense qu'il
trouvait déjà dans sa 'Vorlage' le "vestras" qu'il donne en Ga,
nous estimons que le Ga n'est pas fidèle à la LXX hexaplaire.

11) <u>Ps 38,7 b</u>

a)   <u>TM</u> (39)   : אַךְ - הֶבֶל יֶהֱמָיוּן

    <u>LXX</u>   : πλὴν μάτην ταράσσονται

                  ταρασσονται : B'' 2013 1220 = TM;

                  ταρασσεται : Sa R'' Ga L'' A' [1].

    <u>Eus</u> (585,46) : πλὴν μάτην ταράσσονται; cette citation est
                  reprise sous la même forme en (596,13) et en
                  (596,40).

    <u>Ga</u>   : sed et frustra conturbatur
                  conturbantur: L*; le Ro traduisait "tamen
                  vane conturbabitur". Toute la Vetus Latina
                  a le singulier (en général avec "conturba-
tur") à l'exception de η* : conturbantur.

b) Quelle forme avait la LXX, le singulier ou le pluriel ? Nous
constatons que les témoins du texte de Basse-Egypte ont le pluriel, ceux de Haute-Egypte sont divisés (2013 et 1220 ont le
pluriel; Sa le singulier); les témoins du texte occidental ainsi que L'' et A' ont le singulier : on peut donc admettre que
les deux formes se rencontraient dans la LXX ancienne.

    Pour déterminer la forme de la LXX origénienne, nous n'a-
vons ici que peu de renseignements sur les traductions des "autres" : nous ne connaissons que la leçon de σ' par la Syro.[2] :
συνηχησει.

    On peut cependant noter que la leçon au pluriel fait ici
figure de "lectio difficilior" entre deux verbes au singulier;
elle pourrait donc représenter la forme originale. La leçon au
singulier proviendrait alors d'une corruption du texte et ceci

---

1   Le Bodmer 24 n'est pas conservé.
2   FIELD in loco.

d'autant plus facilement que la même forme se lisait au v. 12.

D'autre part, le pluriel semble correspondre à l'hébreu [1] au moins tel que l'ont compris les Massorètes et il est fort probable que certains des "autres" traducteurs avaient égale- ment rendu l'hébreu par un pluriel.

Quant à la leçon du Ga, nous notons tout d'abord que les traductions latines avaient toutes le singulier, à l'exception de η*. La comparaison avec le Ro nous indique que Jérôme a cor- rigé ce verset (cf. supra), mais le singulier se trouvait déjà dans sa 'Vorlage' et ne peut être interprété comme un signe clair de la recension de Jérôme. Si nous ajoutons que quelques versets plus loin, en 38,12c, Jérôme qui corrige encore le Ro, rend cette fois les mêmes mots grecs qu'en 38,7b par "verumta- men vane ÷ conturbatur" : on aura des réserves à faire sur la recension hexaplaire de Jérôme.

C'est pourquoi nous pensons que la leçon au singulier du Ga a moins de chance de représenter ici la forme de la LXX hexa- plaire que la leçon que nous lisons en Eus.

12) <u>Ps 52,5 b</u>

a) <u>TM</u> (53)   : אכלי עמי אכלו לחם :

   <u>LXX</u>   : οἱ ἔσθοντες τὸν λαόν μου βρώσει ἄρτου

              βρώσει : Β' R 55 = Bodmer 24, εν βρώσει:2013

              L' Th 1219, in cibo : Aug; in cibum : La[R];

              sicut escam; La[G]; ut cibum : Ga.

  <u>Eus</u> (457,37) : οἱ ἔσθοντες τὸν λαόν βρώσει ἄρτου; cette le- çon se retrouve en (457,47) [2].

---

1 Je dis "semble comprendre" car il est possible que la forme que nous lisons en TM - et que la BH et les commentateurs proposent de corriger - soit une forme ancienne qui n'était plus comprise à l'époque des traducteurs grecs, ni à celle des Massorètes. Cf. par ex. M. DAHOOD, Psalms I, p. 241, qui propose d'y voir une forme emphatique (yah[e]mayanna) que les Massorètes auraient vocalisé yehemayun.

2 l'édition du Coislin donne les deux fois οι εσθιοντες, mais dans le ms nous lisons les deux citations sans le iota.

Ga   : qui devorant plebem meam ut cibum panis
              L manque; aucune variante n'est indiquée; le
              Ro avait "sicut escam panis"; dans la Vetus
              Latina, αδελ moz med ont "cibum", mais seul
              le Ga a "ut cibum".

b) La traduction des LXX suppose une lecture différente de celle des Massorètes [1], mais la variante dont nous voulons parler
ne concerne que la présence ou l'absence de la préposition devant βρωσει.

En grec, nous trouvons des témoins des deux leçons : avec
et sans le εν; en latin, toutes les traductions ont un mot de
liaison, mais ce mot varie (in / sicut / ut). Il est évident
que la leçon sans préposition (ou sans conjonction) est la plus
difficile et que les autres représentent des tentatives pour
rendre ce passage plus compréhensible.

Selon la Syroh α' et ϑ' - dont la traduction est plus
proche de la lecture des Massorètes - rendent ce passage sans
préposition : κατεσϑιοντες (εσϑιοντες) τον λαον μου εφαγον αρ-
τον...[2]. On peut donc présumer que la LXX hexaplaire ne pla-
çait pas de préposition devant βρωσει.

Dans le latin, la comparaison entre le Ro et le Ga nous
indique que Jérôme a légèrement modifié sa 'Vorlage' : "ut cibum" au lieu de "sicut escam", mais s'il s'agit d'une recension
hexaplaire, nous devons constater qu'elle est incomplète.[3]

13) Ps 52,6 a

a) TM (53)   : פחד ־ פחדו שם

    LXX   : ἐκεῖ φοβηθήσονται φόβον

---

1 au lieu de אכלו, la LXX lit un infinitif construit avec ב
   ou כ (= latin).

2 FIELD in loco.

3 Dans In Amos, (CC LXXVI, p. 228), Jérôme cite ce verset comme Ro "sicut escam panis...", dans In Zachariam (CC LXXVI
   A, p. 851), il écrit : "sicut cibum panis...". A noter que
   ces commentaires sont composés après la révision du Psautier
   latin.

φοβηθησονται : B″ 2013ʲ Thtʲ Ch 55 = Bodmer
24; εφοβηθησαν : L; εδειλιασαν : R L^pau, ti-
merunt : La^R Aug, trepidaverunt : La^G Ga.

Eus (457,38) : ...ἐκεῖ φοβηθήσονται φόβον [1]; cette leçon
est confirmée par le commentaire (460,6)
...ἐν ᾧ φοβηθήσονται φόβον.

Ga : illic trepidabunt timore
trepidabunt : F; trebidaverunt : R;
trepidaverunt : I rell.
Le Ro traduisait "trepidaverunt timore",
comme la majorité de la Vetus Latina [2].

b) La variante porte sur la traduction de l'hébreu פחד : habituellement ce mot est rendu dans les Ps par δειλιαν [3], la seule
exception étant notre verset. Ici φοβεισθαι est très fortement
attesté par le texte de Haute et de Basse-Egypte, par une partie de la Vetus Latina et par d'autres témoins.

Puisque dans le Ps 13 - parallèle de notre passage - la
LXX avait traduit פחד par δειλιαν, il est possible que cette
même traduction se soit introduite par harmonisation dans une
partie de la tradition du texte du Ps 52.

Parmi les "autres" traductions grecques, seul σ' a φοβηθησονται; α' traduit επτοηθησαν et θ' εβαμβηθησαν [4].

Comme, d'une part, la leçon avec φοβεισθαι est très bien
attestée dans la LXX et que, d'autre part, aucune des versions
hexaplaires que nous connaissons ne traduisait ici δειλιαν, on
peut présumer que la recension d'Origène avait gardé le φοβηθησονται des meilleurs témoins LXX, qui se lisait aussi dans la
colonne de Symmaque.

En latin, où la tradition est partagée entre "timere" et

---

1 φοβον et non pas φοβω comme dans l'édition.
2 Dans la Vetus Latina, seuls αζ ont "timuerunt" et med
"timebant".
3 ainsi en Ps 13,5; 26,1; 77,53; 118,161; δειλιαν se lit
encore en Ps 103,7 pour traduire חתת Ni.
4 dans les mss 1013, 1139, et 1172 (cat. XVII).

"trepidare", le Ro avait "trepidaverunt". Même si l'on accepte
la leçon choisie par les éditeurs du Ga, ce qui ne va pas de
soi, [1] on concluera que Jérôme s'est contenté de remplacer par
un futur le parfait du Ro, par comparaison avec la LXX, mais
que sa recension est restée incomplète par le maintien du verbe
"trepidare".

14) <u>Ps 55,10 c</u>

a)   <u>TM</u> (56)   : כי אלהים לי

    <u>LXX</u>   : ὅτι θεός μου εἶ σύ [2]

                     συ ει ο θεος μου : R; συ   : Ga.

    <u>Eus</u> (497,33) : ὅτι θεός μοι ἐστιν

    <u>Ga</u>   : quoniam deus meus es
                   es : RF[2]; es tu : F*C. Le Ro, comme la majo-
                   rité des psautiers de la Vetus Latina, avait
                   "quoniam deus meus es tu" [3].

b) A première vue la leçon du Ga, qui omet le "tu" de Ro nous
apparaît comme une correction hexaplaire. La leçon d'Eus, pour
sa part, est très isolée; cependant quand on la compare avec les
"autres" leçons hexaplaires que nous connaissons, on doit se demander si elle ne représente pas la forme choisie par Origène.
En effet, Eus nous indique pour Symmaque la leçon : οιδα οτι
εστι θεος μοι (497,26); de plus, en 1175 nous lisons :

    α'   τουτο εγνων   (οτι) θεος εμοι

    (anon) ιδου εγνων   (οτι) θεος μου εστιν

---

1 il n'est pas évident que "trepidabunt" soit la leçon du Ga
  puisque F seul l'atteste; s'il faut lire le Ga au parfait,
  nous avons alors la simple reprise par Jérôme du texte du Ro.

2 Dans l'édition du Bodmer 24, nous trouvons οτι θεος μου ει
  συ : l'éditeur nous indique que le "upsilon" est douteux et
  la photo nous montre que seule la moitié inférieure de la
  lettre est conservée, si bien que l'on peut hésiter entre un
  "upsilon" et un "iota".

3 Les variantes des Psautiers latins sont δ* : "est" au lieu
  de "es tu" et l'omission du "tu" par le Ga.

σ'   τουτο οιδα (οτι) θ︦ς︦ μ( )

Enfin, dans la Syroh nous trouvons l'annotation suivante : ο εβραιος, ε' οτι θεος μοι εστι [1]. La leçon sans sigle du 1175 pourrait être celle de Théodotion : nous remarquons que c'est la seule qui a μου; au contraire, la leçon de α' (1175), celle de σ'(Eus), celle de ε' (Syroh) traduisent toutes trois le לי par μοι ou εμοι. De plus, la leçon anonyme du 1175, celle de σ' (Eus) et celle de ε' (Syroh) ont le verbe à la 3ème personne (εστιν) c'est-à-dire, la même forme que nous lisons chez Eus.

Existait-il dans la LXX une forme qui remplaçait ici le μου par μοι comme le ferait penser la leçon conservée par Eus ? Ce n'est pas impossible. Si le Bodmer 24 n'était pas défectueux précisément à cet endroit, nous aurions peut-être une attestation d'une telle leçon antérieure à Origène [2]. Mais dans la situation actuelle, nous devons nous contenter de noter que la leçon d'Eus s'accorde mieux avec le TM ainsi qu'avec les traductions de α' σ' ε' : dans la LXX, une telle forme ne se comprend bien que comme une recension sur l'hébreu et les "autres".

Quant à la leçon du Ga, elle pourrait également porter la marque d'une correction sur la LXX hexaplaire par l'omission du "tu" que Jérôme lisait en Ro, mais cette leçon pourrait dénoter une recension incomplète.

15) Ps 57,6 b

a)   TM (58)   : חובר חברים מחכם

      LXX   : φαρμάκου τε φαρμακευομένου παρὰ σοφοῦ
                      παρα σοφου : a sapiente : La; sapienter :
                      Ga [3]

---

1 cf. FIELD in loco. A noter que cette leçon de ε' serait complètement identique à celle attestée par Eus : sur les relations entre les leçons de ε' et celles de la colonne LXX des Hexaples, cf. notre étude du 1098 supra p. 87ss.

2 cf. les remarques en note 2 p. 293.

3 Nous ne donnons que les variantes sur מחכם; pour les autres, cf. RAHLFS LXX in loco.

<u>Eus</u> (520,13) [1] : φαρμακοῦται φαρκευομένου (sic) παρα σοφοῦ.
La même leçon se retrouve en (521,5) mais
avec φαρμακευομένου.

<u>Ga</u> : et venefici incantantis sapienter
L manque; incantis : FC; incantantes : R;
mais les éditeurs ne signalent aucune variante sur "sapienter".

Le Ro, comme toute la Vetus Latina, avait "a sapiente"; le Ga
est le seul psautier latin ancien qui remplace "a sapiente"
par "sapienter".

b) La variante dont nous voulons parler concerne la traduction
de l'hébreu מחכם : nous remarquons que toute la tradition grecque, y compris le Bodmer 24, a traduit παρα σοφου, ce que la
Vetus Latina rend par "a sapiente".

Les "autres" selon le 1175 traduisaient ce passage ainsi :
α' σεσοφισμεν(ος); σ' σεσοφισμενου; θ' παρ(α) σοφ(ου) [2].

Dans ces conditions, nous pensons qu'Origène devait maintenir dans sa recension hexaplaire la leçon qu'il trouvait dans
l'ensemble des mss LXX et qui correspondait à celle de Théodotion.

Si nous passons au Ga, nous voyons que Jérôme a apporté
deux corrections au Ro (et venefici quae incantantur a sapiente) en remplaçant "quae incantantur" par "incantantis" et "a
sapiente" par "sapienter". La première correction peut être considérée comme recension sur le texte hexaplaire, mais nous ne
pensons pas qu'on puisse en dire autant de la seconde. Au contraire, à notre avis, la traduction du Ro s'accordait sur ce
point avec la LXX hexaplaire alors que le "sapienter" du Ga s'en
écarte.

---

1 L'édition donne ici le v. 4, mais le ms contient les
vv. 4-6.
2 même leçon de Symmaque en Eus (521,46).

16) <u>Ps 61,11 b</u>

a)   <u>TM</u> (62)   : רבגזל

    <u>LXX</u>   : καὶ ἐπὶ ἅρπαγμα

                       αρπαγμα : Sa La L$^{\prime\prime}$ = TM [1]; αρπαγματα : Β$^{\prime\prime}$
                       R Ga 55.

    <u>Eus</u> (585,50) : ...καὶ ἐπὶ ἅρπαγμα...; même leçon en (596,
                       37).

    <u>Ga</u>   : et rapinas
                       L manque; aucune variante n'est indiquée
                       pour les meilleurs témoins du Ga. Le Ro a-
                       vait traduit : "in rapinas" : le Ga omet le
                       "in" avec ε moz^{c}.

b) Comme on le voit, le grec hésite entre le pluriel et le singulier; de même les anciennes versions sont divisées : on peut
donc admettre que les deux formes se lisaient dans la LXX ancienne [2].

    Mais quelle forme trouvait-on dans la LXX hexaplaire ?
D'après le 1175, les traductions d'Aquila, Symmaque et Théodotion avaient le singulier:

    α'   και εν βια...

    σ'   και επ' αρπαγμα...

    ϑ'   και επι αρπαγματι...[3]

    Dans ces conditions, on comprendrait qu'Origène ait préfé-
ré le singulier que nous trouvons chez Eus. Peut-on alors expliquer le pluriel du Ga ? La comparaison avec le Ro nous montre
que ce psautier lisait "et in rapinas nolite concupiscere" [4];

---

1 cf. aussi Bodmer 24 : και εφ' αρπαγμα.

2 Comme le mot αρπαγμα ne se rencontre qu'ici dans les Ps et
  que l'expression que nous lisons en ce passage ne se retrouve pas ailleurs dans la Bible, il est difficile de dire
  si c'est la forme avec le sing. ou celle avec le plur. qui
  peut être la traduction originale.

3 à noter toutefois que deux mss de la cat. X (1625 et 1706)
  citent les leçons de Symmaque et Théodotion avec le plur.

4 Ro^{KT*} omettent le "in".

Jérôme se serait donc contenté d'omettre le "in", une correction qui ne provient pas de la recension sur le grec hexaplaire mais bien plutôt d'un soucis de construction latine [1].

C'est pourquoi nous pensons que cette leçon du Ga (omission de "in" et pluriel) ne doit pas être considérée comme un témoignage de la recension origénienne.

17) Ps 65,3 a

a) **TM** (66)   : ...מעשיך ברב

   LXX   : τὰ ἔργα σου. ἐν τῷ πλήθει...
                     add ÷ domine : Ga ex 91,6; 103,24.

   Eus (648,5) [2]: τὰ ἔργα σου. ἐν τῷ πλήθει...; ce stique est
                     repris en (648,26) également sans κυριε.

   Ga   : opera tua domine, in multitudine...
                     L manque; "domine" se lit dans les meilleurs
                     témoins du Ga; il est obélisé en R[2]; en de-
                     hors du Ga, aucun psautier latin n'ajoute ici
                     "domine" [3].

b) Contrairement à l'indication donnée par Rahlfs, le "domine" est cité sans obèle dans le Ga. Mais parmi les autres témoins de la LXX, aucun n'atteste la présence de ce mot. C'est pourquoi on peut y voir une harmonisation provenant des formules semblables que nous lisons en Ps 91,6 et 103,24. Dans ces conditions, bien que nous ne connaissions aucune des "autres" traductions, nous pouvons considérer que la leçon d'Eus représente la forme de la LXX origénienne.

Nous ne voyons aucune raison pour laquelle Jérôme aurait pu introduire le "domine" dans le texte de son psautier. Peut-

---

1 Pour éviter "concupiscere in..."; dans le Juxta Heb.,
   Jérôme rétablit le "in" et le sing.: "et in rapina ne
   frustremini".

2 le ms donne les vv 2-3.

3 seul H* du Ro donne le "domine" comme le Ga.

être le trouvait-il dans sa 'Vorlage' ? [1] Mais ajouté ou conservé, ce "domine" ne doit rien à une recension sur le grec hexaplaire.

18) Ps 70,8 a-b-c

a) TM (71)   : תהלתך כל ־ היום תפארתך ...

LXX   : ...αἰνέσεως / ὅπως ὑμνήσω τὴν δόξαν σου /
                 ὅλην τὴν ἡμέραν τὴν μεγαλοπρέπειάν σου.
                 αινεσεως + σου : La[G] Sy et alii Latini = TM;
                 8 b om. et της μεγαλοπρεπειας pro την ־ πειαν

habet S = TM; toto die gloriam magnitudinis tuae : Sa cf.
aussi Bodmer 24 : οπως ολην την ημεραν υμνησω την δοξαν της
μεγαλοπρεαν(sic) σου

Eus (777,46) : contrairement à l'édition qui nous donne ici
               la leçon de la LXX commune (cf. supra), nous
               lisons dans le ms :...αἰνέσεως, ὅλην τὴν
               ἡμέραν τῆς μεγαλοπρέπειας σου c'est-à-dire
la traduction exacte de l'hébreu, si nous ajoutons à αινεσεως
un σου que suppose le commentaire en (777,51) (τῆς σῆς αἰνέσεως)
et en (777,59) τῆς σῆς αἰνέσεως καὶ τῆς σῆς μεγαλοπρεπειας.

Ga   : ...laude / ut cantem gloriam tuam / tota die
                magnitudinem tuam.
                L manque; ✗ tua : CI.[2]; aucune variante n'
                est signalée dans les meilleurs témoins pour
le point que nous étudions.

b) La différence entre la leçon attestée par Eus et celle du Ga
porte ici sur tout un stique. Origène avait-il omis ce stique
comme semble l'indiquer Eus ? La comparaison avec l'hébreu nous
invite à répondre par l'affirmative. De plus selon Eus (780,2)
Symmaque traduisait : πλησθείη τὸ στόμα σου αἴνους σου κατὰ πᾶ-
σαν ἡμέραν, ἐν τῇ εὐπρεπείᾳ σου...c'est-à-dire qu'il omettait
également le stique b. Enfin dans le 1175, nous lisons cette

---

1 ce qui supposerait que Jérôme avait un texte identique à
   celui de Ro[H*], cf. note 3 p. 297.

annotation (en cursive) au sujet du stique 8b ουτος ο στιχος
ουκ εκειτο εν τω τετρασελιδω ουτε παρα τοις ō ουτε παρα τοις
αλλοις εκδοταις.

Nous pensons donc que dans les Hexaples, les "autres" colonnes devaient omettre le stique 8b, à quoi rien ne correspond
dans le TM. Si Origène a pu choisir une telle leçon, il l'a certainement fait; dans le cas contraire, il aurait sans doute o-
bélisé les mots excédentaires.

Puisque une telle leçon existe en grec en S - cf. aussi les
hésitations de certains témoins de la LXX comme le Bodmer 24 -
il est permis de penser que la leçon d'Eus, qui correspond au
TM, a des chances de représenter la LXX hexaplaire.

Quant à la leçon du Ga, une comparaison avec le Ro nous
montre que Jérôme a remplacé "ut possim cantare" et "magnificentiam" par "ut cantem" et "magnitudinem"; il a également omis le
"tua" que le Ro donnait à la fin du stique 8a (laude tua). Mais
sur quelle base Jérôme a-t-il fait ces modifications, il n'est
pas facile de le dire.

Nous devons donc nous contenter de souligner l'accord de
la leçon attestée par Eus avec le TM, avec S ainsi qu'avec la
traduction de Symmaque. Si dans l'annotation du 1175 que nous
avons citée plus haut le εν τω τετρασελιδω signifie "dans l'é-
dition en quatre volumes de la LXX origénienne" [1], nous aurions
là une confirmation importante, bien que tardive, de l'omission
du stique 8b par la LXX hexaplaire.

19) Ps 70,21 a

a) TM (71)   : גדלתי

    LXX   : τὴν μεγαλοσύνην σου

        μεγαλοσυνην   : Sa R′ Ga L″ 55 = TM;
        δικαιοσυνην   : B″ La^G Aug [2].

---

1 cf. infra p. 433ss.

2 dans Bodmer 24 nous lisons επλεονας επ'εμε την μεγαλοπρε-
   πειαν σου.

<u>Eus</u> (788,1) : ...τὴν μεγαλοσύνην μου; la même forme est re-
prise en (788,12); le possessif de la première
personne est clairement affirmé par le commentaire : (788,1ss) : D'après Eus, c'est le Sei-
gneur qui s'adresse à son Père; il commente :...πῶς δὲ ἐπλεόνα-
σεν ὁ πατὴρ τὴν μεγαλοσύνην τοῦ μονογενοῦς αὐτοῦ [1].

<u>Ga</u> : magnificentiam tuam
Aucune variante ne nous est signalée pour ce
verset; le Ro avait "justitiam tuam"; le Ga -
comme αβ moz^c - corrige en "magnificentiam tuam".

b) La LXX hexaplaire avait-elle σου ou μου ? Les témoins grecs
que nous connaissons traduisent différemment le substantif mais
ils s'accordent pour le possessif de la deuxième personne.

Parmi les "autres" traductions, nous avons celles de α' et
ϑ' par le 1175 :

α' πληϑυνεις μεγαλειοτητα μου
ϑ' πληϑυνεις την μεγαλειοτητα σου [2]   et celle de :
σ' αυξησεις την μεγαλειοτητα μου par Tht [3] et les mss
Sinaï grec 22-23 (= R 1811) de la cat XXV.

Il n'est pas impossible qu'Origène ait maintenu le σου malgré l'hébreu et les traductions de α' et σ' . Mais comment pour-
rait-on expliquer alors la leçon d'Eus μεγαλοσυνην μου ? Au contraire, si Origène a connu une leçon (recensée) qui avait le
possessif de la première personne, il l'a certainement préférée
et dans ce cas Eus témoignerait de ce choix d'Origène.

Comme nous l'avons vu, Jérôme a modifié le substantif qu'il
lisait en Ro, mais sa recension a-t-elle été également attenti-
ve au possessif ? On pourrait envisager une solution qui explique la différence des deux témoins de la LXX d'Origène : la le-

---

1 cf. encore la suite du commentaire ...τὸν αὐτὸν τρόπον καὶ ὁ
πατὴρ τὴν μεγαλοσύνην τοῦ υἱοῦ... Il faut cependant noter
que dans la citation des vv 20-21 (incomplète dans l'édition)
en (785,24), on lit μεγαλοσυνην σου.

2 mêmes leçons en 264 sans les sigles.

3 PG 80, 1428 lig. 13.

çon citée par Eus pourrait être tirée de la colonne LXX des Hexaples alors que la recension de Jérôme est basée sur la recension hexaplaire; dans cette hypothèse, la leçon de la colonne
des Hexaples serait due à une correction plutôt qu'à un choix
si bien que dans la recension hexaplaire, Origène aurait maintenu la leçon habituelle de la LXX malgré son opposition à l'hébreu et à certains des "autres".

En conclusion : Eus et Jérôme pourraient être tous deux fidèles à Origène mais représenteraient des stades différents de
son travail critique.

20) <u>Ps 79,2 b</u>

a)   <u>TM</u> (80)   : כֶּאצֹן יוֹסֵף

    <u>LXX</u>   : ὡσεὶ πρόβατα τὸν ιωσηφ
                   προβατα : B$^{()}$ Sa 1093 La Ga et Bodmer 24;
                   προβατον : Vulg L$^{()}$ 55; R dub.

    <u>Eus</u> (949,43) : ...ὡσεὶ πρόβατον τὸν ιωσηφ; la même forme
                   est citée deux fois dans le commentaire,
                   (953,37) et (957,26).

    <u>Ga</u>   : qui deducis tanquam oves Ioseph
                   L manque; les principaux témoins du Ga ont
                   "oves"; le Ro et la Vetus Latina avaient
                   "velut ovem", sauf αγδζ : "oves".

b) Les deux formes (pluriel et singulier) sont bien attestées
en grec; il est possible que le singulier soit secondaire par
recension "servile" ou alors sous l'influence d'une exégèse qui
comprenait "Joseph" comme le nom du fils de Jacob et non plus
comme un parallèle d'Israël. Ce qui est certain, c'est que Aquila et Théodotion traduisaient également par le singulier alors
que Symmaque avait le pluriel,comme le montre l'annotation du
1175 :

    α'   ως   ποιμνιον   ιωσηφ
    σ'   ως   ποιμνια τον   ιωσηφ
    θ'   ωσει προβατον   ιωσηφ [1]

----
1 même leçon en Eus (953,47).

Dans ces conditions il nous semble que, puisqu'Origène pouvait connaître les deux formes, il a probablement choisi la leçon avec le singulier qu'il retrouvait en Théodotion.

La comparaison entre le Ro et le Ga nous montre que Jérôme a modifié ce passage ("tanquam" au lieu de "velut" et le pluriel "oves" au lieu de "ovem"), mais l'a-t-il fait sur la base du texte hexaplaire ? Nous n'en sommes pas convaincus.

21) Ps 83,12 a

a) TM (84)   : ...חֵן אלהים יהוה ומגן שמש כי [1]

LXX   : ὅτι ἔλεον καὶ ἀλήθειαν ἀγαπᾷ κύριος ὁ θεός χαριν... [2]

κυριος : TM; > Ga Aug.

Eus (1016,36) : ὅτι ἔλεος καὶ ἀλήθειαν ἀγαπᾷ κύριος ὁ θεός; dans la reprise en (1016,38), nous lisons ἀντὶ τοῦ ὅτι ἔλεον καὶ ἀλήθειαν ἀγαπᾷ κύριος, ὁ ἀκύλας...

Ga   : quia misericordiam et veritatem diligit : deus, gratiam et gloriam dabit dominus; non...

L manque; aucune variante sur ce point.

b) Nous voulons parler de la présence ou de l'absence du יהוה / κυριος / dominus : nous constatons que le TM, toute la tradition grecque ainsi qu'Eus attestent la présence de ce mot; au contraire le Ga et Aug omettent "dominus".

Par le 1175 et le 264, nous connaissons les principales traductions des "autres".

α' ηλιος κ(αι) θυραιος κ̄ς ο θε̄ς [3]

---

1 La leçon de la LXX est certainement une corruption comme le montre la comparaison avec l'hébreu, mais l'hébreu et le grec s'accordent pour אלהים יהיה / κυριος ο θεος.

2 même traduction en Bodmer 24 sur le point qui nous intéresse.

3 également en Eus (1016,39) mais avec θυρεος; cf. aussi en Patmos 215.

ϑ'   οτι ελεον και αληθειαν αγαπα κ̄ς ο ϑ̄ς
σ'   ηλιον γαρ και υπερασπισμον κ̄ς ο ϑ̄ς
ε'   οτι ηλιος και σκεπαστης κ̄ς ο ϑ̄ς [1]

Dans ces conditions on voit difficilement pourquoi Origène aurait omis le mot κυριος dans les Hexaples et dans la recension hexaplaire, puisque tous les "autres" ont κ̄ς ο ϑ̄ς.

Si l'on passe au latin, on remarque que le Ro traduit : "quoniam misericordiam et veritatem diligit dominus, gratiam et gloriam dabit deus, dominus"... La recension de Jérôme a introduit plusieurs modifications : il a remplacé le "quoniam" par "quia"; il a interverti le "dominus"et "deus" et il a éliminé le second "dominus", enfin il a obélisé le "diligit". Bien que la traduction du Ro ne corresponde pas pleinement au grec [2], il faut noter que le travail de Jérôme, loin de recenser le Ro sur le grec, semble plutôt l'en éloigner [3].

22) Ps 87,6 a

a)   TM (88)   :   שכבי קבר

     LXX   :   καθεύδοντες ἐν τάφῳ
                          ταφω monumento : La^G, sepulchro : Aug = TM
                          ταφοις He R^C 55,monumentis : La^R, sepul-
                          chris : Ga; pluralem hab. etiam Bo Sa Sy [4].

     Eus (1056,36)   :   καθεύδοντες ἐν τάφῳ; cette leçon est reprise
                          en (1057,5); le singulier est encore attes-
                          té par le commentaire (1057,19) ...τοῖς κα-
                          θεύδουσιν ἐν τάφῳ et (1057,33) τοῖς ἐν τάφῳ
                          γενομένοις [5]

---

1   encore en Eus (1016,40) et en Patmos 215.

2   sauf à S, qui déplace le ο θεος en v. 12b.

3   par contre l'obèle de "diligit" pourrait être une correction hexaplaire puisque ce verbe manque en α' σ' ε' et en TM. A noter cependant que ϑ' conserve ce mot.

4   Bodmer 24 ne conserve pas la fin du mot.

5   cf. encore dans le commentaire en (1057,28) : μετα την εν τω ταφω καταθεσιν.

Ga   : ...dormientes in sepulchris

L manque; aucune variante n'est indiquée sur
ce point. Le Ro avait "in monumentis", ce qui
est aussi la traduction de la Vetus Latina, à
l'exception de γ : in monumento; δ : in sepulchro.

b) L'hébreu et le grec ont le singulier; les traductions latines hésitent entre le singulier (monumento / sepulchro) et le
pluriel (monumentis / sepulchris); la variante a donc pris naissance au niveau du latin et il ne fait guère de doute que la
recension d'Origène devait lire le singulier comme toute la LXX.
Par Tht [1], nous connaissons la leçon de Symmaque : ...οι κειμε-
νοι εν ταφω, ce qui renforce encore la probabilité de la leçon
choisie par Origène.

Jérôme, quant à lui, lisait en Ro "in monumentis" : il a
donc changé le mot mais il a conservé le pluriel. On peut sérieusement douter que sur ce point Jérôme ait suivi le grec hexaplaire.

Conclusions :

1) Nous avons retenu 13 cas où la leçon d'Eus = TM s'oppose à
celle du Ga, dans des passages qui portent la marque de la
recension de Jérôme. La différence entre Eus et le texte de
Jérôme se situe 9x sur 13 dans le mot recensé : nos. 10.11.
13.(14).15.17.20.21.22.

2) Dans le Bodmer 24, nous trouvons 11 des 13 leçons de cette
section :
    7x le Bodmer 24 s'accorde avec Eus : nos. (10).12.13.15.
    16.17.21.
    1x il s'accorde avec le Ga contre Eus : no. 20.
    2x nous hésitons pour la leçon du Bodmer 24 : no. 14 où

_____

1 PG 80, 1569 lig. 23.

on pourrait lire μου ou μοι et no. 18 où la leçon du
Bodmer semble attester la connaissance de la forme que
nous donne Eus.

1x le Bodmer 24 donne une leçon différente de celle d'Eus
et de celle du Ga : no. 19.

On remarquera que la seule fois où Bodmer 24 = Ga contre
Eus, la leçon au singulier προβατον que nous trouvons chez
celui-ci nous apparaît comme un <u>choix possible</u> d'Origène, en‑
couragé peut-être par les traductions de Théodotion et d'A‑
quila.

3) Comparées avec le texte égyptien, ces leçons d'Eus s'opposent
à une partie ou à l'ensemble des témoins pour les nos sui‑
vants :

    no. 14 : Eus : οτι θεος μοι εστιν   cf. TM

    no. 16 : Eus : αρπαγμα = Sa TM contre B αρπαγματα

    no. 18 : Eus = S TM cf. Sa

    no. 19 : Eus : μεγ. μου = TM

    no. 20 : Eus : προβατον   contre Bᵇ Sa 1093 προβατα

Nous signalons la leçon no. 18 où Eus avec S est le seul té‑
moin grec = TM cf. Sa; également le no. 14 : μοι = לי.
Dans le no. 16, le singulier (= Sa) se lit aussi en α' σ' θ'
et au no. 20, le choix du singulier s'accorde avec les tra‑
ductions de θ' et d'α'. Notons cependant le no. 19 où α' σ'
θ' (selon le 1175) traduisent tous trois par μεγαλειοτητα,
ce qui n'empêche pas Origène de conserver la traduction de
la LXX μεγαλοσυνην, mais avec μου = TM ainsi que α' σ' (con‑
tre θ'). Cette leçon μεγαλοσυνην <u>μου</u> est tout à fait isolée
dans la LXX et elle ne s'explique que par un travail de com‑
paraison avec l'hébreu et les traductions de α' σ'. Comme
nous l'avons souligné, le μου est confirmé par le commentai‑
re d'Eus alors que le "tuam" que nous trouvons en Ga pourrait
n'être qu'une simple reprise du Ro.

    Au contraire, 7 des leçons du Ga [1] s'opposent au texte é‑
gyptien :

---

1 on pourrait ajouter le no.10 : voir nos conclusions p.288-289.

no. 11 : Ga a le singulier = Sa contre B$''$ 2013 pour le pluriel.

no. 12 : Ga "sicut" alors que B$'$ = βρωσει sans mot de liaison, et 2013 : εν βρωσει.

no. 13 : Ga traduit par "trepidare" cf. Ps 13; au contraire φοβηθησονται = B$''$ 2013$'$.

no. 15 : Ga seul : "sapienter"; toute la LXX παρα σοφου, a sapiente.

no. 17 : Seul Ga ajoute "domine".

no. 27 : Seul Ga omet "domine".

no. 22 : Le pluriel est attesté presque uniquement en latin; dans le Ga, Jérôme l'emprunte au Ro.

La comparaison avec le texte égyptien nous indique que toutes les leçons où Eus s'oppose à une partie des témoins du texte de Haute et Basse-Egypte peuvent représenter la forme de la LXX hexaplaire. Même pour les deux cas (nos. 14 et 19) où Eus s'écarte de tous les témoins que nous connaissons, il n'est pas exclu qu'il nous conserve la leçon de la LXX d'Origène [1].

Il n'en va pas de même, à notre avis, pour les leçons où le Ga s'oppose au texte égyptien. Nous pensons qu'aucune des leçons du Ga mentionnées ci-dessus ne témoigne de la forme grecque choisie par Origène.

Nous n'avons pas relevé ici de différence concernant les rapports d'Eus avec B et avec S, sinon pour le no. 18 où S est seul (cf. Sa) à nous donner la même leçon qu'Eus.

4) Les leçons d'Eus et celles des "autres" : nous marquons du signe = les leçons des "autres" qui sont identiques à celles d'Eus ou qui vont dans le même sens; ≠ signifie au contraire que la leçon citée s'accorde plutôt avec le Ga.

---

1 avec la possibilité que nous avons envisagée : Eus nous donnant le texte de la col. LXX des Hexaples plutôt que celui de la recension hexaplaire.

	10	11	12	13	14	15	16	17	18	19	20	21	22
α'	=		=	=	=		=		=	=	=	=	
σ'	=	≠		=	=		=		=	=	=	≠	=
ϑ'	=		=	=		=	=		=	≠	=		=
ε'	=			=					=			=	

Si l'on tient compte du fait que les leçons d'Eus étudiées dans cette section sont = TM et qu'elles s'accordent avec une partie (souvent importante) des témoins de la LXX, ce tableau des contacts avec les traductions des "autres" parle de lui-même.

5) Au sujet de la recension d'Origène, nous avons constaté que dans 10 des 13 leçons analysées, Origène disposait très certainement de la leçon attestée par Eus et qu'il pouvait donc la choisir pour sa recension de la Bible grecque. Au contraire, pour les nos 14 et 19, nous ne connaissons pas d'autres témoins grecs de cette leçon qu'Eus. Il pourrait donc s'agir là de corrections, plutôt que de choix, de la part d'Origène. Il n'est cependant pas impossible que celui-ci ait connu des formes déjà recensées de la LXX. Mêmes remarques pour le no. 18 avec la différence, toutefois, qu'ici la leçon d'Eus est confirmée par S.

C) Eus = TM ≠ Ga = Ro.

a) Les principaux cas :

23) Ps 20,3 a

a)   TM (21)   : תאות לבו

    LXX   : τὴν ἐπιθυμίαν τῆς ψυχῆς

                    ψυχης : B" R' Aug Ga A; καρδιας : Sa La^G

                    Vulg L" 1219³ = TM et Bodmer 24.

    Eus (581,50) : τὴν ἐπιθυμίαν τῆς καρδίας; la même leçon se
                    trouve encore en (581,56) et également en PG
                    23,200,14.

    Ga   : desiderium animae eius.
                    C manque; animae : RFIL*; cordis : L^2 rell
                    codd et edd. [1]. Le Ro comme la majorité des
                    témoins de la Vetus Latina traduisait : "a-
nimae eius", mais "cordis" est attesté par α γ η med.

b) Eus et Ga nous donnent en ce passage deux leçons différentes:
   laquelle est fidèle à la LXX d'Origène ?

    Nous pouvons noter que la traduction d'Eus correspond au
TM, mais nous ne disposons pas ici du témoignage des "autres"
versions grecques qui auraient pu influencer le choix d'Origène.
D'autre part, la comparaison entre Ga et Ro nous indique que Jérôme trouvait dans sa 'Vorlage' la leçon qu'il a retenue en Ga;
nous n'avons donc pas d'indication d'une recension explicite de
Jérôme.

    Dans la LXX, Origène devait trouver les deux formes ψυχης
et καρδιας : en effet, les trois principaux témoins du texte de
Basse-Egypte soutiennent la leçon avec ψυχης; au contraire, Sa,
le seul témoin de Haute-Egypte qui nous est parvenu, suppose

---

1   Dans Comentarioli, p. 20, Jérôme cite ce passage avec "cordis"; au sujet de cette même leçon (cordis) en L^2 cf. Ga
   (proleg. p. IX) : "textus huius psalterii ad recensionem
   quamdam pertinet in qua Psalterii Gallicani lectiones cum lectionibus veteris cuiusdam Gallici Psalterii permiscentur".

καρδιας. Le témoignage de cette version, importante par son antiquité [1], nous est aujourd'hui confirmé par le Bodmer 24, par
lequel nous avons une attestation claire de cette leçon antérieurement au travail d'Origène, qui peut donc l'avoir lui-même
connue.

L'étude des mots καρδια et ψυχη dans le Psautier nous montre que les anciens traducteurs ont régulièrement rendu לב ou
לבב par καρδια (131 sur 143) et נפש par ψυχη (136x sur 147).
Dans trois passages (Ps 20,3; 36,15; 68,21) où le grec, pour
traduire לב, hésite entre καρδια et ψυχη [2], Eus nous donne les
trois fois une leçon avec καρδια [3]. Dans un seul passage des
Ps, Eus traduit לב par ψυχη: Ps 68,33 [4] et dans ce cas, il s'accorde avec toute la tradition textuelle de la LXX.

Dans les versets où les LXX avaient rendu par καρδια un
mot hébreu différent de לבב-לב, on note chez Eus une tendance
très nette à traduire fidèlement l'hébreu [5].

On pourrait faire la même remarque au sujet des versets

---

1 "La première en date des versions classiques et officielles
   de toute l'Egypte chrétienne," selon R. KASSER, Papyrus
   Bodmer 24, intr. p. 7; S^c καρδιας.

2 Pour 20,3 cf. supra; 36,15 : καρδιαν : B 2013-2046 R A'
   ainsi que Bo Sa La Ga Sy, ou avec le plur. καρδιας, L$^{a'}$ 55
   et Vulg et Bodmer 24; au contraire ψυχην se lit en S. Pour
   le Ps 68,21, les témoins sont beaucoup plus divisés : ψυχη :
   B$^)$ R' L$^{)}$ 1219$^)$; καρδια : S Sa La^G Aug Ga He^{mg}.

3 Pour 36,15 : PG 23, 329 lig. 3; pour 68,21 : (748,30-31),
   où la leçon LXX est suivie de celles d'Aquila et Symmaque
   avec le même mot à l'acc.; la leçon se retrouve encore en
   Eus (745,33) dans la citation des vv. 17-21 qui n'est que
   partiellement reproduite dans l'édition.

4 en Eus (764,10.14.27).

5 Ainsi il traduit מעי (39,9) par κοιλιας : PG 23, 356 lig.
   30 : κοιλιας : S$^)$ L$^{)}$ Su A$^{)}$; καρδιας : B 2013$^)$ R$^{)}$ GaHi. En
   Ps 31,5 il rend חטאתי par αμαρτιας : PG 23, 277 lig. 4.13 :
   dans la citation du verset, il donne καρδιας (277,2), mais
   il note αλλοι δε ου την ασεβειαν της καρδιας αλλα την ασεβειαν της αμαρτιας μου εξεθεντο, remarque suivie de la leçon de Symmaque. Dans ce verset, Rahlfs a également αμαρτιας
   = Ga Tht$^{)}$ alors que καρδιας est supporté par l'ensemble des
   autres témoins y compris le Bodmer 24.

cités par H.-R. sous le mot ψυχη [1] : en général, Eus suit le
texte hébraïque [2].

Cette étude comparative met en évidence une très grande
fidélité d'Eus spécialement pour la traduction de l'hébreu לב
et nous pensons que les leçons d'Eus qui s'écartent des autres
témoins de la LXX peuvent représenter des formes de la recension d'Origène.

Pour en revenir à notre Ps 20,3, nous estimons, à cause de
l'ancienneté de certains témoins de la leçon καρδιας, qu'Origène
a connu les deux leçons ψυχης et καρδιας; dans ces conditions,
il devait choisir celle des deux qu'il jugeait plus conforme à
l'hébreu et probablement aux "autres" [3].

Quant à Jérôme, nous l'avons vu, il reprend simplement en
Ga la traduction du Ro. Rien ne nous prouve donc qu'il ait voulu suivre, en traduisant ainsi, le texte de la LXX hexaplaire.

24) Ps 21,19 a

a)   TM (22)   :   יחלקו בגדי להם

     LXX   :   διεμερίσαντο τὰ ἱμάτιά μου ἑαυτοῖς
                   τα ιματια μου / εαυτοις : TM [4] ; tr R[D] Ga
                   (non Cypr).

---

1   Dans les versets où ψυχη traduit לב, Eus traduit 3x par καρ-
    δια et il ne conserve le ψυχη qu'en 68,33; en Ps 56,7 où
    S a την ψυχην μου, Eus (512,24) donne τοις ποσιν μου comme
    Rahlfs; de même en 70,9 Eus (780,35) a ισχυν avec Rahlfs
    contre ψυχην : S Sa L[pau] et Bodmer 24.

2   dans un seul passage, Eus apparaît moins fidèle à l'hébreu
    que dans la leçon choisie par Rahlfs : en 37,8 où au lieu de
    αι φυαι μου : R Ga L[D] Th A[D] = TM, Eus, selon PG 23, 344 lig.
    19, lit ψυχη, mais outre que ce passage n'est pas donné dans
    le Coislin 44 et que cette leçon n'est pas confirmée par le
    commentaire, on notera qu'elle s'accorde avec les trois
    grandes familles du texte grec (B[D] 2013' La).

3   Nous n'avons aucune raison de penser que le texte hébreu des
    "autres" traducteurs grecs différait sur ce point du TM : on
    peut donc penser qu'Aquila, au moins, traduisait ce passage
    par καρδια.

4   Le Bodmer 24 s'accorde pour l'ordre des mots avec les autres
    témoins grecs; à noter cependant qu'il donne διεμερισαν = S
    et non διεμερισαντο.

<u>Eus</u> (749,48) : ...τὰ ἱμάτιά μου ἑαυτοῖς; même leçon en (856,
12) et également dans le commentaire du Ps 21
en PG 23, 209,37 [1].

<u>Ga</u>   : diviserunt sibi vestimenta mea
C manque; aucune variante dans les mss du Ga;
Le Ro et la Vetus Latina traduisaient de la
même manière; seuls α β remplacent "mea" par
"sua".

b) La variante entre Eus et Ga concerne la place du pronom : la
leçon τα ιματια μου εαυτοις est attestée par toute la tradition
grecque, y compris le Bodmer 24, tandis que les témoins du texte occidental (mais non Cypr) inversent l'ordre des mots.

     Par Eus nous connaissons les traductions de ce passage en
Aquila et Symmaque : α' : μερισουσιν ιματιον μου εαυτοις...
                      σ' : διενεμοντο τα ιματια μου εαυτοις... [2]

     Comme on le voit, tous les deux placent le pronom à la fin
du premier stique. Nous pouvons donc tenir pour certain que la
LXX hexaplaire suivait l'ordre des mots que nous trouvons en
Eus comme dans la majorité de la LXX.

     Passons au texte du Ga pour constater que Jérôme y reprend
sans aucune modification la traduction qu'il lisait en Ro. La
recension de Jérôme a-t-elle été trop rapide ou bien n'a-t-il
pas jugé nécessaire de changer pour si peu un texte si connu ? [3]
Les deux explications sont sans doute possibles; on remarquera
pourtant que dans le Juxta Heb. Jérôme rétablit en latin l'ordre des mots : "diviserunt vestimenta mea sibi..."

     Ainsi quel que soit le motif qui ait poussé Jérôme à con-
server dans le Ga l'ordre des mots du Ro, nous pouvons noter
que sur ce point il n'est pas fidèle à la LXX origénienne.

---

1 la même leçon se retrouve chez Eus dans une citation en
   PG 22, 1112 lig. 7.

2 ibid.

3 ce verset est cité en Jn 19,24 ...τα ιματια μου εαυτοις que
   le latin traduit : ...vestimenta mea sibi. Quelques mss o-
   mettent le "sibi" (peut-être par assimilation avec le texte
   de Mt 27,35), d'autres le placent immédiatement après le verbe.

25) Ps 21,26 a

a) TM (22)   : מאתך תהלתי

    LXX   : παρὰ σοῦ ὁ ἔπαινός μου

                  παρα σου : a te : Tert = TM, également Bodmer
                  24;

                  παρα σοι : U L[pau] apud te : Sa La Ga.

    Eus (856,1)   : παρὰ σοῦ ὁ ἔπαινός μου...; il faut relever
                  que la citation de ce verset en Ps 73 porte
                  sur la suite (εν εκκλησια μεγαλη) et non di-
                  rectement sur les premiers mots (παρα σου).

    Ga   : apud te laus mea...
                  C manque; aucune variante sur ce stique; le
                  Ro traduisait "apud te laus mihi ; αβεζη Ga
                  corrigent "mihi" en "mea", mais conservent le
                  "apud te" comme toute la Vetus Latina.

b) παρα σοι est peu attesté en grec (U L[pau]); cependant à
cause de la traduction des versions Sa et La, nous sommes invi-
tés à reconnaître l'existence des deux leçons (παρα σου et παρα
σοι) dans la LXX ancienne [1].

    Mais la leçon παρα σου qui traduit l'hébreu, est beaucoup
mieux attestée que παρα σοι. De plus nous connaissons ici par
les Hexaples de Taylor la traduction d'Aquila : παρα σου /
υμνησις μου / εν εκκλησια πολλη. Nous avons donc de bonnes raisons pour penser que la LXX origénienne traduisait également
παρα σου.

    Quant à la leçon du Ga, nous remarquons qu'elle est iden-
tique à celle du Ro et de la Vetus Latina. Nous n'avons, par
conséquent, aucun indice d'une volonté de Jérôme de recenser ce
passage du Ro sur la LXX hexaplaire [2].

---

1 Dans les Ps on rencontre 21x παρα + gén. mais dans 10 cas la
   tradition hésite entre gén.et dat. : Ps 11,5; 36,23.29; 61,2.
   6; 72,25; 83,6; 103,21; 108,20; 151,7. Cf. aussi 129,4.7.
2 Jérôme a conservé le "apud te" dans le Juxta Heb.

26) <u>Ps 36,25 a</u>

a) <u>TM</u> (37)   : גם זקנתי

    <u>LXX</u>   : καὶ γὰρ ἐγήρασα [1]

                   καὶ γαρ : etenim : Vulg; et ecce : La[R] Aug;

                   et : La[G] Ga Cypr.

    <u>Eus</u> (489,25) : ...καὶ γὰρ ἐγήρασα; la même leçon se retrou-
                   ve dans le commentaire du Ps 36 en PG 23,
                   322,55.

    <u>Ga</u>   : ...et senui
                   L manque; et : RFCI avec le Ro et toute la
                   Vetus Latina; etenim : la plupart des mss
                   (moins importants) du Ga.

b) La variante porte sur la traduction du גם : La LXX le rend
par καὶ γαρ (sans variante selon Rahlfs); le latin, au contraire, est divisé : Le Ga, comme la Vetus Latina, traduit "et"
mais la plupart des mss donnent "etenim" alors que La[R] et Aug
ont "et ecce".

    Nous constatons que la variante prend naissance au niveau
des traductions latines. Aussi puisque la tradition grecque
s'accorde pour traduire ici καὶ γαρ, nous n'avons aucune raison
de penser qu'Origène n'ait pas conservé cette traduction. Le
1175 nous indique que Symmaque avait rendu le גם selon sa manière habituelle αλλα και. [2]

    Si nous passons à la recension de Jérôme, nous constatons
que la leçon des meilleurs témoins du Ga est identique à celle

---

1 Le Bodmer 24 a également και γαρ; nous ne signalons que les
   variantes concernant la traduction du גם.

2 cf. aussi le 1121 : ευσ ... η κατα τον συμμαχον νεος εγενομεν αλλα και γαρ εγηρασα. Pour la traduction de גם par
   Symmaque, cf. D. BARTHELEMY, Les Devanciers, p. 45-46. Selon
   Th Mops (S e T 93, p. 215), Symmaque aurait traduit ici
   νεος εγενομεν και γαρ εγηρασα (idem en 1717), mais le commentaire voulait sans doute souligner la différence portant
   sur la première partie du verset (νεος loco νεωτερος) sans
   se soucier de la fin de la citation donnée d'après la LXX
   (?) car si σ' avait traduit και γαρ comme la LXX, il n'y aurait eu aucun intérêt à le relever.

du Ro et de la Vetus Latina. Une étude des autres passages du
Psautier où l'hébreu a גם nous montre que presque toujours
(31x sur 34), Jérôme s'est contenté de reprendre la traduction
qu'il trouvait en Ro [1]. Nous proposons par conséquent de considérer le "et" que nous lisons en ce verset du Ga comme la simple reprise du Ro sans recension sur le texte de la LXX hexaplaire.

27) Ps 49,10 a

a) TM (50)   : כל־חיתו יער

    LXX   : πάντα τὰ θηρία τοῦ δρυμοῦ
                       δρυμου : B᾿⁾ 2013᾿ R T Sy 1219᾿ Bodmer 24;
                       silvae: La^R Aug = TM; silvarum : La^G Ga;
                       αγρου : L A (ex 11,6) [2].

    Eus (668,42)   : ...πάντα τὰ θηρία τοῦ δρυμοῦ.

    Ga   : omnes ferae silvarum
                       aucune variante ne nous est donnée sur ce
                       verset; la leçon "silvarum" se trouve égale-
                       ment en Ro et dans toute la Vetus Latina à
                       l'exception de α : vestiae silvae.

b) La situation textuelle est claire : le singulier est attesté

---

1   pour ces 34x où le TM a גם, la LXX traduit 12x par και γαρ :
    Ps 18,12; 24,3; 36,25; 40,10; 70,22; 83,4.7; 84,13; 118,23.
    24; 128,2; 138,10; une fois par και γαρ και : Ps 82,9 et
    une fois par γαρ και : Ps 22,4. Pour les 12 passages où la
    LXX a traduit και γαρ, Ro a 8x "etenim", 2x "nam et" (18,12
    et 118,24) et 2x "et" (36,25 et 70,22); le Ga traduit 9x
    "etenim" (les 8x du Ro + 18,12). Jérôme n'a modifié la tra-
    duction du Ro que 3x; en Ps 18,12 (και γαρ; Ro : nam et; Ga:
    etenim); 70,22 (και γαρ; Ro : et; Ga : nam et) et 82,9 (και
    γαρ και; Ro : etenim simul; Ga : etenim) et pour le Ps 18,12
    seul, on peut parler d'une vraie recension de la LXX.

2   Nous pouvons laisser de côté cette variante (αγρου) qui est
    manifestement une harmonisation provenant de la formule as-
    sez fréquente θηρια του αγρου, cf. Ps 103,11, qui apparaît
    une vingtaine de fois dans la Bible grecque, mais toujours
    pour traduire שדה : le Ps 49,10 serait le seul passage où
    αγρου traduirait יער.

par la grande majorité des témoins de la LXX et il correspond
au TM, alors que le pluriel ne se lit que dans la Vetus Latina,
le Ro et le Ga. Nous pouvons donc supposer que la recension o-
rigénienne avait ici le singulier. Ce qui nous est confirmé par
les attestations des traductions des "autres" : d'après le 1175
et le 264 οι $\overline{γ}$ et $\overline{ο}$ ont δρυμου [1].

D'où provient le pluriel que nous lisons en Ga ? Très probablement du Ro, que Jérôme reprend sans modification, comme il
le fait plusieurs fois dans le Psautier pour le même mot [2].

C'est pourquoi nous ne pensons pas que le pluriel "silva-
rum" du Ga témoigne de la LXX hexaplaire, mais bien plutôt du
caractère incomplet de la recension de Jérôme.

28) Ps 54,11 b

a) TM (55)   : ...הורות בקרבה ולא..

   LXX   : ...καὶ ἀδικία, καὶ οὐκ...
                       + εν μεσω αυτης : Sa Sy cf. TM [3].

   Eus (477,38) [4] : ...ἀδικία ἐν μέσῳ αὐτῆς, καὶ οὐκ...
                       cette leçon nous paraît confirmée par le
                       commentaire en (480,47) : ...αδικια τε εν
                       μεσω αυτης και ουκ...

   Ga   : ...et iniustitia, et non...
                       L manque; aucune variante sur ce point en
                       Ga; le Ga est identique au Ro et à la Ve-

---

1   cf. aussi la Syroh qui donne la leçon de α' : οτι εμοι παν
    ζωον του δρυμου (Field in loco).

2   δρυμος se lit 8x dans la LXX; la recension de Jérôme est
    assez irrégulière. Il conserve "condensa" en 28,9 (δρυμους);
    dans les autres passages où le mot est au sing., il corrige
    deux fois le Ro (82,15 et 103,20 Ga^{RC}), mais il conserve le
    "silvarum" de Ro en 49,10 et 95,12. Au contraire, en 103,11,
    il remplace le "silvarum" du Ro par "agri" (LXX : αγρου) et
    en 103,16 par "campi" (LXX : πεδιου).

3   Le Bodmer 24 ne nous donne pas ce passage : nous n'avons pas
    de témoignage grec correspondant à la leçon de Sa.

4   Dans le ms nous avons la citation des vv. 9-12b.

tus Latina; seul med ajoute "in medio eius".

b) En comparant la leçon attestée par Eus avec celle du Ga - et aussi avec la plupart des autres témoins de la LXX -, nous remarquons qu'Eus ajoute εν μεσω αυτης, comme Sa Sy et qu'il s' accorde par là avec le TM.

Dans le Commentaire des Ps, Eus cite la traduction de Symmaque pour les vv. 10b - 12 : nous retenons ce qui correspond au stique 11b de la LXX : ...ὀδύνην καὶ ταλαιπωρίαν ἔνδον αὐτῆς, ἐπηρείας ἔνδον αὐτῆς...(480,21).

En nous fondant sur le TM et sur la traduction de Symmaque, nous pouvons estimer que les "autres" traducteurs grecs devaient également traduire deux fois בקרבה dans ce passage [1]. Or puisque Sa et Sy attestent l'existence de la leçon αδικια εν μεσω αυτης, Origène pouvait probablement la connaître et la choisir pour sa recension hexaplaire. D'ailleurs s'il ne l'avait pas trouvée dans ses mss, il aurait dû introduire dans la LXX les mots εν μεσω αυτης sous astérisque.

Dans le Ga, Jérôme donne la même traduction que le Ro et la Vetus Latina : sa leçon ne porte aucune marque de recension et nous la considérons comme la reprise pure et simple du Ro. Au contraire, nous pensons que la leçon d'Eus (lemme et commentaire) qui traduit fidèlement le TM et s'accorde sur ce point avec la traduction de Symmaque, représente la LXX hexaplaire.

29) Ps 54,24 d

a) TM (55)   : בך אבטח ואני [2]

    LXX   : ἐγὼ δὲ ἐλπιῶ ἐπὶ σέ κύριε
                    ελπιω επι σε / κυριε : B' 2013 La^G Ga T 1219:
                    tr L'' ; επι σε ελπιω κυριε : R' Aug (La^R spe-
                    ravi pro-abo) [3].

---

1 cf. le 264 qui signale : α' : ενδον αυτ(ης); οι δε λοιποι το εν μεσω αυτης, mais cette note ne dit pas explicitement si l'expression se lit deux fois dans le verset.

2 BH en note : Grec : + יהוה .

3 Dans le Bodmer 24, la page qui contenait les Ps 53,6 à 55,7 a disparu.

Eus (488,56) [1] : ἐγὼ δὲ ἐλπιῶ ἐπὶ σέ; même leçon en (492,9; 536,19); cf. aussi (540,27) [2].

Ga   : ego autem sperabo in te domine

L manque; tous les mss du Ga ont ici "domine"; le Ro traduisait "vero in te sperabo domine"; l'ordre des mots varie dans plusieurs témoins de la Vetus Latina, mais tous lisent "domine".

b) Eus est le seul témoin de la LXX qui ignore le κυριε et il s'accorde avec le TM. D'après la tradition textuelle, il nous paraît évident que la LXX ancienne avait κυριε, mais l'hésitation des mss quant à la place du mot pourrait nous indiquer qu'il s'agit d'une addition à la traduction originale [3]. Nous ne connaissons malheureusement aucune des "autres" versions hexaplaires de ce stique. Nous pouvons cependant remarquer la ferme attestation d'Eus pour l'omission du κυριε (4x) et nous pensons pouvoir y reconnaître une correction intentionnelle d'Origène. Il est vrai que d'après les témoins de la LXX nous devrions trouver le mot κυριε sous obèle plutôt que son omission totale.

Dans le Ga, Jérôme a recensé ce stique ("autem" au lieu de "vero" [4] et transposition des mots), mais il a conservé (sans obèle) le mot "domine".

Comment expliquer ce désaccord des deux témoins de la LXX origénienne ? Peut-être par le fait qu'Eus cite d'après les Hexaples, alors que Jérôme travaille sur la recension hexaplaire. Origène aurait-il maintenu (avec ou sans obèle?) dans sa

---

1 Cette première citation ne se lit pas dans l'édition qui a remplacé le v. 24 par un και τα εξης.

2 εγω δε επι σε ελπιω : l'ordre des mots est ici différent (cf. R Aug) mais nous retenons l'omission de κυριε.

3 Le verbe ελπιζειν est fréquemment utilisé avec επι κυριον; on lit également plusieurs fois dans les Ps ελπιω (ελπισα) επι σοι (σε) κυριε (ou tr.) : Ps 7,1; 30,1.14; 37,16; on remarque une certaine tendance à ajouter κυριε : ainsi en 52,2 (+ κυριε : Bo R' Aug); 70,14 (+ κυριε ο θεος μου : Sa cf. Bodmer 24); 142,8 (+ κυριε : La[G] et alii Latini).

4 en latin "autem" se lit encore en α γ δ med.

recension le κυριε que nous trouvons dans toute la tradition de
la LXX, malgré l'absence de ce mot dans l'hébreu ? Ce n'est pas
impossible.

30) <u>Ps 56,5 c</u>

a)   <u>TM</u> (57)   : חנית וחצים

    <u>LXX</u>   : ὅπλον καὶ βέλη

                       οπλον : B' 1220 Sy = חנית; même leçon en
                       Bodmer 24; οπλα : Bo Sa R L⁰ 55, arma : La
                       Ga.

    <u>Eus</u> (509,38) : ...ὅπλον καὶ βέλη...; la même leçon avec le
                       singulier se retrouve en (517,21.32).

    <u>Ga</u>   : ...arma et sagittae
                       L manque; aucune variante sur ce point. Le
                       Ro et toute la Vetus Latina lisaient égale-
                       ment "arma".

b) Le singulier οπλον est très bien attesté en grec; on pourrait voir dans le pluriel οπλα une corruption du texte qui har-
monise avec οδοντες et βελη. Cependant puisque toutes les anciennes versions de la LXX ont le pluriel, il est possible que
les deux leçons (singulier et pluriel) remontent à la LXX ancienne. Mais il nous paraît certain qu'Origène avait choisi le
singulier : en effet, outre la présence du singulier dans tous
les meilleurs témoins du texte grec, nous connaissons plusieurs
traductions des "autres" par le 1175 où nous lisons : ϑ' τοξον;
σ' δορατα; α' δορυ η ε' (και) ς' ομοιως τ(οις) ō οπλον.
Comme nous le voyons seul Symmaque a le pluriel; de plus, selon
ces annotations du 1175, la Quinta et la Sexta donnent ici
οπλον : dans ces conditions, nous pensons qu'Origène maintenait
la leçon avec le singulier dans sa recension hexaplaire.
    Si nous passons au latin, nous constatons que Jérôme a re-
pris sans modification la leçon qu'il trouvait en Ro [1]; peut-

---

1   Jérôme corrige pourtant le stique suivant en remplaçant
    "machera acuta" de Ro par Ga "gladius acutus".

être n'a-t-il pas voulu changer de mot, ce qui aurait été nécessaire pour introduire le singulier [1], mais quelle que soit
la raison que Jérôme pourrait invoquer pour maintenir ici "arma", il ne suit pas, à notre avis, la LXX hexaplaire.

31) Ps 63,3 b

a) TM (64) : פֹּעֲלֵי אָוֶן

   LXX : ἐργαζομένων τὴν ἀνομίαν
               ανομιαν : Sa R^U Ga L^{pau} He
               αδικιαν : S' L^U B^S 55 = Bodmer 24.

   Eus (616,11) [2] : ἐργαζομένων ἀδικίαν; repris en (617,3).

   Ga : operantium iniquitatem
           L manque; aucune variante n'est signalée;
           la même leçon existe en Ro et dans toute
           la Vetus Latina.

b) Quelle était ici la forme de la LXX hexaplaire : ανομιαν ou
αδικιαν ?

    D'après Eus, Origène devait avoir choisi αδικιαν, ce qui
lui était certainement possible étant donnée la situation textuelle. De plus, toujours selon Eus, Symmaque traduisait ce
passage par les mêmes mots : ...ἐργαζομένων ἀδικίαν (617,11),
ce qui rend encore plus vraisemblable le choix d'Origène.

    Au contraire, dans le Ga nous constatons que Jérôme a re-
pris la leçon du Ro et de la Vetus Latina. Or le Ga traduit par
"iniquitas" aussi bien αδικια [3] que ανομια [4], conservant presque toujours la traduction du Ro.

    C'est pourquoi il nous semble que la traduction "iniquita-
tem" du Ga ne peut pas être opposée ici au témoignage d'Eus et

---

1 Ainsi dans Juxta Heb., Jérôme traduit par un sing. en changeant "arma" en "lancea".

2 le ms donne entièrement les vv. 2-3.

3 30x sur 34; 3x il traduit par "iniustitia" : en 7,15 et en
   51,4 = Ro, ainsi qu'en 57,3 ≠ Ro; en 88,33, il rend par
   "peccata" = Ro.

4 74x sur 81.

320

nous proposons de regarder le αδικιαν comme la leçon hexaplaire de ce verset.

32) Ps 67,5 d

a) TM (68)   : >

    LXX   : ταραχθήσονται ἀπὸ προσώπου αὐτοῦ
                    5 c > : S Sa et Cypr = Bodmer 24;
                    5 d > : L^{pau}.

    Eus (685,1) [1] : Le stique 5d est omis dans la citation en-
                   tière des vv 5-6; de même dans le commen-
                   taire, on rencontre les stiques 5a-b-c puis
                   6a, mais le stique 5d n'apparaît pas.
                   (685,1-688,15).

    Ga   : turbantur a facie eius
                   L manque; aucune variante n'est indiquée
                   par les éditeurs du Ga, mais ce stique est
                   obélisé par I Φ G. Le Ro et toute la Vetus
Latina lisent ce passage comme le Ga, c'est-à-dire avec les stiques 5c-d.

b) Puisque les stiques 5c et 5d de la LXX sont un doublet, traduisant deux fois les mêmes mots de l'hébreu, il est probable
qu'Origène devait apporter une correction à cette leçon attestée par l'ensemble des mss. Nous ne connaissons pas les "autres"
leçons hexaplaires mais nous pouvons penser que leurs traductions ignoraient également le doublet de la LXX. Les quelques
témoins anciens qui omettent déjà un des deux stiques devaient
permettre à Origène d'éliminer à son tour une des deux traductions des mêmes mots hébreux. C'est pourquoi nous pensons que
la leçon conservée par Eus pourrait bien être la forme de la
LXX hexaplaire dans ce passage.

    Dans le Ga, au contraire, nous voyons que Jérôme a simple-
ment repris le stique 5d du Ro et de la Vetus Latina [2] et nous

---

1 le passage est amputé dans l'édition.
2 Jérôme a apporté une correction au stique 5c, en remplaçant
    le "gaudete" de Ro par "et exultate" en Ga.

ne trouvons aucun indice d'une influence de la recension hexaplaire.

33) Ps 70,20 a

a) TM (71)   : צרות רבות ורעות

    LXX   : θλίψεις πολλὰς καὶ κακάς
                     κακας : R⁰ Ga L⁰ 55; κακα : B⁰ Sa = Bodmer
                     24.

    Eus (785,23) [1] : θλίψεις πολλὰς καὶ κακά; la même formule
                     est reprise en (785,32.36; 788,4.10) et el-
                     le est assurée par le commentaire (785,37)
                     "ἰδὼν γὰρ τὰς θλίψεις καὶ τὰ ὀνομαζομένα
                     κακὰ".

    Ga   : tribulationes multas et malas
                     L manque; cette leçon est attestée par RFCI
                     et la plupart des autres mss du Ga; elle
                     est identique à la traduction du Ro et de
                     toute la Vetus Latina.

b) Les deux formes κακας et κακα se trouvaient dans la LXX ancienne; κακα est très bien attestée par les témoins du texte
égyptien; κακας pourrait être une forme secondaire par attrac-
tion de πολλας.
    Nous pensons que pour les Hexaples, Origène devait avoir
le choix entre les deux formes; d'après Eus, il a choisi κακα.
Les "autres" traductions hexaplaires que nous connaissons n'appuient pas totalement le choix d'Origène, puisque selon le 1175,
α' traduisait θλιψεις πολλ(ας) και κακας; σ' θλιψεις πολλας
και κακωσεις; θ' ομοιως τοις ō. Cependant l'affirmation d'Eus
est si ferme, en particulier en (785,37) cf. aussi (788,10),
que nous pensons que malgré la traduction d'Aquila, Origène a
pu préférer la leçon κακα [2].

---

1 dans le ms nous lisons les versets 19b - 21b.
2 qui serait aussi la leçon de Théodotion d'après le 1175.

322

Dans le Ga nous constatons que la leçon conservée par Jérôme est empruntée au Ro et à la Vetus Latina; elle ne peut
donc être considérée comme un témoignage direct d'une LXX hexaplaire qui aurait eu ici κακας. C'est pourquoi nous proposons
de regarder la leçon θλιψεις πολλας και κακα comme la forme de
la LXX origénienne.

34) Ps 71,17 a

a) TM (72)   : יהי שמו לעולם

    LXX   : ἔστω τὸ ὄνομα αὐτοῦ εὐλογημένον εἰς τοὺς
                        αἰῶνας
                        εστω : B" La^G Aug Ga He^c et Tert.
                        εσται : Sa R' L' 1219 = Bodmer 24
                        ευλογημενον : > Tert [1].

    Eus (816,8) [2]   : ἔσται τὸ ὄνομα αὐτοῦ εἰς τοὺς αἰῶνας; ce
                        stique est repris sous la même forme en
                        (817,13).

    Ga   : sit nomen eius benedictum in saecula
                        L manque; aucune variante parmi les princi-
                        paux témoins du Ga; "benedictum"est obélisé
                        par R². Le Ro avait traduit : "et erit no-
men eius benedictum in saecula"; Ro^A : "sit" loco "erit", ce que
font aussi γ σ* de la Vetus Latina.

b) Nous notons deux variantes entre la leçon d'Eus et celle du
Ga : - εσται au lieu de "sit"
     - l'absence du ευλογημενον alors que le Ga a "benedictum".
     Il est difficile de se prononcer sur la première variante.
Si nous croyons une scholie du C. 187 ō et θ' avaient εστω; α'
et σ' traduisaient, au contraire, εσται. La correction du Ro par
Jérôme pourrait donc être fidèle, sur ce point, à la LXX d'Ori-
gène.

---

1   Le Bodmer 24 contient aussi le mot mais sous la forme
    ηὖλογημενον.
2   dans le ms nous pouvons lire les vv. 16-17 en entier.

Mais pour la seconde variante, on pourrait préférer la leçon d'Eus à celle du Ga. D'après Tht [1] το ευλογημενον παρ' ουδενι κειται ουτε εν τω εξαπλω ουτε παρ' εβραιοις. Il semble
donc que ce mot devait être omis - si Origène connaissait un ms
qui lui permettait de choisir cette forme - ou, au moins, obélisé dans la LXX hexaplaire. Ici Jérôme a simplement repris
sans modification sa 'Vorlage' alors que la leçon d'Eus - qui
correspond au TM - pourrait bien être la forme de la LXX hexaplaire.

35) **Ps 77,60 b**

a) **TM** (78)   : אהל שכן

   LXX   : σκήνωμα αὐτοῦ οὗ κατεσκήνωσεν
                       αυτου : B^υ Sa La Ga He* 55; > : R L^υ 1046 =
                       TM; Bodmer 24 omet également le αυτου.

   Eus (909,49) : ...σκήνωμα οὗ κατεσκήνωσεν...; repris sous
                       la même forme en (932,48) [2]; (933,9.24).

   Ga   : tabernaculum suum ubi habitavit
                       L manque; aucune variante n'est indiquée; le
                       Ro avait traduit : "in quo habitavit" mais
                       il lisait "tabernaculum suum", comme toute
                       la Vetus Latina [3].

b) La majorité des témoins de la LXX donnent le possessif, mais
l'omission du αυτου est également ancienne puisque nous la
trouvons dans le Bodmer 24.

Parmi les versions hexaplaires, nous connaissons par Eus
(933,15) celle de Symmaque ...και την σκηνωσιν την ιδρυθεισαν
εν ανθρωποις, et celle de Théodotion par les mss 1047 et 1139
de la cat XVII : Γ^Γ δε θεοδο, σκηνωμα αυτου ου κατεσκηνωσεν εν
αν̄οις.

---

1 en PG 80, 1440 lig. 3.
2 le ms cite les vv. 59 - 64 et non pas le seul v. 59 comme
   l'édition.
3 "suum" n'est omis que par moz^x et med.

Quelle leçon Origène avait-il choisie ? Il nous semble que puisque certains témoins grecs omettaient le αυτου, Origène devait préférer, lui aussi, cette leçon plus conforme à l'hébreu, à la traduction de σ' et - probablement - de α'.

La comparaison du Ga avec le Ro nous indique que Jérôme a modifié sa 'Vorlage' ("ubi" au lieu de "in quo"), mais pourquoi a-t-il maintenu le "suum" ? Il ne nous semble pas possible de considérer la modification introduite ici par Jérôme comme un indice sûr d'un travail recensionnel et, en conséquence, nous estimons que la leçon sans αυτου, que nous donne Eus, a davantage de chance d'être fidèle à la LXX hexaplaire.

36) **Ps 87,15 a**

a) **TM** (88) : תזנח נפשי

   LXX : ἀπωθεῖς τὴν ψυχήν μου

   ψυχην : S Sa La^G L¹⁾ A' = TM; également Bodmer 24; προσευχην : B⁾ R' Aug Ga 55 cf. 14b.

   Eus (1064,41) : ...ἀπωθεῖς τὴν ψυχήν μου; les mêmes mots se lisent en (1064,47) (commentaire) et en (1068,55) où le stique est repris.

   Ga : repellis orationem meam
   L manque; aucune variante. Cette leçon est celle du Ro et de la Vetus Latina; seuls γ et med ont "animam meam".

b) Pour ce verset nous connaissons plusieurs leçons hexaplaires par le 1175 :

   α'   εις τι κε απωσει ψυχ(ην) μου
   θ'   ινατι κε απωθεις την προσευχ(ην) μου
   σ'   ινατι κε αποβαλλει την ψυχην μ(ου) [1].

   Dans la LXX, les deux leçons sont bien attestées, mais puisque Origène avait le choix et que les traductions de α' et

---

1 la traduction de Symmaque nous est encore connue par le Baroc. 223 (= 1706) et par le Staurou grec 1 (= 1625) avec pour seule différence resp. αποβαλλη et αποβαλη.

σ' donnaient également ψυχην μου, nous pensons qu'Origène a
choisi la leçon que nous trouvons en Eus.

Quant au Ga, la comparaison avec le Ro nous montre que Jérôme a tout simplement repris ce qu'il lisait dans sa 'Vorlage'
et nous doutons beaucoup que sur ce point il soit fidèle à la
LXX d'Origène.

37) Ps 88,33 b

a) <u>TM</u> (89)   : עֲוֹנָם

    <u>LXX</u>   : τὰς ἁμαρτίας αὐτῶν
              αμαρτιας : B' Sa R, peccata : La[C]Ga, delicta:
              La[R] Aug et Cypr.
              αδικιας : S 1098 L' A'' cf. TM [1].

    <u>Eus</u> (1105,3) : ...τὰς ἀδικίας αὐτῶν; le stique est donné
              avec les mêmes mots en (1105,44 et 49).

    <u>Ga</u>   : peccata eorum
              LM manquent; aucune variante n'est indiquée;
              la traduction du Ga est identique à celle du
              Ro et de la Vetus Latina; seul α traduit
              "delicta".

b) La tradition grecque est partagée entre les leçons αμαρτιας
et αδικιας. Pour savoir laquelle des deux Origène avait retenue,
nous disposons ici d'un précieux témoin : le 1098. Nous y lisons : b) αυωναμ; c) ανομιαν αυτων; d) τας αδικιας αυτων; e)
τας αδικιας αυτ(ων); f) τας ανομιας αυτων. [2]

Nous notons que seul α' (1098) traduit par le singulier
(= TM) et il n'est pas douteux que nous ayons là une marque de
la recension soignée d'Aquila. Mais quel mot lisait-on dans la
LXX hexaplaire ? Selon le 1098, les "autres" rendent l'hébreu

_____

1 les pages 84-85 du Bodmer 24 sont perdues : nous n'avons pas
   le texte du Ps 88,11-47.

2 le 264 nous donne quelques renseignements sur les leçons de
   ce verset, mais l'annotation est en partie corrompue et difficile à interpréter : cf. G. MERCATI, Osservazioni p. 412.

soit par ανομια, soit par αδικια, mais aucun ne traduit αμαρτια [1]. Cette leçon αμαρτια est pourtant bien attestée dans les
mss de la LXX ancienne. Nous pensons cependant que dans ces conditions, Origène devait choisir celle des deux leçons de la LXX
qui se rapprochait le plus de l'hébreu et des "autres", c'est-
à-dire en notre verset τας αδικιας αυτων que nous lisons en
Eus.

Quant à la leçon du Ga, elle reprend sans modification ce
que Jérôme lisait dans sa 'Vorlage' (et in verberibus peccata
eorum) : nous ne trouvons aucune indice du travail de Jérôme et
nous proposons de considérer cette leçon du Ga comme la simple
reprise du Ro et comme un exemple de la recension incomplète de
Jérôme.

38) Ps 88,50 b

a) TM (89)   : ...אדני נשבעת לדוד...

    LXX   : κύριε ἃ ὤμοσας τῷ δαυιδ
                      α, quas : La[R] Aug; sicut : La[G] Ga [2].

    Eus (1069,19)   : ...κύριε ἃ ὤμοσας τῷ δαυιδ...: la même le-
                      çon se rencontre en (1081,19.32; 1116,50;
                      1120,32).

    Ga   : ...domine sicut iurasti David...
                      LM manquent; aucune variante sur ce point.
                      Le Ro et la Vetus Latina traduisaient égale-
                      ment "sicut iurasti" à l'exception de α
                      moz[c] med qui ont "quas".

---

1 αμαρτια peut rendre l'hébreu עון : d'après H.-R. sur les
   29x où nous trouvons αμαρτια dans le Psautier, ce mot traduit 18x un mot de la racine חטא et 6x עון : Ps 24,11; 31,2.
   5; 77,38; 88,33; 108,14. Il est vrai que pour les trois derniers passages cités, la tradition grecque hésite : ainsi en
   31,5 ανομιαν = S᾽ 1220 R᾽ Ga L᾽ A᾽ contre αμαρτιαν = B U᾽
   et Bodmer 24; en 88,33 cf. supra; en 108,14 : η ανομια / αι
   ανομιαι : Sa Ga (non Vulg); mais η αμαρτια : S (mais S[c]
   ανομια).

2 Le Bodmer 24 donne sur le point qui nous occupe la même leçon qu'Eus et l'ensemble des témoins grecs.

b) Nous notons que la leçon avec "sicut" se lit partout en latin à l'exception de α moz[c] med et Aug. Nous pouvons ainsi localiser l'origine de la variante : elle nous apparaît comme une
correction facilitante et harmonisante introduite lors de la
traduction du grec en latin [1].

Dans le grec, nous lisons dans tous les témoins la même leçon que chez Eus; il n'est donc pas difficile d'imaginer la forme que devait avoir la LXX hexaplaire. Mais nous possédons en
plus un témoin direct des Hexaples puisque le 1098 nous a conservé ce passage. Nous y lisons : b) νιοβαθ; c) ωμοσας; d) ωμοσας; e) αν ωμοσας [2]; f) ωμοσας. Dans la LXX qui suit les Hexaples, nous retrouvons ce verset : που εστιν τα ελεη σου τα αρ-
χαια יהוה α ωμοσας τω δαυιδ... [3]. Comme nous pouvons le constater aucune des "autres" colonnes ne donnait un mot équivalent
du "sicut" du Ga. Dans ces conditions, il est certain qu'Origène ne devait pas l'introduire dans sa recension mais qu'il se
contentait de reprendre la forme commune de la LXX.

Le "sicut iurasti" du Ga, de son côté, ne peut pas être at-
tribué au travail de Jérôme puisque le Ro et la plupart des témoins latins le connaissaient déjà. A notre avis, il témoigne
plutôt du caractère incomplet de la recension hexaplaire latine
de Jérôme.

39) Ps 90,6 a

a)   TM (91)   : באפל יהלך

     LXX   : διαπορευομένου ἐν σκότει

---

1 On comprend plus facilement le passage de "quas iurasti" à
  "sicut iurasti" que l'inverse. Nous trouvons, en effet, plusieurs fois dans la Bible "sicut iurasti (iuravi - iuravit)"
  ainsi en Ps 131,2 (où אשר נשבע est rendu en grec par ὡς
  ωμοσεν); Ex 13,11; Nb 14,17; Dt 2,14; 13,17; 19,8; 26,15;
  27,3; 28,9; 29,13; cf. aussi Ps 94,11 (ut iuravi).

2 Les photos de l'édition ne sont pas très claires pour ce
  passage, mais nous lirions plutôt α ωμοσας dans la col. "e"
  des Hexaples. Cependant avec α ou avec αν, la leçon du 1098
  s'oppose au "sicut" du Ga.

3 MERCATI, p. 101.

δ ιαπ. εν σκοτει : B′ R′′ Ga Λ′ 2043 2048;

εν σκοτει διαπ. : L′′ 1219 2020 = TM et Bodmer 24.

<u>Eus</u> (1144,3) : ἐν σκότει διαπορευομένου...; cette leçon se lit aussi en (1148,25; 1153,36 et 49).

<u>Ga</u> : a negotio perambulante in tenebris L manque; aucune variante sur ces mots; le Ro et toute la Vetus Latina donnent la même traduction avec le même ordre des mots.

b) Les principaux témoins grecs attestent la leçon διαπορευο-μενου εν σκοτει; cependant puisque d'autres, et en particulier le Bodmer 24, ont l'ordre des mots que nous lisons chez Eus, nous pouvons admettre que les deux leçons existaient dans la LXX ancienne. Nous connaissons encore les traductions d'Aquila et de Symmaque pour ce verset :

α′ απο ρηματος εν σκοτομηνη περιπατουντος [1]

σ′ ουδε λοιμον ζοφω οδευοντα [2];

les deux traduisent en suivant le même ordre des mots qu'Eus. Origène a, sans doute, connu les deux formes de la LXX et nous pensons qu'il a préféré celle des deux qui conservait l'ordre des mots de l'hébreu et des "autres".

Dans le Ga, au contraire, nous constatons que Jérôme se contente de reprendre sans modification ce qu'il lisait en Ro. L'ordre des mots conservé par Jérôme ne peut donc pas être opposé à celui de la leçon d'Eus pour la forme de la LXX hexaplaire [3].

---

1 Eus (1153,37). Cf. un peu différent en Taylor : α′ : απο λοιμου εν σκοτομ[

2 Eus (1153,39).

3 à moins de penser qu'Origène n'a pas introduit de telles modifications dans la recension faite à partir des Hexaples; dans cette hypothèse, la leçon d'Eus représenterait la forme de la col. LXX des Hexaples et le Ga, celle de la recension origénienne.

40) Ps 91,11 b

a)   TM (92)   : בשמן רענן

     LXX   : ἐν ἐλαίῳ πίονι

                     ελαιω = TM;   ελεω: B (R dub.) misericordia:
                     La Ga [1].

     Eus (1177,33) : ...ἐν ἐλαίῳ πίονι, repris en commentaire en
                     (1180,11).

     Ga   : in misericordia uberi
                     L manque; aucune variante n'est indiquée;
                     le Ro, comme toute la Vetus Latina, tradui-
                     sait 'misericordia' [2].

b) La leçon avec ελεω est très certainement une corruption d'
ελαιω; elle est surtout attestée en latin. Même si Origène a pu
connaître cette forme, nous ne pensons pas qu'il l'ait introduite dans sa recension. Nous savons par Tht que Symmaque traduisait : ἡ παλαίωσίς μου ὡς ἐλαία εὐθαλής [3]; cette traduction,
bien que différente de celle de la LXX, aurait sans doute in-
cliné Origène - si besoin était - à conserver la forme que nous
trouvons en Eus.

    Quant au Ga, une comparaison avec le Ro, nous indique que
Jérôme a repris sans aucune correction tout le v. 11 de sa 'Vorlage' : on admettra difficilement qu'il dépende ici de la LXX
hexaplaire.

---

1 Bodmer 24 : εν ελαιω πιονι; Rahlfs signale plusieurs cas
   de confusion entre ελεος et ελαιον : Ps 88,21; 100,1;
   105,24; 140,5; 151,4.

2 seule variante en ce stique : α γ ont "pingui" au lieu de
   "uberi".

3 PG 80, 1620 lig. 27; même leçon en Patmos 215 et dans le
   1675.

b) Autres cas Ro = Ga

41) Ps 15,10 a

 TM (16)   : נפשי לשאול

 LXX   : τὴν ψυχήν μου εἰς ᾅδην
        αδνη : B R L^a Tht^P; pr τον S U;αδου L^b
        Z Tht^P A'; in infernum : La; ad inferos :
        Cypr Ga et alii Latini:in inferno : correctio
        christiana cf. Ac 2,27; 13,35-37 [1].

 Eus (744,46) : τὴν ψυχήν μου εἰς τὸν ᾅδην...; même leçon en
        (1056,33).

 Ga   : animam meam in inferno
        C L manquent; aucune variante sur "in infer-
        no" [2].

42) Ps 63,4 a

 TM (64)   : אשר שננו

 LXX   : οἵτινες ἠκόνησαν
        οιτινες = Bodmer 24; qui : La^R; quia :
        La^G Aug Ga.

 Eus (617,18.31; 620,27) : οἵτινες ἠκόνησαν...

 Ga   : quia exacuerunt...
        L manque; qui : M* Q; le Ro et toute la Ve-
        tus Latina, sauf α, traduisent "quia".

43) Ps 64,7 a

 TM (65)   : בכחו

---

1 Les deux formes grecques εις αδην et εις αδου doivent se
 traduire par l'acc. puisque la seconde est une abréviation
 pour εις δομους αδου.

2 Ro^{MS} lisent à l'acc. : "in infernum", mais la recension de
 Jérôme serait encore plus étrange s'il avait eu cette leçon
 dans sa 'Vorlage'.

LXX   : ἐν τῇ ἰσχύι αὐτοῦ = Bodmer 24
                 αυτου = TM; σου B La^G Ga.

Eus (631,1)   : ἐν τῇ ἰσχύι αὐτοῦ; même forme en (631,24);
                 (637,1 et 3) (commentaire).

Ga   : in virtute tua
                 L manque; aucune variante; Ro et Vetus La-
                 tina, sauf α (fortitudine sua), ont le
                 "tua". [1]

       σ'   : ...τη δυναμει αυτου : 1175. [2]

44) Ps 64,11 a

    TM (65)   : תלמיה

    LXX   : τοὺς αὔλακας αὐτῆς = Bodmer 24
                 τους αυλακας, sulcos : La^R Aug; τας αυ- L^d);
                 rivos : La^G Ga.

    Eus (641,34) : τοὺς αὔλακας αὐτῆς, repris en (641,45.54).

    Ga   : rivos eius
                 L manque, sans variante; Ro et la Vetus La-
                 tina - à l'exception de α ε "sulcos" et ζ
                 "solcos" - ont "rivos". [3]

45) Ps 68,11 b

    TM (69)   : לחרפות לי

    LXX   : εἰς ὀνειδισμὸν ἐμοί
                 ονειδισμον: - μους : L^) (non He*) = TM et
                 Bodmer 24.

---

1 La leçon avec σου nous apparaît comme une leçon facilitante
   pour harmoniser ce stique avec les verbes à la deuxième
   pers. (vv 3a. 5a. 6a. 10a-b-d. 12a.).

2 au contraire un ms de la cat XXV (1811) donne : ...συμμαχος
   γαρ εν τη ισχυι σου ειπεν και ακυλας ομοιως. Mais l'intérêt
   porte davantage sur le substantif que sur le possessif qui
   le suit.

3 Les versions hexaplaires que nous connaissons s'écartent de
   αυλακας mais ne vont pas dans le sens de "rivos" : ainsi σ'
   traduit βουνους selon la Syroh. et ε' λοφους d'après le
   Colb. στιχ. Dans Juxta Heb., Jérôme traduira "sulcos".

Eus (741,3   : ...εἰς ὀνειδισμοὺς; même forme en (741,10).

Ga   : in obproprium mihi

              obproprium : RF; opprobria : CI : le Ro et
              la Vetus Latina traduisaient "mihi in oppro-
              brium"; Ga et moz^x transposent mais conser-
              vent le singulier.

       α' : και εγενηθη εις ονειδισμους εμοι : Eus :

                                              (741,35)

       σ' : εγενετο εις ονειδισμος εμοι   : Eus :

                                              (741,39).

46) Ps 68,20 b

   TM (69)   : ובשתי

   LXX   : καὶ τὴν αἰσχύνην μου...

                μου = TM; > Ga (non Vulg) = Bodmer 24.

   Eus (724,35) : καὶ τὴν αἰσχύνην μου καὶ...[1]; même leçon en
                (748,9.19) et confirmée par le commentaire:
                τὴν μὲν ἐμὴν οἶδας αἰσχύνην οὐκ οὖσαν ἀνα-
                ξίαν τῆς σῆς γνώσεως.

   Ga   : et confusionem et...

                L manque; confusionem : RFCI; confusionem
                meam : rell codd et edd. Le Ro et la Vetus
                Latina omettent également le "meam"; seuls
                αγ moz^c ajoutent "meam".

47) Ps 71,16 a

   TM (727)   : בראש

   LXX   : ἐπ'ἄκρων : et Bodmer 24: επι ακρων
                ακρων; - ρω : R 55; - ρου : L^pau.

   Eus (812,47) [2]: ἐπ'ἄκρου; même traduction en (816,4);

---

1 même leçon en (745,33) mais qui n'est pas reproduite dans
   l'édition.
2 dans le ms nous trouvons les vv 15-16a.

cf. encore (816,6) (αρκα) et (816,40) :
επ'ακρον.

Ga   : in summis...

L manque; cette leçon est attestée par l'ensemble des témoins du Ga; elle correspond
au Ro et à la Vetus Latina, à l'exception
de γ : "in cacumine". [1]

48) Ps 73,2 c

TM (74)   : הר ציון זה שכנת בו

LXX   : ὄρος σίων τοῦτο ὅ κατεσκήνωσας ἐν αὐτῷ
τουτο : hoc : La[G], istum : Aug; > La[R]
Ga. [2]

Eus (856,26) : ὄρος σίων τοῦτο ὅ κατεσκήνωσας ἐν αὐτῷ,
repris en (856,31 et 857,5).

Ga   : mons sion in quo habitasti in eo
L manque; aucune variante sur le point qui
nous intéresse. Le Ro traduisait : "mons
sion in quo habitas in idipsum". Le Ga apporte des modifications mais sans introduire l'équivalent de τουτο. [3]

49) Ps 76,8 a

TM (77)   : יזנח אדני

LXX   : ἀπώσεται κύριος
κυριος = אדני; ο θεος R[υ] Ga T. [4]

Eus (825,51) : ...ἀπώσεται κύριος, repris en (889,51) [5];

---

1 D'après la Syroh. σ' avait le plur. επι των κορυφων των
ορεων. cf. FIELD in loco.

2 Le Bodmer 24 a la même leçon que la LXX.

3 en latin seuls γ et Aug ont "in montem sion hoc...".

4 Bodmer 24 : απωσεται κε̄.

5 cette citation manque dans l'édition.

(892,4 et 52; 905,22).

Ga   : ...proiciet deus
L manque; Dominus se lit en Ga[F] mais les
autres mss du Ga ont "deus", comme Ro et
toute la Vetus Latina, à l'exception de med:
dominus.

50) Ps 77,46 a

TM (78)   : יבולם

LXX   : καὶ τὸν καρπὸν αὐτῶν
τον καρπον : B[)] Sa R[)] Aug He* 1219[)] = Bodmer 24; τους καρπους : La[R] Ga L[)].

Eus (925,18) : ...τὸν καρπὸν αὐτῶν.

Ga   : fructus eorum
L manque; les meilleurs témoins ont le pluriel comme Ro et la Vetus Latina, sauf γ δ:
fructum. [1]

51) Ps 78,12 a

TM (79)   : אל־חיקם

LXX   : εἰς τὸν κόλπον αὐτῶν = Bodmer 24
εις τον κολπον : in sinum : La[R]; in sinu :
Vulg; in sinus : La[G], Aug Ga.

Eus (829,6) : εἰς τὸν κόλπον αὐτῶν; même leçon en (949,14).

Ga   : ...in sinu eorum [2], ce qui est la leçon du
Ro et de la Vetus Latina, à l'exception de
α : in sinum et γ δ ζ : in sinus.

---

1 le plur. nous semble secondaire, une harmonisation avec
πονους qui suit (?).

2 ce qui est la leçon choisie par les éditeurs = FCI et non
"sinus" = R* que donne Rahlfs. A noter qu'au Ps 34,13 Ga a-
vait modifié le Ro "in sinu meo" en "in sinum meum" pour
traduire εις τον κολπον μου.

52) Ps 111,9 b

    TM (112)   : עמדת לעד

    LXX   : μένει εἰς τὸν αἰῶνα τοῦ αἰῶνος
                      aucune variante selon Rahlfs.

    Eus (597,3)   : μένει εἰς τὸν αἰῶνα.

    Ga   : manet in saeculum saeculi
                      aucune variante;même leçon dans toute la
                      Vetus Latina.

53) Ps 131,4 c

    TM (132)   : >

    LXX   : καὶ ἀνάπαυσιν τοῖς κροτάφοις μου
                     ÷ : 0 (sic εν τω οκτασελιδω, stichum
                     deerat εν τω τετρασελιδω). [1]

    Eus (1076,10 et 1077,6) : dans les deux cas nous trouvons
                     la citation des vv 3-5 complets mais sans
                     le stique 4c.

    Ga   : et requiem temporibus meis
                      CL manquent; le stique est obélisé en Φ
                     R V G; Ro et Vetus Latina donnent ce stique.

Conclusions :

    Dans cette section nous avons analysé 18 leçons dans les-
quelles Eus = TM sont opposés à la traduction du Ga = Ro (nos.
23-40); nous avons ajouté les indications (TM, LXX, Eus, Ga)
pour 13 autres leçons qui appartiennent à ce même groupe, mais
au sujet desquelles nous n'avons que peu de renseignements permettant une discussion. (nos. 41-53). Dans ces conclusions nous

---

1 1175. Pour cette annotation, cf. infra p. 455-456.

donnerons toujours sous a) les résultats pour le premier groupe de leçons et sous b) ceux du second groupe.

1) La comparaison avec le Bodmer 24 :

a) Sur les 18 leçons étudiées, 15 se rencontrent dans le Bodmer
24; seules manquent les nos. 28.29 et 37.
   - 14x le Bodmer 24 atteste la même leçon qu'Eus; nous relevons parmi ces leçons les nos. 23 et 36 où la recension sur
l'hébreu que nous trouvons en Eus est déjà attestée, antérieurement à Origène, par le Bodmer 24; également l'accord
sur les omissions (nos. 32 et 35) et sur la transposition
(no. 39). Enfin, pour les nos. 37 et 38, les leçons d'Eus et
Bodmer 24 sont confirmées par la colonne "e" du 1098.
   - 1x le Bodmer 24 s'oppose à Eus : no. 34; mais l'omission
du ευλογημενον par Eus, outre qu'elle correspond au TM, est
appuyée par Tert et le commentaire de Tht.

b) 9 des 13 cas se lisent en Bodmer 24 : 7x le Bodmer donne la
même leçon qu'Eus : nos. 42 - 45.(49).50.51; 2x il s'accorde
avec Ga : nos. 46 (> μου) et 47 (le pluriel : ακρων).

2) Comparaison avec le texte égyptien : nous ne retenons que
les leçons où Eus s'écarte de l'ensemble ou, au moins, d'une
partie des témoins du texte de Haute et Basse-Egypte.

a) no. 23 : Eus   καρδιας   = Sa   ≠ B″ ψυχης
   no. 25 : Eus   παρα σου   ≠ U (παρα σοι)
                                                Sa.
   no. 28 : Eus   +εν μεσω αυτης   = Sa
   no. 29 : Eus   > κυριε   ≠ B′ 2013
   no. 31 : Eus   αδικιαν   = S Sa B^S
   no. 32 : Eus   >   5d   cf. S et Sa :> 5c.
   no. 34 : Eus   > ευλογημενον
   no. 35 : Eus   > αυτου
   no. 36 : Eus   ψυχην   = S Sa   ≠ B′ προσευχην
   no. 37 : Eus   αδικιας   = S   ≠ B′ Sa αμαρτιας
   no. 39 : Eus   tr   ≠ B′
   no. 40 : Eus   ελαιω   ≠ B ελεω

b) Dans la deuxième série de leçons, nous ne voyons que le

no. 43 : où, en face de la leçon d'Eus (αυτου), B donne σου
comme le Ga "tua".

Nous remarquons que la leçon d'Eus s'accorde plusieurs fois
avec S contre B : ainsi nos. 31.(32).36.37.40, mais nous ne
trouvons jamais Eus = B contre S.

Les accords avec Sa sont également fréquents : nos. 23.28.
31.(32), et 36.

3) Les accords d'Eus avec les "autres" peuvent se résumer en ce
tableau :

	23	24	25	26	27	28	29	30	31	32	33	34	35	36	37	38	39	40
α'		=	=		=			=			≠	=			=	=	=	=
σ'		=		(=)	=	=		≠	=		(=)	=	=	=	=	=	=	=
ϑ'					=			=				=	=	≠	≠		=	
ε'					=						(=)				=	=		

Les quelques cas de désaccords entre Eus et une des "autres"
traductions (nos. 30.33.35.36) ne soulèvent pas de difficultés particulières quant au choix d'Origène.

4) Enfin, pour ce qui touche au travail d'Origène, l'étude de
cette section nous a montré :

a) - que 13x/18 le choix d'Origène attesté par Eus est tout à
fait normal : nos. 23-27.30.31.33.36-40;
- que l'addition du no. 28 (= Sa Sy cf. TM) pouvait être connue d'Origène;
- les 3 omissions : nos. 29.32.34 ne sont pas attestées dans
la LXX que nous connaissons. Elles pourraient provenir d'
une correction d'Origène. Au contraire, celle du no. 35
pouvait être connue d'Origène;
- que la transposition du no. 39 est bien attestée et antérieurement à Origène (Bodmer 24);
- enfin les changements de mot en nos. 23.36.37 doivent être
attribués à un choix d'Origène qui trouvait dans ses mss
ces leçons conformes à l'hébreu et aux "autres".

b) Parmi les 13 leçons que nous avons mentionnées sans en discuter :

- 10x le choix d'Origène tel qu'il nous est donné en Eus
  ne fait pas de difficulté : nos. 41-46. 48-51;
- la leçon no. 47 pourrait provenir d'une correction remplaçant le pluriel par un singulier;
- pour les omissions nos. 52.53, il est possible que les
  Hexaples ne contenaient pas ces mots excédentaires de la
  LXX; nous savons par le 1175 que pour le Ps 131 (no. 53),
  Origène avait conservé le stique 4c sous obèle. Pour le
  του αιωνος du no. 52, nous n'avons aucun renseignement.

D) Deux cas spéciaux.

54) Ps 61,5 b

a) TM (62)   : ירצו כזב

                     BH note : Grec et Syriaque : יָרֻצוּ et בְּכָזָב

   LXX   : ἔδραμον ἐν ψεύδει

                     ψευδει : Sa Sy = TM;
                     διψει : Bʹ Rʹ Ga Ľ 1219ʹ = Bodmer 24. [1]
                     εδραμον : cucurrerunt : Bo Sy; concurre-
                     runt : Sa cf. TM cucurri : La Ga.

   Eus (592,20)   : ἔδραμον ἐν δίψει; la même forme se lit dans
                     le commentaire en (592,32). Pourtant Eus
                     reconnaît que cette traduction de la LXX ne
                     correspond pas aux "autres" (592,33) ἀντὶ

δὲ τοῦ "ἐν δίψει", "ἐν διαψεύσματι" ὁ ἀκύλας. ὁ δὲ σύμμαχος "ἐν
ψεύσματι". ἡ δὲ πέμπτη ἔκδοσις "ἐν ψεύδει", καὶ πάλιν ἑτέρα ἔκδοσις "ἐν δόλῳ" ἡρμήνευσαν, [2] et qu'elle provient probablement
d'une erreur de scribe : (592,36) εἰκὸς οὖν καὶ ἐν τῇ καθ'ἡμᾶς

---

1 Rahlfs cite ensuite le Commentaire des Ps d'Eus. C'est un
   des rares passages où il fait appel au témoignage d'Eus :
   nous avons relevé encore Ps 2,2; 40,10; 66,2; 72,28.

2 Field cite ces leçons d'après Eus, puis il ajoute en note :
   solus Syroh. εν ψευδει legit.

ἀναγνώσει κεῖσθαι μὲν πρότερον τὸ "ἐν ψεύδει" ἵν' ᾖ τὸ λεγόμενον ἔδραμον ἐν ψεύδει... σφάλμα δὲ γραφικὸν γεγονέναι ἐν τοῖς
μετὰ ταῦτα συνέβη χρόνοις, ὥστε ἀντὶ τοῦ "ἐν ψεύδει" "ἐν δίψει"
γραφῆναι.

<u>Ga</u>   : cucurri in siti

        L manque; pas de variante. Le Ro avait la

        même leçon que le Ga; de même la Vetus La-

        tina. [1]

b) La comparaison entre la leçon d'Eus et celle du Ga fait apparaître deux variantes dans la traduction de ce stique : l'une
sur le verbe εδραμον que le Ga traduit par une première personne du singulier; l'autre sur la traduction de כזב : εν ψευδει
ou εν διψει, rendu en Ga par "in siti".

 1) La traduction de כזב :

  Comme Rahlfs le note dans son apparat critique, la le-
çon εν διψει est celle de la grande majorité des témoins de la
LXX; on peut encore ajouter le Bodmer 24 aux témoins cités par
Rahlfs.

  Au contraire, la leçon εν ψευδει ne se lit que dans la Syrohexaplaire et en Sa [2].

  Eus nous donne des renseignements précis sur ce stique
puisqu'il cite les traductions d'Aquila, de Symmaque, de la
Quinta et d'une "autre version". Il propose ensuite de considérer le εν διψει comme une corruption graphique de εν ψευδει, [3]
qui serait la traduction originale de la LXX, ce que l'on peut
admettre étant donné que cette traduction s'accorde avec l'hébreu et qu'elle est attestée par Sy et Sa.

---

1 Les seules variantes de la Vetus Latina sont : "cucurrerunt":
 moz[x] med ainsi que "sitim" : γ.

2 cf. RAHLFS S.-St. 2, p. 158 : εν διψει est attesté par Sa,
 mais deux mss de Sa (Z et T) ont ici un doublet : "ich lief
 in Durst, sie liefen zusammen in der Lüge", tandis que le ms
 L (sur papyrus, vers 600) donne la leçon εν ψευδει.

3 La formule εν διψει ne se lit jamais ailleurs dans les Ps :
 il ne peut donc s'agir d'une harmonisation avec une formule
 plus courante et Eus a sans doute raison d'y voir une erreur
 de graphie par l'inversion de ψ et δ.

Mais la leçon εν διψει doit être très ancienne puisqu'elle se trouve dans toute la tradition grecque de la LXX et dans plusieurs versions qui en dépendent.

Devant cette situation, quel a été le choix d'Origène ? D'après le témoignage d'Eus, Origène trouvait εν ψευδει dans la colonne de ε' et des traductions plus ou moins équivalentes dans les colonnes d'α', σ' des Hexaples. Mais le commentaire d' Eus nous permet de penser que la recension d'Origène avait pourtant maintenu le εν διψει. Sans doute trouvait-il cette leçon dans tous ses mss, car, s'il avait eu le choix entre εν διψει et εν ψευδει, Origène aurait préféré la seconde leçon et nous la lirions dans le commentaire d'Eus.

Nous pouvons apprécier à la fois la fidélité d'Origène au texte de la LXX et celle d'Eus à l'égard de la recension origénienne alors même qu'il considère cette leçon comme une erreur graphique. [1]

La traduction de Jérôme dans le Ga fait preuve d'une fidélité égale, du moins à première vue. Mais si l'on tient compte du fait que Jérôme lisait dans sa 'Vorlage' le "in siti" du Ga, on devra renoncer à y avoir un témoignage direct de sa fidélité à la LXX hexaplaire. La deuxième variante, dont nous allons parler, nous laisse plutôt supposer que Jérôme a simplement repris le texte du Ro.

2) εδραμον : 3ème personne du pluriel ou 1ère personne du singulier ?

Nous ne voulons pas parler de la traduction de ירצו par εδραμον mais de la manière dont les versions ont rendu cette forme grecque que l'on peut comprendre comme aoriste 1ère personne du singulier ou 3ème personne du pluriel. Les versions Bo et Sy ont traduit par le pluriel, de même Sa partiellement [2], alors que les versions latines (Vetus Latina et Ga) ont le singulier.

Il n'est pas possible de dire d'une manière apodictique

---

1 non seulement dans la citation du stique, mais également dans le commentaire : ainsi en (592,32) cité plus haut.

2 cf. supra note 2 p. 339.

comment Origène comprenait cette forme, mais on peut penser qu'
il la considérait comme un pluriel, par comparaison avec l'hébreu et, probablement, les "autres". Il est, par contre, certain qu'Eus comprenait le εδραμον comme une forme pluriel, puisqu'il écrit en (592,32) ἔδραμον ἐν δίψει τὴν ἐμὴν ἀπώλειαν θεά-
σασθαι διψῶντες, en (592,39) ἔδραμον ἐν ψεύδει τουτέστιν οἱ ἐχθροί μου καὶ ἐπιβουλεύοντες... ὅλους δε αὐτοὺς τῷ ψεύδει παρα-
δόντες et en (592,44) πῶς δὲ ψευδόμενοι οἱ ἐπιβουλεύοντες ἔδραμον...

Le Ga a traduit "cucurri" comme le faisait le Ro; il est
vrai que le mot εδραμον peut se traduire ainsi; il n'en reste
pas moins que cet accord entre Ro et Ga fait mettre sérieusement en doute la recension de ce passage sur le grec hexaplaire.

En conclusion : Eus, comme nous l'avons vu maintient la
leçon εν διψει qu'il juge pourtant moins originale mais qui est
certainement la forme retenue par Origène dans sa recension;
d'autre part, il comprend le εδραμον comme le pluriel 3ème personne, ce qui s'accorde avec le TM et avec les versions non-latines.

Pour sa part, Jérôme semble avoir repris sans recension le
"cucurri" du Ro et nous serions enclins à penser que le "in siti" est entré en Ga de la même manière. Nous reconnaissons pourtant que ce sont plus des indices que des preuves et que l'étude de ce stique ne nous permet pas de nous prononcer de manière
décisive sur la fidélité respective d'Eus et du Ga par rapport
à la LXX hexaplaire.

55) Ps 67,4 a

a) TM (68)   : וצדיקים ישמחו

   LXX   : καὶ οἱ δίκαιοι εὐφρανθήτωσαν
                  ευφρανθητωσαν : iucundentur : Aug et Cypr;
                  epulentur : La Ga.

   Eus (677,50) [1] : ...καὶ οἱ δίκαιοι εὐφρανθήτωσαν; le stique
                  est repris en (684,55) et le commentaire

---

1 Le ms donne entièrement les vv 2-4.

confirme le verbe : (684,56) ὁποῖον δέ ἐστι
τὸ μὴ ἁπλῶς εὐφραίνεσθαι καὶ ἀγαλλιᾶν ἀλλ'
ἐνώπιον τοῦ θεοῦ...

Ga   : et iusti epulentur

L manque ; aepulentur : RFC1; cette traduction est également celle du Ro et de la Vetus Latina. [1]

b) La traduction de שׂמח par le verbe ευφραινω est bien attestée
par toute la traduction grecque, y compris le Bodmer 24. Même
si nous ne connaissons pas les "autres" versions hexaplaires,
il ne subsiste aucun doute quant à la forme de la leçon hexaplaire : Origène donnait certainement ευφρανθητωσαν.

La leçon du Ga, pour sa part, nous apparaît d'abord comme
la reprise du Ro. Mais, et c'est ce que nous voudrions souligner ici, on ne saurait reprocher à Jérôme d'avoir conservé par
recension incomplète une traduction inexacte de la LXX hexaplaire, comme on pourrait être tenté de le faire par une comparaison rapide entre la LXX hexaplaire (ευφρανθητωσαν) et la traduction du Ga (epulentur).

En effet dans le latin biblique, le substantif "epulatio"
peut avoir la signification de "laetitia" et le verbe "epulari"
peut traduire "se réjouir", comme le montrent plusieurs passages de la Vetus Latina où "epulari" rend le grec ευφραινομαι.[2]

Il est vrai que dans le Juxta Heb., Jérôme préférera rendre שׂמח par "laetari"; cependant cet exemple nous paraît instructif car il nous rappelle que parfois, derrière une forme
différente, Jérôme a pu être fidèle au texte de la LXX même si,
dans le cas particulier, nous voyons qu'il a conservé la leçon
de sa 'Vorlage'.

---

1   En latin, seul Aug traduit"iucundentur".

2   Voir tout récemment R. PETRAGLIO, Epulum Epulae Epulatio
    nella Volgata, en particulier p. 95.

ETUDE ANNEXE SUR LES TITRES DES PSAUMES.

En comparant les leçons d'Eus et du Ga, nous avons constaté plusieurs fois des variantes assez longues dans les titres
des Ps. Nous allons tenter d'analyser ce phénomène pour la partie du Psautier où le commentaire d'Eus nous a été conservé
dans le ms Coislin 44, c'est-à-dire pour les Ps 51-95.

La comparaison nous a permis de mettre à part 11 Ps dont
les titres offrent des variantes importantes : Ps 64; 65; 69;
70; 75; 79; 90; 92; 93; 94; 95.

Nous les étudierons en trois groupes :

1) 4 Ps qu'Eus présente explicitement comme ἀνεπίγραφοι;

2) 5 Ps pour lesquels l'absence (partielle) du titre est
   attestée par plusieurs témoins;

3) 2 cas particuliers.

1) 4 Ps ἀνεπίγραφοι selon Eus.

Voici les indications que nous lisons chez Eus :

Ps 70 : ὁ δὲ παρὼν ἀνεπίγραπτος τυγχάνει...(772,51); Eus
        commence son commentaire par le v. 1b : "επι σοι
        κυριε...".

Ps 90 : après avoir cité le v. 1b-c., Eus note : ἀνεπίγρα-
        φος ὁ ψαλμός (1140,50).

Ps 93 : "ψαλμὸς τῷ δαυιδ τετράδι σαββάτων"; après avoir ci-
        té ce titre et le v. 1b-c, Eus ajoute : "...ἀνεπί-
        γραφος μέν ἐστι παρ'ἑβραίοις ὁ ψαλμὸς..."(1193,41).

Ps 94 : Eus écrit ψαλμὸς puis après les stiques 1b-c, ...
        οὐ φέρεται παρ'ἑβραίοις ἡ προγραφή, καὶ εἰκότως
        οὔτε γὰρ ψαλμὸν, οὔτε ὕμνον οὔτε ᾠδὴν εὔλογον ἦν
        ἐπιγράφειν (1208,31).

Ainsi Eus commence deux fois le Ps sans donner aucun titre
(Ps 70 et 90), une fois, il écrit simplement ψαλμος (Ps 94) et
une fois (Ps 93), il cite le titre du Ps avant de faire remarquer que ce Ps est ἀνεπίγραφος παρ'ἑβραίοις. Cette observation

ἀνεπίγραφος παρ'ἐβραίοις en Ps 93 et 94 nous invite à poser la
question de savoir si le titre faisait également défaut en grec,
et plus précisément dans la recension d'Origène.

a) Commençons par le Ps 70 :

D'après Rahlfs, le texte de la LXX est τῷ δαυιδ. υἱῶν ιω-
ναδαβ καὶ τῶν πρώτων αἰχμαλωτισθέντων.[1]; l'apparat critique
nous indique que υιων - αιχ. est remplacé en Sa par εις το τελος ψαλμος avant τω δαυιδ, ce qui nous donne une leçon assez
proche de celle du Bodmer 24 [2].

Eus rejette complètement le titre : dans le commentaire,
il compare le début de notre Ps avec celui du Ps 30 et il note :
ἀλλ' ἐκεῖνος μὲν, εἰς τὸ τέλος, καὶ ψαλμὸς τῷ δαυιδ, ἐπεγέγρα-
πτο. ὁ δὲ παρὼν (= Ps 70) ἀνεπίγραπτος τυγχάνει (772,50) [3]. Ce
titre se lisait-il ou non dans la recension d'Origène ? Pour
répondre, nous partirons de la deuxième partie (υιων - αιχ.) où
la situation est plus claire.

Cette deuxième partie manque dans le Bodmer et en Sa; nous
pouvons donc admettre qu'un certain nombre de témoins de la LXX
ancienne ignoraient ce passage. Si Origène a connu les deux leçons (avec et sans υιων - αιχ.), il aurait dû normalement omettre ces mots qui ne se lisaient pas dans l'hébreu, ni probablement chez les "autres" [4].

La situation est moins claire pour la première partie du
titre (τω δαυιδ, selon Rahlfs) : la comparaison des différents
témoins du texte grec aurait sans doute permis à Origène d'o-
mettre le ψαλμος et le εις το τελος qu'il pouvait lire dans certains mss [5] et qu'Eus rejette. Mais on s'attendrait à trouver,

---

1 Pour les autres variantes, cf. RAHLFS in loco.

2 Le Bodmer 24 omet les mots υιων - αιχ., mais il donne εις
   το τελος ψαλμος.

3 Cf. aussi Tht (PG 80, 1417,15) : ἀνεπίγραφος παρ'ἐβραίοις;
   même note dans la LXX Sixtine.

4 puisque selon les témoignages d'Eus et de Tht les mots ne
   se lisaient pas en hébreu, ils ne devaient pas figurer
   chez les "autres".

5 cf. apparat critique de Rahlfs; on peut y ajouter le Bodmer
   24: voir note 2, supra.

chez un témoin d'Origène, le τω δαυιδ ou του δαυιδ sous obèle,
puisque l'ensemble de la tradition grecque nous donne ce mot [1].
Pourtant le commentaire d'Eus est explicite : le Ps 70 est une
prophétie qui concerne le Sauveur, c'est pourquoi il ne porte
pas l'inscription habituelle "του δαυιδ" [2].

A moins de rejeter ce témoignage d'Eus, qui ne laisse
ici aucun doute, il faut admettre que le texte qu'il commentait
ne comportait pas de titre et comprendre le ανεπιγραπτος (772,
52) non seulement de l'hébreu mais également du grec.

Passons maintenant au second témoin de la LXX hexaplaire :
le Ga se lit : "David psalmus Ionadab et priorum captivorum" [3].
Comme sur ce point, le Ga correspond entièrement au Ro[4], nous
n'avons pas une preuve directe du travail recensionnel de Jérôme, ni donc de la LXX hexaplaire. Cet accord du Ga et du Ro,
d'une part, et l'affirmation claire d'Eus, d'autre part, nous
inclinent à penser que la LXX origénienne ne donnait aucun titre à ce psaume. Ce qui signifie qu'Eus nous conserve fidèlement la leçon choisie par Origène alors que Jérôme s'est contenté de reprendre sans recension ce qu'il lisait dans le Ro.

b) Passons au Ps 90 :

αἶνος ᾠδῆς τῷ δαυιδ : Eus omet le titre et présente ce
Ps comme ανεπιγραφος. Quelques témoins ajoutent au titre cette
remarque d'Eus [5], mais celui-ci est seul en grec à omettre entièrement le titre [6].

Dans le Ga nous lisons : "laus cantici david" [7], une
leçon qui s'accorde parfaitement avec celle du Ro.

---

1   Rahlfs n'indique aucun témoin pour l'omission.
2   (772,53) : ὁ δὲ προφητεία ἔοικεν ἐκ προσώπου τοῦ σωτῆρος
    προενηνεγμένη.διὸ οὐδὲ ἐπιγέγραπται συνήθως τοῦ δαυιδ.
3   seul Ga[M] omet les mots "filiorum - captivorum"; Ψ[B] Ω[M]
    omettent tout le titre.
4   Parmi les témoins du Ro, les mss CX omettent la seconde
    partie du titre.
5   ainsi L[d/]He cf. encore Tht (PG 80, 1608,27).
6   Le Bodmer 24 donne le début du titre : αινος ωδης τω δαυιδ.
7   Ga[G] donne ce titre sous obèle.

Puisque au dire d'Eus, ce Ps est ανεπιγραφος, Origène
ne devait pas trouver de titre dans les colonnes des "autres".
A-t-il alors omis les mots que nous lisons dans tous les témoins de la LXX à l'exception d'Eus ? Pour pouvoir le faire, O-
rigène aurait dû disposer d'une telle leçon dans ses mss, ou
bien, on devra admettre qu'il prenait plus de liberté avec les
titres qu'avec les textes des Ps. On pourrait encore envisager
une autre possibilité : Origène aurait conservé ce titre sous
obèle. Eus pourrait alors nous donner le texte de la colonne
LXX des Hexaples (où les mots étaient omis ou bien écrits simplement en marge) alors que le Ga témoignerait de la recension
hexaplaire mais sans nous conserver l'obèle.

c) Les cas des Ps 93 et 94 peuvent être rapprochés puisqu'
ici Eus donne d'abord le titre avant d'affirmer que ces Ps sont
ανεπιγραφοι παρ'εβραιοις (1193,44) et (1208,33).

Pour le Ps 93, l'ensemble de la tradition grecque nous
a conservé le titre avec quelques variantes, spécialement sur
σαββατων ou σαββατου [1]. Dans le Commentaire de Tht nous lisons
une inscription très proche de celle d'Eus [2], suivie de la remarque qui précise que ce titre ne provient ni du prophète, ni
des premiers interprètes, mais qu'il a été ajouté par d'autres
(αλλοι τινες). [3]

Une annotation que nous trouvons dans le 1175 nous fait
remarquer que ce Ps est ἀνεπίγραφος παρὰ τοῖς γ̄ καὶ ε' καὶ ς' [4].
A partir de ces renseignements, nous pouvons tenter une reconstitution du texte d'Origène : nous voyons deux possibilités :

- ou bien Origène trouvait ce titre dans tous les mss
LXX dont il disposait : dans ce cas, il aurait dû conserver le
titre sous obèle puisque ces mots ne se lisaient ni en hébreu
(Eus Tht), ni chez les "autres" (1175 et Tht).

---

1   B' Sa La^R Aug L^pau ainsi que le Bodmer 24 ont le plur.;
    R' Ga L' A' le sing.
2   dans PG 80, 1629 lig. 12.
3   ibid.
4   reprise en LXX Sixtine.

- ou bien Origène connaissait des mss sans le titre :[1] :
il aurait alors pu choisir une telle leçon qui s'accordait avec
l'hébreu et les "autres".

Nous préférons la première hypothèse, car elle explique
les précisions ἀνεπίγραφος παρ'ἑβραίοις et παρὰ τοῖς γ̄ καὶ ε'
καὶ ϛ'; de plus, comme nous l'avons dit, Eus conserve le titre,
mais sans le commenter, ce qui est peut-être un indice que les
mots se lisaient - mais obélisés - dans la recension origénienne.

Dans le Ga, Jérôme traduit "psalmus david quarta sabbati", ce qui est la reprise du Ro. L'élément le plus intéressant
pour nous est le singulier "sabbati". Nous avons vu que le pluriel σαββατων est bien attesté en grec [2] et nous pensons qu'il
se lisait également dans la LXX origénienne. C'est pourquoi
nous avons comparé les autres passages du Psautier où se trouve
le mot "sabbat"; nous avons ainsi constaté que le latin (Ro et
Ga) utilise toujours le singulier (sabbatum) [3]; au contraire,
dans le grec, nous lisons tantôt le singulier, tantôt le pluriel [4] : il nous semble que le grec utilise le pluriel quand
le mot "sabbat" désigne la semaine [5] alors que le latin ne paraît pas sensible à cette différence de signification.

Pour en revenir au Ps 93, cela signifie que Jérôme a
simplement repris la leçon du Ga et qu'il n'a pas recensé ce
passage (ou alors, incomplétement) sur la LXX hexaplaire.

Dans le Ps 94, la LXX a αἶνος ᾠδῆς τῷ δαυιδ [6] mais Eus

---

1 cf. la remarque de Tht sur l'origine du titre.

2 cf. note 1 p. 346.

3 Ps 23,1; 37,1; 47,1; 91,1; 92,1; 93,1.

4 le sing. se lit en 37,1; 91,1; 92,1; Eus ne donne pas le
   37,1 et il omet le titre en 92,1. Le Bodmer 24 est défectueux en 37,1 mais il a le sing. en 91,1 et 92,1. Le plur.
   se trouve en 23,1 et 93,1; en 47,1, Rahlfs choisit le sing.
   alors que le plur. est attesté par 2013, Sa et Bodmer 24.

5 c'est en tout cas ce qui se dégage de la comparaison des
   emplois de ce mot dans les Ps. Sur le sens de "semaine" pour
   le sing. et le plur. dans le NT, cf. W. BAUER, WzNT, sub voce, 2 a-b.

6 L^d He ajoutent ἀνεπίγραφος παρ'ἑβραίοις.

écrit simplement ψαλμὸς et son commentaire affirme que le Ps
n'a aucun titre [1] ! Pourquoi maintient-il alors le mot ψαλμὸς ?
On peut se demander si ce mot n'a pas été introduit secondairement dans le Commentaire d'Eus.

Dans le Ga, Jérôme reprend ici encore la leçon du Ro et
de toute la Vetus Latina [2] "laus cantici david" : nous n'avons
donc pas de preuve directe de son travail de recension.

Mais qui de Jérôme ou d'Eus nous a conservé la leçon
choisie par Origène ? Puisque toute la tradition LXX donne le
titre, nous pensons qu'Origène l'avait maintenu – peut-être o-
bélisé – dans sa recension et que sur ce point Jérôme peut être
un témoin fidèle – bien qu'indirect et incomplet – du choix d'
Origène. Quant à Eus et à son affirmation concernant l'absence
du titre, nous ne pensons pas qu'il soit nécessairement infidè-
le à Origène, mais plutôt qu'il représente la leçon de la LXX
des Hexaples et non celle de la recension qu'Origène en avait
tirée.

Conclusion :

Dans ces 4 Ps, nous remarquons que la leçon du Ga s'accorde entièrement avec celle du Ro. Nous ne trouvons donc pas de
témoignage explicite de la part de Jérôme pour la forme de la
LXX hexaplaire. Cependant, si la recension d'Origène avait éliminé complètement ces titres, auxquels rien ne correspondait
dans l'hébreu, on devrait dire que le travail de Jérôme a été
vraiment incomplet sur ce point, car il nous paraît difficile
d'attribuer à une inattention de sa part le maintien en Ga de
passages aussi développés.

De plus, comme nous l'avons déjà souligné, la précision
donnée par Eus et 1175 que ces Ps n'avaient pas de titre "en hébreu" ou chez les "autres" suppose, nous semble-t-il, qu'ils en
avaient dans la LXX (hexaplaire). Ceci implique soit qu'Origène

---

1 (1208,31) : ουτε γαρ ψαλμον ουτε υμνον ουτε ωδην ευλογον
   ην επιγραφειν.

2 dans Ga, G[2] donne le mot sous obèle; dans la Vetus Latina,
   σ : pr. psalmus; cf. encore moz[x] qui remplace "laus" par
   "psalmus".

n'a pas utilisé rigoureusement pour les titres les critères qu'
il s'était fixés pour la recension de la Bible grecque, s'il a
conservé ces titres sans aucun signe ; soit alors, s'il les a
maintenus sous obèles, que les signes critiques d'Origène ont
été omis dans les copies de sa recension. Les deux hypothèses
nous paraissent possibles, et peut-être ne s'excluent-elles pas
l'une l'autre. C'est ce que nous allons tenter de clarifier en
poursuivant cette étude des titres.

2) Absence (partielle) du titre dans une partie des témoins.

Ps 64 : ιερεμιου - fin > : B' R O (teste Tht) L^b T' He 1219' =
TM.

Ps 65 : ἀναστάσεως > : S O (teste Tht).

Ps 69 : εἰς τὸ σῶσαί με κύριον > : R L^{pau} (Aug deest).

Ps 75 : πρὸς τὸν ἀσσύριον > : S Sa O (teste Tht) L^{pau} T = TM.

Ps 92 : εἰς - γῆ > : L^{pau} Tht^P He.

Nous partirons des Ps dont l'absence du titre est la mieux
attestée :

a) Ps 64 : La difficulté ne concerne pas la première partie du titre "εἰς τὸ τέλος ψαλμὸς τῷ δαυιδ ᾠδή", qui se lit
dans l'hébreu et qui est assurée par le commentaire d'Eus [1] ; au
contraire, les mots ιερεμιου - fin sont attestés par Bo Sa La
Ga L, mais ils font défaut dans tous les témoins que nous avons
cités ci-dessus [2] ; c'est sur cette seconde partie que portera
la discussion.

Eus dans son Commentaire ignore complètement les mots ιερεμιου - fin. Tht est plus explicite : il écrit : ἐν ἐνίοις
ἀντιγράφοις πρόσκειται ᾠδὴ ἱερεμίου καὶ ἱεζεκιὴλ καὶ τοῦ λαοῦ
τῆς παροικίας ὅτε ἔμελλον ἐκπορεύεσθαι, et il ajoute : ταῦτα
οὔτε τὸ ἑβραικὸν ἔχει οὔτε οἱ ἄλλοι ἑρμηνευταὶ οὔτε οἱ ἑβδομήκοντα ἐν τῷ ἑξαπλῷ. ἀλλὰ τις ἔοικε ταύτην προστέθεικε τὴν ἐπιγραφὴν οὔτε τῇ τοῦ ψαλμοῦ διανοίᾳ προσεσχηκὼς οὔτε τὴν ἱστορίαν

---

1   (624,33) et (625,7).

2   Nous ne faisons pas appel au Bodmer 24 bien que l'éditeur
donne le titre, mais la base nous paraît fragile.

μεμαθηκώς. [1]

Comme ces mots manquent dans une partie importante des témoins de la LXX, on peut estimer qu'Origène s'est trouvé devant
une tradition grecque qui lui offrait les deux leçons. Il pouvait donc omettre ces mots que ni l'hébreu, ni les "autres" interprètes ne connaissaient [2]. Ainsi en ignorant cette partie du
verset, Eus pourrait être fidèle aux Hexaples. Mais Origène l'
omettait-il également dans sa recension ? Voilà la question !

Dans le Ga, nous lisons : "in finem psalmus david ※ canticum : hieremiae et aggei de verbo peregrinationis quando inci-
piebant profiscici". Ce verset de Jérôme nous pose plusieurs
problèmes : Tout d'abord, on ne comprend pas pourquoi le mot
"canticum" est donné sous astérisque [3], puisque ce mot se lit
dans la plupart des témoins de la LXX sous la forme de ωδη ou
ωδης; d'après Rahlfs, il n'est omis que par S La^G T Tht^P 55.
Origène pouvait donc le maintenir, il n'avait pas à l'introduire.

Ensuite, la leçon du Ga suppose que la recension origénienne avait conservé la deuxième partie du verset (depuis "hieremiae - fin") au lieu de l'omettre, comme Origène aurait pu le
faire en se basant sur certains mss.

Enfin dans l'hypothèse du maintien de la leçon de la LXX
commune dans la recension hexaplaire on peut comprendre que Jérôme ait été amené à corriger "de populo transmigrationis" qu'
il lisait en Ro [4] par "de verbo peregrinationis" [5], mais on ne
voit pas ce qui aurait justifié le remplacement de "ezechiel"
du Ro par "aggei", à moins d'admettre que Jérôme ait repris sur
ce point une forme de sa 'Vorlage' [6].

---

1 PG 80, 1345, lig. 16 : on notera dans la 2ème partie du titre και του λαου loco εκ του λογου; pour les témoins de ces
   variantes, voir RAHLFS in loco.

2 d'après le témoignage de Tht (supra); cf. encore le scholion de la LXX Sixtine : τουτο ουτε το εβραικον εχει ουτε
   οι αλλοι ερμηνευται αλλα τις ως εοικεν ταυτα προσεθηκεν.

3 pourtant l'astérisque est bien attesté par Ga^R et par la Syroh. cf. cependant les doutes de RAHLFS (S.-St. 2 p. 126).

4 = Ga^I.

5 = Ga^{RF}.

6 "ezechiel" se lit en Ga^I; Ga^R a "accei" et Ga^F "aggei";
   dans Ro, plusieurs mss ont "aggei".

C'est pourquoi même si Origène n'a pas recensé strictement
la Bible grecque mais a conservé ici le titre, la fidélité du
Ga à la LXX hexaplaire ne nous apparaît que partielle.

b) <u>Ps 75</u> : Dans le commentaire d'Eus nous lisons le titre
de ce Ps mais sans la finale πρὸς τὸν ἀσσύριον [1] qui ne se trouve pas non plus en S Sa O (teste Tht) L^pau T = TM [2].

Dans le Bodmer 24, l'éditeur donne ces mots, mais en indi-
quand qu'ils ne sont pas conservés par le Papyrus. On peut se
demander si cette restitution est justifiée, car ces mots for-
meraient la ligne 40 du folio, ce qui est rare dans cette partie du codex [3].

Parmi les "autres" versions, nous ne connaissons que celle
de α' qui, selon la Syrohexaplaire, [4] omet le πρὸς τὸν ἀσσύριον;
Tht nous affirme de son côté qu'il n'a pas trouvé ces mots dans
les Hexaples, mais seulement ἐν ἐνίοις ἀντιγράφοις [5] alors qu'
un scholion de la LXX Sixtine précise το προς τον ασσυριον ουκ
εκειτο εν τω τετρασελιδω ουτε παρα τοις ō ουτε παρα τοις λοιποις
ουτε εν τω βιβλιω ευσεβιου του παμφιλου ουτε εν τω οκτασελιδω.

Si l'on tient compte de l'absence des mots dans plusieurs
témoins ainsi que de la déclaration de Tht et du scholion de
la Sixtine, on doit déduire que le πρὸς τὸν ἀσσύριον ne se lisait ni dans les Hexaples, ni dans la recension origénienne
(ουκ... εν τω τετρασελιδω ...ουτε εν τω οκτασελιδω) [6], ni dans

_____

1 προς τον ασσυριον = B^ʾ R L^ᵛ 1219 cf. Ga Vulg La^G La^R.

2 S et L^pau omettent tout le titre.

3 cf. Bodmer 24 Introd. p. 13 : "...déjà la première main
   avait en avançant, manifesté une nette tendance à diminuer
   le nombre des lignes contenues dans les pages... entre les
   pages 43 et 72, les variations vont de 36 à 41 (lignes) avec
   un maximum (de pages) à 37 et 38..." D'après l'édition le
   nombre 40 n'est atteint que deux fois dans cette partie du
   Codex : à la page 55 où la ligne 40 (non numérotée) donne
   διαψαλμα et à la page 67 (Ps 75) où l'éditeur indique (προς
   τον ἀσσυριον).

4 cf. FIELD in loco.

5 PG 80, 1472 lig. 37 : την δε ασσυριου προσθηκην ουχ ευρον
   εν τω εξαπλω αλλ' εν ενιοις αντιγραφοις.

6 cf. infra p. 457-458.

la Bible d'Eus.

Dans le Ga, au contraire, nous avons "ad assyrium"; Jérôme aurait corrigé le Ro en remplaçant le pluriel "ad assyrios" par le singulier [1], mais cette recension peut-elle s'autoriser de la LXX hexaplaire ? Il semblerait que non après ce que nous venons de voir. On retiendra pourtant l'accord entre la correction de Jérôme et la leçon de la LXX.

c) <u>Ps 69</u> : Eus commente le titre de ce Ps en (768,15). Il fait remarquer qu'il ne s'agit ni d'un cantique (ᾠδή), ni d'un psaume (ψαλμός), mais que ces paroles sont dites εἰς τὸ τέλος et τῷ δαυιδ εἰς ἀνάμνησιν. Après ces remarques assez détaillées, l'omission de la deuxième partie du titre - que nous lisons en Rahlfs - ne fait guère de doute, puisqu'on ne trouve aucune allusion aux mots εἰς τὸ σῶσαί με κύριον ou à une des formes apparentées que nous offrent les mss.

Dans la LXX εἰς τὸ σῶσαί με κύριον se lit en B⁰ Sa L⁰ 55, εις το σωσαι με κυριε en L^b Tht^P; au contraire R L^pau omettent ces mots; enfin le Bodmer 24 donne ici ο θ̅ς̅ σωσαι με [2].

Dans Tht nous lisons au sujet de la deuxième partie du titre : τοῦτο δὲ ἐν ἐνίοις ἀντιγράφοις εὗρον οὔτε δὲ παρὰ τῷ ἑβραίῳ οὔτε παρὰ τοῖς ἄλλοις ἑρμηνευταῖς [3]. Si l'on accepte ce témoignage de Tht, on doit conclure qu'Origène ne lisait ces mots dans aucune des "autres" colonnes des Hexaples; par conséquent, il aurait pu les omettre dans sa recension hexaplaire, s'il connaissait des mss qui soutenaient l'omission, ou alors les maintenir, mais sous obèle.

Dans le Ga, nous trouvons "eo quod salvum me fecit dominus"[4]

---

1 le plur. est bien attesté en Ro; seul Ro^M lit au sing. "ad assyrium".

2 le Bodmer 24 donne aussi le début du verset : εις το τελος τω δαυιδ εις αναμνησιν.

3 PG 80, 1413, lig. 46; cf. aussi scholion de la LXX Sixtine : on lit pour Tht : τουτο εν ενιοις μεν αντιγραφοις ευρον, εν ενιοις δε ου. πλην ουτε παρα τω εβραιω ουτε παρα τοις αλλοις ευρισκεται.

4 d'après Field ce passage serait obélisé en Ga mais non dans la Syroh. mais l'édition du Ga ne nous donne aucune attestation d'obèle.

ce qui est la reprise du Ro, si bien que cette leçon de Jérôme
ne peut pas être considérée comme une preuve directe de la LXX
origénienne. Il reste que la leçon du Ga s'oppose à celle d'Eus
et à ce que nous attendrions conformément à l'affirmation de
Tht [1].

d) Ps 92 : Eus ne donne comme titre que αἶνος ᾠδῆς τῷ
δαυιδ [2]; il ignore la notation "εἰς τὴν ἡμέραν τοῦ προσαββάτου
ὅτε κατῴκισται ἡ γῆ, qui est également omise par L[pau] Tht[P] He.
Cependant la majorité des témoins ajoutent ces mots, même s'ils
divergent quant à la place qu'ils leur attribuent : B[᾿] L Tht[B]
Λ[᾿] lisent εις - γη/αινος-δαυιδ alors que Sa R Ga L[pau] ont αινος
- δαυιδ/εις - γη [3].

Selon Hesychius [4] ce Ps ne porte pas de titre en hébreu :
ουτος παρ'εβραιοις ο ψαλμος ανεπιγραφος, επιγεγραπται δε τοις
εβδομηκοντα... La partie du titre qu'Eus conserve se lit dans
l'ensemble de la tradition de la LXX; pour cette raison, on peut
admettre que, bien que n'existant pas en hébreu, elle a été
maintenue, au moins sous obèle, dans la recension d'Origène.

Au contraire, les mots εις - γη manquent dans certains témoins : Origène aurait donc pu les omettre en choisissant une
leçon en accord avec l'hébreu et les "autres".

Dans le Ga, Jérôme reprend sans modification la leçon du
Ro : "laus cantici david in die ante sabbatum quando inhabita-
ta est terra". Cet accord complet entre le Ga et Ro diminue très
fortement le témoignage de Jérôme pour la leçon hexaplaire.
Tht [5] nous indique que ce Ps n'avait pas de titre en hébreu, ni
dans les Hexaples, ni chez Eus; cette remarque pourrait ouvrir
la voie à une solution: Origène n'aurait pas introduit dans les

---

1   dans les Proleg. p. 75, Rahlfs propose de comprendre le εν
    ενιοις αντιγραφοις de Tht comme signifiant : tous les mss
    dont Tht disposait par opposition aux Hexaples.

2   dans l'édition du Coislin : οινος.

3   Bodmer 24 donne une leçon tronquée : αινος ωδης τω δαυιδ
    προς σαββατου οτε κατωκισται η γη.

4   Hesychius, Roe 13 fol 40.

5   PG 80, 1624 lig. 8 : το ανεπιγραφος παρ' εβραιοις ουκ εστιν
    εν τω εξαπλω ουδε παρ' ευσεβιω.

Hexaples les mots excédentaires par rapport à l'hébreu et aux "autres"; il les aurait cependant maintenus dans sa recension. Eus pourrait suivre le texte de la colonne LXX des Hexaples et Jérôme celui de la recension hexaplaire.

e) <u>Ps 65</u> : Eus donne εἰς τὸ τέλος ᾠδὴ ψαλμοῦ mais il ne fait aucune allusion à ἀναστάσεως. Pourtant il nous fait observer au début de son commentaire que ce Ps est "évangélique" car il parle de la vocation des païens [1]. Dans la LXX le mot αναστασεως est bien attesté, seul S l'omet. Le Bodmer 24 confirme sur ce point la majorité des témoins [2].

Aucune des "autres" versions ne nous est connue, mais Tht et un scholion que l'on trouve dans la LXX Sixtine nous affirment que le mot αναστασεως ne se lisait ni dans l'hébreu, ni chez les "autres" interprètes, ni dans la colonne LXX des Hexaples (οι ō εν τω εξαπλω) [3].

Puisque le mot manque en S, il n'est pas exclu qu'Origène ait disposé de mss omettant ce mot et, par conséquent, lui permettant de choisir une telle leçon pour la colonne LXX des Hexaples. Mais la précision donnée par Tht (οι ō εν τω εξαπλω) nous paraît sous-entendre que le mot avait été maintenu dans la recension origénienne. Ce qui nous donnerait une situation assez semblable à celle du Ps précédent.

Dans le Ga, nous lisons : "in finem canticum psalmi resurrectionis" [4]; cette leçon correspond entièrement au texte choisi par les éditeurs du Ro, mais on peut relever que plusieurs mss du Ro, dont certains sont importants, omettent le mot "resurrectionis" : ainsi AHCDPX. Jérôme trouvait-il ce mot dans sa 'Vorlage', ou bien l'a-t-il introduit par comparaison avec le grec hexaplaire ? Dans cette supposition, nous aurions un bon

---

1 (648,6).

2 Bodmer 24 : εις το τελος ωδη ψαλμαλμου (sic) αναστασεως.

3 Tht (PG 80, 1361 lig. 7) : οὐδὲ ταύτην τὴν προσθήκην τὸ ἑβραικὸν ἔχει οὐδὲ οἱ ἄλλοι ἑρμηνευταὶ οὐτὲ οἱ ō ἐν τῷ ἑξαπλῷ; cf. le scholion de la LXX Sixtine : ουδε ταυτην την προσθηκην το εβραικον εχει ουδε οι ō εν τω εξαπλω, αλλα... ταυτην τινες ως εοικεν προσεθεικασιν.

4 R^2 ÷ resurrectionis :

témoignage du travail de recension de Jérôme et par suite, de
la LXX hexaplaire qu'il a connue.

Conclusions :

Nous remarquons dans ce deuxième groupe les mêmes difficultés pour faire concorder les témoignages d'Eus et du Ga, si l'
on admet que les deux partent du même texte d'Origène.

Il est vrai que plusieurs fois le Ga = Ro, ce qui diminue
fortement le poids du témoignage de Jérôme. Nous avons vu cependant que certaines modifications, comme le singulier "ad assyrium" du Ps 75 et peut-être l'addition de "resurrectionis" au
Ps 65, pourraient être le fruit de la recension sur le grec hexaplaire. En sens contraire, nous avons noté que la forme du Ga
en Ps 64 nous faisait douter de la recension de Jérôme.

Mais si l'on admet qu'Eus dans son commentaire suit le texte de la colonne LXX des Hexaples - où les mots excédentaires
du grec étaient omis ou, tout au plus, mentionnés en marge, -
tandis que Jérôme se sert de la recension hexaplaire, dans laquelle Origène avait maintenu ces passages du grec (avec ou sans
obèle ?) il est possible d'expliquer la situation textuelle d'
Eus et du Ga.

Nous avons également remarqué que les annotations et les
scholies ont une tendance assez nette à se développer : que l'
on compare, par exemple, les scholies de la LXX Sixtine citées
en note 3, p. 352 et note 3, p. 354 avec les remarques de Tht.
Et il n'est pas certain que les précisions des scholiastes
soient de bon aloi.

3) Deux cas particuliers : Ps 95 et 79.

a) Ps 95 : Eus donne ainsi le titre de ce Ps : ᾠδὴ τῷ
δαυιδ ὅτε ὁ οἶκος ᾠκοδομεῖτο μετὰ τὴν αἰχμαλωσίαν (1217,30) et
dans le commentaire, il le reprend par deux fois (1220,23 et
1221,15) et il commente le οτε... αιχμαλωσιαν.

Rahlfs nous offre le même titre mais en transposant le ωδη

τω δαυιδ à la fin [1]; quant au Bodmer 24, il se lit : λογοι ους
ελαλησαν οδε οικος οικοδομειτο μετα την αιχμαλωσιαν τω δαυιδ.

Nous remarquons que le TM n'a aucun titre. De plus d'après
une annotation du 1175, ce Ps est ανεπιγραφος παρα τοις γ̅ και ε'
και ς' [2]. Cependant, puisque tous les témoins de la LXX attestent ces mots avec quelques transpositions et variantes [3], on
peut penser qu'Origène les maintenait dans sa recension hexaplaire, malgré leur absence en γ̅ et dans ε' ς'. Il ne nous est
pas possible de dire dans quel ordre Origène conservait les
mots du titre, puisqu'il ne disposait d'aucun point de comparaison ni dans l'hébreu ni chez les "autres".

Dans le Ga nous lisons : "quando domus aedificabitur post
captivitatem, canticum huic david" ce qui correspond exactement
au Ro avec la seule addition du "huic".

Eus et le Ga s'accordent donc sur le contenu, mais donnent
les deux parties du titre dans un ordre différent; nous n'avons
aucun argument pour préférer une des deux leçons, sinon peut-
être le fait que Jérôme reprend l'ordre des mots du Ro, ce qui
pourrait indiquer une recension incomplète de sa part.

b) **Ps 79** : Mentionnons pour terminer le Ps 79 dans lequel
Eus et Ga s'accordent pour omettre le ὑπὲρ τοῦ ἀσσυρίου que nous
lisons en Rahlfs. [4] Ces mêmes mots manquent aussi en Bodmer 24
ainsi que dans S L[pau] = TM et dans la Syrohexaplaire [5]. On pourrait donc admettre que la recension origénienne les ignorait é-
galement. Il faut toutefois ajouter que la leçon du Ga = Ro, ce
qui enlève beaucoup au témoignage de Jérôme. Mais pour ces deux
Ps (95 et 79), le maintien du titre dans le premier et l'omis-

---

1   ainsi B R[/)] Ga T Sy 1219'; avec l'ordre d'Eus : S (Bo Sa ?)
     Vulg L' A ;> ωδη τω δαυιδ : Aug.

2   cf. aussi Hesychius, Roe. 13 fol 46[V] : ουδε ουτος παρ'
     εβραιοις ο ψαλμος επιγεγραπται, παρα μονοις δε τοις εβδο-
     μηκοντα...

3   supra note 1.

4   cf. aussi la leçon avec le plur. υπερ των ασσυριων : L[pau]
     et quelques versions (Bo cf. Aug. La[R]); en (949,40), Eus
     omet en plus le ψαλμος comme le font La[G] et Aug.

5   FIELD in loco.

sion des mots υπερ του ασσυριου dans le second sont attestés
aussi bien par Eus que par le Ga. Ils ne nous permettent donc
aucune déduction quant à la fidélité respective d'Eusèbe et de
Jérôme à l'égard de la LXX hexaplaire.

Conclusions sur cette comparaison des titres des Ps.

Au terme de cette étude, nous pensons que pour les titres
que nous avons étudiés la recension de Jérôme en Ga doit presque toujours être mise en question. En général, le Ga donne la
même leçon que le Ro. Il est cependant possible que ces titres
aient d'abord été maintenus sous obèle mais que les signes critiques ne nous ont pas été conservés dans la tradition du Ga.

Nous avons également vu que les leçons attestées par Eus
posaient, elles aussi, quelques problèmes, en particulier lorsqu'Eus conserve les titres, et déclare peu après que ces Ps
sont ανεπιγραφοι.

Nous pensons que la solution (au moins partielle) de ces
difficultés consiste à admettre qu'Eus et le Ga partent d'un
texte différent : Eus se sert des Hexaples, plus directement de
leur colonne LXX; Jérôme, au contraire, corrige le Ro en se basant sur la recension d'Origène, dans laquelle celui-ci nous
semble avoir retenu (avec ou sans signes critiques) les titres
de la LXX ancienne.

Ceci nous amène à une seconde remarque : plusieurs fois O-
rigène aurait pu, semble-t-il, omettre en tout ou en partie les
mots de ces titres s'il avait appliqué strictement les règles
qu'il s'était données pour sa recension de la Bible grecque.
Cette étude nous invite à penser qu'Origène ne s'est pas servi
de ses critères avec la même rigueur pour les titres des Ps que
pour leur texte.

358

Conclusions sur les leçons Eus = TM ≠ Ga.

1) Nous avons relevé 55 leçons pour lesquelles Eus s'accorde
   avec le TM contre le Ga et nous estimons que pour ces leçons
   la forme attestée par Eus peut presque toujours être regar-
   dée comme celle de la LXX origénienne.

2) Quant aux leçons du Ga, nous notons que :
   - 8x/9 pour celles qui sont mentionnées en SF, Jérôme reconnaît lui-même, de plus ou moins bonne grâce, qu'elles ne
   donnent pas exactement le texte hexaplaire;
   - sur les 44 autres leçons [1], 31x Ga = Ro, ce qui diminue
   très fortement la valeur de ces leçons du Ga pour la recherche du texte hexaplaire.
   - même pour les 13 cas où Jérôme a corrigé le Ro, la comparaison avec les autres témoins de la LXX nous fait douter de
   la fidélité de Jérôme à l'égard du texte d'Origène.

3) Sur les 55 leçons étudiées, nous en retrouvons 45 dans le
   Bodmer 24 : 35x la leçon du Bodmer 24 s'accorde avec celle
   d'Eus et 8x avec celle du Ga. Ces nombreux accords entre
   Eus et Bodmer 24 rendent plusieurs fois probable l'hypothèse
   qu'Origène trouvait dans les mss LXX à sa disposition les
   leçons qu'il semble avoir choisies.

4) La comparaison avec les autres témoins du texte égyptien a
   fait ressortir plusieurs accords entre les leçons attestées
   par Eus et S contre B : ainsi nos. 18.31.(32).36.37.40; cf.
   également avec Sa : nos. 9.18.23.28.31.(32).36.

5) Les leçons des "autres" traducteurs qui nous sont parvenues
   renforcent en général la probabilité de la forme hexaplaire
   des leçons d'Eus. Ceci d'autant plus que presque toujours
   nous avons de bonnes raisons de penser qu'Origène devait connaître de telles leçons dans les mss dont il disposait. Nous

_____

1 en laissant de côté les deux cas spéciaux, (D).

avons d'autre part, des exemples remarquables de la fidélité
d'Origène à la LXX malgré les "autres" : ainsi aux nos. 19
et 54.

6) Enfin le cas étudié au no. 55 nous paraît important par la
mise en garde qu'il nous donne, même si sa portée doit être
assez limitée.

CHAPITRE III - EUS ≠ GA = TM

Dans notre examen des témoins de la LXX hexaplaire nous a-
vons étudié au chapitre précédent les leçons du Coislin où Eus
= TM ≠ Ga, c'est-à-dire les leçons où la présomption est en faveur d'Eus. Nous abordons une seconde série de leçons dans lesquelles Eus s'oppose à la fois au Ga et au TM.

Dans cette seconde série, nous remarquons que les variantes sont habituellement moins importantes que celles du chapitre précédent (omission ou addition d'un mot, singulier au lieu
d'un pluriel ou l'inverse, différence de temps pour un verbe,
transposition d'un ou plusieurs mots).

Nous nous proposons de discuter ces leçons en les répartis-
sant en trois groupes :

A) Les leçons Ga = TM ≠ Eus qui se lisent en SF.
B) Les leçons Ga = TM ≠ Eus où le Ga corrige le Ro.
C) Les leçons Ga = TM ≠ Eus où le Ga reprend le Ro.

A) Les leçons Ga = TM ≠ Eus qui se lisent en SF.

1) __Ps 64,10 d__

a) __TM__ (65)   : כי כן תכינה

   __LXX__   : ὅτι οὕτως ἡ ἑτοιμασία σου
                          σου B′ R^U T Sy 55;   αυτων Bo Sa-2017;
                          ειυς (i.e. της γης) GaHi = TM; > L Su =
                          Bodmer 24.

   __Eus__ (640,13) [1] : ὅτι οὕτως ἡ ἑτοιμασία; la même leçon est
                          reprise en (641,23).

   __Ga__   : quoniam ita est praeparatio eius
                          L manque; aucune variante n'est signalée.
                          Le Ro avait traduit "praeparatio __tua__, comme

---

1 Le ms donne les vv 9b-10d.

la Vetus Latina [1]. Dans la Lettre à Sunnia,
Jérôme explique la traduction du Ga :
"...et dicitis quod in graeco non sit eius, cum in hebraeo THE-
CHINA manifeste praeparationem eius significet; eius autem, id
est, terrae". [2]

b) La variante que nous étudions ici porte sur le possessif. La
LXX hésite entre la deuxième personne du singulier, la troisième du pluriel et l'omission du possessif.

Nous pensons que la LXX ancienne avait traduit ετοιμασια
σου (à partir d'une 'Vorlage' identique à notre TM ?) puisque
cette leçon se trouve dans les meilleurs témoins grecs de la
LXX ainsi que dans la Vetus Latina. La leçon avec αυτων pourrait être une harmonisation causée par la présence du même pronom dans le stique. Quant à l'omission du possessif, elle est
antérieure au travail d'Origène - puisqu'on la trouve en Bodmer
24 - et elle pourrait être l'effet d'une recension.

Origène pouvait connaître ces trois formes de la LXX (avec
σου, avec αυτων et sans le possessif) mais il nous paraît peu
probable qu'il ait disposé d'une leçon avec un possessif à la
troisième personne du singulier.

Parmi les traductions des "autres", seule celle de Symmaque nous est parvenue : ...οτι ουτως ηδρασας αυτην [3].

Puisque, à notre connaissance, Origène ne disposait d'aucune forme de la LXX s'accordant avec l'hébreu et les "autres",
nous estimons qu'il devait retenir ou bien la leçon ετοιμασια
σου des meilleurs témoins, ou alors l'omission du possessif comme l'indique Eus. L'étude des leçons "e" du 1098 nous a montré
qu'il fallait être très réservé pour admettre de la part d'Origène des corrections de la LXX par influence des "autres" traducteurs.

Le fait que Jérôme dans SF cite uniquement l'hébreu pour
justifier la traduction de Ga nous paraît significatif : il ne

---

1 seul δ traduit "eius" comme le Ga.
2 SF p. 22 lig. 15.
4 En Eus (641,22); en Tht (PG 80,1356,lig.20) et dans le 1175.

trouvait pas dans la LXX hexaplaire, ni chez les "autres" un appui pour le "praeparatio eius" [1].

Il est vrai que la leçon ετοιμασια (sans possessif) que nous avons chez Eus pourrait ne pas être originale mais provenir d'une faute d'un copiste plus coutumier de la leçon ʹ. Cependant, comme nous l'avons vu, cette forme se lit dans le lemme et dans le commentaire, ce qui rend une telle corruption moins probable.

Pour conclure, nous pensons que la déclaration de Jérôme en SF pourrait être une reconnaissance implicite que la traduction adoptée dans le Ga n'est pas totalement fidèle à la LXX hexaplaire, pour laquelle nous avons envisagé deux formes possibles ετοιμασια σου et ετοιμασια : si Origène a choisi la première, Eus et Jérôme s'écartent tous les deux de sa recension; au contraire, si le choix d'Origène s'est porté sur ετοιμασια (sans possessif), Eus serait alors fidèle à la recension d'Origène, tandis que la leçon du Ga pourrait provenir d'une correction sur l'hébreu plutôt que sur le grec.

2) Ps 67,19 d - 20 a

a) TM (68)   : ...ברוך אדני יום.   לשכן יה אלהים

   LXX   : τοῦ κατασκηνῶσαι, κύριος ὁ θεὸς εὐλογητός,
                        εὐλογητὸς κύριος ἡμέραν...
                        κυριος ο θεος ευλογητος, ευλογητος κυριος :
                        sic etiam La^{R(s)} + Deus : Aug.

Dominus Deus benedictus est : La^{G}; sim. Sa.

Dominum, Deus benedictus Dominus : GaHi.

Dominum Deum, benedictus Dominus : Vulg cf. TM.

On peut ajouter le Bodmer 24 : ...ο κ̅ς̅ ο θ̅ε̅ ευλογητος ει κ̅ς̅ ημεραν...

   Eus (701,11) [2]: ... τοῦ κατασκηνῶσαι κύριος ὁ θεὸς εὐλογη-
                     τός, εὐλογητός κύριος ἡμέραν...

---

1 Symmaque donne la troisième pers. (αυτην), mais sa traduction est assez différente de ce que Jérôme propose.
2 le ms donne les vv 18-20 en entier.

Nous lisons la même traduction en (704,26);
cf.encore (704,37) où nous n'avons que le
v. 20.

Ga   : ...inhabitare Dominum, Deus benedictus Dominus die cotidie...

L manque; aucun ms du Ga ne répète le "béne-
dictus".[1] Dans le Ro, Jérôme lisait :
"...inhabitare Dominus Deus benedictus, benedictus Dominus de
die cotidie..." Le Ga est le seul psautier de la Vetus Latina
à omettre un "benedictus"[2] et la Lettre à Sunnia confirme cette traduction : "etenim non credentes inhabitare Dominum... in
eodem : Deus benedictus Dominus die cotidie. Pro quo in graeco
invenisse vos dicitis : Dominus Deus benedictus, benedictus Dominus die cotidie. Sed melius et verius quod supra"[3].

b) La leçon avec un double ευλογητος est bien attestée par la
tradition LXX. A notre connaissance, seul le Bodmer 24 donne u-
ne leçon grecque avec un unique ευλογητος; cette leçon se rencontre encore en Sa et dans une partie des versions latines, a-
vec plusieurs variantes.

La leçon avec le double ευλογητος est certainement très
ancienne, - si elle n'est pas la traduction originale de la
LXX - et nous verrions volontiers dans les leçons avec un seul
ευλογητος ou "benedictus" des tentatives de recension sur l'hébreu.

Pour la LXX hexaplaire, on peut admettre qu'Origène connaissait, à côté de la leçon commune de la LXX, une forme recensée du type de celle que nous lisons en Bodmer 24. D'autre part,
bien qu'aucune des "autres" versions hexaplaires ne nous soit
conservée, on peut estimer que leur 'Vorlage' correspondait à
celle de notre TM[4] et, par conséquent, que les "autres" colon-

---

1 R*F*CI rattachent le "Deus" au stique 20a; au contraire, F[2]
   rell codd et edd cum Juxta Heb ont ici "Deum" rattaché au
   "Dominum" précédent.

2 Jérôme a également corrigé le "de die cotidie" en "die cotidie".

3 SF p. 23, lig. 3ss.

4 cf. la traduction du Juxta Heb : ...Dominum Deum, benedictus
   Dominus...

nes des Hexaples ne devaient traduire qu'une seule fois ברוך.
Dans ces conditions, on comprendrait qu'Origène ait choisi pour
la colonne LXX une leçon avec un seul ευλογητος, leçon qu'il jugeait plus conforme à l'hébreu et aux "autres". Si Origène a
connu une forme de la LXX plus ou moins identique à celle que
nous lisons en Bodmer 24, il a pu omettre entièrement dans sa
recension ce qui lui paraissait superflu; dans cette hypothèse,
le Ga nous restituerait fidèlement, sur ce point, la LXX origénienne. Il faut remarquer toutefois que dans la Lettre à Sunnia,
Jérôme n'est pas très affirmatif : "melius et verius quod supra" écrit-il et on peut se demander si Origène avait entièrement omis le second ευλογητος ou s'il l'avait maintenu sous o-
bèle.

Pour conclure, nous dirons que l'omission du second "benedictus" en Ga peut témoigner de la fidélité de Jérôme à l'égard
de la recension hexaplaire mais qu'elle pourrait également provenir d'une comparaison avec l'hébreu.

3) Ps 71,18

a) TM (72)   : ברוך יהוה אלהים אלהי ישראל

   LXX   : εὐλογητὸς κύριος ὁ θεὸς ὁ θεὸς ισραηλ
                      ο θεος 1° : Sa GaHi = TM.
                   >   : rel. (etiam Vulg) = Bodmer 24.

   Eus (817,46) [1] : εὐλογητὸς κύριος ὁ θεὸς ισραηλ,
                      repris sous la même forme en (817,57; 820,
                      5.18.30).

   Ga   : benedictus Dominus Deus Deus Israhel
                      L manque; Dominus Deus Deus : R cum ep. 106
                      Dominus Deus : FC.

                      Le Ro et toute la Vetus Latina ignorent le
premier "Deus" mais, dans la Lettre à Sunnia, Jérôme défend sa
traduction en écrivant : "...dicitis in graeco bis Deus non ha-
beri, cum et in hebraeo sit et apud Septuaginta manifestissime

---

1 dans le ms nous trouvons les vv. 18-20 en entier.

triplex Domini Deique nuncupatio mysterium Trinitatis sit" [1].

b) La leçon avec un seul ο θεος est si répandue que nous pouvons la considérer comme celle de la LXX ancienne. Mais que faisait sur ce point la recension hexaplaire ? Dans le Colb. στιχ.
nous lisons : ō σ' α' ε' ς' ευλογητος κς ο θς ιηλ, εβρ. βαρουχ
πιπι σε λωεμ. ελωει ιηλ. Cette annotation est étrange, car le
εβρ. (malgré la faute de transcription) atteste le redoublement
du ο θεος : nous nous attendrions par conséquent à le retrouver
chez les "autres", au moins chez Aquila, contrairement à ce qui
nous est indiqué par le scholiaste. Il est vrai que nous avons
un sigle groupé, ce qui diminue sa valeur et que, d'autre part,
dans la leçon citée un ο θεος a pu être omis par une faute de
copiste, comme le suppose Field [2]. Mais d'après notre connaissance de la LXX ancienne, si Origène a introduit dans sa recension un second ο θεος, il devait le faire sous astérisque.

La leçon avec un seul ο θεος est fortement attestée par
Eus (5x); cependant, son commentaire ne porte jamais sur ce
point, alors que Jérôme dans SF affirme catégoriquement que les
LXX, aussi bien que l'hébreu, ont dans ce passage une "triplex
Domini Deique nuncupatio". L'annotation du Colb. στιχ. ne nous
permet pas de trancher clairement la question mais, en raison
de la citation de l'εβρ. que nous y lisons, nous penchons en faveur de Jérôme et nous estimons que la leçon du Ga, où Jérôme
ajoute un "deus" au Ro, pourrait bien représenter la LXX hexaplaire. Peut-être faudrait-il placer ce "Deus" sous astérisque.

4) <u>Ps 72,17 b</u>

a) <u>TM</u> (73)   : אבינה

   <u>LXX</u>   : καὶ συνῶ...
                        και > : Ga (non Vulg) Hi = TM; le Bodmer
                        24 n'est pas conservé.

---

1 SF p. 24, lig. 19.

2 FIELD in loco, en note : ubi ο θεος excidisse videatur.

    <u>Eus</u> (841,30)   : ...καὶ συνῶ...;

                   il s'agit d'une citation des vv. 15-17; au

                   contraire, dans le commentaire nous lisons :

                   ἕως εἰσέλθω εἰς ἁγιαστήριον τοῦ θεοῦ συνῶ

                   εἰς τὰ ἔσχατα αυτων c'est-à-dire le même

passage, mais sans la conjonction (844,2) [1].

    <u>Ga</u>   : intellegam

                L manque; intellegam : RFCI

                et intellegam : rell. codd. et edd.

                Le Ro et toute la Vetus Latina avaient "et

intellegam".

Le Ga est seul à omettre la conjonction et cette leçon est confirmée par la Lettre à Sunnia : "Pro quo in graeco vos legisse
dicitis et intellegam. Sed hic et coniunctio superflua est" [2].

b) Le καὶ est attesté par toute la tradition LXX que nous connaissons, à l'exception du Ga et de la Lettre à Sunnia; nous
pouvons donc regarder le καὶ συνω comme la leçon de la LXX ancienne.

    Origène avait-il maintenu ce καὶ dans la LXX hexaplaire ?
Nous ne le pensons pas car, en plus de la leçon du Ga, confirmée explicitement par SF, Eus atteste lui aussi une leçon sans
καὶ dans le commentaire et il se pourrait que la citations des
vv. 15-17 dans le lemme ne soit plus fidèle, sur le point que
nous discutons, à la volonté d'Eus; enfin, nous connaissons par
Eus la traduction de Symmaque : "ἕως εἰσέλθω εἰς τὰ ἁγιάσματα
τοῦ θεοῦ, συνετισθῶ τὰ ἔσχατα αὐτῶν" (844,3) qui ignore également la conjonction devant le verbe [3].

    Bien que nous ne disposions d'aucun témoin de la LXX in-
dépendant d'Origène pour l'omission du καὶ, nous pensons que la
LXX hexaplaire omettait le mot ou, au moins, l'obélisait. Dans
la première hypothèse, le Ga serait fidèle à la recension hexa-

---

1   contrairement à l'édition qui donne ici καὶ συνω, le ms n'a
    pas la conjonction.

2   SF p. 25, lig. 5.

3   à noter que Symmaque a encore le plur. αγιαματα = TM.

plaire et Eus, par la citation que nous lisons dans le commentaire, serait même le seul témoin grec de la leçon [1]; au contraire, si Origène a maintenu le κα∟ sous obèle, ni Eus, ni Ga
ne sont pleinement fidèles à la LXX hexaplaire.

5) Ps 73,8 b

a) TM (74)   : שרפו כל־מועדי־אל

   LXX   : κατακαύσωμεν πάσας τὰς ἑορτὰς τοῦ θεοῦ
                    πάσας : R⁰ Ga L⁰ 55 = TM
                    >   : B⁰ Sa 1219; le passage manque en
                          Bodmer 24 [2].

   Eus (857,29)   : καταπαύσωμεν τὰς ἑορτὰς τοῦ θεοῦ; cette
                    leçon est confirmée par le commentaire en
                    (857,36) et elle se retrouve en (892,41)
                    dans le Ps 76.

   Ga   : quiescere faciamus omnes dies festos
                    L manque; aucune variante n'est indiquée sur
                    "omnes". Dans le Ro nous lisons "venite con-
                    primamus omnes dies festos..."; le Ga seul
omet le "venite" et remplace le "conprimamus" par "quiescere
faciamus"; quant au "omnes", il se lit dans toute la Vetus Latina, à l'exception de λ med. Nous retrouvons ce verset dans la
Lettre à Sunnia : "in eodem : incendamus omnes festos Dei a terra. Pro quo in graeco scriptum est καταπαύσωμεν, et nos ita
transtulimus : quiescere faciamus omnes dies festos Dei a terra"[3].
Jérôme discute ensuite de la traduction du verbe [4] et il ajoute : "in hebraeo scriptum est SARPHU CHOL MOEDAHU HEL BAARES,
quod Aquila et Symmachus verterunt ενεπυρισαν πασας τας συνταγας του θεου id est, incenderunt omnes sollemnitates Dei in
terra..." [5].

---

1 cf. les leçons étudiées p. 135ss.
2 pour la traduction du verbe, cf. supra p.213-214.
3 SF p. 25, lig. 18.
4 cf. supra p. 214.
5 SF p. 25 lig. 26ss.

b) Comme nous le voyons, la LXX est partagée : B″ Sa 1219 omettent le πασας comme Eus; au contraire, R″ L″ 55 avec le Ga traduisent le כל du TM. Que choisissait Origène dans une telle situation ? Nous avons déjà noté que selon SF, Aquila et Symmaque traduisaient ...πασας συνταγας [1]; nous pouvons ajouter les annotations du 1175 et du 264 où nous trouvons les leçons de α' σ' ϑ' :

α'   πασας συναγωγας ισχυρου [2]

σ'   πασας τας συναγωγας του θεου [3]

ϑ'   παντας καιρους ισχυρου [4]

Malgré leurs différences, nous notons que toutes ces leçons traduisent le כל.

Dans ces conditions, puisqu'Origène devait connaître les deux formes de la LXX ancienne, il nous semble évident qu'il a choisi celle qui s'accordait le mieux avec l'hébreu et avec les "autres", c'est-à-dire πασας τας εορτας.

Par conséquent, nous estimons que le Ga est ici plus fidèle qu'Eus à la LXX hexaplaire. Cependant, comme nous l'avons noté, le "omnes" se trouvait déjà dans la 'Vorlage' de Jérôme, si bien que la présence de ce mot en Ga ne peut être considérée comme un effet direct de la recension hexaplaire du psautier latin.

6) <u>Ps 73,13 b</u>

a) <u>TM</u> (74)   : ...שברת ם י ...

   <u>LXX</u>   : τὴν θάλασσαν, σὺ συνέτριψας...
                        ≯ συ : La^G Aug GaHi = TM; Bodmer 24 n'est
                        pas conservé.

   <u>Eus</u> (861,10) [5] : ...τὴν θάλασσαν, σὺ συνέτριψας...! la même
                        leçon se retrouve en (861,45).

---

1 συνταγας est la leçon de R*; R^{2}TC ont εορτας.
2 264 : ισχυρας.
3 noter les variantes avec les leçons indiquées par Jérôme
   en SF, mais dans les deux cas nous trouvons le πασας.
4 264 donne cette leçon sous ε'.
5 le ms donne les 12-18a.

<u>Ga</u> : ...mare, contribulasti...

L manque; aucune variante sur ce point.

Dans le Ro, Jérôme lisait "<u>tu</u> contribulasti" comme dans la plupart des témoins de la Vetus Latina [1]; il a donc omis le pronom personnel; la Lettre à Sunnia confirme le Ga : "in eodem : contribulasti capita draconum; tu confregisti capita draconis. Sic lectionis ordo sequitur, ut in primo versu tu non habeat, sed in secundo" [2].

b) La majorité des témoins de la LXX donnent ici la même leçon qu'Eus, c'est-à-dire, le pronom devant le verbe; seule une partie de la tradition latine omet ce pronom. On peut donc estimer que la LXX ancienne lisait ...σου συνετριψας... [3]. Origène connaissait-il des mss qui omettaient le pronom ? Ce n'est pas impossible, mais nous n'en avons aucune preuve. Nous connaissons, en revanche, par le 1175 et le 264 la traduction de Symmaque : συνετριψας κεφαλας κητων επι των υδατων [4]. L'intérêt du scholiaste porte moins, sans doute, sur le début de la citation que sur les mots qui suivent : on retiendra pourtant l'absence du pronom devant le verbe.

Origène a-t-il pu choisir une leçon sans pronom qui s'accordait ainsi avec l'hébreu et Symmaque, ou bien a-t-il corrigé la LXX en obélisant le pronom ? Si nous faisons confiance à Jérôme qui a supprimé le "tu" qu'il lisait en Ro, nous devons admettre que la LXX hexaplaire omettait (entièrement ou non ?) le pronom personnel. A moins que la correction du Ro par Jérôme ne provienne d'une comparaison avec l'hébreu plutôt qu'avec le grec hexaplaire !

---

1 seuls γ moz^c omettent le "tu" comme Ga.

2 SF p. 26 lig. 12.

3 le σου aurait pu être ajouté secondairement, peut-être par l'influence des stiques 13a et 14a ou par le redoublement du début du verbe.

4 Field donne la même leçon pour Aquila.

7) Ps 73,13 b

a) TM (74)   : עַל-הַמָּיִם

   LXX   : ἐπὶ τοῦ ὕδατος [1]
                   super aquam : La[G]; super aquas : La[R]
                   in aqua : Aug; in aquis : GaHi.

   Eus (861,10)   : ἐπὶ τοῦ ὕδατος [2]; la même leçon se rencon-
                   tre en (861,46).

   Ga   : in aquis
                   L manque; aucune variante n'est indiquée.
                   En Ro, Jérôme lisait "super aquas", qu'il
                   remplace par "in aquis" [3]. Dans la Lettre à
Sunnia il justifie ce pluriel : "et quae plurali numero scri-
bantur, non singulari, sicut et Aquila verbum hebraicum ΛMMAIM
των υδατων, id est aquarum, interpretatus est" [4].

b) Ici encore la leçon de la LXX ancienne ne fait guère de doute puisque tous les témoins grecs que nous connaissons lisent
επι του υδατος et que le singulier est encore attesté par La[G]
et Aug. La leçon avec le pluriel nous apparaît comme une forme
recensée. Mais cette correction remonte-t-elle à Origène ? Nous
n'en sommes pas convaincus. Même si nous savons par le 1175 et
le 264 que Symmaque traduisait ...επι των υδατων, comme Aquila
selon SF, il nous semble possible qu'Origène ait maintenu la
leçon au singulier. La comparaison entre le Ro et le Ga nous indique que Jérôme trouvait déjà le pluriel dans sa 'Vorlage' et
la transformation de "super aquas" en "in aquis" ne nous apparaît pas précisément comme une correction hexaplaire. De plus,
nous remarquons que Jérôme justifie la traduction du Ga en faisant appel à l'hébreu et à Aquila et non à la LXX. C'est pourquoi nous hésitons beaucoup à reconnaître dans la leçon "in a-
quis" du Ga une marque de fidélité de Jérôme à la LXX hexaplai-

---

1 Le Bodmer 24 est suffisamment conservé pour assurer le sing.
   ...υδατ)ος...
2 dans le ms nous avons les vv 12-18a.
3 même leçon en δ moz[c].
4 SF p. 26, lig. 14.

re.

8) <u>Ps 77,6</u> ^c

a) <u>TM</u> (77)   : ויספרו לבניהם

   <u>LXX</u>   : καὶ ἀπαγγελοῦσιν αὐτὰ τοῖς υἱοῖς αὐτῶν [1]
                       > αυτα : S La^G Aug Ga 2054; Bodmer 24 a-
                       joute αυτα.

   <u>Eus</u> (908,15) : καὶ ἀναγγελοῦσιν αὐτὰ τοῖς υἱοῖς αὐτῶν [2]
                       le stique est repris en (908,49).

   <u>Ga</u>   : et narrabunt filiis suis.
                       L manque; aucune variante concernant un pro-
                       nom complément du verbe.
                       Le Ro avait "et narrabunt eam [3] filiis
suis"; plusieurs témoins de la Vetus Latina ont "ea" : αζ moz^c
med tandis que γδ et Ga omettent le pronom. La Lettre à Sunnia
n'apporte ici qu'une confirmation indirecte : nous y lisons :
"et narrabunt filiis suis. Pro quo in graeco habet αναγγελου-
σιν quod est adnuntiabunt sed sciendum quod in hebraeo IASAPH-
PHERU scriptum est, quod Aquila et Symmachus narrabunt transtulerunt" [4].

b) Origène devait disposer pour ce verset des deux leçons de la
LXX (avec ou sans αυτα) : il pouvait donc choisir la leçon sans
le pronom. Nous ne connaissons les traductions des "autres" que
par la Lettre à Sunnia, où Jérôme discute <u>directement</u> de la traduction du verbe, mais nous pouvons admettre que l'omission du
αυτα était encouragée par les "autres" colonnes des Hexaples.
   Ainsi en supprimant le "eam" (ou le "ea") du Ro, le Ga est
probablement fidèle à la LXX hexaplaire alors que le commentaire d'Eus nous conserve la forme de la LXX ancienne.

----

1 nous ne discutons ici que la présence ou l'absence du αυτα.

2 dans le ms nous avons les vv. 4-8.

3 plusieurs mss du Ro ont "ea" : AHMSK.

4 SF p. 27, lig. 23.

9) <u>Ps 77,57 a</u>

a) <u>TM</u> (78)   : ויבגדו

   <u>LXX</u>   : καὶ ἠσυνθέτησαν

                      ησυνθετησαν : Β′ = Bodmer 24, non servave-

                      runt pactum : GaHi Aug = TM;

                      ηθετησαν : R O (teste Hi) L′′ Su 1046(vid)

                      1219.

   <u>Eus</u> (932,23) : καὶ ἠθέτησαν...[1], repris en (932,38).

   <u>Ga</u>   : et non servaverunt pactum

                      L manque; aucune variante. Le Ro traduisait :

                      "et non observaverunt"; pour le Ga, Jérôme

                      modifie le verbe et ajoute "pactum" [2], ce

dont il s'explique dans la Lettre à Sunnia: "et averterunt se
et non servaverunt pactum quemadmodum patres eorum. Scio quod
pactum non habeat in hebraeo; sed quando omnes voce simili transtulerunt ησυνθετησαν, et apud Graecos συνθηκη pactum dicitur,
ex uno verbo significatur non servaverunt pactum licet Septuaginta ηθετησαν posuerint" [3].

b) En dehors de notre verset, ασυνθετειν se lit deux autres
fois dans les Ps, toujours pour traduire בגד (Ps 72,15 et 118,
158) [4]; αθετειν, pour sa part, se rencontre quatre fois, mais
jamais il ne rend בגד (Ps 14,4; 32,10; 88,34 et 131,11). A partir de ces comparaisons, on pourrait penser que la LXX ancienne
avait traduit notre passage par le mot ασυνθετειν et considérer
le ηθετησαν comme une forme corrompue. Dans cette hypothèse, il
faudrait reconnaître que la corruption est très ancienne puisqu'elle est si répandue.

   Si, au contraire, nous admettons que les anciens traducteurs grecs avaient choisi ηθετησαν, la forme ησυνθετησαν pour-

---

1   le ms donne les vv. 54-58.

2   même addition en moz[c] med; au contraire α traduit "contem-
   serunt" et γ "reppulerunt".

3   SF p. 28, lig. 23.

4   ailleurs en Ps בגד est rendu par ανομεω (24,3) et par
   εργαζομαι (58,6).

rait s'expliquer par une recension "théologique" inspirée par
le thème de la rupture d'alliance si fortement souligné dans le
Ps. Ceci nous expliquerait pourquoi seuls les mss B S et Bodmer
24 nous offrent une telle leçon.

On pourrait ajouter que la traduction de בגד par αϑετειν,
si elle n'est pas courante dans le Ps, est habituelle dans la
LXX de Jer (7x/8) et d'Is (9x/13).

Mais quoi qu'il en soit de la forme originale de la LXX
ancienne, si nous admettons avec Jérôme que la LXX (d'Origène)
avait ici ηϑετησαν, nous devons en déduire qu'Origène n'avait
pas de mss lui donnant la leçon de B S, car s'il avait disposé
d'une telle leçon, il l'aurait sans doute adoptée puisque les
"autres" traduisaient par le verbe ασυνϑετειν. Sur ce point, la
déclaration de Jérôme est partiellement confirmée par une annotation du 1173 :

σ'   ησυνϑηκουν ως οι π͞ρ͞ς αυτων

α' ε'   (και) ησυνϑετησαν ως π͞ρ͞ς αυτ(ων)

En conclusion, puisque Jérôme reconnaît en SF que O' avait
ici ηϑετησαν c'est-à-dire la leçon que nous donne Eus, nous
pouvons conclure que sur ce point, de l'aveu même de Jérôme, le
Ga ne suit pas exactement la LXX hexaplaire.

10) Ps 88,20 a

a)   TM (89)   : לחסידיך

   LXX   : τοῖς ὁσίοις σου
                    οσιοις : L^pau, sanctis : GaHi = TM
                    υιοις : rel.; Bodmer 24 n'est pas conservé.

   Eus (1097,13) : ...τοῖς υιοῖς σου; la même forme est repri-
                    se dans le commentaire en (1097,35) [1].

   Ga   : sanctis tuis
                    L manque; aucune variante sur ce mot. Le Ro,
                    comme la Vetus Latina, traduisait : "...in
                    aspectu filiis tuis"; Jérôme corrige cette

---

1   dans le ms nous lisons τοις υιοις et non τοις αγιοις
    comme l'édition l'indique.

leçon en écrivant : ...in visione sanctis
tuis". La Lettre à Sunnia explique sa traduction : "in eodem :
tunc locutus est in visione sanctis tuis. Pro quo in graeco filiis tuis invenisse vos dicitis. Sed sciendum est quod in hebraeo LAASIDACH habet, quod omnes τοις οσιοις σου, id est, sanctis tuis, transtulerunt, et sola sexta editio prophetis tuis
interpretata est, sensum magis quam verbum exprimens. Et in
κοινη tantum pro sanctis filios repperi" [1].

b) Dans la LXX des Ps, οσιος rend régulièrement חסיד (24x/27);
on pourrait donc penser que la LXX avait traduit notre verset
par τοις οσιοις σου. Mais nous constatons également que très
peu de témoins grecs conservent cette leçon (L^{pau}). Si υιοις
est une corruption d'οσιοις, il faut alors reconnaître qu'elle
s'est introduite dans la presque totalité des témoins de la LXX
à tel point qu'on doit se demander si Origène a connu la leçon
avec οσιοις.

Selon SF, tous les "autres" interprètes, à l'exception de
la Sexta, traduisaient τοις οσιοις σου. Jérôme ne fait pas appel expressément à la LXX, mais on devrait normalement la compter dans le "omnes". Pourtant dans ses Commentarioli, il est
moins affirmatif : "...filiis tuis. Omnes reliqui interpretati
sunt sanctis tuis. Denique sexta editio prophetas pro filiis
posuit." [2]

Une hésitation semblable se rencontre dans les autres renseignements hexaplaires dont nous disposons. Dans le Patmos 215,
nous lisons : ...ους και υιους θῦ καλει, η ως οι λοιποι ερμη-
νευσιν οσιους θῦ [3]. D'après cette note, on devrait comprendre
que les "autres" versions s'opposent ensemble à la LXX. Mais
dans le même ms, au folio précédent, nous trouvons : θεωδω^{τ} τοτε ελαλησας εν ορασει τοις υιοις σου, ο δε συμμαχος, ουτως, τοτε ελαλησας δι'οραματος τοις υιοις σου. [4]

---

1 SF p. 31, lig. 24.
2 CC. p. 72, lig. 14.
3 Patmos 215 fol. 58; même leçon en Ambr. F 126 fol. 36^{v}.
4 Patmos 215 fol. 54^{v}.

Le Fragment XIII des Hexaples Mercati nous donne le Ps 88;
malheureusement les Hexaples ne nous sont conservés que depuis
le v. 26. Dans la LXX qui suit les Hexaples, nous lisons : τοτε
ελαλησας εν οραϭει τοις οϭιοις ϭου... [1]; au contraire dans la
Catena, nous trouvons la même remarque que dans le Patmos 215
que nous avons cité ci-dessus.

Nous avons réservé pour la fin une note du 264 (en bas du
texte) où nous trouvons ces indications : τοις οϭιοις ϭου, α'
σ' ε' (ου)τ(ως), ϛ' τοις προφηταις ϭο(υ). Si cette annotation
est exacte, il faudrait comprendre que la LXX hexaplaire traduisait τοις οϭιοις ϭου comme α' σ' ε'.

En tenant compte de la situation textuelle de la LXX et
des témoignages hexaplaires qui nous sont parvenus, nous pouvons
faire deux hypothèses :

1) ou bien Origène ne connaissait que des mss avec υιοις
(οϭιοις n'étant attesté que par L[pau]) : en ce cas, malgré l'hébreu et les "autres", il aurait conservé la leçon de ses mss [2].
Eus serait alors fidèle à Origène tandis que la correction que
Jérôme apporte au Ro pourrait provenir non d'une comparaison a-
vec la LXX hexaplaire mais avec l'hébreu ou les "autres";

2) ou bien Origène a connu les deux leçons (υιοις et οϭιοις) et il a opté pour celle qui s'accordait le mieux avec l'hébreu et les "autres" interprètes. Dans cette seconde hypothèse,
c'est évidemment Jérôme qui fait preuve de fidélité au texte
hexaplaire en corrigeant le Ro; quant à Eus, il nous donnerait
la leçon commune de la LXX.

Il ne nous semble pas possible de trancher de manière définitive mais, dans la situation actuelle, nous penchons pour
la seconde hypothèse.

11) Ps 93,23 b

a)   TM (94)   : וברעתם יצמיתם ‸ יצמיתם

---

1 MERCATI p. 99 lig. 21; cf. encore Osservazioni p. 441-2.
2 cf. le Patmos 215 qui donne pour ϑ' τοις υιοις ϭου et le
   silence du 264 sur la leçon de Théodotion; Origène pouvait
   y trouver une confirmation de la leçon commune de la LXX.

LXX   : καὶ κατὰ τὴν πονηρίαν αὐτῶν, ἀφανιεῖ αὐτοὺς
                       κατα την πονηριαν : R Aug L⁰ Λ³ ; > κατα :
                       B⁰ La^G Su; εν τη πονηρια : Sa GaHi = TM;
                       > εν = Bodmer 24; + αφανιει αυτους à la
                       fin de 23b : Ga = TM.

Eus (1208,10)   : καὶ κατὰ τὴν πονηρίαν αὐτῶν ἀφανιεῖ αὐτοὺς
                       κύριος...;
                       cf. aussi le commentaire en (1208,25) :
                       ...ἀποδώσει τὴν ἀνομίαν... καὶ τὴν πονηρίαν
αὐτῶν στρέψει κατ'αὐτῶν... ὅτε καὶ ἀφανιεῖ αὐτοὺς κύριος ὁ θεὸς
ἡμῶν.

Ga   : et in malitia eorum disperdet eos, disper-
                       det illos
                       L manque; aucune variante sur ce point. Le
                       Ro avait : "et in malitia disperdet illos
Dominus Deus noster." Dans le Ga, Jérôme apporte plusieurs corrections à sa 'Vorlage' et il s'explique dans la Lettre à Sunnia : "in eodem : et in malitia eorum disperdet eos. In graeco
dicitis non esse praepositionem in sed legi : malitiam eorum
disperdet. Sciendum autem quod et in hebraeo et in cunctis interpretibus positum sit : in malitia eorum disperdet eos. Si autem voluerimus legere : malitiam eorum disperdet, id quod in
Septuaginta sequitur in fine versiculi eos et superfluum erit
et vitiosum" [1].

b) Nous avons ici deux variantes entre Ga-TM et Eus : d'abord
"et in malitia eorum" au lieu de (κατα) την πονηριαν αυτων; ensuite la traduction des deux יצמיתם par le Ga, d'où "disperdet
eos, disperdet illos" au lieu du seul αφανιει αυτους que nous
lisons chez Eus et dans la LXX.

   Ces deux variantes sont liées, c'est pourquoi nous les
traiterons ensemble.

   En nous basant sur les témoins de la LXX que nous connaissons, nous constatons que pour la première variante mentionnée,
Origène avait probablement le choix entre les formes du Ga (=Sa)

---

1 SF p. 33, lig. 2.

et celles des autres témoins de la LXX; au contraire, pour la
seconde variante, il est beaucoup moins probable qu'il ait disposé de mss grecs traduisant les deux יצמיתם du TM.

En ce qui concerne les "autres" traductions réunies par
Origène, nous n'avons comme renseignement que la remarque générale de Jérôme en SF "in hebraeo et in cunctis interpretibus
positum sit : "et in malitia eorum disperdet eos".

La comparaison avec le Ro nous indique que Jérôme lisait
"et in malitia eorum" dans sa 'Vorlage'. Il a, au contraire, a-
jouté au texte du Ro le "eos disperdet". Etant donnée la situation textuelle de la LXX, on est étonné de ne pas trouver cette
addition sous astérisque [1]. En effet, si la colonne hébraïque
des Hexaples avait un texte identique à notre TM, - ce qui n'
est pas complètement assuré, puisque certains mss hébreux omettent le redoublement de יצמיתם - Origène aurait dû introduire
αφανιει αυτους à la fin du stique 23b mais sous astérisque. Jérôme ne fait pourtant aucune allusion à des signes critiques d'
Origène et aucun ms du Ga ne nous a conservé en ce passage une
trace d'astérisque.

D'autre part, au sujet de la première variante, la manière
avec laquelle Jérôme rejette la leçon de ses correspondants ne
nous satisfait pas entièrement. Jérôme ne parle que d'une seule
leçon grecque et semble ignorer complètement la leçon κατα την
πονηριαν αυτων qui est pourtant bien attestée en grec et en latin. Or une telle leçon échappe à l'objection qu'il formule. De
plus, même sans κατα, la leçon avec l'accusatif n'est pas aussi
inacceptable que Jérôme veut bien le dire, à condition de cou-
per la phrase à la fin de 23b, ce que fait précisément Eus dans
son commentaire. [2]

C'est pourquoi nous ne sommes pas convaincus que la leçon
du Ga défendue par Jérôme en SF soit le fruit d'une recension
sur le grec hexaplaire. Comme nous l'avons dit, le "in malitia
eorum" est la reprise du Ro et l'addition "eos disperdet" de-

---

1   comme le fait Field, mais ni le Ga ni la Syh. ne nous ont
    conservé un astérisque.
2   Eus (1208,25), cf. supra. 376.

vrait, à notre avis, être astérisée pour être fidèle à la recension origénienne.

12) Ps 107,2b - 3a

a) <u>TM</u> (108) : ...אשירה ואזמרה אף־כבודי עורה הנבל

ᾄσομαι καὶ ψαλῶ ἐν τῇ δόξῃ μου ἐξεγέρϑητι ψαλτήριον

μου | σου : Sa- 2017 = Bodmer 24;

3 a init. : S Sa. 2017 R⁾ GaHi A = Bodmer 24, pr. stichum εξεγερϑητι η δοξα μου Bo Vulg L⁾ Su 1219' et Psalt. Rom. ex 56,9.

<u>Eus</u> (561,31) : dans le Ps 59, mais donné explicitement comme leçon du Ps 107 ᾄσομαι καὶ ψαλῶ ἐξεγέρϑητι ἡ δόξα μου ἐξεγέρϑητι ψαλτήριον...

<u>Ga</u> : cantabo et psallam in gloria mea, exsurge psalterium...

CL manque; aucune variante n'est signalée pour les meilleurs témoins du Ga. Le Ro avait ici "cantabo et psalmum dicam Domino, exsurge gloria mea, exsurge psalterium..."; le Ga remplace donc le "psalmum dicam Domino, exsurge gloria mea" par "psallam in gloria mea". Dans la Lettre à Sunnia nous lisons sur ce passage : "exsurge gloria mea, quod dicitis in latino non esse, recte in isto psalmo non habet, quia nec apud Hebraeos, nec apud ullum interpretum repperitur, sed habetur in quinquagessimo sexto psalmo de quo mihi videtur in istum locum translatum" [1].

b) La LXX nous est conservée sous 3 formes :

1) ...ψαλω εν τη δοξη μου(σου), εξεγερϑητι...

2) ...ψαλω εξεγερϑητι η δοξα μου, εξεγερϑητι...

3) ...ψαλω εν τη δοξη μου, εξεγερϑητι η δοξα μου, εξεγερϑητι ψαλτηριον...

Nous pouvons laisser de côté la troisième, qui est manifes-

---

1 SF p. 38, lig. 4.

tement un doublet, mais qui était très répandue (L$^{\jmath}$ Su 1219$^{\jmath}$
et une partie de la Vetus Latina) : [1] Origène connaissait certainement des mss qui lui permettaient d'écarter cette leçon.

Parmi les deux autres, aucune ne correspond pleinement au
TM [2], mais Origène devait préférer la première bien attestée
par les témoins de la LXX et par Ga.

Quant à la deuxième, que nous trouvons dans le commentaire
d'Eus au Ps 59, elle nous paraît suspecte car elle correspond
entièrement à la traduction du Ps 56,9 [3], même si le commentaire d'Eus la présente comme la leçon du Ps 107; il faut ajouter
qu'il cite ce passage sans le commenter et que son intérêt porte plus directement sur la suite du texte (561,37ss). C'est
pourquoi nous ne pensons pas que le témoignage d'Eus s'oppose
vraiment à la leçon attestée par le Ga. A notre avis, la leçon
du Ga, corrigeant le Ro représente la forme choisie par Origène,
alors que la leçon citée par Eus en (561,31) nous apparaît comme une harmonisation avec le Ps 56.

Conclusions :

1) Nous avons relevé 12 leçons du Ga qui s'accordent avec le TM
   contre Eus et au sujet desquelles Jérôme s'explique dans la
   Lettre à Sunnia. Habituellement la discussion de Jérôme porte précisément sur la variante que nous avons étudiée (10x/
   12); au contraire, pour les nos 5 et 8, la leçon du Ga est
   citée en SF, mais Jérôme y discute un autre point.

   Nous pensons que la leçon du Ga est généralement fidèle à
   la LXX hexaplaire, mais nous avons des doutes spécialement

---

1 également Eus dans le Commentaire du Ps 107 : (PG 23, 1328,
  52; 1329,7.9).

2 Le Ps 107 étant composé des Ps 56,8-12 et 59,7-14, Eus fait
  appel aux passages parallèles du Ps 107 pour commenter le
  v. 7 du Ps 59.

3 En Ps 56,9 εξεγερθητι η δοξα μου traduit fidèlement le TM.

pour les nos. 1.7 et 11. De plus, une fois (no. 9) Jérôme
reconnaît lui-même que la leçon du Ga ne correspond pas à
la LXX(hexaplaire).

Presque toutes ces leçons du Ga proviennent d'une correction du Ro : seuls le "omnes" du no. 5, le pluriel du no. 7
et le "in malitia eorum" du no. 11 se lisaient déjà dans la
'Vorlage' de Jérôme, mais même pour ces stiques, nous avons
des indications de son travail recensionnel.

2) Pour 8 de ces 12 leçons, nous avons pu faire la comparaison
avec le Bodmer 24 :
- 4x la leçon du Ga correspond à celle que nous lisons en
Bodmer 24 : nos. (2).9.(11).12.
- 4x, au contraire, le Bodmer 24 s'accorde avec Eus contre
le Ga : nos. 1.3.7.8.

3) Si nous comparons ces leçons d'Eus et du Ga avec les meilleurs témoins anciens de la LXX, nous constatons que :
- 5x la leçon du Ga s'écarte de tous les témoins du texte
égyptien : nos. 3.4.6.7.10.
- lorsque les témoins du texte de Haute et Basse-Egypte sont
divisés le Ga s'accorde 1x avec B (no. 9), 3x avec S (nos.
8.9.12) et 3x avec Sa (nos. 2.11.12).

4) Lorsqu'une ou plusieurs des "autres" traductions nous sont
parvenues, nous avons constaté que dans cette section elles
appuyaient toujours la leçon du Ga comme l'indique ce tableau :

nos	1	4	5	6	7	8	9	10
α'			=		=	(=)	=	=
σ'	(=)	=	=	(=)	=	(=)	=	=
ϑ'			=					=
ε'							=	=
ϛ'								=

5) Les variantes du Ga par comparaison avec les leçons attes-

tées par Eus (et souvent par la majorité de la LXX) sont

- 5x des omissions : nos. 2.4.6.8.12 (resp. ευλογητος / και / συ / αυτα / εξεγερθητι η δοξα μου)

- 4x des additions : nos. 1.3.5. cf. aussi 11. (resp. eius / ο θεος / πασας / εν)

- 1x un pluriel au lieu du singulier : no. 7 (υδατων).

Nous trouvons deux corrections plus importantes : nos. 10. (οσιοις loco υιοις) et no. 9 (ησυνθετησαν loco ηθετησαν).

B) Les leçons Ga = TM ≠ Eus où le Ga corrige le Ro.

13) Ps 17,8 c

a) TM (18) : ...כי הרה לו עלה.

   LXX : ὅτι ὠργίσθη αὐτοῖς ὁ θεός, ἀνέβη...

   ο θεος | Dominus : La^G; **>** : Ga = TM; le Bodmer 24 n'est pas conservé.

   Eus (636,52) : ὅτι ὠργίσθη αὐτοῖς ὁ θεός[1]; la même leçon se lit dans le Commentaire du Ps 17 (PG 23, 169,15), mais dans la reprise le stique est cité sans ο θεος[2].

   Ga : quoniam iratus est eis, ascendit...

   L : + Deus; la leçon des éditeurs se trouve en RFCI et dans les autres mss du Ga (ex silencio). Le Ga est le seul psautier latin à omettre le "Deus", qui se lit en Ro et dans toute la Vetus Latina[3].

b) La variante concerne la présence ou l'absence du ο θεος /

---

1 le ms a ο θεος et non κυριος comme l'indique l'édition.

2 PG 23, 169 lig. 36.

3 γ δ ont "Dominus".

Deus; nous constatons que tous les témoins de la LXX, sauf le
Ga, ajoutent le mot Dieu (resp. Seigneur : La^G). Il n'est cependant pas impossible qu'Origène ait connu une forme (recensée) qui omettait le ο θεος. Si c'était le cas, on comprendrait
qu'il ait préféré une telle leçon qui s'accordait mieux avec
l'hébreu et probablement aussi avec les "autres", puisque selon
Eus, Symmaque traduisait ce passage περιετραπησαν οτι ωργισθη
αυτοις [1]. En corrigeant le Ro, Jérôme ferait donc preuve de fidélité à la LXX hexaplaire.

Au contraire, si Origène trouvait le ο θεος dans tous ses
mss, il devait obéliser le mot supplémentaire. Dans cette seconde hypothèse, ni le Ga, ni Eus (en Coislin) ne serait totalement fidèle à la LXX d'Origène.

Rappelons pour terminer que dans le Ps 17, le commentaire
d'Eus suppose, semble-t-il, l'absence du ο θεος : Eus serait
alors le seul témoin grec de cette leçon et il s'accorderait a-
vec le Ga et le TM.

14) Ps 39,7 b-c

a) TM (40)   : שאלת לא וחטאה עולה לי כרית אזנים

   LXX   : ὠτία δὲ κατηρτίσω μοι, ὁλοκαύτωμα καὶ
                  περὶ ἁμαρτίας οὐκ ἤτησας
                  ωτια La^G Ga = TM (sic omnes interpretes i.
                  e. α'σ'θ'ε' et εβρ. (ωσναιμ) teste Sy);
σωμα : rel. = Heb 10,5.
Même leçon en Bodmer 24. ολοκαυτωμα : B' Ga 1219 = TM
ολοκαυτωματα : Bo 2013' R'' L'' A' = Heb 10,6 et Bodmer 24
ητησας : B, postulasti : La^G Ga = TM; εξητησας : S R L'' A', pe-
tisti : La^R Aug; ηθελησας : 55 ex 7a; ηυδοκησας : Bo 2013 ex
Heb 10,6 = Bodmer 24.

   Eus (668,50) : σῶμα δὲ κατηρτίσω μοι, ὁλοκαυτώματα καὶ περὶ
                  ἁμαρτίας οὐκ ηὐδόκησας [2].

---

1 PG 23, 169 lig. 29.
2 dans le commentaire du Ps 39 en PG 23 on ne trouve pas la
   citation de ce verset, mais dans le texte on peut lire :

Ga : aures autem perfecisti mihi, holocaustum et pro peccato non postulasti.

Aucune variante n'est signalée sur les points qui nous intéressent ici; nous en déduisons que la leçon du Ga est attestée par RFCIL et les autres mss (ex silencio). Dans le Ro, Jérôme lisait ...corpus autem perfecisti mihi, holocausta etiam pro delicto non postulasti. Le Ga remplace donc "corpus" par "aures" [1], "holocausta" par "holocaustum" [2] et "pro delicto" par "pro peccato" [3].

b) Nous relevons dans ce passage trois variantes pour lesquelles Ga = TM s'opposent à Eus : ωτια / σωμα; ολοκαυτωμα / ολοκαυτωματα; ητησας / ευδοκησας. Ces trois variantes d'Eus correspondent à la citation du Ps en Heb 10,5-6 et elles s'accordent avec le Bodmer 24, avec les témoins du texte de Haute-Egypte (2013) et avec Bo [4]. Ces leçons sont certainement anciennes, mais cela a-t-il suffi pour qu'Origène les fasse entrer dans sa colonne LXX des Hexaples ? C'est cette question que nous allons chercher à clarifier.

Nous partirons de la première variante pour laquelle la situation textuelle est la plus claire : en effet, tous les témoins grecs et les versions de la LXX lisent ici σωμα, à l'exception de La^G et Ga.

Une première question se pose : quelle était la traduction de la LXX ancienne ? Sur ce point, nous pouvons envisager deux hypothèses :

a) la LXX ancienne traduisait אזנים par ωτια, mais à une

...τὰς θυσίας... καὶ προσφορὰς οὐκ ἠθέλησας, ἀντὶ δ'ἐκείνων τὰ ὦτα μου... κατηρτίσω καὶ ἀντὶ ὁλοκαυτωμάτων καὶ περὶ ἁμαρτίας... PG 23, p. 356 lig. 36ss. Au sujet du ωτα, on peut se demander s'il ne s'agit pas de la leçon de Symmaque qui est citée trois fois dans le commentaire (lig. 25.30 et 50).

1 = γ δ η moz^x.

2 = γ* η.

3 = η*.

4 la première variante s'accorde en plus avec les autres témoins du texte de Basse-Egypte.

384

date très ancienne [1], cette leçon a été corrigée en σωμα :
ainsi La^G serait seul à nous avoir conservé la leçon originale,
leçon reprise par le Ga [2]. Le passage de ωτια à σωμα pourrait
peut-être s'expliquer par une erreur de graphie [3].

b) dans une seconde hypothèse, σωμα serait la traduction
des LXX eux-mêmes : cette traduction, étrange pour l'hébreu,
proviendrait de l'interprétation messianique de ce passage du
Ps [4] tandis que la leçon de La^G serait l'effet d'une recension
postérieure.

Il est difficile de choisir entre ces hypothèses : la première nous paraît cependant plus vraisemblable, mais nous retiendrons également l'influence du messianisme : les anciens
traducteurs grecs auraient choisi ωτια mais cette forme serait
devenue σωμα par une erreur de graphie ou de lecture que les i-
dées messianiques pouvaient favoriser.

Nous arrivons ainsi à la seconde question : quelle leçon
Origène a-t-il choisie pour les Hexaples ?

D'après une note de la Syh. tous les interprètes (α'σ'θ'
ε') rendaient ce passage par ωτια [5]. Nous trouvons une attestation semblable dans le C. 187 et dans le ms 1047 (cat. XVII) [6].
Au contraire, une scholie hexaplaire du 1175 nous donne, à première vue, une attestation opposée : (repère : σωμα) ομοιως οι
γ̅ και η ε' και η ϛ'. Cependant, il est probable que cette note
du 1175 a été empruntée à un Psautier hexaplaire dans lequel

---

1 puisque tous les témoins grecs que nous connaissons, y
   compris le Bodmer 24, ont ici σωμα.

2 qui a corrigé le Ro "corpus" en "aures".

3 à cause du sigma final de ηθελησας, on a pu lire σωτια puis
   σωμα cf. J. CALES, Psaumes I, p. 430.

4 cf. J.-M. LAGRANGE, Notes sur le messianisme dans les Psaumes, in RB 1905, p. 53-54, qui écrit : "...il ne restait
   plus qu'à remplacer des "oreilles" par un terme plus général "un corps" pour obtenir un sens messianique. Il n'est
   pas douteux que ce soit la pensée du traducteur grec."

5 cf. FIELD in loco.

6 C. 187 : ο' θ' ε' ϛ' : ωτια δε κατηρτισω μοι; α' : ωτια δε
   εσκεψας μοι; σ' : ωτια δε κατασκευασας μοι; 1047 (cat.
   XVII) : ωτια δε κατηρτισω μοι.

elle avait la même signification que les autres scholies que
nous venons de citer.

Mais pour qu'Origène choisisse la leçon ωτια par comparaison avec les "autres" colonnes des Hexaples, il faudrait admettre, semble-t-il, qu'il ait trouvé une telle leçon dans un des
mss dont il disposait. Cette hypothèse ne peut pas être complètement écartée, si l'on pense à La^G, mais notre connaissance
actuelle des témoins grecs n'encourage guère une telle supposition. Or quand Origène se trouve devant une tradition grecque
unie, il la maintient généralement, même lorsqu'elle s'écarte
de l'hébreu et des "autres" [1]. Origène a-t-il connu ici une forme recensée de la LXX lui permettant de choisir ωτια comme leçon hexaplaire ou bien a-t-il estimé que la LXX s'écartait trop
nettement de l'hébreu et qu'il était nécessaire de l'y ramener,
s'il voulait atteindre un des buts de sa recension qui consis-
tait à renseigner les chrétiens sur la teneur de la Bible des
Juifs ? Il est difficile de préciser davantage, mais en tenant
compte de la correction du Ro par Jérôme et des renseignements
hexaplaires que nous avons cités, on peut penser que la LXX o-
rigénienne lisait en ce verset ωτια et non σωμα.

Pour les deux autres variantes, la situation est différente puisque la tradition grecque est partagée.

Le pluriel ολοκαυτωματα est si anciennement et si largement attesté (Haute et Basse-Egypte, texte occidental et antio-
chien) que nous pouvons le considérer comme original. Le singulier de B$'$ Ga 1219 pourrait s'expliquer par une recension sur
l'hébreu ou sur les "autres" traductions grecques, antérieure
au travail d'Origène. Mais il est probable que celui-ci connaissait la leçon au singulier et qu'il l'a adoptée pour sa recension [2].

Le ηυδοκησας est moins largement attesté (Haute et Basse-
Egypte) mais il est certainement ancien, lui aussi. Cependant
on comprendrait mal qu'un correcteur ait passé de ευδοκεω à
l'une des autres formes, si ce n'est pour des raisons de recen-

---

1 cf. l'étude des Fragments Mercati, p. 68 ss.
2 cf. le 1175 (repère ολοκαυτωμα) anon. ολοκληρα καθαγιοζομενα
  πυρι.

sion, tandis que le passage inverse pourrait s'expliquer par
harmonisation avec le Ps 50,18. Mais il est clair qu'Origène
pouvait choisir ici entre différentes variantes grecques et on
comprend qu'il ait préféré la forme ητησας qu'il lisait dans
les colonnes de α'σ'ε'ς' selon une scholie de la cat. X.

Notons encore que pour cette troisième variante, Jérôme
trouvait déjà en Ro le "postulasti" du Ga; au contraire, les
deux autres leçons du Ga ("holocaustum" et "aures") doivent ê-
tre attribuées au travail recensionnel de Jérôme que nous estimons, sur ce point, fidèle à la LXX hexaplaire.

15) <u>Ps 54,10 a</u>

a)   <u>TM</u> (55)   : ...אדני פלג

     <u>LXX</u>   : κύριε καὶ καταδίελε
                  καὶ > : 2013 Ga = TM; le Bodmer 24 n'est
                  pas conservé.

     <u>Eus</u> (476,17)   : κύριε καὶ καταδίελε... repris en (477,37;
                  480,14) et dans le commentaire en (477,51).

     <u>Ga</u>   : Domine divide...
                  Aucune variante parmi les meilleurs témoins
                  du Ga; le Ro et toute la Vetus Latina a-
                  vaient "...Domine <u>et</u> divide..." [1].

b) La leçon avec la conjonction que l'on trouve dans la majorité des témoins de la LXX fait figure de leçon facilitante, mais
elle est certainement ancienne.

Pourtant puisque le 2013 nous atteste un texte sans le
καὶ [2], il est possible qu'Origène ait disposé d'une telle forme
de la LXX.

Parmi les "autres" traductions hexaplaires, seule celle de

---

1   seul δ omet le "et" comme le Ga.

2   cf. le jugement de G. Henrici - approuvé par RAHLFS dans
    LXX, prol. 3,4 -, qui voyait dans le 2013 "den unrezensier-
    ten Text der Griechischen Volksbibel".

Symmaque nous est connue : Eus la cite avec le καί : καταπόν-
τισθῆναι ποίησον δέσποτα καὶ ἀσύμφωνον ποίησον τὴν γλῶσσαν
αὐτῶν (477,49) mais le Colb. στιχ. nous donne la même leçon
sans καί. Dans le Commentaire d'Eus, il est évident que l'intérêt porte non pas sur la conjonction, mais plutôt sur la traduction des deux verbes. C'est pourquoi, la citation donnée par
Eus ne peut pas être considérée comme une preuve de l'addition
du καί et nous préférons la leçon du Colb. στιχ.

Si Origène a connu une forme de la LXX qui omettait la conjonction, il l'a probablement choisie, si bien que l'omission
du "et" de Ro par le Ga nous apparaît comme un indice de la recension hexaplaire du psautier latin.

16) Ps 55,10 a

a) TM (56)   : אז ישובו

   LXX   : ἐπιστρέψουσιν
                    pr. τοτε : Ga Sy S[c] = TM; τοτε manque dans
                    tous les témoins grecs, y compris le Bodmer
                    24.

   Eus (496,56)   : ἐπιστρέψουσιν cf. aussi la reprise en com-
                    mentaire (497,24) [1].

   Ga   : tunc convertentur...
                    L manque; tous les meilleurs mss du Ga ont
                    "tunc"; le Ro, - et une partie de la Vetus
                    Latina, - traduisait "convertantur" mais ni
le Ro, ni aucun autre psautier latin n'avaient "tunc" avant le
verbe.

b) De l'état de la tradition textuelle de la LXX, on doit déduire que le τοτε n'appartenait pas à la traduction originale.
mais qu'il a été introduit secondairement par une recension.
Nous connaissons par Eus la traduction de Symmaque et le τοτε

---

1 avec l'inversion des stiques 10a et 10b : εν η αν ημερα
επικαλεσωμαι σε επιστρεψουσιν οι εχθροι μου εις τα οπισω.

y est fortement souligné (497,3) [1] ; de plus, une note du 1175 nous indique que α'σ'ϑ'ε' avaient τοτε επιστρεψουσιν [2]. Mais une telle note marginale n'a de sens que si le psautier qu'elle accompagne donne une leçon différente. En admettant que les notes du 1175 ont appartenu primitivement à un psautier hexaplaire, faut-il alors conclure que la LXX de ce psautier n'avait pas de τοτε ? Nous pensons plutôt que le τοτε se lisait dans la colonne LXX des Hexaples – car il est probable que le אז occupait une ligne dans l'ouvrage d'Origène et que celui-ci avait dû compléter sur ce point le texte de la LXX en se servant des "autres" – et <u>sous astérisque</u> dans la recension hexaplaire. La note marginale avait pour but de justifier la présence de ce mot que l'on ne trouvait pas ordinairement dans la LXX.

Si cette hypothèse est exacte, nous aurions un des nombreux exemples où le signe critique d'Origène a été complétement omis par ceux qui ont repris la LXX hexaplaire [3].

En conservant le mot "tunc", le Ga est, à notre avis, plus proche qu'Eus de la LXX hexaplaire, qui devait lire ici un τοτε sous astérisque.

17) <u>Ps 56,7 a</u>

a) <u>TM</u> (57)   : רשת הכינו

    <u>LXX</u>   : παγίδα ἡτοίμασαν

                      παγιδα : Sa R L^D 1219', muscipulam : Aug,
                      laqueum : Ga = TM cf. aussi Bodmer 24 :
                      πα(γι)τα; παγιδας : B^D 1220, laqueos : La [4].

---

1   puisque le τοτε est repris deux fois aux lignes (497,26.31).

2   1175 (repère επιστρεψουσιν) : α' σ' ϑ' η ε' τοτε επιστρεψουσιν. Cette remarque du 1175 concerne sans doute davantage le τοτε que le verbe qui suit et qui devrait être différent au moins en Symmaque selon Eus.

3   La présence du τοτε dans la Syh. pourrait être un indice de l'addition de ce mot sous astérisque (non conservé), puisque ce psautier dont le texte n'est pas hexaplaire est un précieux témoin pour les signes critiques d'Origène.

4   On retrouve les mêmes hésitations entre παγιδα et παγιδας dans les Ps 10,6a; 63,6b et 139,6b.

Eus (512,24)   : παγίδας ἡτοίμασαν...

Ga   : laqueum paraverunt
                   Tous les mss du Ga ont le singulier "laque-
                   um" = med, contrairement à Ro et à Vetus La-
                   tina : "laqueos".

b) Les témoins de la LXX sont partagés et Origène devait certainement connaître les deux leçons. Laquelle a-t-il retenue
pour sa recension ?

Bien que nous ne connaissions aucune des "autres" traductions hexaplaires, nous pouvons penser que certaines - au moins
celle d'Aquila - traduisaient רשת par un singulier. Il est donc
vraisemblable que devant la division des témoins de la LXX, O-
rigène ait préféré la leçon au singulier.

Nous admettrons donc que la leçon "laqueum" du Ga, corrigeant le pluriel du Ro, représente ici la forme de la LXX hexaplaire.

18) Ps 59,2

a) TM (60)   : אֵת אֲרַם נַהֲרַיִם

   LXX   : τὴν μεσοποταμίαν συρίας
                   την μεσοποταμιαν συριας, mesopotamiam sy-
                   riae : Vulg Aug, cf. aussi Bodmer 24 :
                   μεσοποδ(αμιαν) συριας;
                   την μεσοποταμιαν συριαν : R He, m. syriam :
La^R; > syriae : La^G; syriam mesopotamiam : Ga = TM.

   Eus (552,26) : τὴν μεσοποταμίαν συρίας; même leçon en (552,
                   43) et en (445,3) dans le Ps 51.

   Ga   : syriam mesopotamiam
                   L manque; syriam mesopotamiam : R (syram)
                   F; mesopotamiam syriae : C I (sirie)
                   Le Ro et la Vetus Latina avaient "mesopota-
miam syriae" (avec des variantes), mais seul le Ga (RF) inverse
l'ordre des mots et s'accorde ainsi avec TM.

b) La signification de l'expression נהרים ארם n'est pas complètement éclaircie, [1], mais ce qui nous intéresse plus immédiatement c'est la compréhension qu'en ont eu les traducteurs
grecs. En dehors du Ps 59, cette expression se lit 4x dans la
Bible : 2x les LXX traduisent par μεσοποταμια : Gn 24,10; Dt
23,5; 1x par συρια ποταμων : Jg 3,8 (A et B) et 1x par συρια
μεσοποταμιας en 1 Ch. 19,6.

Si nous revenons au Ps 59, nous constatons que les témoins
de la LXX ont traduit μεσοποταμιαν συριας ou μεσοποταμιαν συριαν mais que seul le Ga inverse l'ordre des mots. Cette transposition peut-elle s'autoriser de la recension hexaplaire ? Nous
le pensons : en effet, nous savons par Eus (555,28) que Symmaque avait traduit εμπρησας την συριαν της μεσοποταμιας et l'on
peut estimer qu'il n'était pas le seul parmi les "autres" à a-
voir cet ordre des mots [2].

Dans les Fragments Mercati, nous avons trouvé plusieurs
exemples où Origène nous semble avoir modifié l'ordre des mots
de la LXX pour aligner son texte sur l'hébreu. C'est pourquoi
nous croyons que cette inversion des mots du Ro par le Ga peut
fort bien témoigner de la recension hexaplaire du psautier latin.

19) Ps 67,13 a-b

a) TM (68)   : יַדֹּדוּן יִדֹּדוּן [3]

   LXX   : τοῦ ἀγαπητοῦ, τοῦ ἀγαπητοῦ...
                    του αγαπητου 2° : B Ga (sub ✶) Sy 55 =
                    TM; >   : S Sa R^{su} L' 1219 et Bodmer 24 [4].

   Eus (696,3)   : cite le verset avec un seul τοῦ ἀγαπητοῦ [5];

---

1 voir par ex. R. de VAUX, Histoire ancienne d'Israël, Paris
   1971, p. 188-9.
2 cf. Jérôme en Juxta Heb.; "syriam mesopotamiae" ce qui suppose une 'Vorlage' = TM.
3 pc. mss omettent le deuxième יִדֹּדוּן.
4 voir la remarque d'Aug citée par Rahlfs LXX in loco.
5 contrairement à l'édition, le ms donne les vv. 11b à 13b.

de même le commentaire fait plusieurs fois
allusion à ce passage, mais toujours avec
un seul του αγαπητου (696,53; 697,5).

Ga   : dilecti   ✳ dilecti :
L manque; tous les meilleurs mss du Ga ont
le second "dilecti" et l'astérisque est attesté par RC et par Aug [1]. La comparaison
avec le Ro et la Vetus Latina nous montre que le Ga et moz^c sont
les seuls psautiers qui ajoutent le second "dilecti".

b) L'astérisque du Ga et la remarque d'Aug nous confirment à la
fois l'absence du second του αγαπητου dans la LXX ancienne et
sa présence dans la LXX hexaplaire. En effet, si certains mss
de la LXX ancienne avaient connu ce redoublement, Origène aurait pu maintenir ces mots sans astérisque. Or si nous acceptons pour la LXX ancienne la forme choisie par Rahlfs, il nous
semblerait étrange que tous les témoins de la LXX dont Origène
disposait aient omis ce second του αγαπητου. On comprend bien
plus facilement qu'à la suite d'une recension (celle d'Origène
ou une autre) on ait introduit dans certains mss de la LXX les
mots qui manquaient par comparaison avec le texte hébreu dont
on disposait alors [2].

    L'astérisque signifie également pour nous qu'Origène ne
disposait pas d'un texte de type B, car s'il avait connu une
telle leçon, il aurait pu la choisir pour sa recension sans signe diacritique.

    La traduction de ce verset par Symmaque nous invite aussi
à admettre le redoublement du του αγαπητου dans la LXX hexaplaire : en effet, selon Eus (697,10) Symmaque traduisait : ηγ-
απηθησαν αγαπητοι εγενοντο [3]; une scholie du Lavra A 89 est
plus explicite et elle justifie le redoublement : αλλ(ως) - εν
τω εξαπλω (δε) η περιοχη του παροντος ρητου ουτως κειτ(αι). ο

---

1 cf. note 4 p. 390.

2 dans cette hypothèse, il faudrait corriger sur ce point la
   LXX de Rahlfs, en omettant le second του αγαπητου.

3 le ms ne donne pas de η devant αγαπητοι : même leçon pour
   Symmaque en Tht (PG 80, 1384 lig. 9).

βασιλευς τ(ων) δυναμεων του αγαπητου του αγαπητου και ωραιοτητι
... τω διπλασιασμω την επιτασιν τ(ης) αγαπ(ης) σημαιν(ων).

C'est pourquoi nous estimons que le redoublement du "dilecti" sous astérisque en Ga peut être considéré comme une marque de la recension hexaplaire du psautier latin. Eus, au contraire, nous conserve la leçon de la LXX ancienne.

20) Ps 68,18 a

a) <u>TM</u> (69)   : ואל תסתר

   <u>LXX</u>   : μὴ ἀποστρέψῃς... = Bodmer 24;
                        pr και : B^S Ga = TM (B* omet 18a).

   <u>Eus</u> (745,33)   : μὴ ἀποστρέψῃς [1]; ce stique est redonné en
                        (745,42) également sans le και.

   <u>Ga</u>   : et ne avertas
                        L manque; aucune variante sur ce stique;
                        Ro et Vetus Latina ignorent le "et".

b) Toute la tradition grecque, à l'exception de B^S omet le και
au début de ce stique : on peut donc estimer que telle était la
leçon des anciens traducteurs grecs [2].

Nous ne connaissons aucune des "autres" versions réunies
par Origène qui auraient pu influencer sa recension de la LXX.
Cependant si les "autres" disposaient d'une 'Vorlage' identique
à notre TM [3], Origène devait probablement trouver chez eux une
conjonction devant le verbe et il aurait dû l'ajouter sous astérisque dans la LXX. Il n'est pas impossible, toutefois, qu'Origène ait connu une forme (recensée) de la LXX avec le και :
dans ce cas, la leçon du Ga (sans astérisque) serait fidèle à
la recension origénienne.

Un passage du commentaire d'Eus pourrait confirmer la leçon du Ga : après avoir cité le v. 18 a sans και, Eus écrit :

---

1   le ms donne les vv. 17-21a.

2   peut-être avaient-ils un texte hébreu sans le waw ?

3   ce qui semble probable à leur époque, cf. Juxta Heb "et ne
     abscondas...".

εν οις παρακαλει επιβλεψαι και μη αποστρεψαι το προσωπον εξ
αυτου (745,43), mais la conclusion ne s'impose pas absolument.

Cependant puisque le Ga, qui corrige le Ro, s'accorde a-
vec le TM, nous proposons de considérer le "et ne avertas" (é-
ventuellement ※ et : ne avertas) comme la leçon hexaplaire de
ce stique.

21) <u>Ps 73,12 b</u>

a)   <u>TM</u> (74)   : פעל ישועות

    <u>LXX</u>   : ειργάσατο σωτηρίαν

                        σωτηριαν, salutem : La Vulg et Cypr; salu-
                        tes : Ga = TM. Dans le Bodmer 24, le mot
                        qui nous intéresse n'est pas conservé, mais
il devrait être au singulier puisque nous lisons : ειργασατο
το(σωτηριον ημων εν μεσ)ω...

    <u>Eus</u> (861,10)   : ειργάσατο σωτηρίαν; même leçon en (861,22)
                        et dans le commentaire (861,31).

    <u>Ga</u>   : operatus est salutes
                        L manque; le pluriel est attesté par les
                        meilleurs mss : RFCI mais "salutem" se lit
                        dans rell codd et edd comme dans Ro.

b) Dans la LXX, seul le Ga traduit ישועות par un pluriel. Nous
ne connaissons aucune des "autres" traductions grecques qui
pourraient nous éclairer sur la forme de la LXX hexaplaire.

Nous remarquons que le commentaire d'Eus atteste assez nettement le singulier alors que le Ga nous donne une forme au pluriel qui correspond au TM. Qui de Jérôme ou d'Eus est ici fidèle à la LXX d'Origène ? Nous voyons deux possibilités :

- ou bien Origène ne connaissait que le singulier (σωτη-
ριαν) et alors, à notre avis, il l'a certainement maintenu;

- ou bien Origène a connu une forme (recensée) de la LXX
avec le pluriel et il l'a introduite dans sa recension.

Selon la première hypothèse, la correction du Ro par Jérôme ne peut provenir de la LXX hexaplaire; elle serait due à une

comparaison avec l'hébreu [1]; dans la seconde, au contraire, le
Ga témoigne de la forme choisie par Origène.

22) Ps 85,16 b

a) TM (86)   : עזך לעבדך

   LXX   : τὸ κράτος σου τῷ παιδί σου
                    το κρατος σου : B′ Ga L′⁾ A′ = TM;
                    > σου : Bo R 55 2016 et Bodmer 24.

   Eus (1037,35) : τὸ κράτος τῷ παιδί σου cf. aussi le commen-
                    taire : (1037,41) ἀντὶ δὲ τοῦ δὸς τὸ κράτος
                    τῷ παιδί σου...

   Ga   : imperium tuum puero tuo
                    L manque, mais la leçon avec "tuum" est at-
                    testée par RFCI. Le Ro avait traduit : "da
                    potestatem puero tuo" : Le Ga modifie le
substantif et ajoute le possessif [2].

b) La variante porte sur l'addition ou l'omission du possessif :
la majorité des témoins de la LXX ont το κρατος σου = TM; au
contraire, Eus et quelques autres, en particulier le Bodmer 24,
omettent le σου. Dans de telles conditions, il nous semble qu'
Origène devait certainement préférer la première leçon. Et ceci
d'autant plus que, selon Eus, Symmaque traduisait également le
suffixe nominal de l'hébreu : δος ισχυν παρα σου τω δουλω σου
(1037,41) [3]. On peut noter cependant la différence entre la traduction du suffixe par Symmaque et par la LXX : ισχυν παρα σου
au lieu de το κρατος σου. L'omission du possessif dans certains
témoins de la LXX est peut-être une correction théologique qui
voulait éviter que le psalmiste demande que Dieu lui donne son

---

1   ce n'est pas le seul cas où nous nous sommes demandé si Jé-
    rôme n'avait pas recensé le Ro sur le texte hébreu plutôt
    que sur la LXX hexaplaire.
2   dans la Vetus Latina seul δ ajoute "tuam".
3   dans le Patmos 215 (fol. 35v) et Ambr. F 126 (fol. 13v) on
    trouve la même remarque sans nom d'auteur.

pouvoir.

Mais pour qu'Origène choisisse la leçon attestée par Eus,
il faudrait qu'il ait complètement ignoré la leçon το κρατος
σου, ce qui n'est guère probable. Et même dans cette hypothèse,
il aurait dû, selon son principe, introduire sous astérisque le
mot manquant.

C'est pourquoi nous proposons de regarder la modification
que Jérôme introduit en Ro (addition du possessif) comme une
marque de la recension hexaplaire de ce psautier.

23) Ps 93,8 a

a) TM (94)   : בינו בערים

    LXX   : σύνετε δή ἄφρονες
                   δη, nunc : La; > Ga Sy = TM; Le Bodmer 24
                   donne la même leçon que l'ensemble de la
                   LXX.

    Eus (1197,43) : σύνετε δή ἄφρονες

    Ga   : intellegite qui insipientes estis
                   L manque; cette leçon est attestée par RFCI;
                   au contraire, le Ro et toute la Vetus Lati-
                   na avaient "nunc".

b) L'ensemble de la tradition de la LXX, sauf le Ga et la Syroh.
nous donne la leçon συνετε δη. Cette leçon est appuyée par une
note du C. 187 où nous lisons : θ' (και) οι ō συνετε δη ανοη-
τοι; même si on peut douter que l'intérêt du scholiaste porte
précisément sur le δη, cette traduction de Théodotion confirme
la leçon de la LXX et il nous paraît peu probable qu'Origène
ait éliminé ce δη dans sa recension. A notre avis, il l'aurait
au moins maintenu sous obèle. Nous pensons donc qu'en supprimant
totalement le "nunc" qu'il lisait en Ro, Jérôme dépasse l'intention d'Origène et renforce le soupçon d'une influence de l'
hébreu à côté (ou en plus) de la LXX hexaplaire dans la recension du psautier latin [1].

---

1 cf. supra note 1, p. 394.

24) Ps 93,22 a

a)   TM (94)   :   וַיְהִי יְהוָה לִי לְמִשְׂגָּב

    LXX   :   καὶ ἐγένετο μοι κύριος εἰς καταφυγὴν
                       μοι κυριος, également en Bodmer 24; tr. Ga
                       (non Vulg) = TM.

    Eus (1208,9)   :   καὶ ἐγένετο μοι κύριος εἰς καταφυγὴν

    Ga   :   et factus est Dominus mihi in refugium
                       L manque; Dominus mihi : RFCI, mais plu-
                       sieurs mss moins importants du Ga ont "mihi
                       Dominus" comme le Ro.

b) L'ensemble de la LXX atteste la même leçon qu'Eus; seul le
Ga inverse l'ordre des mots et rejoint ainsi celui du TM. Bien
que nous ne connaissions pas les "autres" traductions grecques
de ce verset, nous pouvons admettre que la colonne LXX des Hexaples modifiait l'ordre des mots de la LXX ancienne pour l'a-
ligner sur l'hébreu et probablement aussi sur les "autres"[1].

     C'est pourquoi l'inversion que Jérôme introduit ici dans
le Ro peut être une correction fidèle à la LXX hexaplaire.

25) Ps 94,10 c

a)   TM (95)   :   וְהֵם לֹא יָדְעוּ

    LXX   :   καὶ αὐτοὶ οὐκ ἔγνωσαν
                       και αυτοι : B Sa R⁾ Ga = TM;
                       αυτοι δε : S⁾ L⁾ A⁾; Bodmer 24 n'est pas
                       conservé[2].

    Eus (1209,13) :   αὐτοὶ δὲ οὐκ ἔγνωσαν, repris en (1216,35)
                       et encore en (1221,20) dans le Ps 95.

    Ga   :   et isti non cognoverunt
                       L manque; aucune variante sur ce point.

---

1   cf. les cas semblables étudiés dans les Fragments Mercati,
    supra p.44-45.
2   cf. Heb. 3,10.

Jérôme trouvait en Ro "ipsi vero" [1]; parmi les psautiers latins, seul le Ga traduit
"et isti" (cf. α γ δ moz : et ipsi).

b) Les deux formes καὶ αὐτοι et αὐτοι δε sont bien attestées
dans la LXX : Origène pouvait les connaître et il est difficile de dire avec certitude laquelle il a choisie. Les traductions
des "autres" ne nous sont pas parvenues.

Nous remarquons pourtant que la correction que Jérôme apporte au texte du Ro, - si elle provient d'une comparaison avec
la LXX hexaplaire et non pas avec l'hébreu, - supposerait qu'
Origène ait préféré la leçon καὶ αὐτοι pour sa recension.

26) Ps 107,4 b

a) TM (108)   : ואזמרך

   LXX   : καὶ ψαλῶ σοι
                       καὶ : S᾽ La^G Ga = TM;
                       > : 2017 R′ L^(ɒ) A cf. 56,10; και est éga-
                       lement omis par le Bodmer 24.

   Eus (561,32)   : ψαλῶ σοι; même leçon dans le commentaire du
                       Ps 107 en PG 23, 1328,55.

   Ga   : et psallam tibi
                       C L manquent; aucune variante sur ce verset.
                       Le Ro avait : "psalmum dicam tibi" : Le Ga
                       apporte deux modifications : "psallam" (a-
vec α δ moz^c) et le "et" avec γ med.

b) Les deux leçons (avec et sans καὶ) existaient dans la LXX
et Origène pouvait certainement les connaître. Comme la leçon
sans καὶ est identique à celle du Ps 56,10b [2], on peut la considérer comme une harmonisation et, donc, comme secondaire.

Nous pensons qu'Origène a préféré ici la leçon καὶ ψαλω

---

1 cf. med "ipsi autem".
2 où cette traduction correspond au TM; à noter toutefois
   que mlt mss donnent une leçon avec le waw.

qui correspond au TM. Mais on aimerait connaître les traductions
des "autres" pour être assuré que le texte hébreu d'Origène é-
tait sur ce point identique au nôtre.

Toutefois la correction que Jérôme introduit dans le Ro
par l'addition du "et" nous invite à considérer le και ψαλω comme la forme de la LXX hexaplaire.

27) Ps 113,4 b

a)   TM (114)   : כאילים גבעות

     LXX   : ὡσεὶ κριοὶ καὶ οἱ βουνοὶ
                      και > : Ga (non Vulg) = TM; Bodmer 24 n'est
                      pas conservé.

     Eus (692,43)   : ὡς κριοὶ καὶ οἱ βουνοὶ; même leçon dans le
                      commentaire du Ps 113 en PG 23, 1353,41.

     Ga   : ut arietes et colles...
                      et colles : F; > et : RL; C I manquent.
                      "et colles" se lit encore en Ro et dans tou-
                      te la Vetus Latina à l'exception de η.

b) Comme nous le voyons ci-dessus, les témoins du Ga sont divisés : les éditeurs ont suivi F contre RL [1]; au contraire, Rahlfs
présente le Ga comme seul témoin pour l'omission de la conjonction. Puisque toute la tradition LXX du texte atteste la présence du και, on peut supposer que ce mot était conservé sous
obèle dans la LXX hexaplaire.

Si cette supposition est exacte, ni Eus, ni Jérôme en Ga
ne sont entièrement fidèles à Origène, car le premier ne mentio-
ne pas l'obèle (cf. aussi Ga[F]) alors que le second (Ga[R L]) omet
complètement un mot qui devrait être obélisé.

---

1   sans doute considèrent-ils l'absence du "et" comme une cor-
    rection tardive par influence du Juxta Heb, ce que semble
    indiquer la remarque : RL comme hebr et He.

28) Ps 123,2 b

a) TM (124)   : בקום עלינו אדם

    LXX   : ἐν τῷ ἐπαναστῆναι ἀνθρώπους ἐφ'ἡμᾶς
                     ανθρωπους / εφ'ημας : tr. : Ga (non Vulg) =
                     TM; Bodmer 24 n'est pas conservé.

    Eus (1148,20) : ἐν τῷ ἐπαναστῆναι ἀνθρώπους ἐφ'ἡμᾶς; on re-
                     trouve la même leçon en PG 24,13.53 dans le
                     commentaire du Ps 123.

    Ga   : cum insurgerent in nos homines
                     in nos homines : R F; homines in nos : I
                     cum rell codd et edd comme le Ro et toute
                     la Vetus Latina.

b) Toute la LXX donne le même ordre des mots qu'Eus; seul le Ga
(R F) inverse "homines in nos" en "in nos homines" et correspond ainsi à l'hébreu.

   Nous ne savons pas comment les "autres" traduisaient ce
verset, mais on peut estimer qu'ils avaient un texte hébreu semblable au TM et qu'ils devaient suivre l'ordre des mots de celui-ci.

   L'inversion des mots du Ro par le Ga pourrait donc bien ê-
tre une marque de la recension hexaplaire du psautier latin.

29) Ps 141,2 b

a) TM (142)   : קולי אל יהוה

    LXX   : φωνῇ μου πρὸς κύριον
                     κυριον : B⁰ Sa La Ga L' 55 = TM;
                     θεον : L^pau T' He A et comp. Latini;
                     τον θεον μου : R cf. 76,2.

    Eus (504,17)   : φωνῇ μου πρὸς τὸν θεόν... [1]; le verset n'
                     est pas cité dans le commentaire du Ps 141.

---

1 dans le Ps 56, Eus parle clairement du Ps 141 quand il cite
   les vv 2a - 4b mais la citation contient deux autres variantes : en 3a ενωπιον et en 4b εγινωσκες.

Ga   : voce mea ad Dominum

C L manquent; Dominum est attesté par l'ensemble des mss du Ga. Le Ro et la majorité
de la Vetus Latina avaient "Deum", mais α
δ ζ remplacent ce mot par "Dominum".

b) Nous ne connaissons pas les "autres" traductions grecques,
mais l'accord du Ga avec les principaux témoins de la LXX et a-
vec le TM nous fait penser que les Hexaples devaient lire ici
κυριον et que cette leçon était probablement maintenue dans la
recension hexaplaire.

La leçon donnée par Eus nous apparaît comme moins originale, car elle peut provenir d'une harmonisation avec le Ps 76,2;
d'autre part, la citation d'Eus ne porte pas directement sur le
mot θεον ou κυριον et les autres variantes qu'elle contient
nous font penser à une citation assez libre.

La comparaison du Ga avec le Ro nous indique que Jérôme a
corrigé sa 'Vorlage' et on peut admettre qu'il l'a fait à partir de la LXX hexaplaire.

30) Ps 145,3 b

a) TM (146)   : בנדיבים בבן אדם

LXX   : ἐπ'ἄρχοντας καὶ ἐφ'υἱοὺς ἀνθρώπων
                    καὶ : B' R' Aug Sy He A; neque : La^G;
                    > : Ga L' 1219^{SJ} = TM; Bodmer 24 n'est
                    pas conservé.

Eus (773,44)   : ἐπ'ἄρχοντας μηδὲ ἐφ'υἱοὺς ἀνθρώπων; ce ver-
                    set n'est pas cité dans le commentaire du
                    Ps 145.

Ga   : in principibus, in filiis hominum
                    C L manquent; quelques mss ajoutent "nec"
                    ou "neque" devant "in filiis", mais les
                    meilleurs témoins appuient la leçon des é-
diteurs. Dans le Ro, Jérôme lisait "neque in filiis" comme dans
la majorité des psautiers latins [1].

---

1 à l'exception de δ : "nec" et de α : "et".

b) Puisque plusieurs témoins grecs omettent la conjonction, O-
rigène devait disposer d'une telle leçon qui s'accordait mieux
avec l'hébreu. C'est pourquoi nous pouvons regarder la correction de Jérôme comme un fruit de la recension hexaplaire.

Conclusions :

1) Nous avons 18 leçons où le Ga s'accorde avec le TM contre
   Eus et dans lesquelles la comparaison entre le Ro et le Ga
   nous permet de constater le travail de Jérôme.
   Toutes ces leçons du Ga peuvent être les formes de la LXX
   hexaplaire de ces stiques; nous avons pourtant des doutes
   sur le caractère hexaplaire de plusieurs de ces modifications de Jérôme. Nous y reviendrons.

2) Pour 7 de ces 18 leçons, la comparaison avec le Bodmer 24
   n'est pas possible; pour les 11 leçons où nous pouvons comparer Eus et le Ga avec le Bodmer 24, nous constatons que
   - 10x la leçon d'Eus s'accorde avec celle du Bodmer 24 :
     nos. 14.16.18.19.20.(21).22.23.24.26.
   - 1 seule fois, le Ga s'accorde avec le Bodmer contre Eus:
     no. 17.

3) Comparées avec la LXX, les leçons du Ga s'écartent 8x de la
   plupart, sinon de la totalité, des témoins grecs : nos. 13.
   16.18.21.23.24.27.28.
   Quand les meilleurs témoins LXX sont divisés entre eux,
   voici quels sont les rapports respectifs d'Eus et du Ga avec
   le texte de Haute et Basse-Egypte :
   - le Ga s'accorde 6x avec B, 4x avec S, 3x avec Bo et Sa
   et 1x avec 2013;
   - pour Eus, - en plus des 8 accords où le Ga est opposé à
   toute la LXX (supra) - nous avons 2 accords avec B, 4 avec
   S, 4 avec Bo, 1 avec 2013 et 2 avec Sa.

4) Lorsqu'une ou plusieurs des "autres" traductions nous sont

connues, elles appuient les leçons du Ga de cette section :

nos	13	14	15	16	18	19	22	23
α'		=		=				
σ'	=	=	=	=	=	=	(=)	
ϑ'		=		=				(≠)
ε'		=		=				
αλλος							=	

5) Par rapport à Eus - et souvent à la majorité des témoins de la LXX - les leçons du Ga, si elles sont fidèles à la LXX d'Origène, - supposent que celui-ci a

- ajouté : 5x : nos. 16.19.20.22.26. (resp. τοτε / του αγαπητου / και / σου / και).
- omis : 5x : nos. 13.15.23.27.30. (resp. ο θεος / και / δη / και / και).
- transposé : 4x : nos. 18.24.(25).28.
- remplacé le plur. par le sing. ou inversément : 3x : nos. 14 (holocaustum); 17 (laqueum); 21 (salutes).
- enfin Origène aurait choisi ωτια loco σωμα (no. 14) et κυριον loco τον θεον (no. 29).

Plusieurs de ces modifications peuvent sans doute s'autoriser de la recension hexaplaire. Mais d'après les témoins du texte que nous connaissons, si Origène a vraiment choisi une leçon identique à celle que nous trouvons dans le Ga, il devait le faire en utilisant les signes critiques :
- ainsi il aurait dû maintenir sous obèle les mots omis par le Ga aux nos. 13.23.27;
- on attendrait également des astérisques pour les nos. 16. et 20. cf. no. 19.

Ces dernières remarques ainsi que l'accord pratiquement complet que nous trouvons entre ces leçons du Ga = TM et les "autres" nous posent de plus en plus la question : Jérôme s'est-il contenté d'une recension du psautier Romain sur la LXX hexaplaire ou bien a-t-il aussi corrigé le Ro sur l'hébreu ?

C) Les leçons Ga = TM ≠ Eus où le Ga reprend le Ro.

31) <u>Ps 10,6 b</u>

a)   <u>TM</u> (11)   : ורוח זלעפות

    <u>LXX</u>   : καὶ πνεῦμα καταιγίδος

                      καταιγιδος; procellae : La^R Aug; procella-

                      rum : La^G Ga = TM;

                      Bodmer 24 n'est pas conservé.

    <u>Eus</u> (1000,41) : καὶ πνεῦμα καταίγιδος; le singulier est

                      confirmé par le commentaire en (1000,42);

                      même leçon dans PG 23, 137,35.37.47.

    <u>Ga</u>   : et spiritus procellarum

                      Aucune variante sur "procellarum"; le Ro

                      avait ici la même leçon et dans la Vetus

                      Latina seuls α β ont le singulier.

b) Nous avons donc, d'une part, Eus et toute la tradition grecque du texte ainsi qu'une partie des versions latins (La^R Aug)
qui lisent au singulier et, d'autre part, la majorité des témoins de la Vetus Latina ainsi que le Ro et le Ga qui traduisent par un pluriel et se rapprochent ainsi de l'hébreu.

    Le Ga est-il sur ce point plus fidèle qu'Eus à la LXX hexa-
plaire ? Pour répondre à cette question, il nous faut chercher
à préciser quel a été le choix d'Origène.

    Nous n'avons que peu de renseignements sur les traductions
des "autres" [1] mais étant donné l'état de la tradition textuelle grecque, il nous semble qu'Origène devait conserver la leçon
au singulier malgré le pluriel de l'hébreu [2].

---

1 dans le 1175 (repère καταιγιδος), nous trouvons (anon.)
   συστροφη ανεμου, puis οι ο' καταιγιδω(?) : le mot est difficile à lire.

2 זלעפה se lit 3x dans le TM : 1x au sing. (Ps 118,53 : LXX :
   αθυμια traduit "defectio" en Ro et Ga) et 2x au plur. (Ps
   10,6 et Lm 5,10). Dans Lm, la LXX traduit par un plur. (selon Ziegler,)mais le sing. καταιγιδος est attesté par Q^{mg}
   L' - 26 239 Syh. Bo Arm. De plus, la Syh indique que Symmaque traduisait également par le sing.

404

Il est vrai que le singulier καταιγιδος pourrait provenir d'une harmonisation avec les Ps 106,25 et 148,8 où la même formule πνευμα καταιγιδος se rencontre pour traduire רוח סערה. Cependant si le singulier représentait une correction, on s'attendrait à trouver quelques traces du pluriel dans l'un ou l'autre témoin.

Quant au pluriel que nous trouvons dans le Ga, il est la reprise du Ro; il ne peut donc pas être considéré comme attestation explicite de la recension hexaplaire faite par Jérôme. De plus, une comparaison entre le Ga et Ro portant sur les 3 passages où la LXX avait traduit πνευμα καταιγιδος (Ps 10,6; 106,25 et 148,8) nous indique que chaque fois Jérôme a conservé en Ga la leçon qu'il trouvait en Ro [1].

C'est pourquoi nous estimons que la leçon (au singulier) que nous lisons chez Eus a au moins autant de chance que celle du Ga (au pluriel) de représenter la forme de la LXX hexaplaire.

32) Ps 40,14 a

a) TM (41)   : מהעולם

    LXX   : ἀπὸ τοῦ αἰῶνος...
                     απο του αιωνος | εις τον αιωνα : 55. Le Bodmer 24 est très mal conservé sur ce point, mais il avait probablement la même leçon que l'ensemble de la LXX.

    Eus (820,3)   : ἀπὸ τοῦ νῦν...; au contraire, dans le commentaire du Ps 40 en PG 23, 365 lig. 43, nous lisons la forme habituelle de la LXX.

    Ga   : a saeculo...
                     Aucune variante sur ce point parmi les principaux témoins du Ga.

b) Que faut-il penser de la leçon απο του νυν que nous rencon-

---

1 "spiritus procellarum" en Ps 10,6 et 148,8 et "spiritus procellae" en 106,25.

trons chez Eus ? Nous remarquons qu'elle n'est citée qu'une
fois et que le commentaire où elle apparaît ne porte pas directement sur ce mot, mais sur le ευλογητος κυριος qui précède. A
notre avis, cette leçon, complètement isolée, est une citation
libre et elle n'a aucune chance de représenter la leçon hexaplaire. Au contraire, la leçon du Ga est certainement fidèle à
la LXX d'Origène, mais Jérôme reprend simplement la forme du
Ro, si bien que nous n'avons pas ici une preuve directe de la
recension hexaplaire [1].

33) <u>Ps 49,14 b</u>

a)   <u>TM</u> (50)   : ושלם לעליון

    <u>LXX</u>   : καὶ ἀπόδος τῷ ὑψίστῳ...
                      Aucune variante dans la LXX de Rahlfs; même
                      leçon Bodmer 24.

    <u>Eus</u> (469,43)   : καὶ ἀπόδος τῷ κυρίῳ...même leçon en (500,15)
                      et en (885,20) [2].

    <u>Ga</u>   : et redde altissimo..
                      Sans variante ni en Ga, ni en Ro, ni dans
                      la Vetus Latina.

b) La leçon αποδος τω κυριω pour ce verset est attestée par 3x
chez Eus et dans le commentaire de 3 Ps différents (Ps 54; 55;
76); cependant, il faut le dire, les citations portent directement sur les mots αποδος... ευχας et non sur le τω κυριω.

    Aussi devant l'unanimité des témoins de la LXX, nous ne
voyons aucun argument qui permettrait de considérer cette leçon d'Eus comme la forme hexaplaire de ce verset. Nous pensons,
au contraire, que le passage de τω υψιστω à τω κυριω peut s'expliquer par l'influence de la formule αποδουναι(τας) ευχας τω

---

1 A noter pourtant que le Ga, comme γ δ ε η, corrige le Ro
   dans ce stique en omettant le "usque".

2 ce verset n'est pas cité dans le commentaire du Ps 49 en
   PG 23.

κυριω que nous rencontrons ailleurs dans le Psautier [1].

Quant à la leçon du Ga, elle est certainement fidèle à la LXX hexaplaire, mais elle ne provient pas du travail recensionnel de Jérôme puisqu'elle se lisait déjà en Ro.

34) Ps 61,1

a) TM (62)   : עַל יְדוּתוּן

   LXX   : ὑπὲρ ιδιθουν
                    ιδιθουν : B⁽¹⁾ Sa La^R Aug Ga 1219;
                    ιδιθουμ : R⁾ L^{a⁾} 55; Bodmer 24 : ιθειθου.

   Eus (585,15)   : ὑπὲρ ιδιθουμ; la même forme se lit 20x dans
                    le commentaire d'Eus : (585,20.21.25; 588,
                    2.52; 589,2.9.12.14.16.22.23.25.27.32.34.
                    37.43.47).

   Ga   : pro idithun
                    L manque; tous les principaux témoins du Ga
                    ont "idithun" comme le Ro et la Vetus Lati-
                    na [2].

b) La variante concerne la lettre finale du nom : ν ου μ [3]; les témoins de la LXX sont partagés et on peut se demander quel a été le choix d'Origène.

Nous avons plusieurs annotations sur les traductions d'Aquila et de Symmaque : α' : περι του ιδιθουμ : Eus (588,52), Tht [4] Syh.; σ' : δια ιδιθουμ : Eus (589,41); 1175.

Si ces annotations sont exactes, Origène pouvait fort bien maintenir dans sa recension la forme qui nous est attestée par Eus dans le Coislin.

Il est d'ailleurs possible que le texte hébreu qu'Origène

---

1 ainsi en Ps 115,5.9 et en 21,26 (R' L^{pau} S^c He).
2 où le mot est écrit de différente manière, mais seul ε a idit**hum**.
3 on retrouve de semblables hésitations au Ps 38,1 où Ga^R a "idithum".
4 PG 80, 1329 lig. 2.

et les "autres" connaissaient, encourageait une telle manière
de traduire, puisque dans le Juxta Heb, nous lisons : "pro idithum".

Dans le Ga, nous constatons que Jérôme a repris la forme
qu'il lisait en Ro. C'est pourquoi même si Origène avait choisi
le ιδιθουν, nous ne pourrions considérer cette leçon du Ga comme une preuve de la recension hexaplaire du psautier latin.

35) <u>Ps 63,7 b</u>

a)   <u>TM</u> (64)   : חֹפֶשׂ מְחֻפָּשׂ [1]

 <u>LXX</u>   : ἐξερευνῶντες ἐξερευνήσει
                    εξερευνησει B' He[C], scrutinio : La[G] Ga cf.
                    aussi Bodmer 24 : εξεραυνησει; εξερευνησιν;
                    R; εξερευνησεις L' 55, scrutationes : La[R]
                    Aug.

 <u>Eus</u> (620,46) [2] : ἐξερευνῶντες ἐξερευνήσεις, repris en (621,
                    13).

 <u>Ga</u>   : scrutantes scrutinio
                    L manque; aucune variante. Dans le Ro, nous
                    lisons "scrutantes scrutinium", mais les
                    mss AH[2]MKU du Ro ont "scrutinio" [3].

b) Dans la LXX, les leçons εξερευνησει et εξερευνησεις sont toutes deux bien attestées et il est difficile de dire avec certitude laquelle doit être considérée comme la traduction originale.

Pour la LXX hexaplaire nous avons, au contraire, de bonnes
raisons pour penser qu'Origène avait préféré la leçon εξερευνησει car selon le 1175, il trouvait la même traduction en Théodo-

---

1 Il semble que les LXX devaient séparer les consonnes d'une
   manière différente du TM et lire חֹפֶשׂ חִפְּשׂוּ.

2 d'après le ms.

3 la leçon du Ro est donc bien partagée en "scrutinum" et
   "scrutinio".

tion [1].

Le "scrutinio" du Ga pourrait donc être fidèle à la leçon choisie par Origène, mais le singulier se lisait déjà dans le Ro, et peut-être même la forme "scrutinio" [2] ce qui nous empêche de voir dans cette leçon du Ga un témoignage explicite de la LXX hexaplaire.

36) Ps 68,13 a

a) TM (69)   : יֹשְׁבֵי שַׁעַר

    LXX   : οἱ καθήμενοι ἐν πύλῃ
                        πυλη : Bʹ Rᴰ Ga = TM et Bodmer 24;
                        πυλαις : Bo Sa Lᴰ 55.

    Eus (720,20) [3] : οἱ καθήμενοι ἐν πύλῃ, mais dans le commen-
                     taire, on lit deux fois l'expression au
                     pluriel en (741,24) et (744,17).

    Ga   : qui sedebant in porta
                 L manque; aucune variante; "in porta" se
                 lit également en Ro et dans la Vetus Latina,
                 sauf γ : "in portam".

b) Les meilleurs témoins grecs de la LXX et la Vetus Latina ont le singulier. Le pluriel se lit dans les versions égyptiennes ainsi que dans Lᴰ 55; il pourrait provenir d'une contamination avec les passages assez nombreux où ce mot est utilisé au pluriel [4].

Parmi les "autres", αʹ et σʹ appuient la leçon au singulier, au témoignage d'Eus : αʹ καθημενοι πυλην (741,37) et

---

1 ϑʹ εξερευνωντες εξερευνησει; le 1175 nous donne encore les leçons de αʹ : σκαλευσει εσκαλευμενη et de σʹ : συμπαντος εξερευνησαμεν(ην).

2 cf. supra et note 3 p. 407.

3 le ms donne les vv. 10-13.

4 πυλη se lit 14x dans les Ps (12x = שַׁעַר); 11x il est au plur. dans la LXX Ga Ro et 3x au sing. : Ps 117,20 πυλη κυριου et deux passages où la porte désigne le tribunal : Ps 68,13 et 126,5; à noter que pour ces deux derniers cas, le plur. se lit en Bo Sa Lᴰ 55.

σ' καθημενοι εν πυλη (741,42).

Il est donc hautement probable que la LXX hexaplaire avait ici le singulier comme le Ga. Mais, nous l'avons noté ci-dessus, Jérôme s'est contenté de reprendre pour le Ga la leçon du Ro et de la Vetus Latina. Nous ne pouvons donc pas compter cet accord entre le Ga et la forme que nous estimons être celle de la LXX hexaplaire comme une preuve directe de la recension du psautier latin.

37) <u>Ps 72,28 b</u>

a) <u>TM</u> (73) : באדני יהיה מחסי [1]

  <u>LXX</u> : ἐν τῷ κυρίῳ τὴν ἐλπίδα μου = Bodmer 24;
   τω κυριω, Deo : La^R Aug; + Deo : Ga cf. TM;
   in Domino Deo salutis meae : La^G.

  <u>Eus</u> (848,45) : ἐν τῷ κυρίῳ τὴν ἐλπίδα μου, repris dans le
   commentaire (> τω) en (849,41).

  <u>Ga</u> : in Domino Deo spem meam
   L manque; aucune variante sur ce stique;
   Ga = Ro.

b) Le texte hébreu n'est pas complètement assuré pour ce verset; par ailleurs, aucune des "autres" versions hexaplaires ne nous est parvenue : il est donc malaisé de dire quel a été le choix d'Origène.

Nous avons en effet, d'une part, toute la tradition grecque qui traduit comme Eus εν (τω) κυριω et, d'autre part, différentes versions latines, dont aucune ne correspond exactement au TM : - in Deo : α δ moz^X med

   - in Domino : moz

   - in Domino Deo : Ro Ga cf. aussi Juxta Heb.

   - in Domino Deo salutis meae : γ.

En dehors de ce Ps, lorsque nous lisons dans le TM אדני יהוה, ces mots sont régulièrement traduits par κυριος

---

1 BH propose d'omettre יהוה avec qq. mss, Syriaque, Grec.

κυριος [1], et nous notons une tendance dans certaines versions
(La^G et Sa, en particulier) à omettre le redoublement ou à rendre un des deux mots par "Deus".

Si nous passons au Ga, nous constatons que Jérôme a maintenu la traduction du Ro et nous pensons que cette traduction
a peu de chance d'être fidèle à la leçon choisie par Origène.
En effet, d'après les témoins que nous connaissons, nous pouvons faire deux hypothèses :

- ou bien Origène a conservé la leçon attestée à l'unanimi-
té par les témoins grecs qui nous sont parvenus,

- ou bien il a corrigé le texte de la LXX en ajoutant un
second κυριος sous astérisque.

Dans aucun des deux cas, le Ga ne correspond entièrement
au choix d'Origène; il nous apparaît plutôt comme la simple reprise du Ro.

38) Ps 73,8 a

a) TM (74)   : נינם

   LXX   : ἡ συγγένεια αὐτῶν
                      η συγγεν(ε)ια αυτων : cognatio eorum : B^('')
                      (Bo add. tota) Sa R Ga Aug He^mg 1219^('') ;
                      αι συγγεν(ε)ιαι αυτων : L^('') (ad ειπαν adap.),
cognationes eorum : La^R. Le Bodmer 24 semble avoir le singulier
mais le passage est très corrompu.

   Eus (857,28)   : αἱ συγγένειαι αὐτῶν; même leçon en (892,40)
                     dans le Ps 76.

   Ga   : cognatio eorum   ,
                     L manque; seule variante : R "cognitio";
                     "cognatio eorum" est aussi la traduction du
                     Ro et de la plupart des mss de la Vetus La-
tina [2].

---

1 Ps 67,21; 68,7; 70,5.16; 108,21; 139,8; 140,8.
2 α : cognationes; γ : cogitantes.

b) Les meilleurs témoins de la LXX traduisent ניבם par un singulier (η συγγενεια αυτων) [1]; au contraire, L$^{\prime\prime}$ ainsi que La^R
(cf. aussi La^G) mettent le substantif au pluriel probablement
pour l'accorder avec le verbe ειπαν [2].

Devant cette situation, on peut estimer qu'Origène a préféré la leçon au singulier qui correspondait à l'hébreu.

La leçon "cognatio eorum" du Ga concorde ainsi avec la LXX
hexaplaire, mais elle ne provient pas directement de la recension de Jérôme, puisqu'elle se lisait déjà dans le Ro.

39) Ps 76,17 c

a) TM (77)   : זרמו מים עבות [3]

    LXX   : πλῆθος ἤχους ὑδάτων
                     υδατων : Bo Sa R$^{\prime\prime}$ Ga L 1219;
                     υδατος : B' T et Bodmer 24.

    Eus (828,8)   : πλῆθος ἤχους ὑδάτος; même leçon en (896,10)[4]
                     (896,47) et (901,8).

    Ga   : multitudo sonitus aquarum
                     L manque; aucune variante; "aquarum" se lit
                     en Ro et dans toute la Vetus Latina.

b) La variante entre Eus et le Ga concerne la traduction du mot
מים : la LXX connaît les deux leçons υδατων et υδατος. Des "autres", seule la traduction d'Aquila nous est conservée : ερραν-
τισαν υδατα παχη [5].

Dans ces conditions, que pouvait choisir Origène ? Il est

---

1 cf. TM ניב + suff.; en dehors de ce passage, ניב est toujours employé en parallèle avec נכד ainsi en Gn 21,23;
   Is 14,22; Jb 18.19, cf. Si 4,15 et 47,22.

2 D'après la Syh, Symmaque traduisait aussi avec le plur. :
   υπελαβον εν ταις καρδιαις αυτων οι υιοι αυτων ομου.

3 la BJ traduit "les nuées déversèrent les eaux" (= זרם I
   des dictionnaires). Les LXX avaient-ils le même texte que
   nous ?

4 le ms donne les vv. 17-19b.

5 d'après la Syh, cf. FIELD in loco.

difficile de le dire avec certitude, mais on peut noter

1) que le singulier ὑδατος n'est pas une leçon "plus facile" [1] et que dans les Ps, nous ne trouvons aucune formule i-
dentique ou ressemblante qui aurait pu amener le passage du pluriel au singulier;

2) que le pluriel du Ga se trouvait déjà en Ro : il ne
peut donc pas être interprété comme un témoignage direct de la
leçon hexaplaire [2].

Ceci dit, il est possible qu'Origène ait choisi ὑδατων
pour sa recension et que le Ga corresponde sur ce point à la
LXX hexaplaire.

40) Ps 77,58 a

a)   TM (78)   : בבמותם

     LXX   : ἐν τοῖς βουνοῖς αὐτῶν= Bodmer 24
                      aucune variante.

     Eus (932,23) [3]: ἐν τοῖς βουνοῖς καὶ...; même leçon en
                      (932,47).

     Ga   : in collibus suis
                      L manque; aucune variante; Ga = Ro et Vetus
                      Latina.

b) L'omission du αυτων après βουνοις en Eus est tout à fait i-
solée et il est peu probable qu'elle provienne du choix d'Origène.

En effet, d'une part, toute la LXX traduit εν τοις βουνοις
αυτων et, d'autre part, les leçons de α' et σ' qui nous sont

---

1   sur les 50x où le mot מים apparaît dans le Psautier, la LXX
    ne le traduit que 14x par le sing.

2   dans les 14 passages où la LXX traduit מים par le sing. le
    Ro conserve 10x le sing. et introduit 4x le pluriel (Ps 68,
    16; 73,13; 80,8; 105,32). Le Ga suit le Ro mais il le cor-
    rige (sur le grec?) en Ps 80,8 et 105,32 (principaux té-
    moins); dans les deux autres cas, Jérôme conserve le plur.
    de sa 'Vorlage' malgré le grec.

3   le ms donne les vv. 55-58.

parvenues s'accordent sur ce point avec la forme de la LXX commune. Dans le 1175, nous lisons :

σ' και παρωργιζον αυτον δια τ(ων) βουν(ων) αυτων

α' εν υψωμασιν αυτ(ων) εν τοις βωμοις αυτ(ων) [1].

Ainsi la leçon du Ga peut fort bien représenter la forme
choisie par Origène mais le Ga n'est pas ici un témoin direct
de la LXX hexaplaire puisque Jérôme se contente d'y reprendre
la traduction du Ro.

41) Ps 77,65 b

a) TM (78)   : כגבור מתרונן

    LXX   : ὡς δυνατὸς κεκραιπαληκὼς = Bodmer 24;
                   κεκραιπαληκως pr. και : L⁾ (non T).

    Eus (936,42) : ὡς δυνατὸς καὶ κεκραιπαληκὼς...; nous re-
                   trouvons la même leçon en (936,49) [2]

    Ga   : tamquam potens crapulatus
                   L manque; I U : potans; aucune autre varian-
                   te sur ce stique. Le Ro avait "quasi potens
                   crapulatus" [3].

b) La variante concerne la présence ou l'absence de la conjonction devant κεκραιπαληκως. Dans la LXX, la leçon avec και n'est
attestée que par L⁾ et elle pourrait provenir d'une corruption
par redoublement du début du mot suivant.

Nous connaissons par Eus les traductions de σ' et α' :

(936,50) ως δυνατος διαλαλων εξ οινου
(936,52) ως δυνατος και [4] κεκραιπαληκως εξ οινου.

La citation d'Aquila nous paraît douteuse [5] et il nous sem-

---

1 = aussi le 1122.

2 le ms a και contrairement à l'édition.

3 Le Ga remplace "quasi" par "tamquam" comme α γ δ ζ moz med;
   dans la Vetus Latina, seul ζ (ut vid) ajoute "et"; cf. également quelques mss du Ro : A*H²R.

4 ainsi dans le ms, contrairement à l'édition.

5 voir cependant la mg de Syh, cf. FIELD in loco.

ble peu probable qu'Origène ait choisi pour ce verset la forme
LXX que nous lisons chez Eus.

Nous estimons la leçon du Ga plus conforme au choix d'Origène, mais le Ga n'est pas un témoin direct de ce choix, puisque sur le point précis qui nous occupe, Jérôme emprunte sa
traduction au Ro.

42) Ps 81,7 a

a) TM (82)   : תמותון

    LXX   : ἀποθνήσκετε
                      αποθνησκετε, morimini : La[R]; moriemini :
                      La[G] Aug Ga et Cypr.
                      Le Bodmer 24 a αποθνησκεντᾶι (sic) [1]

    Eus (984,6)   : ἀποθνήσκετε; même forme en (988,17.50).

    Ga   : moriemini
                      L manque; aucune variante sur ce verbe que
                      le Ro et la Vetus Latina traduisaient de la
                      même manière [2].

b) La tradition grecque de la LXX a le présent; au contraire,
presque toutes les versions latines ont le futur. Parmi les
"autres", Théodotion a le présent, Symmaque le futur :

        ϑ' υμεις δε ως ἀ̅ν̅ο̅ι̅ αποθνησκετε
        σ' ως ἀ̅ν̅ο̅ι̅ αποθανεισθε [3].

Puisque tous les témoins grecs que nous connaissons, y
compris le Bodmer 24, traduisent par le présent, on peut estimer qu'Origène a maintenu une telle leçon dans la LXX hexaplaire, et ceci d'autant plus facilement qu'il lisait la même forme
en Théodotion.

Quant au Ga, nous constatons que Jérôme a repris sans cor-

---

1 cf. la note de l'éditeur : lire αποθνησκετε plutôt que
   αποθνησκονται.
2 seul α traduit "morimini".
3 Patmos 215, fol 16[v]; même leçon en Tht (PG 80, 1529 lig. 17)
   et dans le Colb στιχ.

rection la leçon du Ro et nous pensons que, sur ce point, il
n'est pas fidèle au choix d'Origène.

43) Ps 85,11 b

a) TM (86)   : אהלך באמתך

   LXX   : πορεύσομαι ἐν τῇ ἀληθείᾳ σου
                    εν : S R⁰ Ga L' 2016 = TM et Bodmer 24;
                    ≻ : B A'.

   Eus (1036,30) : πορεύσομαι τῇ ἀληθείᾳ σου...

   Ga   : ingrediar in veritate tua
                    L manque; aucune variante; le Ro traduisait :
                    "ambulato in veritate tua..." [1].

b) La LXX avait-elle une préposition devant αληθεια ? La tradition textuelle atteste les deux leçons. On retrouve la même variante dans les traductions des "autres" que nous connaissons
par Eus : (1036,34ss):
     α' ...περιπατησω εν αληθεια σου
     σ' ...οδευσω τη αληθεια σου [2].
     Puisqu'Origène devait connaître les deux leçons de la LXX
on peut admettre qu'il a préféré celle avec εν, qui s'accordait
avec l'hébreu et Aquila. Ainsi le Ga serait plus proche de la
LXX hexaplaire. Mais le "in veritate tua" se trouvait déjà dans
la 'Vorlage' de Jérôme.

44) Ps 85,14 b

a) TM (86)   : ...ועדת עריצים בקשו

   LXX   : καὶ συναγωγὴ κραταιῶν ἐζήτησαν...
                    εζητησαν, quaesierunt : Ga; εξεζητησαν, in-
                    quisierunt : R et Bodmer 24; εξητησεν :
                    2016.

---

1 Le Ga remplace "ambulabo" en "ingrediar" comme γ moz^X med.
2 mêmes leçons en Patmos 215 fol 34^V et Ambr. F 126 fol 12.

Eus (1037,10)   : καὶ συναγωγὴ κραταιῶν ἐζήτησεν...; le sin-
                  gulier est confirmé par le commentaire en
                  (1037,29).

Ga   : et synagoga potentium quaesierunt...
                  L manque; aucune variante; même traduction
                  en Ro; le pluriel se lit dans toute la Ve-
                  tus Latina [1].

b) La LXX avait probablement rendu ce verbe par un pluriel; le
singulier pourrait s'expliquer par une correction de style voulant accorder le verbe avec συναγωγη.

Le Commentaire d'Eus nous donne les traductions d'Aquila
et de Symmaque : (1037,25) : "καὶ συναγωγὴ κραταιῶν ἡ ὡς ὁ ἀκύλας, καὶ συναγωγὴ κατισχυρευομένων ἡ ὡς σύμμαχος, καὶ συναγωγὴ
ἀνυποστάτων ἐζήτησε τὴν ψυχήν μου.[2]

La citation ne porte pas directement sur la forme du verbe
mais sur les mots précédents, ce qui explique qu'Eus ne cite pas
le verbe de la leçon d'Aquila. Mais à notre avis, chez Aquila
ce verbe devait être au pluriel.

Aussi puisque l'ensemble de la LXX, à l'exception d'Eus et
du 2016, attestent le pluriel, on peut en penser que telle devait être également la leçon de la LXX hexaplaire.

Jérôme est-il alors plus fidèle qu'Eus à Origène ? Sans
doute, le pluriel qu'il nous donne dans le Ga correspond mieux
à la LXX hexaplaire, mais il est la reprise de la traduction du
Ro.

45) Ps 87,13 b

a) TM (88)   : בארץ נשיה

   LXX   : ἐν γῇ ἐπιλελησμένῃ
                   επιλελησμενη, oblita : La[R] Aug; cf. aussi
                   Bodmer 24; oblivionis : Ga; > : La[G].

   Eus (1061,34) : ἐν γῇ ἐπιλελησμένῃ; cette leçon est plusieurs

_____

1 mais α γ ζ ont "inquisierunt".
2 même texte en Patmos 215 fol 35[v] et Ambr. F 126 fol 13[v].

fois confirmée par le commentaire en (1064,
2.10.19).

Ga   : in terra oblivionis

       L manque; aucune variante; même traduction
       en Ro et dans une partie de la Vetus Lati-
       na [1].

b) La leçon επιλελησμενη - oblita est bien attestée par l'ensemble de la tradition grecque et par une partie de la tradition latine. Nous n'avons aucun renseignement concernant les
"autres", mais nous ne voyons pas ce qui aurait pu amener Origène à modifier la leçon qu'il trouvait dans la LXX.

   Quant à la leçon du Ga, nous notons qu'elle est identique
à la traduction du Ro. Jérôme ne fait donc pas preuve de recension mais il conserve le texte de sa 'Vorlage' et nous pensons
que, sur ce point, il n'est pas fidèle à la LXX hexaplaire [2].

46) Ps 88,31 b

a)   TM (89)   : ובמשפטי

   LXX   : καὶ τοῖς κρίμασίν μου
         τοις pr. εν : R Ga (non 1098) et Cypr[p] = TM;
         le Bodmer 24 n'est pas conservé.

   Eus (1104,57) : καὶ τοῖς κρίμασίν μου

   Ga   : et in iudiciis meis
         L manque; aucune variante; Ga = Ro et Vetus
         Latina.

b) On peut admettre que la LXX avait les deux leçons (avec ou
sans la préposition), mais il semble qu'Origène ne disposait
que de mss lisant comme Eus και τοις κριμασιν μου, sans le εν.
En effet, dans le Fragment Mercati, nous lisons : b) ουβμ[ε]σφατι;
c) (και) εν κριμασι μου; d) (και) τοις κριμασι μου; e) (και)

_____

1   α δ moz[c] traduisent "oblita" et moz[x] med "obliterata".

2   ארץ נשיה est un hapax.

τοις κριμασι μου; f) (και) τοις κριμασι μου[1].

Ainsi d'après le 1098, toutes les traductions grecques, à l'exception de celle d'Aquila, omettaient la préposition. Dans ces conditions, Origène n'a probablement pas modifié le texte de la LXX mais a conservé dans sa recension la leçon sans le εν [2].

La présence de la préposition en Ga peut s'expliquer par la reprise sans correction de la leçon du Ro. Le "in iudiciis" du Ga n'est donc pas une marque de la recension hexaplaire, mais au contraire, la conservation par Jérôme d'une forme de la Vetus Latina.

47) Ps 107,5 b

a) TM (108)   : ועד שרקים אמתך

LXX   : καὶ ἕως τῶν νεφελῶν ἡ ἀλήθειά σου = Bodmer
                24; aucune variante n'est indiquée par
                Rahlfs.

Eus (561,34) : καὶ ἡ ἀλήθειά σου ἕως τῶν νεφελῶν; au con-
                traire dans le commentaire du Ps 107 (PG
                23, 1328,56), nous trouvons la leçon habi-
                tuelle de la LXX.

Ga   : et usque ad nubes veritas tua
                C L manquent; aucune variante; Ga = Ro et
                Vetus Latina [3].

b) La leçon d'Eus en Coislin est tout à fait isolée; l'ensemble des autres témoins de la LXX, y compris le Bodmer 24, suivent l'ordre des mots de l'hébreu.

Nous pensons donc que l'inversion des mots en Eus s'explique soit par le fait qu'il cite ici de mémoire sans se soucier des petites variantes, soit plutôt par assimilation avec la le-

---

1 MERCATI Hexapla p. 91.
2 id. p. 99 dans la LXX qui suit les Hexaples nous retrouvons
   le même passage sans la préposition.
3 seul moz[L] intervertit l'ordre des mots.

çon que certains témoins de la LXX donnent pour le Ps 56,11b [1].

Nous admettrons, par conséquent, que la leçon du Ga est probablement plus proche de la LXX hexaplaire. Mais puisque Ga = Ro, Jérôme ne nous donne pas une preuve directe de la recension sur la LXX origénienne.

48) Ps 140,2 a

a) TM (141)   : תכון תפלתי

    LXX   : κατευθυνθήτω ἡ προσευχή μου
                    aucune variante sur le verbe.

    Eus (608,23) : γενηθήτω ἡ προσευχή μου; cette leçon revient
                    en (40,34); (668,2) et (1169,53).

    Ga   : dirigatur oratio mea
                    C L manquent; aucune variante; Ga = Ro et
                    toute la Vetus Latina.

b) Toute la tradition LXX a ici κατευθυνθήτω et rien ne nous invite à penser que la LXX origénienne modifiait cette traduction. Parmi les "autres", nous ne connaissons qu'une leçon anonyme citée par Chrysostome : ...ετερος ταχθητω η προσευχη μου...[2]

La leçon γενηθητω est fortement attestée par Eus puisqu' elle se lit 4x et dans 4 Ps différents (Ps 62; 64; 65; 91); il faut cependant noter que dans ces citations, l'accent ne porte jamais sur le verbe, mais sur le mot θυμιαμα qui termine le stique.

C'est pourquoi nous estimons que la leçon d'Eus a très peu de chance de représenter la leçon de la LXX hexaplaire; au contraire, celle du Ga correspond certainement à la forme choisie par Origène, mais puisqu'ici Ga = Ro, nous ne pouvons la considérer comme une preuve directe de la fidélité de Jérôme à la LXX origénienne.

---

1 S L[pau] He, bien que le TM du Ps 56 soit sur ce point identique à celui du Ps 107.

2 Chrys. (Gaume V. p. 517 lig. 39). Field propose d'identifier cette leçon comme celle de Symmaque.

Conclusions :

1) Nous avons étudié 18 leçons où le Ga = TM ≠ Eus et pour lesquelles Jérôme a repris en Ga la traduction du Ro.

   Pour 6 de ces leçons, nous estimons que la forme attestée
par Eus ne représente pas la LXX hexaplaire : nous pensons
ou à des corruptions dans la transmission du texte ou à des
citations "larges" de la part d'Eus : nos. 32.33.40.41.48.
cf. aussi no. 36 (commentaire).

   Pour les leçons 31.34.37.42.45.46, au contraire, nous pensons que c'est le Ga = Ro qui ne correspond pas à la forme
textuelle choisie par Origène.

2) Nous pouvons comparer 14 de ces 18 leçons avec le Bodmer 24;
celui-ci s'accorde
   - 10x avec le Ga : nos. 32.33.(35).36.(38).40.41.43.(44).
     47.
   - 4x avec Eus : nos. 37.39.(42).45.

3) Si nous regardons les témoins anciens du texte de la LXX,
nous remarquons que
   - le Ga s'accorde avec les témoins du texte égyptien pour
les nos. 32.33.40.41.44.47;
   - il s'oppose, au contraire, à l'ensemble de ces témoins
pour les nos. 31.37.42.45.46.
   - quand les témoins égyptiens sont divisés (nos. 34.35.36.
38.39.43), le Ga s'accorde 4x avec B, 5x avec S, 4x avec Bo
et 3x avec Sa.

4) Nous pouvons résumer les rapports entre le Ga et les leçons
des "autres" qui nous sont connues par le tableau suivant :

nos	34	35	36	39	40	41	42	43	44	46
α'	≠	=	=	=	=	≠?		=		=
σ'	≠	=	=		=	=	≠	≠	≠	≠
ϑ'		=					≠			≠
ε'										≠

5) Si nous laissons de côté les leçons du Ga qui s'accordent
contre Eus avec la majorité des témoins de la LXX (les leçons où à notre avis Eus ne représente pas la LXX hexaplaire,
cf. supra 1), nous constatons que la leçon du Ga, si elle
correspond à la LXX hexaplaire, suppose de la part d'Eus
- 3 additions : nos. 37.43.46 (resp. Deo/εν/εν)
- 5x le passage du sing. au plur. ou l'inverse : nos. 31.
36.38.39.44.
- 1x le futur au lieu du présent : no. 42.
- enfin "idithun" loco ιδιθουμ (no. 34), "scrutinio" loco
εξερευνησεις (no. 35) et "terra oblivionis" loco γη επιλελησμενη (no. 45).
Mais faut-il le rappeler, ces leçons qui pourraient nous apparaître comme des formes recensées se lisaient déjà dans le
Ro et (en général) dans la Vetus Latina.

Conclusions sur les leçons Ga = TM ≠ Eus.

Nous avons retenu 48 leçons Ga = TM ≠ Eus
- 12 que Jérôme discute dans SF (A)
- 18 où le Ga corrige le Ro (B)
- 18 où le Ga reprend le Ro (C).

1) Nous pensons que les 12 leçons (A) représentent la forme hexaplaire, à l'exception de la leçon no. 9 pour laquelle Jérôme reconnaît lui-même que la LXX traduisait différemment.
Nous avons cependant émis des doutes pour certaines de ces
leçons (nos. 1.7.11).
Pour les leçons du groupe (B), les modifications que Jérôme
apporte au psautier qu'il corrige peuvent être des indices
de la recension hexaplaire, mais nous nous sommes demandés
si parfois Jérôme ne s'appuyait pas davantage sur l'hébreu
que sur la LXX d'Origène.
Enfin, il nous paraît difficile d'utiliser les 18 leçons
du troisième groupe (C) pour établir le texte de la LXX hexaplaire.

2) Comparaison avec le Bodmer 24 :

33 fois sur 48, nous avons pu comparer les leçons d'Eus et du Ga avec le Papyrus Bodmer 24. Voici les résultats :

	(A)	(B)	(C)	Total
Bodmer 24 = Ga	4	1	10 [1]	15
Bodmer 24 = Eus	4	10	4	18

Comme le montre ce tableau, la répartition des contacts est très différente pour les groupes (B) et (C).

3) Rapports avec les témoins anciens de la LXX :

Le Ga s'écarte 18x (resp. 5/8/5) de l'ensemble, ou au moins, de la majorité des témoins de la LXX pour des leçons où Eus donne généralement une forme identique à celle de la LXX.

Quand les témoins du texte égyptien sont partagés, le Ga s'accorde 11x avec B, 12x avec S, 7x avec Bo, 1x avec 2013 et 9x avec Sa.

4) Comparaison avec les traductions des "autres" :

Nous avons pu noter que pour les leçons (A) et (B) les traductions d'Aquila, Symmaque, Théodotion et de la Quinta qui nous sont connues, appuient habituellement le Ga; l'accord est moins net pour les leçons du groupe (C).

L'étude de la colonne "e" des Fragments Mercati nous avait montré que plusieurs fois cette colonne conserve - malgré les traductions des "autres" plus conformes à l'hébreu - la forme de la LXX ancienne lorsque la tradition du texte n'offre pas de variante. C'est pourquoi l'accord que nous trouvons entre les leçons du Ga et les traductions des "autres" nous est quelque peu suspect. Etant donnée la tradition textuelle, nous nous attendrions plutôt à trouver plusieurs fois dans le Ga un mot obélisé ou astérisé.

---

1 A noter cependant que dans 4 des 10 accords entre le Bodmer et la leçon du Ga contre Eus, il s'agit des citations(corrompues) où Eus s'écarte de toute la tradition LXX.

5) Enfin la comparaison entre les leçons du Ga et celles d'Eus
   nous a montré des variantes caractéristiques d'un travail
   de recension (addition, omission, transposition, passage du
   sing. au plur. etc.) :

	(A)	(B)	(C)	Total
omission	5	5		10
addition	4	5	3	12
transposition		4		4
plur/sing.	1	3	5	9
autre différence	2	2	3	7

Mais comme nous l'avons déjà dit, la question qui reste
posée est celle de savoir sur quelle base le Ro a été recensé
pour nous donner les leçons du Ga que nous avons étudiées dans
ce chapitre.

Remarques sur la deuxième Partie :

La comparaison des citations psalmiques recueillies dans
le Commentaire des Ps d'Eus avec le TM et le Ga nous a permis
de distinguer 3 principaux groupes de leçons :

I - Celles où Eus s'accorde avec le TM et le Ga : nous en
avons retenues 64 pour lesquelles Eus est généralement le seul
témoin grec et trouve un appui chez Jérôme, parfois direct, dans
la Lettre à Sunnia (24x), parfois implicite dans la recension
du psautier Romain (40x).

II - 55 leçons où Eus correspond au TM mais diffère du Ga;
nous estimons que dans ce chapitre Eus représente presque toujours la forme de la LXX hexaplaire. En effet,
- sur les 9 leçons que Jérôme cite en SF, il reconnaît 8x
  que la forme du Ga ne s'accorde pas avec le grec (hexaplaire);
- sur les 44 autres, 31x Ga = Ro : nous n'avons donc pas
  d'attestation claire de la pensée de Jérôme.

Dans ce chapitre, nous avons inclus deux cas spéciaux (sous
D) : dans le premier (Ps 61,5b), nous voyons un témoignage de
la fidélité d'Eus à la LXX d'Origène, car il maintient la leçon
(εν διψει) bien qu'il la considère comme une erreur graphique;
le second nous indique que tout en reprenant le "epulentur" du
Ro pour le ευφρανθητωσαν de la LXX, Jérôme nous donne pourtant
une traduction parfaitement défendable dans le latin de son é-
poque.

III - Enfin 48 leçons sur lesquelles le Ga s'accorde avec
le TM contre Eus. Dans ce dernier groupe, nous pensons que souvent la leçon hexaplaire nous est attestée par le Ga. Nous avons
pourtant noté que Jérôme reconnaît 1x en SF que la forme donnée
par le Ga ne correspond pas à celle de la LXX. Quand Jérôme corrige le Ro, nous pensons que la présomption est en faveur du Ga,
mais nous nous sommes demandés si parfois la correction n'avait
pas été empruntée à l'hébreu plutôt qu'au grec hexaplaire.

Pour les cas où le Ga reprend simplement le Ro, il est difficile de tirer des conclusions, sauf pour les 6 leçons tout à fait isolées d'Eus, que nous estimons corrompues.

Comparaison avec le Bodmer 24 :

Dans le Chapitre I, nous avons pu comparer 51 des 64 leçons retenues avec le Bodmer 24 :

32x la leçon attestée par Eus-Ga $\neq$ Bodmer 24
19x   "   "   "   "   "   " = Bodmer 24.

Dans les chapitres II et III, nous avons comparé la leçon du Bodmer avec Eus et avec le Ga. Voici les résultats :

- Chapitre II : 43 leçons sur 55 se lisent en Bodmer 24 :

35x la leçon d'Eus = Bodmer 24
8x la leçon du Ga = Bodmer 24

L'attestation fréquente par le Bodmer 24 des leçons que nous rencontrons chez Eus nous indique que ces formes de la LXX existaient avant Origène et que celui-ci pouvait donc les choisir.

- Chapitre III : 33 des 48 leçons se lisent dans le Bodmer 24 :

18x la leçon d'Eus = Bodmer 24
15x la leçon du Ga = Bodmer 24.

A propos des leçons du Ga = Bodmer 24, il faut rappeler que parmi les 15 leçons (différentes de celles d'Eus) se trouvent 6 leçons que nous pourrions éliminer, car les formes que nous lisons chez Eus doivent être ou corrompues, ou des citations libres.

Comparaison avec le texte des mss B et S :

Nous ne tenons compte que des leçons pour lesquelles les mss B et S offrent une forme différente de la LXX :

- Chapitre I :

La leçon d'Eus - Ga s'accorde 16x avec S contre B; elle ne s'accorde jamais avec B contre S.

Pour les chapitres II et III, nous relevons les accords suivants entre les leçons d'Eus et celles du Ga, d'une part, et les mss B et S, d'autre part :

- Chapitre II :

    accords avec B contre S : Eus : 0; Ga : 4
    accords avec S contre B : Eus : 4; Ga : 1

- Chapitre III :

    accords avec B contre S : Eus : 1; Ga : 3
    accords avec S contre B : Eus : 1; Ga : 4

En supposant que le texte hexaplaire est représenté par les leçons d'Eus-Ga (Chap. I.), par celles d'Eus contre le Ga (Chap. II.) et par celles du Ga contre Eus (Chap. III.), voici, en résumé, quelles sont les modifications qu'aurait introduites Origène (par choix ou par correction) dans le texte de la LXX :

	I.	II.	III.	Total
additions	7	4	12	23
omissions	29	11	10	50
transpositions	7	2	4	13
autres différences	21	34	17	72

C O N C L U S I O N

L'ETUDE DU COMMENTAIRE DES PSAUMES D'EUSEBE DE CESAREE

ET LA RECHERCHE DU TEXTE HEXAPLAIRE

Au terme de cette étude sur les témoins les plus importants du Psautier d'Origène, le 1098, le Ms Coislin 44 et le Psautier Gallican, nous pouvons faire trois sortes de constatations. Les premières porteront sur la valeur des citations d'Eus pour la connaissance du texte origénien des Ps; les deuxièmes, sur la forme textuelle de la LXX utilisée par Origène; les troisièmes enfin sur la manière de concevoir le travail critique d'Origène, spécialement les relations entre les Hexaples et la recension origénienne de la Bible grecque.

I. La valeur des citations d'Eus pour notre connaissance du texte origénien du Psautier.

Le point de départ de ce travail était la constatation de l'absence presque totale d'Eusèbe parmi les témoins que A. Rahlfs avait réunis pour son édition du Psautier grec. Nous nous proposions de vérifier la justesse de cette attitude de Rahlfs.

La comparaison entre les leçons des Ps contenues dans le ms Coislin 44 avec le TM, le Ga et quelques autres témoins, nous a permis de sélectionner 167 leçons d'Eus qui présentent un certain intérêt pour la recherche du texte origénien. Voici les principaux résultats :

1) Nous avons compté 64 leçons Eus = Ga = TM pour lesquelles Eus est généralement le seul témoin grec et dont le caractère "hexaplaire" trouve une confirmation, soit directe dans la Lettre à Sunnia, soit implicite dans les corrections que le Ga apporte au Ro dans ces passages.

2) Nous avons également retenu 55 leçons où Eus = TM mais s'oppose au Ga. Nous pensons qu'ici également Eus est généralement fidèle à la LXX d'Origène, alors que la plupart des leçons (opposées) du Ga reprennent simplement la traduction du Ro. Cf. supra p. 424.

3) Pour les 48 leçons où Eus s'oppose à la fois au Ga et au TM, la situation est évidemment moins favorable à Eus. Pour 6 de ces leçons, nous pensons ou bien que le texte d'Eus est cor-

rompu, ou bien que nous sommes en présence de "citations larges". Dans les autres cas, principalement pour ceux où le Ga =
TM corrige le Ro, la présomption doit être en faveur de la leçon du Ga. Cependant, nous avons relevé au moins un cas où Jérôme reconnaît en SF que sa traduction du Ga ne correspond pas à
la LXX d'Origène; pour plusieurs autres cas, nous nous sommes
demandés si la correction du Ro par le Ga provenait réellement
de la LXX d'Origène et non pas directement de l'hébreu.

4) Pour 127 des 167 leçons étudiées, nous avons pu faire la
comparaison entre Eus et le Bodmer 24 : nous avons constaté que
72x sur 127, les leçons citées par Eus correspondent à celles
du Papyrus Bodmer 24, ce qui signifie que de telles formes de
la LXX existaient antérieurement au travail d'Origène et que
celui-ci pouvait donc les connaître et les choisir.

5) Lorsque les mss B et S attestent des formes différentes
de la LXX, nous avons noté plusieurs accords entre les leçons
d'Eus et celles de S contre B (21x); au contraire, très rarement
(1x) nous avons un accord d'Eus avec B contre S. Cf. les comparaisons plus détaillées p. 426.

6) L'étude des leçons contenues dans le Coislin 44 concernant les relations avec le texte d'autres témoins anciens de la
LXX (Bodmer 24, mss du texte de Haute-Egypte et de Basse-Egypte),
nous a donné des résultats sensiblement identiques à ceux que
nous avions obtenus au terme de notre Première Partie, en comparant la colonne LXX du 1098 avec ces mêmes témoins. Cf. supra p. 126.

7) Certaines différences que nous avons relevées entre les
leçons du Psautier d'Eus en Coislin et celles du Ga nous ont
amenés à soulever la question concernant les différentes étapes
et formes du travail critique d'Origène. La comparaison entre
la colonne "e" du 1098, dans laquelle nous ne trouvons aucun signe critique (même pas dans les passages où ils sont bien attestés par ailleurs) et le Commentaire d'Eus qui mentionne quelques fois la présence d'obèles ou d'astérisques dans le texte
(origénien) exige également que l'on envisage un certain déve-
loppement dans le travail critique d'Origène et que l'on dis-

tingue entre la forme de la LXX contenue dans la colonne "e"
des Hexaples et celle de la recension origénienne.

II. Le texte de la LXX utilisé par Origène.

Au cours de notre étude, nous avons comparé les leçons de la colonne "e" du 1098, puis celles du commentaire des Psaumes d'Eus contenues dans le ms Coislin 44 avec le texte des meilleurs témoins de la LXX. Nous cherchions par là, à déterminer les relations existant entre ces mss et le texte choisi par Origène et, donc indirectement, à savoir ce que représentait la LXX pour Origène. Voici les principales conclusions :

1) Ce n'était certainement pas un type de texte du genre de l'édition de Rahlfs ou d'une autre édition critique moderne, c'est-à-dire un texte où chaque leçon est choisie pour elle-même selon des critères bien définis [1], mais celui de un ou de deux mss qu'Origène considérait comme particulièrement bien conservés.

2) Nous avons pu établir des rapprochements nombreux entre le texte de Haute-Egypte (Bodmer 24, Sa, U, 2013) et celui d'Origène; or le Bodmer 24 est chronologiquement antérieur à Origène. Ce texte pouvait donc être connu de lui et il est possible qu'Origène soit parti d'une LXX de ce type. Mais malgré son ancienneté, ce texte n'est pas "pur" : il est déjà contaminé par des leçons chrétiennes.

3) D'autre part, la parenté entre le texte d'Origène et celui de Basse-Egypte - spécialement B et S - est, elle aussi, assez remarquable. Or ce type de texte nous paraît avoir subi des recensions sur l'hébreu, ce qui devait inciter Origène à préférer ses leçons, plus conformes à l'hébreu et aux "autres", dans les cas où les mss de la LXX ne s'accordaient pas entre eux.

4) C'est pourquoi dans l'état actuel de nos connaissances, nous pensons que le texte de la LXX non-origénienne doit être recherché à la fois du côté du texte de Haute-Egypte et de celui des grands onciaux, sans oublier la 'Vorlage' des anciennes versions comme la Vetus Latina.

---

1 cf. RAHLFS, LXX, p.71ss.

5) Quant au texte de la LXX la plus ancienne, on pourrait chercher à le reconstruire à partir du texte de Haute-Egypte, purifié des interpolations chrétiennes; à partir du texte de Basse-Egypte mais en éliminant les anciennes retouches sur l'hébreu [1]; enfin à partir de la 'Vorlage' de la Vetus Latina dans la mesure où le latin permet de retrouver l'original grec.

---

1 Les mss grecs du texte de Basse-Egypte que nous connaissons sont tous postérieurs à Origène; il est donc possible que certains rapprochements entre ce type de texte et l'hébreu proviennent de l'influence de la recension origénienne et non d'une correction directe sur l'hébreu.

III. <u>Le problème Hexaples - Tétraples - Recension origénienne.</u>

Dès que l'on prononce le nom d'Origène, on évoque celui des Hexaples, cet ouvrage monumental exécuté d'après ses plans et sous son contrôle [1] et qui permettait d'embrasser d'un seul coup d'oeil le texte hébreu et les principales versions grecques de celui-ci que l'on connaissait au 3ème siècle de notre ère.

Cependant si tout le monde est d'accord pour attribuer à O-rigène cette immense synopse de la Bible grecque, les avis ne sont plus aussi unanimes lorsque l'on tente de préciser quel était le contenu de la cinquième colonne des Hexaples et encore beaucoup moins si l'on se demande ce que les Hexaples ont repré-senté dans l'optique d'Origène.

Nous avons déjà abordé la première question en étudiant les leçons de la colonne "e" des Fragments Mercati dans la Première Partie de ce travail. Nous rappelons brièvement ici que le texte de cette colonne ne s'accorde entièrement avec celui d'aucun ms LXX que nous connaissons, mais qu'il présente une parenté assez grande avec le Bodmer 24, avec le texte de Haute-Egypte et avec celui du Sinaïticus.

Comme nous l'avons dit, le 1098 est au mieux une copie d'une copie des Hexaples originaux et nous y avons relevé plusieurs fautes de copistes, parfois importantes. D'autre part, les Hexa-ples contenus dans ce ms ne nous donnent que 5 colonnes : nous avons donc là une "forme allégée" des Hexaples du Psautier. En-fin, il s'agit de <u>fragments</u>. Ces remarques nous interdisent de transposer dans les Hexaples originaux toutes les constatations que nous pouvons faire dans le 1098 sans les mettre en question. Nous pouvons cependant remarquer qu'aucun signe critique (obèle ou astérisque) ne sont attestés dans le 1098. Et pourtant les Fragments Mercati contiennent plus d'un passage dont un ou plu-sieurs mots devraient être obélisés ou astérisés.

A côté de la tradition directe concernant les Hexaples, nous possédons un certain nombre de renseignements tirés des commen-

---

1 Sur la part d'Origène dans la composition des Hexaples, voir en particulier D. BARTHELEMY, Origène et le texte, p. 255.

taires patristiques ou des annotations marginales de manuscrits.
Nous nous en sommes souvent servi dans notre IIème Partie. Ces
remarques dans les Commentaires ainsi que les scholies des mss
nous permettent de reconstituer partiellement les éditions des
"autres" colonnes des Hexaples. Nous sommes ainsi renseignés
pour un passage particulier sur les différences qu'offraient
les traductions d'Aquila, de Symmaque ou de Théodotion, parfois
celles de la Quinta ou de la Sexta. Mais il arrive également
que dans la marge d'un texte LXX qui devait être hexaplaire, on
rencontre une autre leçon précédée du sigle $\bar{o}$. Comment expliquer ces deux leçons différentes toutes deux rattachées au travail d'Origène ?

Nous savons que l'oeuvre d'Origène ne devait pas s'arrêter
aux Hexaples. Le but qu'il se proposait était d'offrir aux chrétiens un texte intégral et révisé de l'Ancien Testament, dont
ils pourraient se servir aussi bien à l'intérieur de l'Eglise
que dans leurs discussions avec les Juifs. Mais comment Origène
a-t-il réalisé cette recension ? A-t-il simplement repris le
texte de la colonne LXX des Hexaples en la munissant de signes
critiques ? Dans cette hypothèse, il serait difficile d'expliquer les leçons $\bar{o}$ auxquelles nous venons de faire allusion ci-
dessus. Et puis, le travail d'Origène s'est-il vraiment limité
aux Hexaples ? Que signifient alors les termes "Tétraples",
"Octaples", "Pentaples" que nous lisons dans certains mss ? [1]
Voilà évoqués en quelques lignes les principaux aspects du problème que nous voulons aborder ici.

Pour répondre à la question des différentes formes de synopses réalisées par Origène que semblent impliquer les mots
"Tétraples", "Octaples", etc., on fait généralement appel à E-
piphane, qui écrit dans le "De mensuris et ponderibus" : "Les
bibles grecques sont des tétraples lorsque sont disposées ensemble les traductions d'Aquila, de Symmaque, des Septante-deux
et de Théodotion. Quand ces quatre colonnes sont jointes aux
deux colonnes hébraïques, cela s'appelle des hexaples. De même
si l'on y joint la cinquième et la sixième traduction, cela

---

1 cf. en R. DEVREESSE, Introduction à l'étude, p. 123.

s'appelle des octaples" [1].

Personne n'a jamais proposé de considérer les Octaples comme un ouvrage particulier d'Origène, et pour cause: d'après ce
que nous savons, les cinquième et sixième traductions n'ont existé que pour certains Livres bibliques. Il est donc difficile d'
imaginer une édition particulière des Octaples de la Bible. Au
contraire, on peut fort bien se représenter les Tétraples et
les Hexaples comme des éditions différentes du travail critique
d'Origène. Mais dans quel ordre de parution faut-il les situer ?
En d'autres termes, les Tétraples doivent-ils être considérés
comme une préparation ou comme un abrégé des Hexaples ? C'est
sur ce point que les avis divergent.

a) Hexaples → Tétraples : parce que le nom d'Origène est
attaché avant tout aux Hexaples, on a le plus souvent considéré
cet ouvrage comme le fruit véritable de son travail; les Tétraples n'en seraient alors qu'une édition abrégée - par l'amputa-
tion des deux premières colonnes - pour faciliter la diffusion.
Les fragments des Hexaples qui nous sont parvenus semblent encourager une telle vue puisque les Fragments publiés par Taylor
et Mercati omettent tous deux la première colonne (hébreu en
caractères hébraïques).

b) Tétraples → Hexaples : d'autres cependant, en particulier O. Procksch [2] ont proposé l'ordre inverse et leurs arguments ne manquent pas de poids: les voici :

- nous connaissons beaucoup moins de mentions des Tétraples
que des Hexaples, ce qui serait surprenant si l'ouvrage d'Origène avait trouvé sa forme définitive sous la forme des Tétraples;

- il semble plus logique de concevoir ainsi le travail du
savant alexandrin, car habituellement on procède du plus simple
au plus compliqué;

- dans l'Histoire Ecclésiastique, Eusèbe semble distinguer

---

1 PG 43,268, lig. 45-51: nous donnons ici la traduction de
   D. BARTHELEMY, Origène et le texte, p. 256.

2 O. PROCKSCH, Tetraplarische Studien, in ZAW 53 (1935),240-
   269; 54 (1936), 61-90.

deux synopses des versions grecques, dont l'une serait alignée
sur le texte hébreu et l'autre sur celui de la LXX [1]; or il paraît évident que l'ouvrage définitif d'Origène disposait les
versions grecques par rapport au texte hébreu;

 - enfin nous connaissons quelques scholies qui mentionnent
à la fois les Tétraples et les Hexaples, ou plus exactement le
"tétrasélidon" et l'"octasélidon" et dans ces cas, on pense pouvoir reconnaître dans la leçon du "tétrasélidon" un état du texte moins purifié que celui de l'"octasélidon".

 Reprenant cette question dans un article consacré au travail d'Origène [2], D. Barthélemy fait tout d'abord remarquer que
rien dans la citation d'Epiphane donnée ci-dessus, ne nous permet de dire qu'Origène ait lui-même composé des Tétraples. A-
bordant ensuite le texte d'Eusèbe (H.E. VI, 16), il note que
celui-ci parle de τετρασσοις et non de τετραπλοις et il refuse,
à bon droit, de considérer les deux termes comme équivalents [3].

 Nous nous proposons de reprendre le problème dans la ligne
ouverte par D. Barthélemy, en étudiant l'une après l'autre, les
différentes déclarations que nous pouvons verser à ce dossier.
Nous donnerons d'abord la parole à Origène, puis nous examine-
rons les citations d'Eusèbe et d'Epiphane, enfin nous nous in-
téresserons aux remarques du scholiaste du 1175.

Le In Matthaeum d'Origène :

 C'est dans son Commentaire sur Matthieu qu'Origène nous a
laissé les renseignements les plus clairs sur son travail critique. Origène parle des nombreuses variantes qu'il a trouvées
dans les textes du NT et qu'il attribue à deux causes principales : la négligence des copistes et la témérité des correcteurs[4].

---

1 H.E. VI, 16,4; cf. infra p. 439.

2 D. BARTHELEMY, Origène et le texte, p. 247-261; spécialement
 les p. 255-258.

3 Ce que propose E. SCHWARTZ, Zur Geschichte der Hexapla, p.
 649 : "...τετρασσοις ist affectirte Umbiegung des technis-
 chen τετραπλοις".

4 GO, X, p. 387, lig. 28 - 388, lig. 7.

A la suite de quoi, il nous expose la méthode qu'il a cherché
à suivre dans son travail sur le texte de l'AT. Voici ce qu'il
écrit :

"τὴν μὲν οὖν ἐν τοῖς ἀντιγράφοις τῆς παλαιᾶς διαθήκης διαφωνίαν θεοῦ διδόντος εὕρομεν ἰάσασθαι κριτηρίῳ χρησάμενοι
ταῖς λοιπαῖς ἐκδόσεσιν. τῶν γὰρ ἀμφιβαλλομένων παρὰ τοῖς
ἑβδομήκοντα διὰ τὴν τῶν ἀντιγράφων διαφωνίαν τὴν κρίσιν
ποιησάμενοι ἀπὸ τῶν λοιπῶν ἐκδόσεων τὸ συνᾷδον ἐκείναις ἐ-
φυλάξαμεν, καὶ τινὰ μὲν ὠβελίσαμεν (ὡς) ἐν τῷ ἑβραικῷ μὴ
κείμενα (οὐ τολμήσαντες αὐτὰ πάντη περιελεῖν) τινὰ δὲ μετ'
ἀστερίσκων προσεθήκαμεν ἵνα δῆλον ᾖ ὅτι μὴ κείμενα παρὰ
τοῖς ἑβδομήκοντα ἐκ τῶν λοιπῶν ἐκδόσεων συμφώνως τῷ ἑβραικῷ προσεθήκαμεν. καὶ ὁ μὲν βουλόμενος προσῆται αὐτά, ᾧ δὲ
πρόσκοπτει τὸ τοιοῦτον ὃ βούλεται (περὶ τῆς παραδοχῆς αὐτῶν ἢ μὴ) ποιήση". [9].

Dans ce passage Origène affirme sa volonté de restaurer le
texte de la LXX et il nous indique les moyens qu'il juge aptes
pour atteindre ce but : la comparaison des passages douteux de
la LXX avec les traductions des "autres" (κριτηριω... ταις λοι-
παις εκδοσεσιν). Il mentionne ensuite trois types de corrections
qu'il a apportées à la Bible grecque.

a) là où les mss de la LXX donnent des leçons divergentes,
il a choisi et conservé celle qui s'accordait avec les traductions des "autres" : το συναδον εκειναις εφυλαξαμεν;

b) il a placé sous obèle les mots ou les passages de la Bible grecque auxquels rien ne correspondait dans l'hébreu (εν τω
εβραικω) [2], se refusant pour sa part à les omettre entièrement;

c) enfin il a inséré dans la LXX certains passages des "autres" éditions conformes à l'hébreu, mais sous astérisque, afin
qu'il apparaisse clairement que ces mots ne se lisaient pas

---

1 GO, X, p. 388, lig. 7 ss.

2 εν τω εβραικω ne signifie pas nécessairement pour Origène
les deux premières colonnes des Hexaples; sous cette référence, il cite plus souvent une leçon empruntée à l'une des
éditions grecques qu'il a rassemblées. Cf. D. BARTHELEMY,
Origène et le texte, p. 254.

dans la Bible grecque.

En agissant ainsi, Origène voulait renseigner le lecteur et lui offrir la possibilité de choisir lui-même ce qu'il estimait le plus juste.

Comme on peut le remarquer, dans ce texte Origène ne prononce ni le mot d'Hexaples, ni celui de Tétraples [1]; il parle seulement des LXX (παρὰ τοῖς ἑβδομήκοντα), de l'hébreu (ἐν τῷ ἑβραικῷ) et des autres versions (ταῖς λοιπαῖς ἐκδόσεσιν), c'est-à-dire de celles d'Aquila, de Symmaque et de Théodotion [2] ainsi que de la comparaison qu'il a faite entre ces différentes recensions et la traduction LXX de la Bible dans le but de réparer les dégradations du texte provenant de l'incurie des copistes et de la témérité des correcteurs.

L'Histoire Ecclésiastique d'Eusèbe :

Eusèbe consacre plusieurs paragraphes du Livre VI de H.E. à son maître Origène et en particulier le paragraphe 16 dans lequel il rappelle le zèle qu'Origène a déployé pour "la recherche très exacte des paroles divines" [3]. Si l'on en croit Eusèbe, Origène apprit pour cela la langue hébraïque [4] et acquit en propre les Ecritures conservées chez les Juifs, écrites en caractères hébreux; il recherchera également les éditions de ceux qui, à côté des LXX, avaient traduit les Ecritures, non seulement les traductions plus connues d'Aquila, Symmaque et de Théodotion, mais encore d'autres d'auteurs inconnus : ainsi pour les Hexaples des Ps, il ajouta aux quatre éditions connues (la

---

1   cf. Origène et le texte, p. 255.

2   Origène estime, en effet, que ces éditions ne sont pas encore corrompues : cf. In Joan., GO IV, p. 150, lig. 22 : ἀπὸ ἑβραίων μαθόντες καὶ τοῖς ἀντιγράφοις αὐτῶν τὰ ἡμέτερα συγκρίναντες μαρτυρηθεῖσιν ὑπὸ τῶν μηδέπω διαστραφεισῶν ἐκδόσεων ακύλου καὶ θεοδοτίωνος καὶ συμμάχου.

3   Nous suivons ici la traduction de G. BARDY en Sources Chrétiennes 41, II. p. 109.

4   sur sa connaissance de la langue hébraïque, voir les remarques de D. BARTHELEMY, dans Origène et le texte, p. 254.

LXX et les "trois"), non seulement un cinquième, mais une sixième et une septième traduction [1]. Eus continue :

"ταύτας δὲ ἁπάσας ἐπὶ ταὐτὸν συναγαγὼν διελών τε πρὸς
κῶλον καὶ ἀντιπαραθεὶς ἀλλήλαις μετὰ καὶ αὐτῆς τῆς
ἑβραίων σημειώσεως, τὰ τῶν λεγομένων <u>ἑξαπλῶν</u> ἡμῖν ἀντί-
γραφα καταλέλοιπεν, ἰδίως τὴν ακύλου καὶ συμμάχου καὶ
θεοδοτίωνος ἔκδοσιν ἅμα τῇ τῶν ἑβδομήκοντα ἐν τοῖς <u>τε-</u>
<u>τρασσοῖς</u> ἐπισκευάσας" [2]

Ce passage d'Eusèbe est particulièrement important pour l'é-
tude du problème Hexaples-Tétraples. Tout d'abord, c'est ici
que l'on rencontre pour la première fois le mot εξαπλα ainsi
que la description de la synopse d'Origène : ταύτας δὲ ἁπάσας
(εκδοσεις) ἐπὶ ταὐτὸν συναγαγὼν διελών τε πρὸς κῶλον καὶ ἀντιπαραθεὶς ἀλλήλαις μετὰ καὶ αὐτῆς τῆς ἑβραίων σημειώσεως. De plus
Eusèbe nous parle, semble-t-il, d'un autre ouvrage d'Origène,
comprenant les éditions d'Aquila, Symmaque et Théodotion avec
celle de la LXX, ouvrage qu'il nomme τετρασσα.

"Et dans les <u>Tétraples</u>, il a publié à part les éditions d'
Aquila, de Symmaque et de Théodotion, en même temps que celle
de la LXX." C'est ainsi que G. Bardy traduit ce passage [3], ce
qui lui permet d'y trouver une mention des Hexaples et des Tétraples d'Origène.

Telle était déjà l'analyse de ce texte d'Eusèbe proposée
par G. Mercati [4]; le savant conservateur de la Bibliothèque
Ambrosienne considérait le ἅμα τῇ τῶν ἑβδομήκοντα comme un parallèle du μετα καὶ αὐτῆς τῆς ἑβραίων σημειώσεως et il en dé-
duisait que dans les Tétraples, la traduction des LXX avait tenu la place et le rôle qu'Origène devait attribuer plus tard à
l'hébreu dans la composition des Hexaples. "Sembra trasparire

---

1 cf. H.E. dans Sources Chrétiennes 41, II, p. 110.

2 GE II,2 p. 554, lig. 13-17.

3 Sources Chrétiennes 41, II, p. 110-111; voir encore la note
   6 de la p. 110.

4 G. MERCATI, Il problema della colonna II dell'Esaplo. Voir
   en particulier le parag. intitulé : "Tetraple e Esaple",
   p. 212-215.

da Eusebio che i LXX occupavano la col. 1a del Tetr., e probabilmente altressì che esso precedette le Esaple. Origene dapprima l'avrebbe creduta sufficiente ad aiutare i Cristiani nel studio del V.T. ed a renderli cauti e pronti nelle dispute cogli Ebrei, mostrando come questi interpretavano, ma poi, si sarebbe persuaso che occorreva di piu, e cosi indotto a comporre con altro piano e con uno scopo nuovo in piu la collezione massima. Cosi il Tetr., non concepito come un lavoro preparatorio, lo divenne in fatto, et fini per essere messo da parte come meno perfetto" [1].

Ainsi les Tétraples auraient représenté, dans l'intention d'Origène, une première tentative, par laquelle il se proposait surtout de renseigner les chrétiens sur les rapports existant entre leur Bible et celle des Juifs. Dans ce premier temps, Origène se serait contenté de mettre en parallèle la traduction de la LXX avec l'état du texte hébraïque représenté par les traductions d'Aquila, de Symmaque et de Théodotion [2], sans corriger le texte de la LXX et en le découpant d'une manière plus souple que dans les Hexaples [3]. Mais dans la suite, à cause des difficultés soulevées par cette comparaison entre les quatre versions grecques, Origène aurait senti le besoin de perfectionner sa synopse en prenant pour base un critère plus objectif, le texte hébreu qui, pensait-il, avait été traduit par les LXX et, plus récemment, par les "Trois" [4]. De là seraient nés les Hexaples dans lesquels Origène dispose les traductions d'Aquila, de Symmaque, de la LXX et de Théodotion en les alignant sur le texte hébreu découpé presque mot à mot.

On le voit G. Mercati et G. Bardy, tout en choisissant la leçon εν τοις τετρασσοις pour le texte de l'H.E. d'Eusèbe, continuent à assimiler τετρασσα à τετραπλα.

---

1 G. MERCATI, Il problema della colonna II dell'Esaplo, p.214.

2 cf. supra note 2, p. 437 : Origène estime que les "autres" traduisent fidèlement l'hébreu, au contraire des mss de la LXX dont il dispose.

3 cf. G. MERCATI, art cit p.212.

4 Origène présuppose ainsi que la 'Vorlage' des LXX était identique au texte hébraïque qu'avaient connu Aquila, Symmaque et Théodotion.

Si, au contraire, nous nous en tenons strictement au texte
d'Eusèbe, nous pouvons recueillir ici plusieurs renseignements
importants concernant le travail de son maître.

1) Nous avons, d'une part, la mention des Hexaples (εξαπλα)
qui comprenaient (les deux colonnes de) l'hébreu et les quatre
éditions (τεσσαρες εκδοσεις) de α' σ' θ' et de la LXX. Il est
intéressant de noter qu'Eus parle d'Hexaples même lorsqu'il mentionne la partie de l'ouvrage qui devait contenir 8 ou 9 colonnes (ἐν τοῖς ἑξαπλοῖς τῶν ψαλμῶν) [1].

2) Eusèbe parle, d'autre part, des τετρασσα (...εν τοις
τετρασσοις επισκευασας...), dans lesquels les éditions d'Aquila, de Symmaque et de Théodotion se trouvaient avec la LXX (τὴν
τοῦ ακύλου καὶ συμμάχου καὶ θεοδοτίωνος ἔκδοσιν ἅμα τῶν ἑβδομήκοντα).

L'Histoire Ecclésiastique d'Eus nous a été conservée en latin par Rufin; nous y lisons ce même texte avec des variantes
assez importantes : le voici

"Unde et illos famossissimos codices primus ipse composuit,
in quibus per singulas columellas separatim opus interpre-
tis uniuscuiusque descripsit, ita ut primo omnium ipsa
hebraea verba hebraeis litteris poneret, secundo in loco
per ordinem graecis litteris e regione hebraea verba des-
criberet, tertiam Aquilae editionem subiungeret, quartam
Symmachi, quintam Septuaginta interpretum, quae nostra est,
sextam Theodotionis conlocaret. Et propter huiuscemodi com-
positionem exemplaria ipsa nominavit εξαπλα, id est sexti-
plici ordine scripta. In Psalterio autem et in aliis non-
nullis interserit aliqua etiam de ceteris istis editionibus
quas, quoniam sine nomine auctorum reppererat, sextam, et
septimam editionem nominavit" [2].

Nous trouvons ici une description beaucoup plus détaillée
de l'ouvrage d'Origène, indiquant la place de chacune des versions rassemblées pour les Hexaples.

---

1 GE, II, 2 p. 554, lig. 9.
2 GE, II, 2 p. 555 lig. 8-18; cf. aussi Jérôme PL 26, p. 595
   lig. 16-28.

Le "de mensuris et ponderibus" d'Epiphane :

Dans cet ouvrage composé en 392, dont seule la première
partie nous a été conservée en grec, Epiphane traite des Livres
et des versions de l'AT, des mesures et des poids dont il est
question dans la Bible et de la géographie de la Palestine.

Au sujet de la traduction grecque de l'AT, Epiphane reprend
le récit légendaire de la Lettre d'Aristée en y ajoutant : selon Epiphane, lorsqu'on lût devant Ptolémée les 36 versions é-
laborées chacune par deux des Septante-deux, il se trouva non
seulement qu'elles concordaient parfaitement, mais que partout
où quelque chose avait été ajouté (à l'hébreu) cette addition
se lisait dans les 36 traductions, et que de même, tous avaient
omis de manière identique certains autres passages. Et Epiphane
de conclure : ce que les traducteurs grecs ont ainsi omis était
inutile, ce qu'ils ont conservé, au contraire, était nécessaire. [1]

Après ce rappel de l'origine de la traduction grecque de
l'AT, Epiphane mentionne les autres éditions de la Bible qui
ont suivi la traduction des LXX : celles d'Aquila, de Symmaque
et de Théodotion ainsi que la Quinta et la Sexta. C'est alors
qu'il nous parle des Tétraples, des Hexaples et des Octaples :

"τετραπλᾶ γὰρ εἰσι τὰ ἑλληνικὰ ὅταν αἱ τοῦ ἀκύλου καὶ
συμμάχου καὶ τῶν εβδομηκοντα δύο καὶ θεοδοτίωνος ἑρμηνεῖαι
συντεταγμέναι ὦσι. τῶν τεσσάρων τούτων σελίδων ταῖς δυσὶ
ταῖς ἑβραικαῖς συναφθεισῶν ἑξαπλᾶ καλεῖται. ἐὰν δὲ καὶ
πέμπτη καὶ ἕκτη ἑρμηνεία συναφθῶσιν ἀκολούθως τούτοις
ὀκταπλᾶ καλεῖται" [2].

De la place qu'occupent dans la synopse d'Origène ces différentes traductions grecques, il ne faudrait pas conclure,
précise encore Epiphane, à l'antériorité d'Aquila et de Symmaque sur la LXX. Au contraire, si Origène a choisi une telle disposition, c'est parce qu'il pensait que την των εβδομηκοντα
εκδοσιν ακριβη ειναι et qu'il désirait lui donner la place cen-

---

1   PG 43, p. 245, lig. 20-32.
2   PG 43, p. 268, lig. 44.

trale [1].

C'est ce texte d'Epiphane qui pour la première fois mentionne, à côté des Hexaples, des Tétraples et même des Octaples et qui nous indique le sens qu'il faut donner à ces différents termes. [2]

Les scholies du 1175 :

Le dernier témoin que nous citerons dans cette discussion "Hexaples-Tétraples" est l'auteur des scholies du ms 1175. Dans la marge de ce ms du 10ème siècle, nous trouvons à plusieurs reprises la formule ...εν τω τετρασελιδω... εν τω οκτασελιδω... introduisant des leçons grecques différentes : ainsi aux Ps 86, 5; 87,9; 88,43 et 131,4 [3]. Le même scholiaste nous donne également quelques annotations εν τω τετρασελιδω (seul) accompagnant des leçons qui s'écartent de celles de la LXX : Ps 12,6; 72,18; 87,19; 117,28.

A ces scholies du 1175, nous pouvons ajouter une autre que nous rencontrons dans les notes de la Sixtine et qui parle elle aussi de leçons du "tétrasélidon" et de l'"octasélidon" [4].

D'où l'auteur de ces scholies a-t-il tiré ces renseignements? Nous reviendrons sur cette question plus bas. Il nous faut pour l'instant évaluer les témoignages que nous venons de citer.

"Fama crescit in eundo" dit-on parfois. Les Hexaples ne démentent pas le proverbe : plus on s'éloigne du temps de leur composition, plus les données deviennent détaillées. Résumons brièvement ces témoignages :

- Origène parle des LXX et des "autres" éditions;

- Eusèbe, le premier, mentionne les εξαπλα dans lesquels

---

1 PG 43, p. 269 lig. 5.

2 il est possible qu'une partie des renseignements de Rufin et de Jérôme (cf. note 2, p. 441,) proviennent de ce passage d'Epiphane.

3 cf. infra p. 451 ss.

4 cf. infra dans l'étude du Ps 75,1.

Origène a disposé en "cola" les LXX et les "autres" traductions grecques;

- Rufin, reprenant Eusèbe, nous précise le contenu des différentes colonnes et l'ordre des diverses traductions;

- Epiphane distingue les "Tétraples", les "Hexaples" et les "Octaples";

- le scholiaste du 1175 nous indique quelques leçons différentes du "tétrasélidon" et de l'"octasélidon".

Il est évident que les témoignages d'Origène et d'Eusèbe sont pour nous particulièrement importants. Les renseignements d'Epiphane sont déjà tardifs (vers 392) et nous n'avons aucun motif de penser qu'il ait jamais eu en mains les ouvrages dont il parle; de plus, la prolixité des renseignements qu'il nous communique sur l'origine de la traduction des Septante-deux, sur sa valeur comparée à celle des éditions d'Aquila, Symmaque et Théodotion, comme aussi les détails concernant le travail d'Origène, rendent son témoignage pour le moins suspect. En effet, s'il est peu vraisemblable que l'on ait jamais copié intégralement la monumentale synopse qu'Origène avait conçue, il l'est encore beaucoup moins que l'on en ait tiré des Tétraples et des Octaples au sens où Epiphane l'entend. D'après ce que nous savons, une édition des Octaples n'aurait d'ailleurs été possible que pour les Ps et (peut-être) quelques autres Livres[1].

Il serait très instructif pour nous de savoir à quelle source le scholiaste du 1175 a puisé ses renseignements sur les leçons du "tétrasélidon" et celles de l'"octasélidon". Mais avec son témoignage nous sommes rendus au 10ème siècle. A cette époque les Hexaples d'Origène sont détruits depuis plusieurs siècles et n'ont probablement laissé aucune copie complète.

De plus, à la suite de la controverse origéniste, les livres d'Origène et de ceux qui, comme Eusèbe et Rufin, avaient pris son parti, furent pratiquement mis à l'index dans l'Eglise, alors que ceux des adversaires d'Origène, en première place, ceux

---

1 cf. la mention d'Eus en H.E. ἐν τοῖς ἑξαπλοῖς τῶν ψαλμῶν...
   et dans la traduction que nous en donne Rufin.

d'Epiphane, apparaissent comme les seules sources valables pour
cette période de l'histoire de l'Eglise. Il y a donc fort à pa-
rier que l'idée que le scholiaste du 1175 se faisait du travail
d'Origène, dépend en grande partie, sinon totalement, de ce que
nous en dit Epiphane. Mais ceci ne nous indique pas encore pourquoi il parle de "tétrasélidon" et d'"octasélidon".

Du travail d'Origène aux scholies du 1175.

En nous tenant le plus possible aux témoignages que nous
avons cités, nous allons tenter d'esquisser ce qu'a été le travail critique d'Origène et la manière dont il a été compris par
la suite.

D'après Origène et Eusèbe, nous pouvons concevoir l'ouvrage
d'Origène comme une grande synopse réunissant la traduction de
la LXX et celles d'Aquila, de Symmaque et de Théodotion [1].
Eusèbe nomme cet ouvrage εξαπλα : nous pouvons donc admettre
qu'il contenait, en plus des 4 versions grecques mentionnées,
les deux colonnes de l'hébreu qu'on lui attribue généralement
et dont parlent explicitement Rufin et Jérôme [2]. Sur une même
ligne des Hexaples, on pouvait ainsi lire l'hébreu (un ou deux
mots) en caractères hébraïques, puis la transcription en lettres grecques; la troisième colonne contenait la traduction d'
Aquila, la quatrième, celle de Symmaque, la cinquième, celle
des LXX et la sixième, celle de Théodotion.

Pour réaliser cette synopse, Origène avait pu compter sur
le travail de calligraphes, mis à sa disposition par son protec-
teur Ambrosius, et sur la collaboration d'un hébraïsant responsable en particulier des deux premières colonnes [3].

Pour la cinquième colonne, Origène avait probablement choisi un ou deux mss LXX qu'il estimait particulièrement fidèles à
la traduction originale et c'est ce texte, découpé en "côla" qui

---

1 Nous laissons de côté les cas particuliers des Ps et autres
  Livres où Origène avait plus de 4 traductions grecques.

2 supra note 2 p. 441.

3 voir D. BARTHELEMY, Origène et le texte, p. 256.

devait s'y lire, avec assez peu de modifications. L'étude de la
colonne "e" du 1098, nous a montré qu'à part quelques inversions
de mots pour aligner le texte LXX sur l'hébreu et les "autres",
on ne rencontre que bien peu de leçons différentes de celles des
bons témoins de la LXX. Cependant à cause de la déclaration d'
Origène lui-même, on admettra que le texte de cette cinquième
colonne ne suit pas toujours un ms mais qu'il choisit - lorsque
la LXX hésite entre plusieurs leçons - celle qui s'accorde le
mieux avec l'hébreu et les "autres".

Les auteurs anciens qui comme Eusèbe [1], Pamphile [2] ou Jérôme [3] ont pu consulter les Hexaples dans la Bibliothèque de Césarée, parlent tous de corrections qu'Origène y avait apportées
de sa main. Ces remarques nous confirment, d'une part, que le
texte des Hexaples n'avait pas été écrit par Origène lui-même
et, d'autre part, elles précisent la part que celui-ci prit à
la réalisation de l'ouvrage qu'il avait conçu : comme diorthote,
Origène corrigea les Hexaples et éventuellement les munit de
scholies.

Dans les Fragments d'Hexaples qui nous sont parvenus, nous
ne trouvons aucune trace d'obèle ni d'astérisque . Mais comme
on le sait, ces textes ne représentent qu'une minime partie de
l'ouvrage et ils n'en sont que des copies de copie; [4] il faut
donc renoncer à en tirer des conclusions fermes. On peut cependant penser que les signes diacritiques n'ont été utilisés qu'
au moment où le texte de la cinquième colonne a été édité sé-
parément. Dans la synopse, les passages excédentaires de la LXX

1 Une notice copiée dans le codex Marchalianus au début
d'Ezéchiel par le copiste du 7ème s. affirme que le ms
auquel elle a été empruntée avait été corrigé par Eus
sur les tétraples d'Origène, que celui-ci avait corrigés
et munis de scholies de sa propre main.

2 Notice à la fin d'Esther recopiée par un correcteur du
Sinaïticus et d'après laquelle Pamphile avait transcrit
le texte de ce Livre et l'avait corrigé sur les Hexaples
d'Origène "qui ont été corrigés par lui".

3 Commentariolus in Psalmum IV, in CC LXXII, p. 185, lig.
28-30; "cum vetustum Origenis hexaplum psalterium revol-
verem, quod ipsius manu fuerat emendatum...".

4 Si nous admettons que les Hexaples d'Origène ont disparu
avec la bibliothèque de Césarée en 638.

apparaissaient immédiatement; quant à ceux qui devaient être ajoutés sous astérisques, ils figuraient dans les colonnes voisines.

Ainsi composés, les Hexaples étaient l'instrument de travail dont Origène avait besoin pour réaliser l'oeuvre qu'il avait projetée : une édition du texte de la LXX, purifiée des erreurs imputables aux copistes et correcteurs et enrichie par la comparaison avec les "autres" éditions. Grâce aux obèles et aux astérisques, le lecteur pouvait savoir avec exactitude quels étaient les mots de l'ancienne traduction grecque qui ne figuraient pas dans l'hébreu et quels étaient les mots de l'hébreu qui, ne se trouvant pas dans la LXX, avaient été ajoutés par Origène.

Dans le passage de l'H.E. cité plus haut, Eusèbe, après avoir parlé des Hexaples, écrit : ἰδίως τὴν ακύλου καὶ συμμάχου καὶ θεοδοτίωνος ἔκδοσιν ἅμα τῇ τῶν ἑβδομήκοντα ἐν τοῖς τετρασσοῖς... Que veut-il désigner par les τετρασσα ? De l'interprétation de ce mot dépend, en effet, la compréhension du travail d'Origène.

Généralement les auteurs suivent l'explication de E. Schwartz qui considère τετρασσοις comme une déformation savante de τετραπλοις, [1] même lorsqu'ils conservent pour le texte de l'H.E. la leçon ...εν τοις τετρασσοις... attestée par les meilleurs mss, comme le font G. Mercati [2] et G. Bardy [3].

Au contraire, D. Barthélemy, qui refuse une telle assimilation, a proposé d'éclairer le sens de εν τοις τετρασσοις par le seul autre passage d'Eusèbe où le même mot se rencontre. Dans la Vie de Constantin[4], Eusèbe nous communique le texte d'une lettre que l'empereur lui adressa pour lui demander de faire exécuter par des calligraphes compétents une ἐπισκευή de 50 exemplaires des Saintes Ecritures faciles à lire (εὐανάγνωστά)

---

1 supra note 3 p. 436.

2 dans l'art. cit. (supra note 4 p. 439).

3 en Sources Chrétiennes 41, II, particulièrement dans la note 6 de la p. 110.

4 Vita Constantini, IV, 36-37 in GE I, p. 134.

et à transporter (εὐμετακόμιστα). Eusèbe note que l'ordre fut
immédiatement exécuté et que les exemplaires furent envoyés en
des volumes magnifiquement ornés τρισσὰ καὶ τετρασσὰ [1].

Dans ce passage, nous trouvons les deux mots de l'H.E. :
επισκευη et τετρασσα. Or ici il est pratiquement exclu d'interpréter τετρασσα comme des Tétraples : d'abord à cause du lien
avec τρισσα; ensuite parce que Constantin, voulant offrir aux
Eglises pour leur usage le texte des Saintes Ecritures que ses
prédécesseurs avaient tenté de détruire [2], ne devait certainement pas leur faire parvenir un instrument de critique textuelle tel que des Tétraples. Avec E. Nestlé [3], A. Merk [4] et C. Wen-
del [5], D. Barthélemy comprend donc le τρισσα και τετρασσα "en
série de trois ou de quatre", c'est-à-dire des Bibles en trois
ou quatre volumes [6], ce qui correspondrait à la requête de l'empereur qui désirait des Bibles lisibles et maniables.

Cette interprétation a le mérite de s'en tenir au texte
d'Eusèbe sans le corriger et de proposer une explication du mot
litigieux, qui est valable pour les deux passages d'Eusèbe où
nous le rencontrons dans le même "Wortfeld" : ἐπισκευή... τρισσὰ καὶ τετρασσὰ et ...ἐν τετρασσοῖς ἐπισκευάσας.

De plus, cette explication nous permettrait de comprendre
pourquoi aucun fragment de "tétraples" ne nous est conservé,
ce qui serait vraiment étrange, si ceux-ci avaient été l'aboutissement du travail d'Origène en une édition allégée des Hexaples et si largement diffusée (50 exemplaires seulement par les
soins de Constantin en une seule commande !)

Enfin cette interprétation nous paraît s'accorder plus aisément avec le témoignage que nous tenons d'Origène. Dans son

---

1 GE I, p. 134 lig. 24.

2 par ex. un édit de Dioclétien (23 février 303) ordonnait
   de raser les églises et de brûler les Saintes Ecritures.

3 Einführung in das griechische Neue Testament, Göttingen
   1899, p. 49.

4 in Stimmen aus Maria Laach, 82 (1912) p. 444.

5 Der Bibel-Auftrag Kaisers Konstantins, in Zentralblatt für
   Bibliothekswesen, 56 (1939), p. 165-175.

6 art. cit. p. 257.

Commentaire In Matt., Origène ne fait aucune mention de "tétraples", d'"hexaples" ou d'"octaples"; il nous parle, au contraire, d'un texte de la LXX duquel il s'est efforcé d'écarter
les leçons douteuses et qu'il a muni de signes critiques permettant au lecteur de savoir en quoi sa Bible différait de celle des Juifs.

Le codex Colbertinus-Sarravianus et la Syrohexaplaire [1]
nous prouvent que de telles éditions de la Bible grecque ont
existé et nous pensons que l'exemplaire qui leur a servi de base doit être mis en rapport très proche avec le travail d'Origène et même avec ces τετρασσα dont parle l'H.E. d'Eusèbe.

Voici comment nous pensons pouvoir résumer le travail d'O-
rigène :

1) Origène s'est fait confectionner une synopse contenant
l'hébreu (en deux colonnes) et les quatre principales éditions
de la Bible grecque de son époque (avec la Quinta et la Sexta
et même la Septima, pour certains Livres), synopse qu'Eusèbe
nomme des εξαπλα.

2) En se servant de cette synopse, Origène édita une Bible
grecque, pour laquelle il choisit parmi les leçons douteuses de
la LXX celles qui s'accordaient le mieux avec les "autres".
Cette Bible, il l'avait munie de signes critiques : des obèles
pour signaler les passages excédentaires de la LXX et des astérisques pour marquer ceux qui, manquants dans la LXX, avaient
été empruntés à l'une des "autres" éditions.
La Bible d'Origène en quatre volumes (τα τετρασσα) représentait l'aboutissement de son travail critique et était l'un des
ouvrages les plus précieux de la Bibliothèque de Césarée.

3) C'est sur cette Bible renommée que furent exécutées de
nombreuses copies - comme le montre la commande passée par Constantin - avant que la querelle origéniste ne jette le discrédit
sur Origène et sur son oeuvre.

---

1 pour l'ensemble de la Syroh, mais non pour les Ps, cf.
   supra p.132-133.

450

Nous avons déjà dit pourquoi nous pensons que l'on ne doit
pas attacher trop de poids au témoignage d'Epiphane [1] ; nous devons encore, pour répondre à l'argumentation de O. Procksch sur
le problème "Tétraples-Hexaples", consacrer quelques lignes aux
scholies du 1175.

T̄étrasélidon et Octasélidon du 1175.

Nous reprenons la question que nous avions soulevée plus
haut : d'où le scholiaste du 1175 a-t-il tiré les renseignements qu'il pense pouvoir nous donner concernant des leçons
εν τω τετρασελιδω et d'autres εν τω οκτασελιδω ?

Remarquons tout d'abord que le scholiaste ne parle ni des
τετραπλα ni des τετρασσα mais de τετρασελιδον, un terme qui
ne se rencontre pas dans les autres témoignages sur le travail
d'Origène que nous avons cités.

Ensuite, il donne des leçons d'un οκτασελιδον qu'il distingue d'un τετρασελιδον, mais il ne parle pas dans ces mêmes
scholies, des Hexaples.

Si nous pensons que ce copiste du 10ème siècle se représente le travail d'Origène à travers la description que nous en a
faite Epiphane ,et à travers le texte d'Eus déformé en τετραπλα
sous l'influence de celui-ci, on peut faire l'hypothèse suivante [2] :

- ce scholiaste disposait d'une Bible à 4 colonnes (sur une
ou deux pages) [3] du type du codex Colbertinus - Sarravianus ou
du Sinaïticus, mais munie de scholies de α' σ' ϑ' et parfois de
ō. Le texte de son ms était une copie de la recension origénienne astérisée et obélisée; les notes dans les marges indi-
quaient les variantes qu'Origène avait relevées entre la traduction des LXX et celles d'Aquila, de Symmaque et de Théodotion. Quant aux leçons précédentes du sigle ō, elles voulaient

---

1 supra p.444.
2 cette hypothèse nous a été suggérée par D. BARTHELEMY.
3 ce qui aurait pu faire penser à τετρασελιδον.

signaler quelques variantes entre le texte de la recension origénienne (des τετρασσα) et celui de la colonne LXX des Hexaples. Il devait sembler étrange à un copiste de constater l'existence de différentes leçons, entre son texte et la marge, provenant toutes deux d'Origène. On comprendrait assez bien que,
cherchant à identifier ces leçons ō, ce copiste qui pouvait connaître le texte d'Epiphane, ait fait le rapprochement entre ō =
οκταπλα ou οκτασελιδον. Par contraste, il désignait le texte de
sa Bible à 4 colonnes comme τετρασελιδον.

Il faut noter pour terminer que l'interprétation de ce copiste ne semble pas avoir rencontré beaucoup de succès puisqu'
on ne la trouve que rarement en dehors du 1175 [1].

Comprises de cette façon, les leçons que le scholiaste du
1175 nous donne comme celles du τετρασελιδον pourraient correspondre à celles des τετρασσα de notre hypothèse, c'est-à-dire
de l'édition de la Bible grecque faite par Origène alors que
celles εν τω οκτασελιδω seraient celles de la colonne LXX des
Hexaples ou, si l'on préfère pour les Ps, des Octaples. C'est
ce que nous allons tenter de vérifier en discutant les scholies
du 1175.

Essai de vérification :

Nous partirons des quelques passages de Ps pour lesquels
les scholies du 1175 mentionnent à la fois la leçon du "tétrasélidon" et celle de l'"octasélidon". Nous les citerons par ordre d'importance (nos. 1 - 5). A cette liste, nous joindrons 4
autres versets pour lesquels les scholies ne parlent que des
leçons du "tétrasélidon" (nos. 6 - 9).

---

1 supra p. 443. , si l'on ne tient pas compte de quelques ré-
   pétitions de ces scholies en 264 et en C. 187.

452

1) Ps 86,5 a

TM (87)   : ולציון יאמר איש

LXX   : μήτηρ σιων ἐρεῖ ἄνθρωπος [1]

Scholie du 1175 et du C. 187 : μητηρ σιων : το ρ κατα
προσθηκην εκειτο εις την των ō εν τω τετρασελιδω. εν δε
τω οκτασελιδω μη τη σιων, ηγουν διχα του ρω.

La leçon μητηρ σ. est attestée par l'ensemble de la tradition de la LXX ancienne; au contraire, μη τη σ. se rencontre
en Sy^mg, dans le Ga (numquid sion) qui corrige sur ce point le
Ro (mater sion) et chez Eus.

A vrai dire dans le Commentaire des Ps d'Eus, nous trouvons
les deux leçons : μη τη σιων en (1044,10) [2] suivi des traductions d'Aquila και τη σιων et de Symmaque περι δε σιων, puis
μηρ σιων en (1048,36). Il nous semble que l'on peut considérer
cette seconde leçon comme une erreur de scribe car Eus fait remarquer que les "autres" interprètes rendent ce passage avec
plus de clarté, donnant en exemple Symmaque περι τε σιων... et
Théodotion και τη σιων... mais son commentaire ne fait aucune
allusion à la leçon de la LXX ancienne.

Nous pouvons encore citer une note qui se lit dans les mss
1047 et 1139 de la cat. XVII (texte : μητηρ σιων) : ꝓ μη τη
σιων ερει ā̄ν̄ο̄ς̄, note qui veut probablement souligner la différence de traduction entre la LXX commune et la LXX origénienne.

Aussi, bien que nous ne connaissions aucun ms qui ait pu
servir de base au choix d'Origène, nous pensons que ces divers
témoignages (Eus, Ga, Sy^mg, 1047 et 1139) nous assurent qu'il
considérait la leçon μη τη σιων comme la traduction de la LXX
pour ce stique. L'a-t-il alors choisie ?

Si nous en croyons la scholie du 1175, il faut distinguer
entre la colonne LXX des Hexaples et la recension origénienne.

- Dans les Hexaples, par comparaison avec l'hébreu et les
traductions des "autres", Origène est convaincu que le μητηρ σ.

---

1   Bodmer 24 n'est pas conservé.
2   dans le ms Coislin, un Ro a été ajouté par-dessus en
    (1044,11) : μη τηρσιων.

de ses mss est une corruption due à l'addition du ρ et il corrige en μη τη σιων.

- Dans la recension qu'il tire des Hexaples (τετρασσα), au contraire, Origène semble avoir maintenu la leçon μητηρ σιων mais en signalant par une note marginale que la traduction exacte serait μη τη σιων, traduction que nous lisons chez Eus, dans la Sy^mg et que Jérôme a suivie pour le Ga.

- Le scholiaste du 1175 se trouve ainsi en face de deux leçons attribuées à Origène : celle qui se lit dans le texte μητηρ σιων et celle qu'il trouve dans la marge ο' μη τη σιων. Essayant de comprendre les sigles à la lumière des renseignements donnés par Epiphane, il en déduit que la leçon marginale signifie εν τω οκτασελιδω μη τη σιων alors que la leçon qu'il trouve dans le texte est pour lui celle du "tétrasélidon".

2) Ps 88,43 a

TM (89)   : צריו

LXX   : τῶν ἐχθρῶν αὐτοῦ

                εχθρων αυτου   : B^) Sa R^) Sy He^*;
                θλιβοντων αυτον : 1098 Ga L' A^) = TM [1]

Scholie du 1175 et du 264 : ...εν τω τετρασελιδω ουτως (i. e. των εχθρων αυτου); εν δε τω οκτασελιδω θλιβοντων αυτον. [2]

La leçon εχθρων αυτου est bien attestée par les différentes familles du texte de la LXX; pour sa part, θλιβοντων αυτον se rencontre dans les meilleurs témoins du texte origénien, puisqu'on le trouve dans le 1098, chez Eus et en Ga.

Dans le 1098, nous avons la ligne complète des Hexaples :
b) σαραυι; c) θλιβοντων αυτον; d) των θλιβοντων αυτ(ον), e) των θλιβοντ(ων) αυτον; f) των θλιβοντων αυτον.

---

1 Bodmer 24 n'est pas conservé entre les vv. 10-47 de ce Ps.
2 dans la scholie du 1175 et 264 nous trouvons encore : η ϛ' μονη των εχθρων αυτου. α' θλιβοντων αυτον, - σ' των θλιβοντ(ων) αυτον.

Eus nous donne των θλιβοντων αυτον en (1109,31), leçon que
le commentaire confirme en (1113,51).

Quant au Ga, nous notons que ce psautier est le seul parmi
les latins à traduire "deprimentium eum"; les autres témoins
latins de la LXX traduisent, comme le Ro, "inimicorum eius".

Dans ces conditions, il nous semble évident qu'Origène considérait la leçon θλιβοντων αυτον comme la meilleure traduction
et selon le 1098, c'est celle qui se lisait dans les Hexaples.
Mais de nouveau, si nous acceptons la scholie du 1175 et du
264, nous devons admettre que cette leçon n'a pas passé dans
la recension d'Origène. En tout cas, l'auteur de la scholie devait trouver dans son texte la leçon των εχθρων αυτου et dans
la marge une annotation du genre $\overline{o}$ και οι $\overline{γ}$ (?) των θλιβοντων
αυτον et il a tenté d'expliquer ces deux leçons "origéniennes"
en attribuant la première au "tétrasélidon" et la seconde à
l'"octasélidon".

3) Ps 87,9 a

  TM (88)   : ממני

  LXX   : ἀπ'ἐμοῦ
                    aucune variante n'est signalée.

Scholie du 1175 : επ' εμου εκειτο εν τω τετρασελιδω παρα
τοις $\overline{o}$, μηποτε σφαλμα ην, εν τω οκτασελιδω απ' εμου.

Cette variante est beaucoup moins importante que les précédentes et ceci pour plusieurs raisons. D'abord, il ne s'agit
peut-être que d'une simple erreur de copiste, comme le fait remarquer le scholiaste; ensuite, toute la tradition grecque du
texte, Eus en (1060,13) et le Bodmer 24 ont ici la même leçon :
nous ne sommes donc pas en présence d'une forme origénienne
typique; enfin, la comparaison entre le Ga et le Ro nous indique que Jérôme a simplement conservé sans modification la traduction de sa 'Vorlage', ce qui diminue également l'intérêt de
cette leçon du Ga.

On voit mal dans ces conditions d'où pourrait provenir la

leçon επ'εμου que le scholiaste trouvait dans le "tétrasélidon", s'il ne s'agit pas d'une erreur. C'est pourquoi, nous
pensons qu'Origène avait très probablement ici dans sa recension la même leçon que dans la colonne LXX des Hexaples et nous
estimons que le scholiaste a raison de voir dans le επ'εμου une
erreur qui s'est introduite dans son ms.

A la suite de la scholie que nous avons citée ci-dessus,
le 1175 indique encore ϑ' σ' : απ'εμου; α' : εξ εμου. On peut
imaginer que l'auteur de la scholie lisait dans la marge de son
ms : ō και ϑ' σ' απ' εμου; α' εξ εμου c'est-à-dire une annotation soulignant la différence entre la traduction d'Aquila,
d'une part, et celle de la LXX et de Théodotion et Symmaque,
d'autre part. Cherchant à expliquer les deux leçons de la LXX
qu'il avait sous les yeux, le scholiaste propose d'y voir -
μηποτε σφαλμα - deux formes du travail d'Origène : la leçon
choisie pour la colonne des Hexaples (εν τω οκτασελιδω)et celle
de la recension origénienne (εν τω τετρασελιδω) qu'il trouve
dans son ms.

4) Ps 131,4 b-c

   TM (132)   : לעפעפי תנומה

   LXX   : καὶ τοῖς βλεφάροις μου νυσταγμὸν
                     καὶ ἀνάπαυσιν τοῖς κροτάφοις μου.

Scholie du 1175 et du 264 : και αναπαυσιν τοις κροταφοις
μου, ουτος ο στιχος ουκ εκειτο εν τω τετρασελιδω, παρα τω
ϑεοδοτιωνι μονω αντι του τοις βλεφαροις μου εκειτο τοις
κροταφοις μου νυσταγμον. εν δε τω οκτασελιδω παρα μονοις
τοις ο' εκειτο ωβελισμενος.

L'ensemble des témoins de la LXX s'accordent ici pour conserver le doublet [1]; les seules variantes que nous connaissons
portent sur le remplacement du και par η au début du stique
4c : ainsi la Syroh [2] et tous les psautiers latins à l'excep-

_____

1 Bodmer 24 n'est conservé que jusqu'au Ps 118.
2 cf. FIELD en note.

tion de α moz^c et du Ga. Grâce à cette modification du "aut"
du Ro en "et" du Ga, nous avons une indication que Jérôme a recensé sa 'Vorlage'. Or cette correction ne peut provenir ici
de l'hébreu; elle suppose, au contraire, une comparaison avec
un texte grec qui conservait le stique 4c. Il est vrai que l'on
s'attendrait à lire ce stique sous obèle dans le Ga, mais seul
le ms R^2 atteste l'obèle : il se peut fort bien que la faute
n'en incombe pas à Jérôme mais aux copistes du Ga qui ont souvent omis les signes critiques.

Pour revenir à la scholie citée ci-dessus, voici comment
nous proposons de la comprendre dans notre hypothèse :

- Dans les Hexaples, la comparaison entre la traduction de
la LXX et celle des "autres" faisait apparaître clairement le
'plus' de la LXX par rapport à l'hébreu et, en même temps, le
caractère particulier de cette addition, comme doublet. On peut
imaginer que le stique 4c figurait dans la marge de la colonne
"e" comme le doublet du Ps 28,1 que nous trouvons dans les Hexaples Mercati [1].

- Dans la recension de la Bible grecque, il semble qu'Origène ait maintenu sous obèle les mots excédentaires, mais que ses
successeurs aient ensuite omis ces mots obélisés en indiquant
dans la marge que le stique 4c se lisait sous obèle uniquement
dans la LXX, alors que les "autres" l'ignoraient.

- Le scholiaste du 10ème s., trouve dans son ms un texte
sans le stique 4c et une note marginale lui expliquant que ce
stique se lisait παρα μονοις τοις ο' ωβελισμενος. La scholie
qu'il nous donne veut rendre compte des deux formes de la LXX
origénienne, celle qu'il lit dans son texte et celle de la note
marginale. La première est pour lui celle du "tétrasélidon"; la
seconde, il l'attribue à l'"octasélidon".

---

1 cf. supra p.35.

5) <u>Ps 75,1</u>

<u>TM</u> (76)　　　　: >

<u>LXX</u>　　　　　: πρὸς τὸν ἀσσύριον [1]

προς τον ασσυριον B᾽ R L᾽᾽ 1219᾽ ; ad assy-
rium : Ga; ad assyrios : Vulg; pro assyrio :
La^G; pro assyriis : La^R ; > : S Sa O (teste
Tht) [2] L^pau T = TM.

<u>S c h o l i e</u> [3] : το προς τον ασσυριον εκειτο εν τω τετρα-
σελιδω, ουτε παρα τοις ο', ουτε παρα τοις λοιποις, ουτε
εν τω βιβλιω ευσεβιου του παμφιλου, ουτε εν τω οκτασελιδω.

Si Origène a appliqué strictement - pour les titres - les
règles qu'il s'était fixées, il pouvait sans doute omettre entièrement dans les Hexaples le προς τον ασσυριον comme l'affirme Tht et la scholie de la Sixtine que nous venons de citer. En
effet, cette partie du titre est omise par Sa [4] ce qui nous
laisse supposer que l'omission existait en grec avant Origène
(au moins dans la 'Vorlage' de Sa).

Nous remarquons que le Commentaire d'Eus cite également le
titre de ce Ps sans les mots προς τον ασσυριον en (876,24).

Le Ga, au contraire maintient les mots et la comparaison
entre la leçon du Ro et celle choisie par Jérôme nous indique,
semble-t-il, que celui-ci a corrigé le psautier latin. En effet,

---

1　Dans l'édition du Bodmer 24, nous lisons (προς τον ασσυ-
　ριον) mais on peut mettre en doute cette reconstitution de
　l'éditeur, car si cette ligne devait se trouver dans le Pa-
　pyrus, la page aurait ici 40 lignes, ce qui est excessive-
　ment rare, spécialement dans cette partie du ms.

2　en cursive dans la marge du 1175 : την ασσυριου προσθηκην
　ουκ ευρον εν τω εξαπλω, αλλ'εν ενιοις αντιγραφοις et dans
　le commentaire des Ps de Tht (PG 80, 1472 lig. 37) : την
　του ασσυριου προσθηκην ουχ ευρον εν τω εξαπλω, αλλ' εν ενι-
　οις αντιγραφοις.

3　cette scholie se lit dans les notes de la Sixtine. Dans
　Montfaucon, nous trouvons : π. τ. α. ...nec legit Eusebius,
　nec in Hexaplo erat, teste Theodoreto.

4　Sa a une autre variante : ωδης au lieu de ωδη, comme pour
　rattacher le mot à ψαλμος cf. étude des titres, p.351-352.

458

l'édition du Ro donne "canticum ad assyrios". Cependant le ms
M du Ro a le sing. "ad assyrium". Il n'est donc pas impossible
que Jérôme se soit contenté de conserver en Ga la leçon de son
exemplaire du psautier latin.

D'autre part, si Jérôme a corrigé le Ro sur ce point, il
n'est pas certain que cette correction provienne de la LXX hexaplaire, puisque selon Tht et la scholie de la Sixtine, ces
mots ne se lisent ni dans les Hexaples, ni dans le "tétrasélidon" ni dans l'"octasélidon", mais εν ενιοις αντιγραφοις [1].
Comme dans ce cas le "tétrasélidon" et l'"octasélidon" nous attestent une leçon identique, il est difficile de tirer de cette
scholie des renseignements précis pour notre étude.

Nous pouvons cependant proposer une explication de cette
scholie. Son auteur disposait d'un ms omettant les mots προς
τον ασσυριον et muni d'une note marginale justifiant l'omission de cette partie du titre, qui se lisait dans la plupart
des mss LXX, par ex. προς τον ασσυριον ουτε παρα τοις ō ουτε
παρα τοις λοιποις.

L'auteur de la note de la Sixtine combine ces renseignements avec d'autres concernant Eus et nous indique d'une manière (trop) détaillée comment il conçoit la forme de la LXX origénienne.

Nous arrivons ainsi aux scholies qui ne mentionnent que les
leçons εν τω τετρασελιδω.

6) Ps 12,6 d

TM (13)   :>

LXX   : καὶ ψαλῶ τῷ ὀνόματι κυρίου τοῦ ὑψίστου·[2].

Scholie du 1175 :÷και ψαλω το (sic) ονοματι κ̄ῡ του υψιστου : ουκ εκειτο παρ'ουδενι εν τω τετρασελιδω, ουτε εν τω

---

1 sur l'interprétation de εν ενιοις αντιγραφοις de Tht,
   cf. RAHLFS LXX, p. 64-65.

2 selon Rahlfs, ce stique est obélisé dans le Ga, mais les
   éditeurs le donnent dans le texte sans signe critique
   (l'obèle n'est attesté que par R[2]); la Syroh. n'a conservé aucun signe en ce passage.

ευσεβι(ου) τ(ου) παμφιλ(ου). ουτε εν τω εβραιω. [1]

Ce stique qui fait totalement défaut dans le TM a pu être ajouté dans la LXX à partir du Ps 7,18b, mais cela très tôt puisque tous les témoins du texte connaissent cette addition.

Le Commentaire d'Eus [2] ne nous est pas conservé au-delà du v. 5a. Le Ga nous donne quelques renseignements : en effet, a-lors que le Ro traduit : "et psallam nomini tuo altissime", Jé-rôme corrige en Ga : "et psallam nomini Domini altissimi". Si cette correction provient effectivement de Jérôme [3], nous avons là une certaine confirmation que ce stique était bien maintenu dans la LXX origénienne.

Ce cas est donc assez proche de celui du Ps 131,4 (ci-des-sus, no.4) : on peut penser, étant donnée la situation textuel-le de la LXX, qu'Origène lisait ce stique dans les Hexaples, peut-être dans la marge de "e" [4].

A notre avis, la scholie du 1175 peut se comprendre ainsi : le stique se trouvait obélisé dans le texte du ms (recension origénienne) mais une annotation marginale indiquait que l'hé-breu et les "autres" l'ignoraient entièrement.

7) <u>Ps 87,19 a</u>

<u>TM</u> (88)   : הרחקת ממני אהב ורע

<u>LXX</u>   : ἐμάκρυνας ἀπ'ἐμοῦ φίλον καὶ πλησίον

en note : καὶ πλησιον R' Ga L᾿ A᾿ = TM;

> : B᾿ Sa La[G] Aug moz[x] = Bodmer 24.

---

1   en cursive dans le 1175; cf. aussi 1121 (cat. VI) : ιστεον δε ως το και ψαλω τω ονοματι κ̄ῡ του υψιστου ουκ εκειτο παρ' ουδενι εν τω τετρασελιδω. ουτε εν τοις ευσεβιου του παμ-φιλου ουτε παρ'ωριγενει.

2   PG 23, 144 lig. 1 et ss.

3   car quelques mss du Ro donnent aussi cette leçon qui est celle de plusieurs psautiers latins : ainsi α, ζ, η, moz, med.

4   cf. supra p. 35.

460

<u>Scholie</u> du 1175 : το πλησιον ουκ εκειτο εν τω τετρασελιδω
παρα τοις ο̄ ουτε παρα ϑ'.

Nous remarquons que ce sont les témoins égyptiens du texte
ainsi qu'une partie des latins qui omettent la finale du stique.

Eus atteste deux fois la leçon longue : en (1065,22) et
(1069,5); quant à Jérôme en Ga, il reprend sans modification
la leçon du Ro.

Enfin, par le 1175 et par le Colb. στιχ., nous savons que
Aquila et Symmaque rendaient ce passage par και εταιρον [1].

Le scholiaste trouvait sans doute και πλησιον dans le texte de son ms, mais la marge lui donnait une précision : ces
mots ne se lisaient ni παρα τοις ο̄ ουτε παρα ϑ' c'est-à-dire ni
dans la colonne LXX, ni dans celle de Théodotion des Hexaples.
Il est possible que les leçons de ses mss ne permettaient pas
à Origène de remplir la ligne de la LXX, mais on peut penser
que dans sa recension, il a introduit les mots qui manquaient
au moins sous astérisque. La scholie du 1175 voudrait expliquer
que l'addition (astérisée ?) de και πλησιον ne se lisait ni
dans la colonne LXX, ni chez Théodotion.

8) <u>Ps 117,28 c-d</u>

<u>TM</u> (118)   : ＞

<u>LXX</u>   : ἐξομολογήσομαί σοι ὅτι ἐπήκουσάς μου
                      και εγενου μοι εις σωτηριαν.
                      en note : 28, c-d = 21 a-b.

<u>Scholie</u> du 1175 et du 264 : ουτοι οι β' στιχοι ουκ εκειντο
εν τω τετρασελιδω παρ'ουδενι, ουτε παρα τοις ο̄, ουτε εις το
ευσεβιου.

Nous avons ici un cas proche de celui que nous avons discuté au no. 6 : le passage manque dans l'hébreu à cet endroit mais
il se lit ailleurs dans le TM et on peut penser qu'il a été emprunté.

---

1 1175 (repère πλησιον) α' σ' κ(αι) εταιρον, Colb. στιχ.
   σ' μακραν εποιησας απ'εμου φιλον και εταιρ(ον) και...

Jérôme maintient en Ga les deux stiques qu'il trouvait en
Ro : "confiteor tibi Domine quoniam exaudisti me et factus est
mihi in salutem" en y apportant une seule correction par l'o-
mission du "Domine" [1].

Eus nous donne la citation entière du verset 28 (les 4 stiques), ce qui nous pose une question concernant la valeur de
la scholie qui affirme que les deux derniers stiques manquent
chez lui [2]. De plus, il semble que le commentaire fasse allusion au stique 28d - puisque nous lisons ...και σωσαντι τους
εις αυτον πιστευοντας [3] - et confirme ainsi la citation.

Mais indépendamment du témoignage sur Eus, nous pouvons
comprendre que le scholiaste trouvait dans son texte les stiques
28 c-d et dans la marge une annotation expliquant que ces deux
stiques ne se lisaient chez aucun des "autres", ni d'ailleurs
dans la colonne LXX d'Origène. Celui-ci les aurait pourtant
maintenus dans la recension de la Bible grecque, comme semble
le confirmer la reprise (avec correction) du Ro par Jérôme
dans le Ga. Peut-être Origène plaçait-il ces mots sous obèles,
mais le signe n'est attesté que par quelques mss secondaires
du Ga [4].

9) <u>Ps 72,18 b</u>

<u>TM</u> (73) : הפלתם׃

<u>LXX</u> : κατέβαλες αὐτοὺς
aucune variante sur κατεβαλες sinon T :
κατεβαλας.

<u>Scholie</u> du 1175 et du 264 : εν τω τετρασελιδω κατελαβες...
αλλ'μηποτε σφαλμα εστιν, οι γαρ λοιποι κατεβαλες [5].

---

1 qui manque également en Ro[U] ainsi que dans plusieurs
  psautiers latins : γ, δ, η, moz[c].

2 PG 23, 1365, lig. 42ss.

3 ibid. lig. 49.

4 mss Φ[RGV] et G.

5 264 :> αντι του κατεβαλες et λοιπη loco λοιποι.

Ce cas ressemble au no. 3 : en effet, la totalité des témoins de la LXX s'accordent pour traduire κατεβαλες; le Ga reprend le "deiecisti" du Ro et des autres psautiers latins. Eus
nous donne la leçon de la LXX (844,14) suivie de celle de Symmaque : κατεβαλες αυτους εις αφανισμους... (844,45). Comme la
scholie l'explique, il s'agit probablement d'une simple erreur
de graphie dans le ms de la recension origénienne; la colonne
des Hexaples, et la recension d'Origène, devaient lire κατεβαλες.

Conclusions sur le problème TETRAPLES - HEXAPLES.

1) Nous avons tenté d'expliquer ces scholies du 1175 selon l'hypothèse que nous avions formulée et il nous semble que ces
annotations (assez tardives) peuvent s'interpréter de cette
manière.

2) Nous remarquons que les leçons εν τω τετρασελιδω paraissent
généralement moins recensées que celles εν τω οκτασελιδω,
comme le relevait O. Procksch. Mais nous pensons que cette
différence peut s'expliquer par le caractère particulier des
Hexaples, d'une part, et de la recension origénienne, d'autre part.

Dans les Hexaples, la LXX est strictement alignée sur l'hébreu et les "autres". Au contraire, dans sa recension, Origène laissait au lecteur le soin de choisir lui-même ce qu'
il entendait conserver ou rejeter : il se contentait, quant
à lui, d'offrir à son lecteur les moyens de faire son choix
en lui donnant un texte de bonne qualité, astérisé et obélisé, ainsi que des notes marginales justifiant les signes
qu'il avait introduits.

3) Le caractère moins recensé des leçons εν τω τετρασελιδω se

comprend encore plus aisément pour le texte du Psautier :
dans un texte si connu et si utilisé, il était difficile
d'introduire de nouvelles leçons. Peut-être Origène lui-même
avait-il renoncé à introduire dans sa recension des formes
de la LXX qu'il estimait pourtant plus fidèles à la Bible
hébraïque. Mais même ainsi, la recension origénienne des
Psaumes a dû rencontrer plus de résistance que celle des autres livres, comme semble l'indiquer la Syrohexaplaire qui,
pour le Psautier, conserve un texte "plus traditionnel". On
peut rappeler le cas analogue du Juxta Hebraeos dans le travail de Jérôme : sa version de l'AT sur l'hébreu a été entièrement reprise par la 'Vulgate', à l'exception du Psautier (le psalterium Juxta Hebraeos), qui ne réussit jamais
à supplanter les traductions antérieures (Ga et Ro).

4) C'est pourquoi nous acceptons les deux étapes dans le travail d'Origène mais en les situant dans l'ordre "octasélidon" - "tétrasélidon" pour utiliser les termes de notre scholiaste, qui ne devait avoir qu'une idée assez lointaine -
principalement à travers Epiphane - du travail d'Origène.

5) Ces deux étapes du texte pourraient également expliquer certaines des variantes que nous avons relevées entre les leçons d'Eusèbe et celles de Jérôme en Ga. Il n'est pas impossible que parfois les deux soient fidèles à Origène, malgré
leurs différences -, mais l'un faisant référence à la colonne LXX des Hexaples, l'autre à la recension d'Origène.

6) Enfin, nous avons vu qu'Origène, même après la composition
des Hexaples, se servait parfois d'un texte "non-hexaplaire".
Nous pensons qu'Eusèbe et Jérôme, à sa suite, ont usé de la
même liberté. On aurait sans doute tort de prêter à Origène
et à ses successeurs la même rigueur et la même constance
que l'on est en droit d'attendre aujourd'hui d'une édition
critique d'un texte.

BIBLIOGRAPHIE ET INDICATIONS BIBLIOGRAPHIQUES

I. - BIBLIOGRAPHIE

A) Textes

1) Bible

Biblia Hebraica, éd. R. Kittel, Stuttgart[9], 1962.

Biblia Sacra iuxta Latinam Vulgatam versionem, Vol. X, Liber Psalmorum ex recensione Sancti Hieronymi, cura et studio Monachorum Abbatiae Pontificiae Sancti Hieronymi in Urbe, Rome, 1953.

Bibliorum Codex Sinaiticus Petropolitanus, I-III, edidit C. Tischendorf, Georg Olms Verlag, Hildesheim, 1969.

BROOKE A.E. - MCLEAN N. - THACKERAY H.J., The Old Testament in Greek, Vol. I-III, Cambridge, 1906-1940.

FIELD F., Origenis Hexaplorum quae supersunt sive veterum interpretum Graecorum in totum Vetus Testamentum Fragmenta, Vol. I-II, Hildesheim, 1964 (= Oxford 1875).

HOLMES R. et PARSONS J., Vetus Testamentum Graecum cum variis lectionibus, Vol. III, Oxford 1823.

KASSER R. et TESTUZ M., Papyrus Bodmer XXIV. Psaumes XVII - CXVIII, Cologny - Genève, 1967.

KENNICOTT B., Vetus Testamentum Hebraicum cum variis lectionibus, Vol. I-II, Oxford, 1776-1780.

La Bible. L'Ancien Testament, publiée sous la direction d'E. Dhorme, I-II, Paris, 1956. 1959.

La Sainte Bible traduite en français sous la direction de l'Ecole Biblique de Jérusalem, Paris, 1956.

Le Psautier Romain et les anciens Psautiers latins, ed. R. Weber, Rome, 1953.

MERCATI G., Psalterii Hexapli Reliquiae, Pars Prima, Codex rescriptus Bibliothecae Ambrosianae O 39 sup., phototypice expressus et transcriptus, Rome, 1958.

MONTFAUCON B., Hexaplorum Origenis quae supersunt... Vol. I-II, Paris, 1713.

Sancti Hieronymi Psalterium iuxta Hebraeos, ed. H. de Sainte-Marie, Rome, 1954.

Septuaginta. Vetus Testamentum Graecum auctoritate Academiae
    litterarum Gottingensis editum, Göttingen, 1931 ss.

    en particulier : Psalmi cum Odis, ed. A. Rahlfs, 1967[2].

TAYLOR C., Hebrew - Greek Cairo Genizah Palimpsests including
    a fragment of the twenty-second Psalm according to
    Origen's Hexapla, Cambridge, 1900.

The Greek New Testament, éd. par K. Aland et autres, Stuttgart,
    1966.

Vetus Latina Hispana, ed. T. Ayuso Marazuela, Madrid, 1956 ss.

Vetus Testamentum iuxta Septuaginta ex autoritate Sixti V. Pont.
    Max. editum, Roma, 1587.

2) Les Pères

Corpus Scriptorum Ecclesiasticorum Latinorum, Vienne, 1866 et
    ss. (CSEL).

Corpus Christianorum seu nova Patrum collectio, Series Latina,
    Turnhout - Paris, 1953 et ss. (CC).

DEVREESSE R., Le commentaire de Théodore de Mopsueste sur les
    Psaumes (I-LXXX) (Studie e Testi 93), Cité du Vatican,
    1939. (S e T 93).

Die Griechischen christlichen Schriftsteller der ersten drei
    Jahrhunderte, Leipzig et Berlin, 1897 et ss. (GCS).

MIGNE J.-P., Patrologiae cursus completus, Series Graeca, Pa-
    ris, 1857-1866. (PG).

    en particulier : Eusebii Pamphili, opera omnia quae ex-
    stant, tomus quintus et sextus, Paris, 1857. (= PG 23
    et PG 24).
    Theodoreti, opera omnia, ed. J.L. Schulze, tomus primus,
    Paris, 1864. (= PG 80).

MIGNE J.-P., Patrologia cursus completus, Series Latina, Paris,
    1878-1890. (PL).

MONTFAUCON B., Joannes Chrysostomus, Opera omnia quae exstant,
    vel quae eius nomine circumferuntur, Vol. V., Paris[2],
    1836, (Gaume).

MORIN G., Commentarioli et Tractatus s. Hieronymi in Ps, in
    Anecdota Maredsolana III, partes I-II-III, 1895-1897-
    1903. (Morin).

B) Dictionnaires, Lexiques et autres instruments consultés.

ALTANER B., Précis de Patrologie, Mulhouse, 1941.

BAUER W., Griechisch-Deutsches Wörterbuch zu den Schriften des
    Neuen Testaments und der übrigen urchristlichen Litera-
    tur, Berlin[5], 1963.

BLASS F., - DEBRUNNER A., Grammatik des neutestamentlichen
    Griechisch, Göttingen[11], 1961.

CHANTRAINE P., Dictionnaire étymologique de la Langue grecque,
    I-II-III... Paris, 1968.1970.1974...

DEVREESSE R., Introduction à l'étude des manuscrits grecs,
    Paris, 1954.

Dictionnaire encyclopédique de la Bible, trad. du néerlandais,
    Turnhout - Paris, 1960.

DUTRIPON F.P., Vulgatae editionis Bibliorum Sacrorum Concor-
    dantiae, Paris, s.d.

GESENIUS W., Hebräisches und aramäisches Handwörterbuch über
    das Alte Testament, bearbeitet von F. Buhl, Leipzig[16],
    1915.

ESTIENNE H., Thesaurus Graecae linguae, Vol. I-IX, London,
    1816-1826.

HATCH E., - REDPATH H., A Concordance to the Septuagint,
    Vol. I-II, Oxford, 1897.

Introduction à la Bible, édition nouvelle, T. II., Introduction
    critique à l'Ancien Testament, sous la direction de
    H. Cazelles, Paris, 1973.

JOÜON P., Grammaire de l'hébreu biblique, Rome[2], 1947.

KARO G., und LIETZMANN L., Catenarum Graecarum Catalogus (Nach-
    richten der Königlichen Gesellschaft zu Göttingen, Phi-
    losophisch-historische Klasse, Heft 1.3.5), Berlin,
    1902.

KÖHLER L. und BAUMGARTNER W., Lexicon in Veteris Testamenti
    libros, Leiden, 1953.

Lexicon für Theologie und Kirche, hrg. von Höfer J. und
    Rahner K., Freiburg[2], 1957 ff.

LIDDEL H.-G. - SCOTT R. - ST. JONES H., A Greek - English
    Lexicon. A New Edition, Oxford[9], 1953.

MANDELKERN S., Veteris Testamenti Concordantiae Hebraicae
    atque Chaldaicae... Editio altera locupletissime aucta
    et emendata cura F. Margolin, Vol. I-II, Graz, 1955.
    (= Schocken 1937).

RAHLFS A., Verzeichnis der griechischen Handschriften des Alten
    Testamentes (Nachrichten von der Königlichen Gesellschaft
    der Wissenschaften zu Göttingen, Philologisch-historische
    Klasse, 1914, Beiheft), Berlin, 1915.

REIDER J. - TURNER N., An Index to Aquila (Supplements to Vetus
    Testamentum, Vol. XII), Leiden, 1966.

ROBERT A. et FEUILLET A., Introduction à la Bible, I-II,
    Tournai[2], 1959.

Supplément au Dictionnaire de la Bible, commencé par L. Pirot
    et A. Robert, continué sous la direction de H. Cazelles
    et A. Feuillet, Paris, 1928 et ss. (= SDB).

SWETE H.B., An Introduction to the Old Testament in Greek,
    Cambridge, 1914.

Theologisches Wörterbuch zum Neuen Testament, hrg, von
    G. Kittel et G. Friedrich, Stuttgart, 1933 ff.

C) Ouvrages et articles consultés.

BARTHELEMY D., Redécouverte d'un chaînon manquant dans l'his-
    toire de la Septante, in RB 60 (1953) 18-29.

--   Quinta ou version selon les Hébreux ? in TZ 16 (1960)
    342-353.

--   Les devanciers d'Aquila (Supplements to Vetus Testamen-
    tum, Vol. X.), Leiden, 1963.

--   Le Psautier Grec et le Papyrus Bodmer XXIV, dans RTPh 18
    (1969), p. 106-110.

--   Eusèbe, la Septante et les "autres", dans la Bible et
    les Pères, (colloque de Strasbourg oct. 1969), Paris,
    1971, p.51-65.

--   Origène et le texte de l'Ancien Testament, dans EPEKTA-
    SIS, Mélanges offerts au Cardinal Jean Daniélou, Paris,
    1972.

BOTTE B., Les versions latines antérieures à S. Jérôme, dans
    SDB V, col. 334-347.

CAPELLE B., L'élément africain dans le Psalterium Casinense, in Rev. Bén. 32 (1920), 113-131.

DAHOOD M., Psalms, Vol. I-III, 1965.1970, New-York.

DE BRUYNE D., La Reconstitution du Psautier hexaplaire latin, in Rév. Ben. 41 (1929), 297-324.

-- La Lettre de Jérôme à Sunnia et Fretela sur le Psautier, in ZNT 28 (1929), 1-13.

-- Le Problème du Psautier Romain, in Rév. Ben. 42 (1930), 101-126.

DEVREESSE R., art. Chaînes exégétiques grecques, in SDB I, col. 1084-1233.

DORIVAL G., Recherche sur la langue du rabbin Aquila. Université de Paris. Faculté des lettres et des sciences humaines (Dissertation polycopiée), Paris, 1968.

JACQUES X., Index des mots apparentés de la LXX, (P. I. B.) Rome, 1972.

HARL M., La Chaîne palestinienne sur le Psaume 118, 2 vol., (Sources Chrétiennes 189-190), Paris, 1972.

KRAUS H.-J., Psalmen, 1 und 2 Teilband (Biblischer Kommentar Altes Testament, Bd, 15 1.2), Neukirchen-Vluyn, 1966.

MERCATI G., Il problema della colonna II dell'Esaplo, in Biblica 28 (1947) 1-30; 173-215.

-- Psalterii Hexapli Reliquiae, Pars Prima "Osservazioni". Commento critico al testo dei frammenti Esaplari, Rome, 1965.

MILNE H.J.M. and SKEAT T.C., Scribes and correctors of the Codex Sinaiticus, London, 1938.

MÜHLAU J., Zur Frage nach der gotischen Psalmenübersetzung, Kiel, 1904.

PETRAGLIO R., Epulum Epulae Epulatio nella Volgata. Considerazioni sul latino biblico, Brescia, 1975.

PROCKSCH O., Tetraplarische Studien, in ZAW 53 (1935), 240-269; et in ZAW 54 (1936) 61-90.

RAHLFS A., Septuaginta-Studien, Vol. I-III, Göttingen[2], 1965.

RICHARD M., Quelques manuscrits peu connus des chaînes exégétiques et des commentaires grecs sur le Psautier (Bulletin d'information de l'institut de recherche et d'histoire des textes, no. 3), Paris, 1954.

SCHWARTZ E., Zur Geschichte der Hexapla (Nachrichten der
    Gesellschaft der Wissenschaft zu Göttingen. Philogisch-
    historische Klasse), 1903, 693-700.

SWETE H.B., An Introduction to The Old Testament, Cambridge,
    1900.

VACCARI A., I Salteri di S. Girolamo e di S. Agostino, in
    Scritti di Erudizione e di Filologia, I, Rome, 1952,
    207-255.

VAN PUYVELDE Cl., Les versions syriaques, dans SDB VI, col.
    834-884.

VENETZ H.J., Die Quinta des Psalters. Ein Beitrag zur Septua-
    ginta - und Hexaplaforschung, Hildesheim, 1974.

WEVERS J.W., Septuaginta Forschung seit 1954, in Theologisches
    Rundschau 33 (1968) 18-76.

WUTZ F., Die Psalmen. Textkritisch untersucht von..., München,
    1925.

D) Principales abréviations.

BDB   Brown F. - Driver S.R. - Briggs Ch.A., A Hebrew
                    and English Lexicon of the Old Testament...
                    Oxford, 1907.

BH   Biblia Hebraica, éd. R. Kittel, Stuttgart[13],
                    1962.

Bodmer 24   Papyrus Bodmer XXIV, éd. par R. Kasser et
                    M. Testuz, Cologny - Genève, 1967.

CC   Corpus Christianorum seu nova Patrum collectio,
                    Series Latina, Turnhout-Paris, 1953 ss.

CSEL   Corpus Scriptorum Ecclesiasticorum Latinorum,
                    Vienne, 1866 ss.

Field   Field F., Origenis Hexaplorum quae supersunt
                    sive veterum interpretum Graecorum in totum
                    Vetus Testamentum Fragmenta, Vol. I-II, Oxford,
                    1875.

G.-B.   Geśenius W., Hebräisches und aramäisches
                    Handwörterbuch über das Alte Testament, be-
                    arbeitet von Fr. Buhl, Leipzig[16], 1915.

GE   Eusèbe, dans Die Griechischen Christlichen
                Schriftsteller der ersten drei Jahrhunderte,
                Leipzig - Berlin, 1897 ss.

GO   Origène dans Die Griechischen Christlichen
                Schriftsteller der ersten drei Jahrhunderte,
                Leipzig - Berlin, 1897 ss.

H.-R.   Hatch E. - Redpath H., A Concordance to the Sep-
                tuagint, Vol. I-II, Graz, 1954 (= Oxford 1897).

K.-B.   Koehler L. - Baumgartner W., Lexicon in Veteris
                Testamenti libros, Leiden, 1958.

LThK   Lexikon für Theologie und Kirche, hrg. von
                J. Höfer und K. Rahner, Freiburg^2, 1957 ff.

Mercati   Mercati G., Psalterii Hexapli Reliquiae, Pars
                Prima... Rome, 1958.

Montfaucon   Montfaucon B., Hexaplorum Origenis quae super-
                sunt... Vol. I-II, Paris, 1713.

Osservazioni   Mercati G., Psalterii Hexapli Reliquiae, Prima
                Pars "Osservazioni". Commento critico al testo
                dei frammenti Esaplari, Rome, 1965.

PG   Migne J.-P., Patrologiae cursus completus,
                Series Graeca, Paris, 1857 - 1866.

PL   Migne J.-P., Patrologiae cursus completus,
                Series Latina, Paris, 1878-1890.

SDB   Supplément au Dictionnaire de la Bible...,
                Paris, 1928 ss.

S e T 93   Devreesse R., Le Commentaire de Théodore de
                Mopsueste sur les Psaumes..., cité du Vatican,
                1939.

SF   La Lettre de S. Jérôme à Sunnia et Fretela
                (epist. 106) dans l'édition de la Biblia Sacra
                iuxta Latinam versionem, Vol. X,... Rome, 1953.

S.-St.2   Rahlfs A., Septuaginta-Studien, Vol. II, Göttin-
                gen, 1965.

Taylor   Taylor C., Hebrew-Greek Cairo Genisah Palimpsests
                including a fragment of the twenty-second Psalm
                according to Origen's Hexapla, Cambridge, 1900.

TWNT   Theologisches Wörterbuch zum Neuen Testament,
                hrg. von G. Kittel und G. Friedrich, Stuttgart,
                1933 ff.

II. INDICATIONS BIBLIOGRAPHIQUES

A) Indications concernant les sources.

Pour le texte des Psaumes, nous suivons l'édition de A. Rahlfs, Psalmi cum Odis, Vol. X de l'édition de la LXX de Göttingen, 1967. Nous utilisons également les sigles de son apparat critique auquel nous ajoutons les leçons du Papyrus Bodmer XXIV (= Bodmer 24).

Pour le texte du Psautier Gallican, nous dépendons de la Biblia Sacra iuxta latinam vulgatam versionem ad codicum fidem, Vol. X, Liber Psalmorum ex recensione sancti Hieronymi, Rome 1953. C'est à cette édition que nous empruntons aussi le texte de la Lettre à Sunnia et Fretela (= SF; cependant lorsque nous citons cette Lettre dans l'apparat critique de la LXX selon Rahlfs, nous avons maintenu le sigle Hi).

Pour le texte occidental, Rahlfs se base sur le ms R ainsi que sur deux Psautiers de la Vetus Latina qu'il appelle La^R et La^G. Ici encore nous avons repris les sigles de Rahlfs quand nous donnons l'apparat critique, mais nous avons étendu notre base pour la Vetus Latina en nous servant de l'édition de R. Weber, Le Psautier Romain et les autres anciens psautiers latins. Edition critique, Rome 1953. (Dans l'édition de R. Weber, $La^R = \alpha$ et $La^G = \gamma$).

Le texte du Commentaire des Psaumes d'Eusèbe se lit dans tomes 23 et 24 de la Patrologie grecque de J.-P. Migne. La partie la plus importante de ce commentaire, que les éditeurs ont empruntée au ms Coislin 44 se trouve en PG 23, 441 lig. 40 - 1221 lig. 41. Grâce au microfilm mis à notre disposition par le P. D. Barthélemy, nous avons pu comparer l'édition de Migne avec le manuscrit, ce qui nous a permis de corriger et de compléter sur plusieurs points le texte édité dans PG 23. Lorsque nous citons les leçons d'Eusèbe contenues dans le manuscrit Coislin, nous donnons simplement la colonne et la ligne entre parenthèse, sans autre indication : ainsi (540,15) = PG 23, 540

lig. 15; au contraire, pour les citations que nous rencontrons
en dehors du ms Coislin 44, nous indiquons la provenance, par
ex. PG 23 ou PG 24 (pour le premier et le dernier tiers du
Psautier) suivie de la col. et de la lig.

Généralement, nous avons tiré les citations patristiques
de l'édition de Leipzig-Berlin, Griechische Christliche Schriftsteller der ersten drei Jahrhunderte; en particulier, nous citons GE (= GCS Eusebius) et GO (= GCS Origenes) suivi du numé-
ro du Vol., de la page et de la ligne.

Nous utilisons aussi l'édition de Migne pour les auteurs
grecs et latins pour lesquels nous ne disposons pas d'une édition critique plus récente.

Enfin, à côté de l'ouvrage de Field, nous avons utilisé,
pour les leçons hexaplaires, un fichier du P. D. Barthélemy
dans lequel il a recueilli les résultats d'un long travail de
collation ainsi que les microfilms des principaux mss qu'il a
comparés. Notre recherche n'aurait pas été possible sans ces
instruments de travail mis à notre usage.

B) Sigles utilisés.

Les leçons hexaplaires sont généralement citées à l'aide
des sigles conventionnels :

o'	=	LXX hexaplaire
α'	=	Aquila
σ'	=	Symmaque
ϑ'	=	Théodotion
ε'	=	Quinta
ς'	=	Sexta.

Nous utilisons également les abréviations que l'on trouve
dans les scholies : οι $\overline{\gamma}$; οι λοιποι, et leurs traductions :
ainsi nous utilisons la forme "autres" (entre guillemets) pour
éviter toute ambiguïté, quand nous voulons parler des traducteurs (ou des traductions) auxquels Origène se réfère.

Pour les leçons des Hexaples Mercati, nous conservons la

désignation habituelle des colonnes du 1098 :

"b" = hébreu en caractères grecs
"c" = Aquila
"d" = Symmaque
"e" = LXX
"f" = Quinta.

TABLES DES AUTEURS ET DES REFERENCES

TABLE DES AUTEURS CITES

Pour ne pas rendre cette table trop lourde, nous avons renoncé à inclure les citations d'Eusèbe provenant du Commentaire des Psaumes, celles de Jérôme tirées du Ga et de la Lettre à Sunnia. De même pour A. Rahlfs et G. Mercati, nous ne mentionnons que les passages où il s'agit des introductions et des études sur le sujet. Enfin, le nom d'Origène qui revient presque à chaque page n'est mentionné que pour les ouvrages particuliers.

TABLE DES REFERENCES BIBLIQUES DES PSAUMES ETUDIES